학문으로서 영상학에 대해 묻고 답하다

영상학 카페

강승묵 지음

Think it! Visualize it!

이 세상에 진짜 영상은 없다. 모든 영상은 가짜다.

우리는 그 가짜 영상에 매료된다.

영상학 카페
학문으로서 영상학에 대해 묻고 답하다

2018년 8월 3일 1판 1쇄 박음
2018년 8월 10일 1판 1쇄 펴냄

지은이 | 강승묵
펴낸이 | 한기철

편집 | 우정은, 이은혜
디자인 | 심예진
마케팅 | 조광재, 정선경, 주예림

펴낸곳 | 한나래출판사
등록 | 1991. 2. 25. 제22–80호
주소 | 서울시 마포구 토정로 222 한국출판콘텐츠센터 309호
전화 | 02) 738–5637 · 팩스 | 02) 363–5637 · e–mail | hannarae91@naver.com
www.hannarae.net

ⓒ 2018 강승묵
ISBN 978–89–5566–219–1 93680

* 이 도서의 국립중앙도서관 출판예정도서목록(CIP)은 서지정보유통지원시스템 홈페이지(http://seoji.nl.go.kr)와 국가자료공동목록시스템(http://www.nl.go.kr/kolisnet)에서 이용하실 수 있습니다. (CIP제어번호: CIP2018023333)

* 이 책은 방송문화진흥회의 저술 지원을 받아 만들어졌습니다.

무엇보다도 기쁘다. 몇 해 전부터《영상학 카페》의 집필 소식을 들어왔지만 막상 추천사를 써달라는 요청을 받고 완성된 원고를 읽어보니 오랫동안 누적되어 있던 빚이 마침내 청산된 듯이 기쁘고 홀가분해진다.《영상학 카페》의 에필로그에도 적혀 있듯이, 이 책은 국내 학자에 의해 본격적으로 쓰인 첫 번째 '영상학'* 전문서로서, 국내외 관련 학계에 영상학 교육과 연구의 발전을 위한 매우 중요한 디딤돌이라고 할 수 있다.

영상학 교재를 처음 접한 것은 2003년 서강대학교 영상대학원에서 강의하고 있을 때 우연히 알게 된 마리타 스터르큰과 리사 카트라이트^{Marita Sturken &} Lisa Cartwright의《Practices of Looking: An Introduction to Visual Culture》 (Oxford University Press, 2001)였다. 다학제적^{multidisciplinary}인 차원에서 영상문화를 논의하는 이 책은 마치 사막에서 오아시스를 발견한 것처럼 고맙고 신선한 감동이었다. 하지만 당시에는 우리말로 번역되어 있지 않아서 원서를 기본 교재 삼아 영상학 관련 과목을 신설하였고, 지금까지 가르쳐오고 있다. 이후 2006년에 연세대학교 윤태진 교수팀이《영상문화의 이해》라는 우리말 제목으로 번역해주어 매우 요긴하게 사용하고 있다.

---

* 1990년대 이래 영어권에서 이 학문 분야를 어떻게 명명할 것인가에 대해 적지 않은 논란이 있었고, 그 후 학자에 따라 'Visual Studies', 'Visual Culture', 'Visual Culture Studies' 등의 명칭으로 불리고 있다. 모든 학자들이 궁극적으로 동의하는 절대적인 명칭이 존재하지 않기에 어떤 것이 가장 적절한 것인가의 문제는 여전히 논란거리로 남아있다. 하지만 국내에서는 강승묵 교수의 제안대로 '영상학'이라는 명칭으로 일관되게 사용한다고 해도 전혀 무리가 되지 않을 것이다.

이외에도 위의 책보다 앞서 출간된 존 워커와 사라 채플린^{John A. Walker & Sarah} Chaplin의 《Visual Culture: An Introduction》(Manchester University Press, 1997) 이 영상학을 학생들에게 알리는 계기가 된 바 있다. 이 책 또한 《비주얼 컬처: 이미지 시대의 이해_비너스에서 VR까지》(임산 옮김, 2004)라는 제목으로 번역판이 나와 있어 교재로 활용되곤 한다.

영상학 관련 강의를 하면서 항상 우리말로 쓰인 영상학 교재를 개발해야 한다는 심적인 책무감으로부터 자유롭지 못했다. 그것은 긴 시간 동안 가지고 있던 말 못할 마음의 빚이었다. 차제에 출간된 《영상학 카페》는 영상학 관련 교육자들에게는 정말로 반갑고 의미 있는 일이 아닐 수 없다. 또한 영상학에 관심을 가지고 있는 대학생과 대학원생, 일반 독자들에게도 훌륭한 영상학 입문서가 될 것이라 믿어 의심치 않는다.

다시 한 번 《영상학 카페》의 출간에 축하의 말을 전한다. 이 저작이 영상학의 학문적 발전에 큰 밑거름이 될 것임을 확신하고 또한 기대하는 바이다.

2018년 7월

황인성(서강대학교 커뮤니케이션학부 교수)

카페에서 즐기는 영상학

어제와는 다른 오늘이기를 바라는 마음으로 새로운 하루를 시작할 때, 인간의 조건인 노동을 하거나 잠시 짬을 내 낯선 여행길을 떠날 때, 혹은 가끔 혼자일 수밖에 없는 나를 위로하고 격려하거나 누군가와 서로에게 힘이 되어줄 만한 이야기를 나눌 때, 언제 어디서든 우리 곁에는 한 잔의 커피가 있다.

《영상학 카페 Introduction to the Visual Studies》는 그 커피 한 잔을 마시는 동안 훑어볼 수 있는 책이기를 바라는 마음으로 쓰였다. 물론 그렇게 쉬이 읽힐 내용이 아니라는 점을 모르진 않는다. 영상 자체에 대한 것이든, 영상과 관련된 다른 무엇에 관한 것이든, 영상과 관련된 이야기들이 그리 간단치는 않기 때문이다. 그럼에도 불구하고 그런 소망만이라도 품고 싶었다. 그래서 '영상학' 뒤에 '카페'를 붙이는 잔꾀를 부렸다.

영상이 학문學問의 대상일 수 있을까? 영상은 이론적 명제를 갖춘 학문의 체계적인 방법(론)일 수 있을까? 무엇보다 영상학 visual studies이 학문 자체가 될 수 있기나 한 것일까? 이 책에서 이런 질문들에 대한 해답을 찾고자 했다. 그러나 해답을 찾을 수 있다는 확신이 없었다. 어쩌면 찾지 못할 수도 있다는 걱정을 떨쳐낼 수 없었다는 게 보다 솔직한 심정일 것이다. 하지만 신발끈을 미처 다 조이지 못했더라도, 더는 늦출 수 없다는 절박함이 있었기에 길을 나서게 되었다.

어떤 학문 분야든 간편하게 사용할 만큼 '영상'은 흔한 개념이다. 그러나 동일한 학문 분야에서조차 영상의 개념적 정의가 제각각일 만큼 영상과 관련된 논의들은 각양각색이다. 가령, 사회과학 분야의 언론학이나 예술학 분야의 영화학에서는 이미지image, 비디오video, 미디어media 등이 영상과 손쉽게 혼용되기도 한다.

《영상학 카페》를 쓰면서 'Cultural Studies'가 문화연구이듯이, 'Visual Studies'가 영상연구이어야 한다는 조언이 없지 않았다. 또는 'Sciences of Image'를 영상학으로 통칭해야 한다는 지적도 있었다. 그렇다보니 영상과 관련된 논제와 방법론이 유사한 학문 분야에서만큼은 영상'학'에 대한 논의가 보다 엄정하고 치열하게 이루어져야 한다는 고민을 더욱 깊이 할 수밖에 없었다.

회화나 사진, 영화나 방송과 관련된 기존의 '학'은 주로 매체, 기술, 제도(법), 경영(산업), 수용(자), 텍스트 등을 중심으로 학문적 체계를 다져왔다. 반면에 영상 자체의 '본질'에 대한 개념적·이론적 천착은 상대적으로 부족했던 듯하다. 이와 같은 배경에 따라 《영상학 카페》는 영상에 관한 인문학, 사회과학, 예술학을 통섭consilience하는 데 학문적 패러다임의 근간을 두게 되었다. 특히 사회과학 분야의 문화연구cultural studies 관점에서 영상과 관련된 논제를 탐구함으로써 분과 학문으로서의 영상학의 위상을 정립하고자 했다.

모름지기 학문은 과학이어야 한다. 학문에서 쓰이는 개념과 이론은 논증되어야 하고, 이미 논증된 개념과 이론도 재논증될 수 있어야 한다. 학적學的 대상이자 학學 자체로서의 영상에 대한 개념과 이론도 여타의 학문 분야를 참조하면서 그 논리적 타당성을 확보해야 한다.

영상과 관련된 논제의 외연을 확장해보면, 영상학이 참조할 수 있는 학문 분야로 철학적 사유에 기반을 두는 영상예술학, 영상산업적 측면에서의 영상경제(경영)학, 영상매체와 영상작품의 사회적 역할에 관한 영상사회학, 영상작품의 형식과 내용을 분석하는 영상기호학, (영상)문화연구의 지류인 영상인류학 등을 들 수 있다. 특히 현대사회에서 가장 강력한 영향력을 발휘하는 문화적 산물인 영상매체를 다루는 영상매체학visual media studies은 영화학과 커뮤니케이션학의 인접 학문으로서의 독자성을 탄탄히 구축하고 있다.

그러나 영상학은 영상을 매체의 측면으로만 접근하지 않으며, 그렇게 해서도 안 된다. 오히려 영상학은 영상 자체의 '본질'을 인문학적으로 사유하고, 사회과학적으로 비판하며, 예술학적으로 성찰하기 위해 문화연구, 영상연구, 영상커뮤니케이션, 영상문화 등의 이론적·방법론적 논의를 적극적으로 참조해야 한다.

《영상학 카페》는 3막(act) 10장(scene)으로 구성되어 있다.

고대부터 현대에 이르기까지 서론, 본론, 결론으로 구성된 3막은 이야기의 가장 기본적인 구조이고, 각 막마다 복수(물론 단수인 경우도 있지만)로 배치된 장들은 핵심 줄거리 역할을 수행한다. 프롤로그와 에필로그는 이야기의 시작과 끝을 알린다. 3막 10장으로 구성된 이 책도 한 편의 다큐멘터리나 영화 시나리오의 이야기 구조를 차용하고 있는 셈이다.

3막과 10장은 각각 독자적이면서 밀접하게 연결되어 있다. 어느 장(막)에서인가 등장한 적이 있는 인물이 다른 장(막)에서 다시 나타나거나 앞 장(막)에서 발생한 사건이 이후의 다른 장(막)의 결과로 이어지기도 한다. 각각의 장(막)에 이야기가 있고, 그 이야기는 다른 장(막)의 암시나 전조로 기능한다. 무엇보다 모든 이야기는 '영상'이라는 하나의 주제로 수렴된다. 따라서 어느 부분부터 읽기 시작해도 이야기 전체를 이해하는 데 큰 무리는 없다. 하지만 가급적이면 이야기의 자연스러운 흐름을 따라가며 주제를 살필 수 있도록 차례대로 읽기를 권장한다.

3개의 막과 10개의 장은 중세 회화에서부터 근대의 사진과 영화, 현대의 텔레비전에 이르기까지 '영상'과 관련된 기존의 논의들을 재해석해 학술적으로 새롭게 탐구한다.

1막(actⅠ)은 2개의 장으로 구성되어 있다.

1장(S#1)에서는 영상학의 학문적 위상과 의의를 중점적으로 살펴본다. 특히 영상 고유의 특성인 보기와 듣기見聞 방식을 배우고 물으면서學問 영상학에 대한 생각과 상상거리를 개괄한다. 2장(S#2)에서는 회화, 사진, 영화의 시각 이미지에 대한 역사를 탐색하고, 영상을 개념적으로 정의하며 영상의 특성을 고찰한다.

2막(actⅡ)은 전반부 3장과 후반부 3장의 6개 장으로 구성되어 있다. 2막 전반부의 3장(S#3)에서는 영상을 바라보는 시선과 시점, 주체와 객체를 통해 영상을 의식하고 상상하는 방식, 4장(S#4)에서는 영상화된 대상과 영상 리얼리즘, 영상 재현과 재현 체계, 5장(S#5)에서는 문화커뮤니케이션의 관점에서 영상커뮤니케이션의 개념과 방법을 각각 탐색한다. 2막 후반부의 6장(S#6)에서는 기호학 기반의 영상 의미와 의미작용, 7장(S#7)에서는 언어의 문법처럼 체계적으로 구조화된 영상으로 이야기하기와 이야기하는 영상, 8장(S#8)에서는 영상이야기 구조로서의 서사를 각각 탐구한다.

3막(actⅢ)은 2개의 장으로 구성되어 있다. 9장(S#9)에서는 영화 장르와 장르별 영상의 특성, 방송 포맷의 개념과 특징을 각각 살펴보고, 10장(S#10)에서는 디지털 시대 영상의 환영적인 사실성과 실제적인 스펙터클의 역설, 디지털 영상 문화의 신화와 이데올로기, 권력의 문제를 탐색한다.

2006년부터 영상학을 강의해왔음에도 불구하고 매번 적절한 교재를 찾기가 여의치 않았다. 주로 서구에서 빌려온 개념과 이론을 우리식으로 번역해 읽어야 하는 일이 곤혹스럽기도 했다. 서명에 '카페'를 넣은 것은 커피 한 잔 마시며 이 책을 읽을 수 있을 만큼 독자들에게 '부담 없는' 책이기를 바라는 '순진한' 소망 때문이다. 그러나 앞서 밝혔듯이, 그 소망이 얼토당토않음을 잘 알고 있다. 다만,

이 책이 대학 등에서 교재로 쓸모 있기를 바라는 '순진하지 않은' 마음만큼은 솔직하게 내비치고 싶다. 언론, 커뮤니케이션, 영화, 방송, 광고, 애니메이션, 게임 등 영상 유관 학과의 교재로 유용하게 활용되는 것이 이 책의 저술 목적이기 때문이다.

영상은 학술 도구이자 방법인가? 영상학은 학문인가? 이 책을 읽다보면, 이 의문들에 대한 답을 군이 구할 필요가 없다는 사실을 깨달을 것이다. 자연스럽게 답을 찾게 될 터이고, 설령 찾지 못하더라도 전혀 걱정할 필요가 없다. 3막 10장에 제시된 키워드를 사색하는 것만으로도 나름대로 의미가 있기 때문이다.

이 책은 일리一理일 뿐이다. 모든 세상사에 골고루 엄정하게 적용될 수 없지만 적어도 어떤 면에서는 그런대로 타당하다고 생각될 수 있는 '하나의 이치'에 불과하다. 또한 이 책은 일리一利일 뿐이다. 이 책에서 '한 가지 이로움' 정도는 찾을 수 있을 것이다. 《영상학 카페》가 영상과 관련된 다양한 학문들을 이어줄 수 있는 디딤돌이 되어 학제 간 공부를 촉발하고, 아울러 치열하게 영상학을 논쟁할 수 있는 마당場이 되기를 바라는, 또 다른 '순진한' 소망을 품어본다.

2018년 7월
강승묵

contents

Act I 영상과 영상학에 대해 묻다

Act II-1 영상으로 커뮤니케이션하다

Act Ⅱ-2 영상이 이야기를 건네다

Act Ⅲ 영상이 문화가 되다

에스프레소(espresso)는 평소에 우리가 즐겨 마시는 모든 커피 차림의 심장이나 영혼으로 일컬어진다. 커피를 커피답게 만드는 기본이자 본질이 에스프레소인 셈이다. 영상학의 기본이자 본질은 두말할 나위 없이 '영상'이다. 특히 영상학의 학문적 위상을 정립하기 위해서는 영상학을 학문답게 만드는 '영상'이 무엇인지에 대해 먼저 질문해야 한다. 그리고 난 후 영상이 학문의 대상이자 도구일 수 있는지를 꼼꼼히 살펴봐야 한다. '영상'은 영상학의 심장이자 영혼이기 때문이다.

Act I

영상과 영상학에 대해 묻다

S#1

영상학 이야기

"지적 작업은 단지 연구된 것이나 사용된 이론들, 방법론들, 또는 잠정적으로 얻어진
연구결과로만 이루어지지 않는다. 지적 작업은 지적 작업이 어떻게 수행되느냐의 문제인
실천 자체와 관련되어 있다."

- 스튜어트 홀(Stuart Hall), 1980: 32

보고 듣고, 배우고 묻는 영상학

볼거리 많은 세상

세상에 넘쳐나는 수많은 볼(들을)거리들은 우리의 눈과 귀를 한시도 쉴 수 없게 한다. 그래서 우리는 곧잘 피곤하다고 푸념 아닌 푸념을 하기도 한다. 그러나 우리는 보고 듣는^{見聞} 것에만 온통 신경을 쓸 뿐이지 정작 보고 들은 것의 의미가 무엇인지, 어떻게 보고 들어야 하는지에 대해서는 그다지 궁금해하지 않는다. 보고 듣는 이유와 방법 등을 **배우고 묻는**^{學問} 과정을 번거로워하다 보니 '내가 그것을 보는(듣는) 것인지, 그것이 나를 보는(듣는) 것인지' 혼란스러워질 때도 있다. 마치 호접지몽^{胡蝶之夢}처럼 말이다.

볼거리를 이미지나 영상으로 바꿔보면, 세상에 무수히 많은 이미지와 영상이 존재한다고 할 수도 있다. 잠시만 주위를 둘러봐도 우리는 언제든 어디에서든 수많은 이미지와 영상을 쉽게 만날 수 있다. 일상 곳곳에서 버젓이 혹은 은밀하게 우리 곁에 존재하는 보고 들을거리들을 우리는 어색해하거나 낯설어하지 않는다. 자연스럽고 당연하게 받아들이는 경우가 대부분이다. 그럴수록 말이나 글을 이용한 대화가 점점 낯설어지기도 한다. 그래서 우리는 자주 바로 앞에 있는 친구와 직접 눈을 마주치거나 대화를 나누기보다 메신저서비스나 단문메시지서비스^{SMS, Short Message Service}로 대화를 나누거나 사진, 이미지, 영상을 주고받으며 사회간접망서비스^{SNS, Social Network Service}를 통해 커뮤니케이션하기도 한다.

손글씨로 편지나 카드를 써본 적이 언제였는지 기억하는가? 근래에는 이미지나 영상으로 만들어진 편지나 카드를 전자메일이나 SNS로 주고받는 경우가 거의 대부분이다. 편리해서일까? 귀찮아서일까? 이도저도 아니면 이미지나 영상이 문자보다 훨씬 익숙하기 때문일까? 상형문자처럼 문자도 넓은 의미에서 이미지에 속하고 이미지를 넓은 의미에서 영상에 포함시킬 수 있다면, 세상은 그야말로 영상으로 가득하다고 해도 과언이 아니다.

그렇다보니 영상에 대한 관심도 덩달아 늘어날 수밖에 없다. 비단 영상으로 예술 활동을 하는 영상 전문가들뿐만 아니라 남녀노소 누구나 영상에 대해 호기심을 가지고 적극적으로 영상을 배우거나 인터넷에서 영상제작 소프트웨어를 다운받아 어렵지 않게 영상작품을 제작하기도 한다. 형형색색의 볼거리들에 둘러싸여 살다보면 식상해질 법도 한데 우리는 자발적으로 그 볼거리들을 통해 공감과 공유의 즐거움을 만끽하는 셈이다.

보는 것과 바라보는 것

무엇인가를 본다는 것은 단지 눈(망막)에 어떤 형태가 비쳐 보이는 현상만을 뜻하지 않는다. 우리는 아무런 이유나 목적 없이 그저 보기만 하지는 않기 때문이다. '본다'는 것의 의미는 눈에 들어오는 것을 자연스럽게 본다는 뜻의 **'보기** seeing'보다 보고자 하는 욕구가 담긴 **'바라보기**looking'에 가깝다. '바라보기'는 어떤 목적과 의지가 개입된 의도적이고 의식적인 '보기'라고 할 수 있다.

'바라보기'는 바라본 대상이 무엇이고, 그 대상은 어떤 모습을 하고 있으며, 어떻게 감각되는지, 그래서 우리는 어떤 감정을 가지며 그 감정을 통해 무엇을 어떻게 지각하고, 그 의미는 무엇인지, 왜 그런 의미가 떠오르고 그런 의미라고 단정하는지 등등이 동시다발적이고 복합적으로 작동하는 과정과 결과를 모두 포함하는 개념이다.

즉, 바라보기는 바라보고자 하는 대상에 대한 **감각**sense, **지각**perception, **의식**consciousness, **이해**understanding를 포괄하는 행위라고 할 수 있다. 시대와 지역, 인종과 민족, 사회와 문화마다, 무엇보다 개인마다 바라보는 방식은 모두 다를 것이다. 바라보기는 바라보는 방식에 따라 상이한 감각, 지각, 의식, 이해의 과정과 결과가 포함된 그리 간단치 않은 개념인 것이다.

고대 그리스의 철학자 아리스토텔레스Aristotle는 인간은 '사회적 동물animal socialis'이라는 명언을 남겼다고 알려져 있다. 그러나 정확히 말해 아리스토텔레스는 인간은 '정치적 동물animal politicus'이라고 했다고 한다. 사실 아리스토텔레스가 어떻게 말했는지, 무엇보다 인간이 사회적인지, 정치적인지는 중요하지 않다. 사회적이나 정치적이라는 형용사에는 인간은 무리를 떠나 '홀로' 살기 어렵고, 설령 그렇더라도 어느 사회에는 분명히 소속되어 어떤 식으로든 사회적이거나 정치적인 활동을 할 수밖에 없다는 의미가 공통으로 내재되어 있기 때문이다.

아리스토텔레스가 살았던 아테네에는 두 개의 신분사회가 있었다. 그중 하나가 시민citizen으로 불리는 특권층의 거주 지역인 폴리스polis이다. 아테네 시민은 폴리스 한복판에 위치한 공적 회의 장소인 아고라agora에 모여 정책policy 토론을 벌이며 민주주의의 꽃을 피웠다. 정치를 뜻하는 'politics'가 'polis'에서 유래했듯 당대에 정치는 종교의 다른 이름이었다. 정치인politician은 신을 위한 제의와 의식을 주관하고, 그 주변에는 날카로운 검을 가진 경찰police이 배치되었다.

또 하나의 신분사회는 가족, 가족의 재산, 가정의 세 가지 의미를 갖는 오이코스oikos이다. 오이코스는 가정에서 이루어지는 살림과 관련된 경제적 행위나 경제 그 자체를 뜻하며, 나아가 노예를 비롯한 물품을 거래하는 시장이 있는 상인들의 거주 지역을 가리킨다. 근대적 관점에서 경제를 뜻하는 오이코스는 정치를 뜻하는 폴리스의 근간이라고 할 수 있다. 또한 폴리스는 신이 주관하는 성스러운 공적 영역인 반면에 오이코스는 인간이 살아가는 세속적인 사적 영역이다. 고대의 폴리스와 오이코스에서 살았던 이들은 그 경계를 넘기가 여의치 않았지만 그들이 초석을 다져놓은 민주주의 사회에서 살아가는 우리는 두 영역을 비교적 자유롭게 오갈 수 있다.

사회는 사적 영역과 공적 영역을 모두 아우른다.[1] 그곳에서 사람들은 서로 곁을 내주고, 서로를 바라보며, 바라본 것에 대해 이런저런 이야기를 나눈다. 개인의 생은 하루하루 끝을 향해 한걸음씩 가까워지며, 그 끝 어디쯤에서 인간은 그동안 바라봤던 것들을 추억할 것이다. 인간은 바라보는 행위를 통해 일상과 일생을 산다. 바라볼 수 없게 되는 것, 곧 눈을 감는 것이 죽음을 뜻하기에 바라볼 수 있다는 자체가 인간에게는 축복이다. 그래서 인간은 '눈'과 눈을 통한 '바라봄'이라는 행위에 일종의 결벽처럼 집착하고 그 행위를 맹신하는지도 모를 일이다.

눈과 마음의 사이

백문불여일견百聞不如一見이라는 말을 들어봤을 것이다. 기원전 7세기경, 중국의 한漢나라 선제 시절에 쓰인 《한서漢書》라는 고서의 조충국전趙充國傳에 나오는 말이다. 굳이 풀어쓰지 않아도 무슨 뜻인지 짐작할 수 있는 흔한 말이기도 하다. 다만, 혹여 이 말을 백 번 듣는 것보다 한 번 보는 것이 낫다는 정도로 이해하고 있다면 다시 한 번 생각해볼 필요가 있다.

백문불여일견은 단지 보거나 듣는見聞 차원으로만 쓰이지 않는다. '귀 장사 말고 눈 장사 하라'는 우리 속담처럼, 소문에만 팔랑팔랑 귀 기울이지 말고 직접 바라볼 수 있도록 '움직이라'는 의미가 담겨 있기 때문이다. 가만히 앉아서 눈에

---

1 원래 고대 그리스에는 사회societas라는 말이 없었다고 한다. 도시국가인 그리스에도 '같은 무리끼리 모여 이루는 집단'으로서의 사회는 있었겠지만 엄밀히 말하면, 당시에는 공적 영역으로서의 폴리스와 사적 영역으로서의 오이코스라는 두 가지 형태의 집단만이 존재했던 것이다. 폴리스는 여러 사람이 자유롭게 모여 토론과 논쟁을 벌이는 곳이고, 오이코스는 집단을 유지하고 종족을 보존하기 위해 필요한 기본적인 경제활동을 펼치는 곳이다. 고대 그리스인들이 사적 영역인 오이코스보다 공적 영역인 폴리스에, 경제(노동)보다 정치(통치)에 더 많은 삶의 가치를 두었다는 사실은 널리 알려져 있다. 사회적 인간이라는 표현은 폴리스에서의 정치적 인간을 뜻하는 셈이다. 사회라는 개념은 폴리스와 오이코스의 경계가 무너지고, 그 구분이 사라지는 지점에서 발생했기 때문이다.

비치는 것만을 보는 행위에서 그치지 않고, 적극적으로 봐야 한다는 바라보기의 실천과 경험을 강조하는 말이 백문불여일견이다.

보기의 실천과 경험의 중요성을 강조하는 바라보기와 관련된 격언 중에 영국의 침례교 성직자이자 물리학자인 존 클라크John Clarke가 1639년에 처음 언급했다고 알려져 있는 '보는 것이 믿는 것seeing is believing'이라는 말도 익히 들어봤을 것이다. '본 것이 아니면 믿을 수 없다'는 의미가 담긴 이 말은 주로 실체가 있는 물질적이고 구체적인 증거만이 확신할 만하다는 의미로 쓰였다고 한다.

우리는 종종 직접 눈으로 보거나 하다못해 우연일지라도 스윽 스쳐간 무엇인가를 봤기 때문에 그것을 믿을 수 있다고 여긴다. 살다보면 간혹 보지도 않고서 봤다고 짐짓 어깃장을 놓는 경우도 있다. 백번 듣는 것보다 단 한 번이라도 보는 것이 낫다는 교훈은 보는 것의 중요성뿐만 아니라 직접 경험하고 실천하는 것의 가치를 강조하는 말이라고 할 수 있다.

듣기보다 보기, 보기보다 바라보기, 바라보기를 통한 실천하기는 모두 어찌됐든 보고 보이는 관계를 전제한다. 반면에 볼 수도 들을 수도 없고, 보이지도 들리지도 않는 것은 어떻게 감각되고 지각되며, 의식되고 이해될까? 예컨대, 사랑하는 이의 눈(동자)을 보면서 '당신이 보여요'라고 얘기할 때 '당신'은 '눈(동자)'이나 '마음' 가운데 하나를 가리킬 것이다. 전자인 경우는 이해할 만하지만 후자인 경우라면 마음을 어떻게 볼 수 있다는 것일까? 마음을 볼 수 있다는 것은 결국 그 마음을 알 수 있다는 것과 같으니 말이다.

눈에 보이거나 눈으로 볼 수 있는 것에만 의미가 있는 것은 아니다. 실제 눈(육안)으로는 볼 수 없지만 '마음의 눈'에 보이거나 '마음의 눈'으로 볼 수 있는 것에도 당연히 의미가 있다. 어쩌면 눈에 보이거나 눈으로 볼 수 있는 것보다 눈에 보이지 않거나 눈으로 볼 수 없는 것이 더욱 중요한 의미를 갖고 있을 수도 있다. 만일 **영상**映像, the visual을 눈(육안)에 보이거나 볼 수 있는 것들과 함께 '마음의 눈'에 보이거나 '마음의 눈'으로 볼 수 있는 것들까지 포함해 정의할 수 있다면, 영상에 대한 공부는 결국 실제 눈(육안)과 마음의 눈으로 보는 모든 것들에 관한 것이라고 할 수 있다.

눈(육안)을 한번 감아보자. 그리고 마음의 눈을 떠보자. 무엇이 보이는가? 보인다면(보이길 바라지만), 그것은 무엇이고, 어떻게 보이는가? 또 어떻게 감각되고 지각되며, 의식되고 이해되는가? 이제 눈(육안)을 떠보자. 좀 전에 마음으로 봤던 것이 여전히 눈(육안)에도 보이는가? 눈과 마음(가슴)의 물리적 거리는 불과 30cm 안팎에 불과하다. 마음으로 본 것이 눈으로 보이기까지의 거리를 종단하는 데 얼마만큼의 시간이 걸리는가?

눈과 마음의 바라보기를 통한 실천(행위)은 영상을 정의하는 데 있어 우리에게 중요한 지침을 준다. 이 지침에 따르면, 영상은 가슴으로 떠올려 눈과 귀로 보고 들으며 머리로 가늠하는, 또는 눈과 귀로 보고 들으며 머리로 가늠하고 가슴으로 떠올리는, 일정한 형태를 갖춘 모든 것이라고 정의할 수 있다. 사물이나 관념, 기억, 인식, 현재나 과거 혹은 미래의 무엇이든 관계없이 오감(그 이상도 가능한)을 통해 감각하고 지각하며, 의식하고 이해할 수 있는 것이 바로 영상이다.

영상 시대의 선물

영상은 실제 눈(육안)뿐만 아니라 마음의 눈으로도 볼 수 있고, 마음의 눈에 떠오른 것을 실제 눈(육안)으로도 볼 수 있으며, 또 보여줄 수 있는 모든 것이라고 할 수 있다. 비록 그 대상이 추상적이고 관념적인 형태를 갖고 있더라도 어느 정도 감각과 지각, 의식과 이해될 수 있을 만큼 구체적이라면 모두 영상에 해당한다고 할 수 있다. 이렇게 포괄적으로 영상을 정의하면 이 세상에 영상이 아닌 것은 없다고 해도 지나치지 않을 듯하다.

앞으로 보다 엄밀하게 살펴보겠지만, 현대가 영상의 시대라는 점은 명백하다. 특히 영화는 영상시대를 촉발했다. 1920년대를 대표하는 프랑스 인상주의 영화 감독 아벨 강스Abel Gance는 영화가 모든 예술의 교차점이며, (영화로 인해) 비로소 영상의 시대가 시작되었다고 선언한 바 있다(동중우, 2002: 14-16에서 재인용). 얼추 120년을 훌쩍 뛰어넘는 영화의 역사를 가정하면, 영상의 시대가 도래한 지도 꽤 오래된 듯하다.

영화와 더불어 텔레비전은 현대를 대표하는 가장 대중적인 영상매체이다. 불과 함께 영화와 텔레비전은 유사 이래 인류가 신에게서 받은 최고의 선물이라 할 수 있다. 물론 그 선물이 마음에 들지 않는 이에게는 그렇지 않겠지만, 영화와 텔레비전이 선사하는 영상이라는 선물보따리는 우리의 눈과 귀를 매혹시키고 마음을 현혹시킨다.

그런데 중요한 것은 그 선물보따리의 크기가 영상의 시대를 확증하지 않는다는 사실이다. 선물에는 모름지기 오가는 마음이 듬뿍 담겨야 한다. 영상이라는 선물이 소중한 이유는 영상에 담긴 마음과 그 마음을 바라보는 방식, 마음이 스민 영상의 역할 등에 따라 우리 삶이 달라질 수 있고, 또한 만일 삶의 총체적인 방식을 문화라고 정의할 수 있다면, 영상은 우리의 문화까지도 달라지게 할 수 있기 때문이다.

영상학의 학문적 배경

언제부터인가 우리나라 대학에서 '영상'이라는 이름이 포함된 전문대학, 단과대학, 학과를 어렵지 않게 찾아볼 수 있을 만큼 영상이라는 선물이 흔해졌다. 아무리 귀한 선물도 흔해지면 값어치가 떨어지는 법이다. 그렇다보니 영상을 선물이라고 할 수 없고, 영상에 스민 마음까지 의심 받는 지경에 이른 듯하다. 그러나 달리 생각해보면, 선물로서의 영상이 이제는 일상에서 없어서는 안 될 생필품이 되었다고 볼 수도 있다. 영상에 대한 인식이 특별한 선물이어서 소중하기보다 반드시 필요한 것이어서 고마운 것으로 바뀐 것일 수도 있다. 영상시대, 영상매체, 영상작품, 영상세대, 영상산업, 영상정책, 영상문화, 영상연구 등등 수많은 영상 파생상품들이 줄을 잇는 것만 봐도 영상은 자연스럽게 일용품이 된 듯하다.

이렇다보니, '영상이 도대체 무엇이기에'라는 궁금증과 함께 '영상을 꼼꼼히 들여다봐야 한다'라는 목소리도 덩달아 커졌다. 이런 시류에 대학은 발 빠르게 대처했다. 수많은 대학이 영상을 학문의 대상으로 포장해 선물로 가공하기 시작한 것이다. 그 덕에 영상에 대한 학문적 관심의 너비와 깊이는 더 넓어지고 깊어졌다.

그러나 역사적으로 보면, 영상이 학문의 영역에 편입되는 데 적잖은 난관이 있었다. 최고 교육기관인 대학에서 영상의 학문적 위상을 모색하기 시작한 지는 그리 오래되지 않았고, 무엇보다 학문으로서의 영상을 추인하지 않는 기존 학풍의 보수성이 영상학의 학문적 자리매김에 걸림돌이었다.

이같은 기존 학문 영역의 삐딱한 시선과 배타적인 편 가르기에도 불구하고, 순수학문과 응용학문 영역에서는 영상에 대한 관심과 함께 학술적 탐색의 필요성에 대한 요구가 점증했다. 그에 따라 대학과 연구기관을 중심으로 영상의 학적 체계에 대한 탐구가 활발하게 진행되었고, 무엇보다 후속 세대의 영상에 대한 수학修學 열정과 의지가 학문으로서 영상학의 위상을 제고하는 데 결정적인 원동력이 되었다.

한국연구재단 학술연구분야 분류에 의하면,[2] 영상학은 사회과학(대분류)–신문방송학(중분류)의 소분류 학문으로 분류된다. 사회과학–신문방송학에는 영상학 외에 신문방송학일반과 언론학/언론정보학의 두 가지 소분류(광고/홍보학 제외)가 있다. 신문방송학일반은 여론조사/연구방법, 언론사상, 언론정책, 비교언론, 언론교육, 인터넷신문/방송, 언론사, 언론/매스컴 사회학, 언론/미디어 법제, 문화이론/대중문화론, 매체비평의 열한 가지로 분류되고, 언론학/언론정보학은 커뮤니케이션이론, 저널리즘이론, 언론·정보, 방송·영상 등의 네 가지로 분류된다. 이 중에서 영상학에는 뉴미디어, 멀티미디어/영상매체/교육매체, 영상커뮤니케이션, 미디어산업, 영화, 보도사진의 여섯 가지(세분류) 항목이 포함되어 있다.

한편 예술체육(대분류) 항목은 예술일반, 디자인, 사진, 영화(중분류)의 네 가지로 구성되며, 이는 사회과학–신문방송학의 영상학에도 모두 포함될 수 있는 학문 분야이다. 이 가운데 예술일반 예술비평(소분류)은 예술비평–비평이론, 영화비평, TV드라마비평, 광고비평, 사진비평, 사이버예술비평의 여섯 가지(세분류)로 구분된다. 그리고 영화(중분류)는 영화일반, 영상매체/매체기술, 영상처리, 영화 작가/대본, 영화 연출/연기, 영화/드라마 제작·편집, 만화영화/컴퓨터애니메이션, 동양/아시아 영화, 서양/유럽 영화, 기타영화의 열한 가지(소분류)로 분류되는데, 이 중 영화일반(소분류)은 영화일반–영화이론, 영화기술, 영화비평, 영화교육, 영화사의 다섯 가지(세분류)로 분류된다.

※ 한국연구재단 학술연구분야 분류

분야코드	대분류명	중분류명	소분류명	세분류명
B190000 ~ B190111	사회과학	신문방송학	신문방송학 일반	여론조사/연구방법, 언론사상, 언론정책, 비교언론, 언론교육 인터넷신문/방송, 언론사 언론/미디어 법제 문화이론/대중문화론, 매체비평
B190200 ~ B190204			언론학/언론정보학	커뮤니케이션이론, 저널리즘이론, 언론·정보 방송·영상
B190400 ~ B190406			영상학	뉴미디어 멀티미디어/영상매체/영상교육 영상커뮤니케이션 미디어산업, 영화, 보도사진
G010401 ~ G019990	예술체육	예술일반	예술비평	비평이론, 영화비평 TV드라마비평, 광고비평 사진비평, 사이버예술비평 기타예술비평
G040000 ~ G049900		디자인	디자인 일반 시각정보디자인 기타디자인	디자인론, 디자인사 광고/편집 디자인, 정보디자인 이미지디자인, 멀티미디어/컴퓨터그래픽디자인
G060000 ~ G060900		사진	사진이론 사진기술, 사진사 사진미학, 비디오 광고사진 순수사진	
G090000 ~ G099900		영화	영화일반 영상매체/매체기술 영상처리 영화작가/대본 영화연출/연기 영화/드라마 제작·편집 만화영화/컴퓨터애니메이션 동양/아시아 영화 서양/유럽 영화 기타영화	영화이론, 영화기술, 영화비평 영화교육, 영화사

영상학과 관련된 분류체계를 살펴보면, 영상학의 학문적 배경이 다채롭다 못해 무척 복잡하다는 사실을 알 수 있다. 영상학은 단지 사진을 찍거나 영화와 방송프로그램 등을 제작하는 기술에 대한 학문이 아닌 것이다. 언론학, 신문방송학, 언론정보학, 예술학과 마찬가지로 영상학은 제작을 위한 기반으로서 이론에 대한 공부를 더욱 강조한다.

사전적으로 이론은 '사물의 이치나 지식 따위를 해명하기 위하여 논리적으로 정연하게 일반화한 명제의 체계'[3]로 정의된다. 어렵게 보이지만 '무엇인가에 대한 이치와 지식을 설명할 수 있는 논리' 정도로 정의하면 이해가 한결 수월해진다. 이론의 영어식 표기 'theory'의 어원을 살펴보면 더 쉽게 이해할 수 있다. 'theory'의 어원은 '보기'를 뜻하는 그리스어 'theoria'에서 유래하지만 단순히 시각적인 '보기'만을 뜻하진 않는다. '보기' 앞에 추가해야 할 형용사구가 있다. 바로 '주의 깊게'이다. 이론은 **주의 깊게 보기**인 셈이다. 이론이 엄격한 사고 체계를 갖춘 것임은 틀림없지만 '주의 깊게 보기'라는 비교적 어렵지 않은 과정을 통해 얼마든지 이해될 수 있다. 원래는 연극이라는 뜻이었지만 극장(공연장)을 의미하는 단어가 된 'theater'의 어원도 theoria라는 점을 상기해보자. 연극이나 극장은 '주의 깊게 보기'를 전제한다.

영상학은 영상과 관련된 이론을 탐색하는 학문이다. 영상 이론을 어렵게 여기기 시작하면 몹시 부담스러워진다. 그냥 한번 바라보는 것부터 시작해보자. 글이나 말 같은 언어든, 형태가 있는 사물이든, 애매모호한 신기루 같은 것이나 마음속 깊이 숨겨져 있는 알 수 없는 무엇이든 관계없이 주의 깊게 관심을 가지고 바라보자.

그렇게 바라보다보면 어느새 이런저런 느낌과 생각이 슬며시 떠오를 것이다. 아리스토텔레스도 시각(보는 것)을 가장 고귀한 감각이라 생각했다고 한다. 그 어떤 감각보다 시각이 가장 우선시된다는 말일 터이다. 영상학의 학문적 토대는 시각을 바탕으로 하는 주의 깊게 보기의 실천, 즉 이론적 실천이라고 할 수 있다.

분과학문으로서의 영상학

만일 텔레비전과 영화관, 컴퓨터와 각종 휴대용 전자기기들이 없다면 우리는 하루하루 무엇을 하며 어떻게 보낼까? 마치 〈나 홀로 집에Home Alone〉(크리스 콜럼버스Chris Columbus, 1990)에서 케빈(맥컬리 컬킨Macaulay Culkin 분)의 온 가족이 그랬듯이, 수많은 매체들에서 보고 듣는 영상, 정보, 이야기들이 어느 날 갑자기 모두 사라진다면? 그래도 그런 것들이 없던 시절에 살았던 이들처럼 그럭저럭 무엇인가를 하면서 지낼까? 아니면 그 상황에 반쯤 넋을 놓은 채 장탄식만 늘어놓을까? 아마 후자라고 여기는 이들은 상상조차 할 수 없는 일이라고 볼멘소리를 늘어놓지 않을까 싶다.

영화 〈나 홀로 집에〉의 포스터와 영화 장면들. 크리스마스를 앞둔 어느 날 아침, 온 가족이 사라지고 케빈만 혼자 남아 평생 잊을 수 없을 크리스마스를 보낸다.

오래전부터 각양각색의 시각적 볼거리들은 오락이나 일용, 여가나 취미를 위한 유용한 도구로 사용되어왔다. 그 볼거리들이 영상으로서 학문의 대상이자 방법이 될 수 있을까? 이제 이 질문은 더 이상 하지 않기로 하자. 영상학이 학문으로서의 지식체계인 이론을 갖추었을까? 이 의문 역시 마찬가지로 더는 갖지 않기로 하자. 앞에서 살펴봤듯이, 부질없는 질문이자 의문이기 때문이다. 결론부터 말하자면, 당연하다. 영상은 '학學'의 중요한 대상이자 방법이다.

영상을 공부하지 않고 인간과 사회를 이해할 수 없을 만큼 현대사회에서 영상이 차지하는 비중과 영향력은 지대하다. 따라서 영상을 공부해야 하는 이유도 간단하다. 영상은 우리의 삶이고 우리 자신이기 때문에 영상을 알지 못하면 우리와 우리 삶을 이해하는 일도 만만치 않아진다.

영상학은 대부분의 여느 학문들처럼 분과학문分科學問이다. 우리가 잘 알고 있는 과학科學은 원래 영어의 'science'를 가리키는 분과학문의 줄임말이다.[4] 분과학문은 모든 학문 분야에 일반적이고 보편적으로 적용되기보다 특정 영역에 국한되거나 특정 분야로 분류되는 지식과 그 체계를 갖춘 학문이라고 할 수 있다. 엄밀히 말하면 과학을 비롯해 이른바 근본학根本學으로 일컬어지는 철학 등의 모든 개별 학문은 분과학문인 셈이다. 영상학도 마찬가지이다.

영상학은 철학, 언어학, 문학, 역사학, 미학 등의 인문학이나 커뮤니케이션학(언론학이라고도 하는) 같은 사회과학, 그리고 순수과학과 예술학의 어느 학문 분야에나 포함될 수 있다. 이 모든 학문 분야들의 하위 분야이자 복수의 학문 분야에 복합적으로 소속되는 학문이 영상학이다. 학문의 영역 구분이나 범주화가 항상 엄정하지는 않지만 영상을 어느 관점에서 접근하는지에 따라 영상학의 학

---

4 영상을 예술의 한 분야로 분류할 경우, 영상학을 포함한 예술학과 분과학문인 과학은 엄격히 구분된다. 과학은 "원리를 창출한 다음 그것을 사용해 인간이라는 생물 종 특유의 속성을 정의하지만, 예술은 그 속성을 섬세하게 구체화하고 인상적인 방식으로 명시한다. 항구적인 것으로 증명된 예술작품들은 하나같이 강한 인본주의적 냄새를 풍긴다. 개인의 상상력 속에서 태어났음에도 불구하고 그것들은 인간의 진화가 부여한 보편적인 것"(윌슨, 2005: 378)을 건드리기 때문이다.

문 분야는 다양하게 분화될 수 있다. 영상이라는 개념이 학문 분야에 따라 상이하게 정의되고 관련 이론이나 방법론도 다양하게 적용될 수 있기 때문이다.

영상의 어원과 역사, 의식이나 상상, 커뮤니케이션, 기술과 사회, 이야기와 의미, 인간과 문화 등 영상과 관련된 논의들은 각각의 논제에 따라 영상학의 학문 분야가 결정될 만큼 무척 광범위하다. 예컨대 영상학은 철학, 과학, 심리학, 언어학 같은 기초 학문 분과나 고고학, 민속학, 역사학, 종교학 같은 역사학적 분과, 교육학, 사회학, 정치학, 경제학, 경영학, 언론학 같은 사회과학적 분과, 미학과 관련된 예술학적 분과, 사진, 영화, 방송, 광고 등과 관련된 미디어학적 분과 등 어느 학문 분과에 속해도 어색하지 않을 정도로 포괄적인 학문이다. 물론 정치철학이나 교육심리, 커뮤니케이션과 미디어, 영화미학 등과 같이 복수의 학문 영역에 공통으로 속할 수도 있다.

따라서 영상학은 상호학제적interdisciplinary이고 다학제적multidisciplinary인 특성을 갖는다고 할 수 있다. 전혀 다른 분야로 구분되는 학문 분야의 연구 성과를 바탕으로 영상학의 학문적 체계를 정립하거나 검토할 수 있고, 영상학과 다른 학문 분야 간에 연구 협업을 통해 새로운 학술적 기반을 다질 수도 있다. 학문의 이론적 토대와 연구방법론을 다른 학문 분야에서 참조할 수 있으며 독자적인 이론과 방법론을 모색할 수도 있다.

이른바 '진리 추구'라는 학문의 본령을 추구하는 데 있어 영상학이 선택할 수 있는 방법은 그야말로 무궁무진하다. 이는 곧 영상학의 진리 추구의 궤적이 그만큼 예측하기 쉽지 않다는 것을 반증하기도 한다. 그래서 영상학은 흥미진진할 수밖에 없는 학문이다.

영상학의 생각거리와 상상거리

흥미진진한 영상학

현대사회에서 영상은 주로 사진, 영화, 텔레비전, 컴퓨터(컴퓨터와 관련된 모든 미디어를 포함해) 등의 미디어를 통해 매개되는 것으로 알려져 있다. 중개자의 역할을 하는 미디어를 중심으로 영상의 학문적 체계를 정립하고 분류하는 학문이 영상매체학visual media studies이다. 영상매체학은 영상매체에 대한 커뮤니케이션학과 미디어 연구의 관심으로부터 태동한 학문으로, 영상매체의 역사적 기원, 매체 기술, 매체의 사회문화적 효과 등을 주로 탐색한다. 그러나 영상학은 영상매체학과 달리 매체 자체보다 매체에서 발현되는 영상의 본질에 더욱 천착한다. 따라서 영상학의 학문적 범위는 영상매체학을 포괄하며, 그렇기 때문에 앞서 얘기했듯이 영상학의 진리 추구 궤적을 추적하기란 여간 어렵지 않다.

영상학이 흥미진진한 이유는 이와 같이 다양한 학문적 접근방식을 선택할 수 있는 가능성과, 연구 방법과 성과의 예측 불가능성 때문이다. 앞에서 살펴본 분과학문으로서의 영상학을 다시 축약해보면, 영상학은 철학과 미학의 인문학적인 소양과 언론학 등의 사회과학적인 비판적 사고, 사진학과 영화학 등의 예술학적인 상상력이 총합된 학문이라고 할 수 있다. 따라서 영상학은 어떤 연구대상과 연구방법을 채택하든 관계없이 영상과 관련된 '모든 것'을 탐색할 수 있기 때문에 흥미로운 학문이다.

영상을 학문의 영역 안으로 편입시키는 데 주저했던 보수적 학풍은 이미 사라졌다고 할 수 있다. 영상학이 지극히 실용적인 학문이라는 인식도 오해와 불신의 결과에 불과하며, '영상'이라는 이름이 포함된 학과가 인문대학, 사회과학대학, 공과대학, 예술대학 등에 두루 포진해 있다고 해서 영상학의 정체성이 의심스럽다는 혐의도 근거가 없다. 오히려 그것이 영상학의 정체성일 수도 있다.

어느 학문이든 학문에 담과 벽을 두어서는 안 되며, 그 담과 벽을 기준으로 학문을 구분하고 분류하며, 범주화하고 경계 짓는 것은 온당치 못하다. 공자孔子의 잠언 중에 가르침에 있어 차별이란 있을 수 없다는 유교무류有敎無類라는 말이 있다. 배움에는 귀하고 천함이 없다는 말로 더 익숙한 말이기도 하다. 가르침이나 배움에 담과 벽이 있으면 안 된다는 공자의 통찰은 학문을 편 가르기 할 수 없으며, 그렇게 해서도 안 된다는 점을 일깨워준다.

영상학 또한 여느 학문들처럼 "학문의 경계를 허물고 일관된 이론의 실로 모두를 꿰는 범학문적transdisciplinary 접근"을 통한 "통섭의 시대"(최재천·장대익, 2005: 20-21)를 살고 있다. 21세기 들어 인문학, 자연과학, 사회과학, 예술학 등의 다양한 순수학문과 응용학문 분야에서 가장 관심을 끌었던 패러다임 가운데 하나가 '**통섭**統攝, consilience'이다.

'consilience'는 영국의 자연철학자이자 과학역사가인 윌리엄 휴얼William Whewell의 《귀납적 과학의 철학The Philosophy of the Inductive Science》(1840)에 처음 등장한 개념이다. 이후 미국의 생물학자이자 자연과학자인 에드워드 윌슨Edward O. Wilson이 《통섭: 지식의 대통합Consilience: The Unity of Knowledge》(2005)이라는 제목의 저서를 출간하면서 통섭이라는 개념이 세간의 주목을 받기 시작했다.

consilience의 라틴어 어원은 '함께 뛰어넘음jump together'이라는 뜻의 'consiliere'이다. 윌리엄 휴얼은 consilience를 '더불어 넘나듦', 다시 말해 "서로 다른 현상들로부터 도출되는 귀납들이 서로 일치하거나 정연한 일관성을 보이는 상태"(최재천·장두익, 2005: 10)로 정의했다. 한자로 통섭은 '統攝'과 '通攝' 두 가지가 쓰이는데, 윌슨의 저서가 국내에 처음 소개된 무렵에는 "사물에 널리 통하는 원리로 학문의 큰 줄기를 잡고자"(최재천·장대익, 2005: 13) 저술되었다는 취지에 걸맞게 '統攝'이 채택되었다.

그러나 2009년 7월에 열린 '제2회 두 문화 만남을 위한 대학연구소 간 공동

학술심포지엄'(서울대학교 사회과학연구원, 중앙대학교 인문과학연구소, 한국예술종합학교 한국예술연구소, 시민과학센터 공동주최)에서 "'統'보다는 통하다 소통하다로서의 '通'이 더 적합하다고 제안된 이후로 '通攝'이 더 설득력 있게 사용"(류웅재·강승묵·이영주, 2011: 115)되기 시작했다.[5]

이론상의 논리적 모순이 없다는 뜻의 정합整合, coherence과 달리 통섭은 정합의 "다양한 의미들 가운데 하나"(월슨, 2005: 40)를 뜻하며, 학문 간 '넘나듦'의 폭이 넓은 개념이라고 할 수 있다. 따라서 통섭을 통해 "수많은 지식과 행위들이 양팔을 벌려 손을 잡고 함께 도약하면 다양한 유형의 지식과 행위들 간의 결합(학제 간, 복합, 융합, 통합 등) 방식이 나타날 수 있다"(심광현, 2009: 33).

이와 같이 통섭을 통한 지식과 (실천적) 행위의 결합은 학문을 개별 단위로 구획하고 그 경계를 엄격히 구분했던 학문적 엄숙성에 의문을 제기한다. 비록 "통섭을 입증하거나 반박하는 일은 자연과학에서 개발된 방법을 통해서만 가능"(월슨, 2005: 40)하고, "사회과학은 통섭을 행하지 않는다."(월슨, 2005: 318)는 주장에 동의하지 않지만 월슨의 통섭론은 융합이나 복합을 넘어 통섭의 학문을 지향하는 영상학의 학문적 정체성을 정립하는 데 매우 유용하다.

영상연구가 모든 학문 분야를 방법론의 토양으로 활용하지 않으며, 그렇게 할 수도 없다는 것은 자명하다. 그러나 영상이 모든 학문 분야와 결합되어 있기 때문에 영상의 학문적 체계가 형성된다는 일본의 저명한 영상학자 오카다 스스무岡田 晋의 통찰에는 귀를 기울여야 할 것이다. 그는 "영상은 문화의 문제"이며, "영상연구는 인접학문을 동반자로 하고, 모든 학문을 기반으로 기존 체제를 초월하는 영역으로 가기 위해 발을 내디딘다"(오카다 스스무, 2006: 8)라고 주장한다. 비록 오카다 스스무(2006: 8)는 (영상학이 지향하는) "그곳이 어디인지 알 수 없다"고 고백한 바 있지만 영상연구가 이웃의 여러 학문들을 참조하고 기존의 학

---

5 에드워드 월슨의 《통섭: 지식의 대통합》을 국내에 소개한 최재천, 장대익 선생님도 우리말로 통섭이라고 할 경우에 굳이 두 한자어를 구분할 필요는 없다고 부연했으며, 다만 혼동을 줄이기 위해 통리統理의 의미에서 統攝을 택했다고 한다.

문 체계를 넘어설 수 있다는 그의 예측은 에누리 없이 맞아떨어졌다.

영상학의 영어식 표기는 **Visual Studies**이다. Cultural Studies가 문화연구로 번역되듯이, Visual Studies도 영상연구로 번역될 수 있지만 학문의 분류 체계상 영상학으로 풀이되는 것이 보다 정확할 듯하다. Cultural Studies처럼 Visual Studies도 복수형의 'studies'로 표기되는 까닭은 영상학의 이론과 연구 방법(론)이 어느 한 가지로 국한되지 않기 때문이다. 앞에서 여러 차례 살펴봤듯이, 영상은 삶이나 문화처럼 단일한 개념으로 정의될 수 없을 만큼 복합적인 의미를 갖고 있는 데다 영상학도 유일한 분과학문이라고 할 수 없다.

그래서 영상학은 매력적인 학문이다. 영상학이 어느 곳을 지향하는지 알 수 없기 때문에 더욱 그렇기도 하다. 가야할 곳이나 가지 말아야 할 곳을 미리 알고 있으면 가는 길이 수월하고 목표의식도 뚜렷하며 그만큼 수고를 덜 수 있을 것이다. 그러나 미지의 길을 갈 때 경험할 수 있는 설렘이나 떨림, 울림 등은 그만큼 덜할 수도 있다.

영상(학)의 정체성이 불분명하다는 세간의 우려와 지적에도 불구하고 영상학이 매력적인 또 하나의 이유는 영상을 공부하는 길이 한두 가지로 정해져 있지 않기 때문이다. 어느 길로 가든 그 길은 낯설 테고, 낯설기 때문에 새로울 터이며, 새롭기 때문에 볼 것도 들을 것도 많을 것이다. 영상학은 그래서 흥미진진興味津津하다.

카페에서 읽는 영상학 이야기

영상학을 공부하면서 생각하고 상상해야 할 것은 의외로 간단하다. 영상의 '본질'에 관한 것이다. 영상은 존재하는 것인지, 부재하는 것인지, 영상에는 어떤 속성이 내재되어 있으며 영상을 어떻게 바라보고, 또 그 영상은 어떻게 바라보이는지, 영상을 통해 어떤 이야기가 어떻게 전개되는지 등에 대해 생각하고 상상함으로써 영상의 본질에 가까이 다가갈 수 있다.

영상학 공부가 그리 어렵지 않다는 데에 독자의 의심이 가득 담긴 눈빛과 표정이 보이는 듯하다. 더구나 그렇게 간단하게 읽힐 것 같지 않은 이 책을 카페에서 한가로이 읽어보라니 독자의 불만스러운 목소리가 들리는 듯도 하다. 그러나 그렇게 심각하게 여길 필요는 없다. 가령, 이렇게 해보면 어떨까.

어느 가을날 오후, 볕이 잘 드는 카페 창가에 앉아있다고 상상해보자. 창가에서 바라볼 수 있는 곳은 창 안쪽의 카페 내부이거나 창 바깥쪽의 카페 외부일 터이다. 만일 창 안쪽을 바라본다면, 카페 내부의 인테리어가 눈에 들어올 것이다. 테이블과 의자, 벽과 벽에 걸려 있는 사진이나 그림들, 이런저런 소품들이 보일 것이고, 조금 더 눈을 돌려보면 혼자서 혹은 친구나 연인과 함께 커피를 마시는 사람들도 보일 것이다.

우리 눈에 비친 모든 것이 영상이다. 우리가 바라보는 것에 대한 인상, 감각, 지각, 의식이 영상적 속성을 특징짓는다. 따라서 우리는 단지 카페 창가에 앉아 카페 안쪽을 바라봤을 뿐이지만, 그 자체로 영상에 대한 많은 것들을 상상하고 생각한 것이라고 할 수 있다.

이제 카페 바깥에서 스며들던 햇볕이 갑자기 옅어지면서 빗방울이 후드득 창에 떨어지자 카페 안에 머물러 있던 눈(길)을 창밖으로 돌렸다고 가정해보자. 창에 부딪히거나 이미 부딪힌 후 주르륵 흘러내리는 빗물이 보이기도 할 것이고, 창 너머 거리에서 비를 피해 뛰어가는 사람들과 바람에 일렁이는 가로수가 보일 수도 있다. 카페 안쪽에서 했던 것처럼 눈에 비친, 그래서 감각하고 지각하며, 의식할 수 있는 것들에 대해 생각하고 상상해보자.

우산을 가져오지 않아 비를 맞으며 집으로 돌아가야 했던 어린 시절의 어느 날, 옛 친구나 연인과 만났거나 헤어졌던 날, 취업과 실직에 대한 걱정에 싸여 빗속을 하염없이 걸었던 젊은 시절의 한때, 속절없이 침몰하는 배 안에 갇혔던 사람들의 한없이 슬픈 이야기 등 비와 카페에 얽혀 있는 이런저런 추억과 기억이 떠오를 지도 모르겠다.

그렇다고 지금 당장 카페로 달려가 창가에 자리를 잡아야겠다고 나서지 않기를 바란다. '그 정도쯤' 해봤다면 이미 학문으로서의 영상학을 공부하는 길에 들어선 것이나 마찬가지다. 그러니 지금 있는 그 자리에서 커피 한 잔을 천천히 음미하며 영상과 관련해 무엇을, 어떻게, 왜, 생각하고 상상해야 하는지 구체적으로 하나씩 따져보기로 하자.

비운의 화가 빈센트 반 고흐 Vincent van Gogh(1853~1890)
가 카페를 소재로 그린 〈아를의 밤의 카페 The Night Café
in Arles〉(1888), 〈아를의 포룸 광장의 카페 테라스 Café
Terrace, Place du Forum, Arles〉(1888).

카페 풍경들. 카페에 앉아 바라보는 모든 풍경이 영상이라고 할 수 있다.

영상학에서 공부할 것들

독일의 세공업자 요하네스 구텐베르크Johannes Gutenberg가 금속 활판 인쇄술을 발명하기 훨씬 이전에도 문자는 인류의 지혜와 지식을 저장하고 보급하는 최고의 도구였다.[6] 바벨탑의 저주와 불행에 대한 성서 이야기와 노스트라다무스Nostradamus의 예언과 관계없이 문자는 모든 민족과 인종의 존재 이유를 논리적으로 설명하는 가장 중요한 과학적 도구였다.

특히 문자에 대한 맹신은 인문학을 우선시하는 학문적 풍토를 추인했다. 그로 인해 인문학은 시각을 통해 지혜와 지식을 추구하는 영상학 같은 학문을 학문의 영역으로 들이지 않는 완고함을 드러내기도 했다. 문자와 달리 단지 시각적 볼(들을)거리에 불과한 영상이 논리적이지 않다는 이유 때문이었다.

그러나 영상은 언어로 설명할 수 없는 볼거리로서의 가치를 갖고 있다. 무엇인가를 볼만하다는(들을 만하다는) 것은 문자의 논리로만 이해할 수 있는 것이 아니다. 가령, 인간은 항상 보던 것만 보려고 하는, 일종의 시각적 편집증 같은 관습에 길들여져 있다. 항상 가던 길만 가고, 만나는 사람만 만나는 것처럼, 낯선 것에 대한 두려움을 갖고 있는 것이다. 그 이유는 역설적으로 문자를 통해 충분히 객관적으로 논증될 수 있다.

문자는 영상이 어떤 이유로 볼만한지를 논증할 수 있다. 영상의 볼만한 가치를 문자가 논리적으로 입증할 수 있는 논거를 제시할 수 있는 것이다. 이는 볼만한 것으로서의 영상에도 문자처럼 논리가 작용한다는 사실을 문자가 공인하는 것이라고 할 수 있다. 따라서 영상은 문자처럼 논리적이며, 언어처럼 논리적으로 추론될 수 있다.

---

6 사실 1445년에 구텐베르크가 발명한 주조 활자에 의한 금속 활판 인쇄가 세계 최초로 알려져 있지만 그때보다 68년 전인 1377년에 우리나라 청주 흥덕사에 기거했던 승려 백운화상白雲和尙이 찍어낸 직지심체요절直指心體要節이 세계에서 가장 오래된 금속 활자라고 할 수 있다. 직지심체요절은 세계기록문화유산에 등재되어 있기도 하다.

인간의 눈(동공)은 무엇인가를 바라보는 순간 일시적으로 확장된다. 낯섦으로 인한 놀라움 때문이다. 평소의 시각적 관습에서 벗어난 이런 바라봄의 경험에 대한 감정과 사고를 나누는 행위가 커뮤니케이션이다. 바라보이는 대상 자체와 그것의 의미, 바라보는 이유와 행위 등을 통해 커뮤니케이션하고자 하는 것은 인간의 기본적인 욕구이다.

영상에 대한 공부는 이 커뮤니케이션 욕구를 충족시키기 위해 바라본 것에 대한 생각과 상상을 논리적으로 체계화하는 것이라고 할 수 있다. 이를 위한 세 가지 방향(성)이 있다. 첫째는 영상의 기원과 관련된 영상의 존재론적인 방법이고, 둘째는 영상을 지각하고 의식하는 체계와 관련된 영상의 인식론적인 방법이며, 셋째는 영상의 정치경제적이고 사회문화적인 의미와 효과 등을 살펴보는 영상의 문화연구적인 방법이다.

영상을 공부하기 위한 이 세 가지 방향(성)을 토대로 영상학에서 공부할 수 있는 대상을 아홉 가지로 세분화할 수 있다. 첫째는 세 가지 방향(성) 가운데 첫 번째에 해당하는 것으로, 영상 개념의 어원과 영상의 존재 양식에 관한 것이다. 둘째는 두 번째 방향(성)에 해당하는 것으로, 인간이 세상(대상)을 감각하고 지각하며, 의식하고 이해하는 인식의 과정과 결과에 관한 것이다.

셋째부터 아홉째까지는 모두 세 가지 방향(성) 가운데 세 번째에 해당한다. 셋째는 인간이 세상(대상)을 바라보는 방식이 관습적이라는 점을 비판하는 논거인 영상재현visual representation과 관련된다. 특히 영상이 사실인지, 영상을 통해 진실을 알 수 있는지의 문제를 영상 재현체계를 통해 살펴보는 것이다. 넷째는 인간이 세상(대상)을 바라보면서(들으면서) 느끼고, 느끼면서 생각하고, 생각 끝에 세상(대상)에 대해 말하는 커뮤니케이션 과정과 결과에 관련된 것이다.

다섯째는 영상의 의미와 의미작용에 관한 것이다. 영상의 의미는 영상을 하나의 기호sign로 간주하며 구성되고, 몇 단계의 과정을 거치며 모종의 작용을 하게 된다. 특히 이 의미작용에 의해 새롭게 구성된 영상의 의미는 신화와 이데올로기의 기능을 수행한다. 여섯째는 영상이 언어처럼 이야기의 도구가 된다는 것이다. 마치 말이나 글처럼 영상도 고유의 논리적인 체계를 통해 이야기하고, 이 이야기를 듣는 독자(관객, 시청자)는 문자와 다른 차원에서 영상에 몰입immersion하거나 영상 속 인물과 자신을 동일시identification하기도 한다.

일곱째는 이야기의 논리적 구조(화)로서의 서사narrative에 관한 것이다. 세상의 어떤 이야기든 이야기가 되려면 서사라고 하는 특정한 구조를 갖추어야 하는데, 그 핵심 구성요소로 인물, 사건, 배경을 들 수 있다. 여덟째는 영상의 장르와 포맷에 관련된 것이다. 특히 영화 장르와 방송프로그램 포맷은 영상이 '들려주는' 이야기의 유형이나 범주를 결정하는 데 있어 중요한 기능을 한다.

마지막으로 아홉째는 영상과 문화의 관계에 관한 것이다. 영상과 관련된 모든 논제들은 결국 직간접적으로 문화와 연관되어 있으며, 특히 영상의 사실성과 스펙터클, 디지털 영상의 이데올로기와 권력의 문제 등은 디지털 시대 영상의 문화적 의미구성 과정과 밀접하게 관련되어 있다.

영상학의 공부 방법

23.5와 36.5, 이 두 숫자에서 무엇이 연상되는가? 아무래도 23.5도와 36.5도처럼 끝에 '도'를 붙여야만 이 숫자들이 더 수월하게 이해될 것이다. 지구의 자전축인 23.5'도'와 인간의 체온인 36.5'도'처럼 말이다. 그렇더라도 지구의 자전축과 인간의 체온 사이에 도대체 무슨 관계가 있다는 것일까?

한 패션 전문회사는 이 숫자들을 연결해 슬로건으로 사용했다. 이 회사에서 설명한 내용을 인용하면, '지구와 인간은 하나'라는 의미가 이 두 숫자를 이어주는 고리라고 한다. 친환경과 재활용을 표방하는 업사이클링upcycling7을 통한

---

7 1994년에 독일인인 리너 필츠Reiner Pilz가 처음으로 사용한 용어인 업사이클링은 버려진 제품에 친환경적인 디자인을 가미해 예술성과 심미성, 기능성을 두루 갖춘 새로운 용도의 고부가가치 제품으로 재탄생 시키는 것을 가리킨다. 버려진 자원이나 쓸모없는 폐품을 원재료를 분해하는 과정 없이 재활용해 원래보다 더 좋은 품질이나 더 높은 환경적 가치가 있는 제품으로 재가공하는 과정이 업사이클링인 셈이다. 업사이클링은 기계적이고 화학적인 공정을 통해 사용 가능한 다른 형태의 재료로 바꾸어 사용하는 다운사이클링과 대립되는 용어이기도 하다.

지구와 인간의 공존에 대한 인식 공유와 이를 위해 필요한 발상의 전환, 무엇보다 인간이 처한 현실에 대한 비판적 의식이 두 숫자 사이에 놓여 있다는 것이다.

영상을 공부하는 우리가 해야 할 일은 언뜻 관계가 없을 것 같은 23.5와 36.5 사이에서 무엇인가를 바라보는 일이다. 그리고 바라본 그것이 어떤 의미가 있으며, 왜 그렇게 의식되는지에 대해 고민하는 것이다. 이런 고민은 관심과 의지가 수반된 바라봄의 실천을 통해 더욱 깊어진다. 굳이 생전 가보지 않은 지구 자전축의 극과 극에 위치한 세상이나 공상과학 영화에나 등장할 법한 인간의 체온을 지니지 않은 가상의 존재를 바라보려고 안간힘을 쓰지 않아도 상관없다.

우리가 발을 딛고 있는 현실의 시공간에서부터 바라봄의 실천은 얼마든지 가능하다. 지금 – 여기now and here를 바라보고자 하는 관심과 의지를 가지고 바라봄의 대상과 그것의 의미를 찾는 일이 곧 영상 공부의 출발점이다. 인간은 어렸을 때부터 보는 동시에 해석하도록 길러지지 않았다는 지적(유웬, 1996: 200-201)에 전적으로 동의한다. 우리가 경험했던 초중고교 시절의 교육을 떠올려보면, 별다른 비판적인 저항의식 없이 단지 보는 행위에만 길들여진 것은 아닌지 의구심을 거둘 수 없기 때문이다.

방송에서 이른바 '멍 때리기' 대회를 중계한 영상을 시청한 적이 있다. 허공의 한 지점에 시선을 한참 고정시킨 채 '멍 때리는' 사람들을 보다가 나도 모르게 함께 멍 때렸던 기억이 떠오른다. 아무런 감각이나 지각 없이 그저 보기만 해도 무엇인가 의미가 있다고 하니 보기를 통한 교육이 전혀 효과가 없는 것은 아닌 듯하다. 그러나 영상 공부는 멍 때리기만으로는 어림없을 뿐더러 가당치도 않다. 영상 공부는 다음 네 가지의 '일상적인 방법'을 터득하는 것이라고 할 수 있다.

첫째는 현실에 대한 관찰이다. 대부분의 학문과 마찬가지로 영상학도 현실에 기반을 둔다. 따라서 현실에서 발생하는 영상과 관련된 다양한 현상과 상황을 꼼꼼하게 관찰해야 한다. '눈썰미'와는 관계없으니 평소에 주의력이 부족하다고 지레 걱정할 필요는 없다. 눈길(시선)이 가는 대상부터 관찰하는 것도 좋다. 단, 전제가 있다. 그냥 보는 것에 그치거나 겉모습만 봐서는 안 된다. '주의 깊은 바라보기'가 반복적이고 지속적으로 이루어져야 한다.

둘째는 관찰 결과를 분석할 수 있는 방법(론)을 찾는 것이다. 분석이나 방법

(론) 모두 어렵지 않다. 분석은 단순화하는 것이다. 막상 관찰해보니 금방 알 만한 것도 있고 그렇지 않은 것도 있을 것이다. 후자가 문제인데, 분석은 알아내기 어렵다고 여겨지는 것을 하나씩 따로 떼어놓는 것이다. 가령, 한 편의 영상작품을 만드는 데 필요한 연출, 촬영, 편집, 조명, 음향, 연기, 의상, 분장, 소품 등에서 유독 관심이 가는 한두 가지를 따로 분리해 개별적으로 들여다보는 것도 좋은 분석방법(론)이다.

영상학이 통섭을 지향하는 학문이라는 사실을 잊지 않았을 것이다. 그래서 영상학은 학문의 모든 분야와 결합된다는 점도 기억하고 있을 것이다. 철학, 미학, 문학, 사회학, 심리학, 인류학, 종교학, 언론학, 예술학, 영화학, 심지어 자연과학이나 공학 등에서도 영상을 분석하는 방법(론)을 찾을 수 있다.

예컨대, 요즘에는 그런 일이 없지만 영화학film studies의 학문적 체계가 정립된 이후에도 영화가 연구대상일 수 있는지를 놓고 괜한 트집을 잡는 경우가 있었다. 영화는 단지 들인 돈 만큼의 교환가치만 있으면 그만인 지극히 대중적인 영상상품에 불과한데 그런 영화를 연구한다는 데에 시샘 어린 불만이 있었던 것이다. 그러나 영화학은 영상학에서 절대적인 비중을 차지하는 학문이며, 영화학에서 영화영상을 분석하는 방법(론)도 위에서 열거한 학문들에서 참조한 것들이 대다수이다.

셋째는 분석 결과를 해석하는 것으로, 분석 결과의 의미를 찾아 그것을 이해하는 의식意識에 관한 것이다. 해석의 방법(론) 또한 분석의 방법(론) 못지않게 다양하다. 특히 문화연구의 측면에서 보면, 영상의 언어적 특징과 언어로서의 구조를 분석해 그 의미를 이해할 수 있고, 의미작용의 결과에 따르는 신화나 이데올로기, 권력의 문제에 대해 비판적으로 접근할 수 있으며, 그 밖에 대중문화와 관련된 다양한 개념과 이론들을 통해 영상의 의미를 해석할 수도 있다.

넷째는 위의 세 가지 과정을 통해 공부한 결과를 바탕으로 영상을 개념적으로 정의하고 이론화하는 것이다. 앞에서 얘기했듯이, 개념이나 이론이 거창하고 난해하다는 부담은 갖지 않아도 된다. 예를 들어, 영상은 '실체를 알아보기가 쉽지 않은 아지랑이나 그림자 같은 것'이라고 개념적으로 정의하고, 이를 바탕으로 영상이 '관념적이고 추상적인 속성을 갖는 환상이나 환영'이라는 이론을 제안하는 정도여도 무방하다. 다만, 개념과 이론은 논리적으로 타당해야 하며 보편적으로 일반화할 수 있는 명제이어야 한다. 특정 입장에 편향되기보다 보편타당한 개념과 이론이어야 하는 것이다.

이 네 가지의 공부 방법을 일상에서 구체적으로 실천하기 위해 선행되어야 할 것이 영상 '읽어 보기'이다. 읽어 보기는 읽기와 보기가 결합된 단어이다. 영상보기는 영상을 시각적 대상으로서의 이미지로 인식하는 것이고, **영상읽기**는 영상의 의미를 이해하기 위해 영상을 말이나 글처럼 언어의 측면에서 접근하는 것이다. 위의 네 가지 공부 방법 중에서 첫째는 영상보기에, 둘째부터 넷째까지는 영상읽기에 해당한다. 이 책의 목차를 예로 들면, S#1에서 S#3까지가 영상보기이고, S#4에서 S#10까지는 영상읽기에 해당한다고 할 수 있다.

특히 영상읽기는 영상에 대한 비판적인 문제 제기의 출발점이라는 점에서 영상학에서 매우 중요한 공부 방법이라고 할 수 있다. 영상읽기를 위해서는 문자가 억압적인 문법의 논리를 따라가는 데 반해, 영상은 참여적인 언어이기 때문에 민주적인 언어(박명진, 1999: 43-44)라는 주장을 참조할 필요가 있다. 문자읽기에 비해 영상읽기는 보다 덜 억압적인 조건에서 비판적으로 영상의 문제에 접근할 수 있다는 것이다.[8] 영상읽기는 영상을 단지 시각적 대상으로만 간주하는 데서 그치지 않고 영상이 구조화되는 방식을 면밀하게 분석해 그 의미를 해석하기 위한 방법이라고 할 수 있다.

---

8 독자적으로 의미를 고정시키기 어려운 언어인 영상도 문자처럼 체계적인 논리가 있다는 데 주목한 학문이 구조주의 언어학에서 파생된 기호학이다. 기호학은 영상을 언어로 인식하고 언어의 구조인 문법 체계가 영상언어에도 적용된다는 점을 논증하는 데 유용한 학문이다.

영상학의 생각거리와 상상거리

경험은 지식만큼 소중하다. 경험을 통해 지식을 얻을 수 있으며, 지식을 통해 새로운 경험을 할 수도 있다. 새로운 경험을 위해서는 언제 어디서든 다양한 것을 더욱 다양한 눈길(시선과 관점)로 바라봐야 한다. 살다보면 미처 의식하지 못한 채, 스치듯 보고 지나치는 것들이 수없이 많다. 그러나 일람一覽이나 일견一見 같은 스치듯 보는 경험만으로 무엇인가를 봤다고 확언할 수는 없다.

보이는 모든 존재들에는 기본적으로 빛과 어둠이 공존한다. 그 빛과 어둠의 형태와 질감을 꼼꼼히 따져봐야 비로소 그것을 봤다고 얘기할 수 있다. 경우에 따라서는 시간이 지나거나 공간이 바뀌면 빛과 어둠 자체가 달라지기도 한다. 우리는 이 빛과 어둠 사이에서 점차 스몸비smombie[9]가 되어가는 스스로를 미처 인식하지 못할 만큼 바라보는(듣는) 행위에 광적으로 집착한다. 문제는 그 집착이 사각형의 틀frame을 통해서만 이루어진다는 사실이다.

간혹 스마트폰 같은 휴대용 전자기기의 화면이나 텔레비전 브라운관, 영화관의 스크린, 사진이나 카메라의 뷰파인더처럼 우리의 생각과 상상이 사각형 모양을 하고 있진 않은지 우려스러워질 때가 있다. 세상천지에 볼거리와 들을거리가 넘치다 보니 시시각각 달라지는 빛과 어둠의 향연을 감각하고 지각하는 일 자체가 불가능해지기도 한다. 급기야 감각과 지각이 아예 사라진 것은 아닌지 덜컥 무서워질 때도 있다.

곰곰이 일상을 되돌아보면, 우리는 이른 아침에 눈을 뜨면서부터 늦은 밤에

---

9 스마트폰과 좀비를 합성한 단어인 스몸비는 고개를 푹 숙인 채 스마트폰을 보며 걸어 다니는 모습이 마치 좀비 같다고 해서 생겨난 신조어이다. 스마트폰 때문에 마주 오는 사람을 발견하지 못하고 어깨를 부딪치다보니 '어깨빵'이란 신조어도 생겼으며, 외국인들은 이것을 코리안 범프Korean Bump라고 부르기도 한다. 한국소비자원과 조선일보의 공동조사 결과에 따르면, 우리나라 전체인구 5172만 명 중 25.8%인 1332만 명이 스몸비로 추정되며, 스마트폰 사용자 중에서 36% 정도가 스마트폰을 보며 걸어오는 사람과 하루에 한 번 이상 부딪친 적이 있다고 한다(이슬비·김지연, 2017. 3. 20. 〈조선일보〉).

잠이 들 때까지 셀 수 없이 많은 것들을 바라보고 그 소리를 듣는다는 사실을 알 수 있다. 그것들은 끊임없이 무엇인가를 생각하고 상상하게끔 우리를 부추긴다. 특히 우리의 눈naked eye으로 보는 것은 사진이나 영화, 방송 카메라의 눈lens이 만들어낸 영상과 사뭇 다르다. 사각형의 형태를 띤 기계의 눈과 시야각 내에서 자유롭게 움직이는 인간의 눈이 같을 수 없다. 그러나 우리는 종종 카메라의 눈과 우리의 눈을 동일한 것으로 간주한다. 영화나 드라마를 보다보면, 그 이야기에 깊이 빠져 있는 자신을 발견하고 깜짝 놀랄 때가 있다. 주인공의 기쁨과 슬픔이 나의 것인 양 느껴질 때도 있고, 마치 내가 영화나 드라마의 주인공이 된 듯이 착각하기도 한다.

카메라의 눈과 인간의 눈이 동일하거나 유사한지, 또는 상이한지의 문제가 영상학에서 생각하고 상상할 거리들의 출발점이라고 할 수 있다. 카메라와 인간, 허구와 현실, 지각과 의식, 주체와 객체, 재현과 커뮤니케이션, 의미 구성과 의미 작용, 이야기하기와 서사, 장르와 포맷, 그리고 영상문화에 이르기까지, 영상학에서 공부해야 할 아홉 가지 대상들과 밀접하게 관련되어 있는 이 주제들은 하나같이 간명하게 설명될 수 없는 것들이다.

어떤 하나의 개념과 이론이 성립되면, 이내 이를 반박하는 또 다른 개념과 이론이 등장하고, 또다시 재반박의 논거들이 여기저기서 제기되기도 한다. 그래서 때로는 대립적이고, 또 때로는 모순적이기까지 한 논쟁이 치열하게 펼쳐지는 장field이 바로 영상학이라는 학문이다. 그럴 수밖에 없다. 영상은 문화처럼 우리의 일상 곳곳에 스며들어 있어 좀처럼 그 실체를 파악하기 어려운 데다 영상학은 학제 간 연구를 기반으로 하는 통섭 지향적인 학문을 추구한다고 했으니 말이다.

삶이 한 가지만 있지 않듯이 문화와 영상도 한 마디로 정의하기 여의치 않다. 이런 모습의 삶이 있으면 저런 모습의 삶도 있고, 이런 명제의 영상이 있으면 저런 명제의 영상도 있기 마련이다. 카리브 해의 서인도 제도 가운데 하나인 자메이카 출신으로 영국에서 살아온 저명한 마르크스주의 사회학자이자 문화이론가 스튜어트 홀Stuart Hall이 강조했듯이(Hall, 1980: 15-47), 영상에 대한 연구인 영상학은 반드시 **이론적 실천**theoretical practices을 담보해야 한다.

영국식 문화연구가 그랬듯이, 한국식 영상학도 영상과 관련된 논제들에 비판적으로 문제를 제기하고, 현실에 주도적으로 참여하는 문화적 실천cultural practices을 전제해야 한다. 관념적 사유와 추상적 개념으로 점철된 이론중심주의theoreticism를 지양하고, 뜨거운 논쟁을 마다하지 않으며 현실참여적인 이론을 정립하기 위해 영상학에서 전제해야 할 또 한 가지는 토론이다. 모름지기 "이론은 토론의 동기점"(카세티, 2012: xii)이기 때문이다.

모든 학문은 끊임없이 진화한다. 영상학 역시 항상 열린 이론화의 가능성을 통해 여느 학문과 공진화co-evolution할 수 있는 학문이어야 한다. 분과학문이나 학과와 같은 기존의 지식분업 체계로부터 벗어나 초학제 간 학문으로서의 정체성을 정립할 수 있는 것이 영상학의 중요한 특징 중의 하나이다. 이를 위한 구체적인 실천 방안 중의 하나가 영상학을 공부하는 대학생, 대학원생, 연구원, 교수 등, 대학과 연구기관의 구성원들이 묵시적으로 승인해왔던 계층적인 서열화를 경계하는 일이다. 탁상공론을 배격하는 것은 두말할 나위 없다.

S#2

영상, 그 오래된 미래

"프레임은 영화 속 공간의 샘플링이다. 그것은 그림의 사각 귀퉁이와 마찬가지로 대상과의 경계에 다름 아니다."

- 데이비드 노먼 로도윅(David N. Rodowick), 2012: 86

이미지와 영상의 역사

태초에 이미지가 있었다

아마 한두 번쯤 트릭아이trick eye라는 말을 들어봤거나 경험해봤을 것이다. 트릭아이는 마치 실물처럼 입체적으로 보이게끔 평면에 그려진 그림이라는 뜻의 프랑스어 트롱프뢰유trompe-l'oeil의 영어식 표현으로 전통적인 미술기법 가운데 하나이다. 또한 눈의 속임수trick of the eye라는 한국어식 줄임말로도 쓰이는 트릭아이는 일종의 착시현상을 활용해 눈을 혼란스럽게 하는 전시이자 문화 체험이다. 근래에 미술관이나 박물관, 전시장 등에서 열리는 트릭아이 '쇼'는 상업적인 용도의 돈벌이 수단이기도 하다.

트릭아이를 활용한 그림은 주로 벽이나 바닥, 천정이나 기둥 같은 2차원 평면에 크기, 대칭, 비례를 활용해 3차원적인 원근감을 강조한다. 최근에는 스마트폰 애플리케이션을 이용해 증강현실AR, Augmented Reality을 경험할 수 있도록 트릭아이 기법으로 그려진 3D 미술 작품이 대중의 주목을 끌기도 한다. 트릭아이는 그림 속 대상이나 풍경이 마치 살아 있는 것 같은 착각이 들기도 한다.

이와 같이 눈속임을 통해 일시적으로 시각적 혼돈을 불러일으키는 미술기법은 오래전부터 있었다. 기원전 5세기경에 살았던 고대 그리스의 화가들 가운데 제욱시스Zeuxis는 신화적인 모티프motif와 일상적인 삶을 소재로 색조 대비를 통한 풍경화를, 파라시우스Parrhasius는 신화를 소재로 윤곽이 뚜렷한 인물화를 주로 그렸다고 전해진다. 제욱시스는 최초로 이젤을 활용해 그림을 그린 화가로도 알려져 있다. 어느 날 제욱시스가 파라시우스가 그린 꽃 그림을 보기 위해 그를 찾아간다. 그러나 제욱시스는 파라시우스가 그린 꽃 그림은 정작 보지도 못한 채, 본의 아니게 파라시우스와 그림 실력을 다투어야 하는 상황에 처한다.

제욱시스가 자신의 장기인 포도나무를 그리자 새들이 날아와 포도송이를 쪼려 했다는 이야기를 들은 파라시우스가 '제욱시스는 새의 눈을 속였지만 자신은 사람의 눈을 속일 수 있다'고 공언한 것이다. 이 말을 들은 제욱시스는 꽃 그림은 뒷전인 채 사람을 어찌 속일 수 있는지 증명하라고 파라시우스를 다그쳤다. 파라시우스는 자신이 그린 그림이 커튼 뒤에 있으니 커튼을 열어보라고 했다. 제욱시스는 손을 내밀어 커튼을 걷으려고 했으나 이내 그 커튼이 그림임을 직감했다고 한다. 파라시우스의 커튼 그림이 얼마나 진짜같이 보였으면 제욱시스가 그만 깜빡 속아 넘어갔을까.[1]

제욱시스의 포도 그림이나 파라시우스의 커튼 그림은 "물감이라는 무생물에서 살아 움직이는 자연을 창조해낸 기술"(마노비치, 2004: 258)의 결과물이다. 그러나 제욱시스와 파라시우스의 웃어넘길 수만은 없는 미묘한 경쟁구도가 우리에게 남긴 교훈은 빼어났던 그들의 그림 실력에 관한 것이 아니다. 당대에는 파라시우스보다 제욱시스가 화가로서의 명성이 더 높았다고 한다. 그런 제욱시스를 시샘한 파라시우스가 순간 발끈하는 제욱시스의 심리를 교묘하게 이용해 커튼 그림을 실제 커튼으로 착각하도록 그의 눈을 현혹했다는 해석과 가짜 커튼을 진짜 커튼으로 오인할 만큼 제욱시스가 욕망에 사로잡혀 있었다는 해석 등이 다양하게 전해진다.

무려 2500여 년 전에 있었던 이 옛날이야기가 더욱 흥미로운 까닭은 베일veil로 알려져 있는 커튼curtain 때문이다. 연극이나 뮤지컬 공연에서 극의 시작과 막

---

1 우리나라에도 제욱시스와 파라시우스 못지않은 걸출한 화가가 있었다. 6세기 말 통일신라시대, 황룡사 벽에 〈노송도老松圖〉를 그렸다는 솔거率居이다. 황룡사 주변에 살았던 참새, 까마귀, 제비, 솔개 등이 솔거가 그린 노송 그림을 실제 늙은 소나무로 착각한 나머지 벽화에 날아들다가 날개를 부딪치거나 발을 헛디뎠다는 일화가 삼국사기에 전해진다.

왼쪽은 〈벽감 앞에 걸린 포도송이Bunch of Grapes Hanging in the Niche〉(바렌트 반 데르메르Barend van der Meer, 1659~1702). 오른쪽은 〈꽃바구니와 커튼Still Life with a Flower Garland and a Curtain〉(아드리안 반 데르 스펠트 Adriaen van der Spelt, 프란스 반 미리스Frans van Mieris, 1658).
네덜란드 화가들이 그린 이 두 그림은 트릭아이 쇼에서 제욱시스와 파라시우스의 그림으로 종종 '착시'되기도 한다.

간 휴식, 끝을 알리는 역할을 하는 무대극의 커튼은 회화와 사진의 액자, 영화의 프레임과 스크린, 텔레비전의 브라운관을 상징한다. 커튼, 액자, 스크린, 브라운관 안에 담긴 것들의 공통점은 사각형의 틀frame 안에 '갇힌' 이미지라는 사실이다.

"태초에 이미지가 있었다. 어느 쪽을 둘러보아도 이미지는 존재한다"(졸리, 1999: 53)는 마틴 졸리Martin Joly의 명쾌한 주장과 달리 엄밀히 말하면, 하늘과 땅이 열렸던 당시에는 이미지로 '불리는 것'만이 있었을 뿐이지 이미지라는 말은 고사하고 그것에 대한 사고 자체가 없었다. 아마도 당시에 이미지는 인간의 눈으로 볼 수 있는 구상을 비롯해 볼 수 없는 추상까지 포함하는 개념이었을 듯싶다.

플라톤Plato은 《국가Politeia, The Republic》(B.C. c380)에서 동굴의 비유The Allegory of the Cave를 통해 참된 실재existence인 이데아idea에 대해 자세히 설명한다. 플라톤에 따르면, 고대 그리스에서 동굴에 갇힌 죄수는 동굴 안을 자신이 알고 있는 세계의 전부로 여기며 동굴 밖으로 나가지 않는 한 참된 진리의 초월적 세계인 이데아를 만날 수 없었다. 이데아는 동굴 안(현실)이 아니라 인간의 오감 너머의 세계인 동굴 밖(비현실)에 존재한다고 여겨졌기 때문이다.

현실 세계인 동굴 안과 비현실 세계인 동굴 밖에 대해 조금 더 이야기해보자. 동굴 벽을 마주보고 앉은 죄수의 몸은 철사 등으로 묶여 있었고, 그의 등 뒤에는 어둠과 한기를 쫓기 위한 화톳불이 피워져 있었다. 죄수는 그 불빛에 의해 자

윗줄 왼쪽부터 시계 방향으로 〈플라톤의 '동굴의 비유'〉(마르커스 마우러Markus Maurer, 1996), 〈동굴 The Cave〉(시카고 대학교 철학과 강의자료, 2005), 〈플라톤의 동굴〉(건지The Guernsey Magazine, 1882)

신의 발끝에서 동굴 벽으로 길게 이어져 일렁이는 그림자(때로는 꼭두각시 인형과 같은 사물의 그림자를 포함해)를 마치 실제인 양 바라보며 죄를 뉘우쳐야만 했다. 그러나 죄수에게 이 상황이 마냥 고통스럽지만은 않았다고 한다. 벽에 어른거리는 그림자를 보고 있는 순간만큼은 자신이 살아 있음을 확인할 수 있었기 때문이다.

그러던 어느 날 죄수 한 명이 우연히 동굴 밖으로 나갈 수 있는 기회를 얻는다. 그가 본 동굴 밖 세상은 그야말로 놀랍기 그지없는 것이었다. 오랜 시간 동굴에 갇힌 채 자신과 그림자밖에 볼 수 없었던 그의 눈에 실제 자연의 모든 것들이 밀물처럼 밀려들어오면서 그는 경악했고 공포에 휩싸이기까지 했다. 그가 동굴 안에서 여태 봐왔던 그림자는 모두 가짜였고, 진짜는 동굴 밖에 있다는 것을 깨달았던 것이다. 진짜라고 믿었던 동굴 안과 벽, 그림자는 모두 허상이었던 셈이다. 실체가 없는 그림자인 이미지였을 뿐이었다.

플라톤의 동굴의 비유에 한 가지 상상을 덧붙여보자. 만일 어두운 동굴 안을 영화관, 동굴 벽을 스크린, 그곳에 형상화된 그림자 이미지를 영상으로 비유해보면 어떨까? 놀랍게도 서로 잘 맞아떨어진다고 생각되지 않는가? 그렇게 생각한다면 죄수는 관객일 수도 있겠다. 관객인 죄수, 영화관 같은 동굴, 스크린인 동굴 벽, 영상인 그림자 이미지에 대해서는 앞으로도 계속 이야기될 테니 다시 플라톤으로 돌아가보자.

죄수는 참된 진리라 믿었으나 결국 허상으로 밝혀진 스크린과 이미지에 갇혀 살았고, 그의 사유와 사고도 스크린과 이미지에 감금되어 있었다. 동굴 내부와 벽, 모닥불과 그림자는 물리적으로 존재하는 것들이다. 그러나 그것들을 형상화한 이미지는 가짜다. 그림자 이미지는 허상을 부추길 뿐이고, 그 허상으로부터 벗어나 진짜인 이데아를 보기 위해서는 고개를 돌려야 한다. 마치 죄수가 벽에서 고개를 돌려 동굴 밖으로 시선의 방향을 바꾸는 것처럼 말이다. 모든 존재하는 것의 존재를 입증하는 가시적인 형상을 뜻하는 에이도스eidos와 참된 진리인 이데아는 동굴 안이 아니라 동굴 밖에 있는 셈이다. 플라톤은 에이도스가 사물의 본질이라고 믿었다.

환영으로서의 이미지

플라톤은 동굴의 비유를 통해 진실과 진리를 찾기 위해서는 용감하고 과감하게 시선을 돌려야 한다는 교훈을 남겼다. 플라톤 식으로 말하면, '이미지에서 사유로' 철학적 전환philosophical turn을 해야 비로소 허구의 이미지로부터 자유로워질 수 있는 것이다. 정반대인 또 하나의 교훈이 있다. 우리가 영상이라고 부르는 것을 포함해 그림자 같은 이미지는 동굴, 벽, 모닥불, 심지어 꼭두각시 인형 등에 의해 조작된 허구이며, 결코 참된 진리로서의 이데아일 수 없다는 플라톤의 믿음을 비판적으로 고찰해야 한다는 것이다.

이쯤 되니 고민이 더욱 깊어진다. 이미지와 영상이 지혜의 원천이나 진실의 보증, 진리의 상징일 수 없다면 우리는 그런 이미지와 영상을 어떻게 사유해야 하는 것일까. 만일 플라톤의 '믿음'을 믿을 수 있다면, 지금부터 탐색하고자 하는 것들은 온통 거짓일 수도 있다. 진짜가 아닌 가짜를 좇는 일이라도 그것이 어떻게, 왜 가짜인지를 밝혀낼 수 있다면 나름대로 의미는 있을 것이다. 하지만 이 모든 것이 혹여 부질없는 짓은 아닐지 슬며시 불안해지기도 한다.

플라톤은 스승인 소크라테스Socrates의 가르침대로 이성을 맹신하면서 인간에게는 지성intelligence, 오성understanding, 신념belief, 그림자illusion의 네 가지 층위가 존재한다고 주장했다. 가장 높은 곳에 위치한 지성과 오성은 이데아, 그 아래의 신념은 현실real, 맨 아래의 그림자는 현실을 가짜로 반영한 환영phantasm으로서의 영상(이미지)이다.

플라톤의 후기 대화편인 《소피스테스Sophistes》에는 어떤 형상을 모사하는 방법으로 에이콘eikon과 판타스마phantasma가 제시되어 있다. 아이콘icon의 그리스어인 에이콘은 참된 실재인 이데아를 정확하게 모사하기 때문에 현상을 설명하기 위한 도구로 간주되는 반면에 '환영'을 뜻하는 판타스마는 모사한 것을 다시 모

Act I 영상과 영상철학에 대하여

사하는 것으로 마음속에 있는 일종의 기억 이미지라고 할 수 있다.[2]

이와 같은 플라톤의 주장에 따르면, 이데아는 시공간을 초월해 영원히 실재하는 보이지 않는 진리이고, 그 진리에 대한 믿음이 인간으로 하여금 실제 현실을 살게 하는 힘이 된다고 할 수 있다. 반면에 볼 수 있는 그림자는 현실을 모방한 환영으로서 허위(의 산물)에 다름 아닌 것이 된다. 플라톤은 현실과 영상(그림자, 이미지)을 이데아를 이데아답지 않게 방해하는 가짜라고 폄훼했다. 보이지 않는 진리가 절대적으로 실재하는 진짜이고, 보이는 현실과 그림자(영상)는 환영으로 허위에 불과한 가짜라는 사실이 역설적이다.

눈에 보이는 현실과 그림자(영상)가 이데아를 왜곡한다고 여겼던 플라톤과 달리, 아리스토텔레스는 모든 사물의 본질적 형태인 에이도스는 이데아에 존재하는 것이 아니라 사물 자체에 내재되어 있다고 주장했다.[3] 플라톤이 눈에 보이지 않는 진리인 이데아를 모방한 이미지를 눈으로 볼 수 있는 가짜 진리라고 주장한 반면에, 아리스토텔레스는 《시학Poetica》(B.C. c335)에서 그런 이미지(모방)가 인간에게 지식을 갖게 하고 인간을 정화catharsis시킨다고 생각했다. 나아가 아리스토텔레스는 사물과 자연을 모방한 이미지가 예술적인 창조활동의 출발점이며, 이는 교육을 통해 활성화될 수 있다고 여기기도 했다. 물론 그도 세상의 모든 사물은 그것의 존재를 입증하는 형상을 갖추고 있다는 플라톤의 생각을 부

---

2 플라톤에 따르면, 물의 표면이나 물속에 '비친' 그림자는 이미지이다. 그런 이미지를 생산하는 방법이 모방적인 테크네techne이며, 회화와 조각은 어떤 대상의 진짜 크기와 비례, 색상과 색채 등을 최대한 정확하게 묘사하는 유사성의 테크네라고 할 수 있다.

3 플라톤과 아리스토텔레스의 이데아와 이미지에 대한 논의는 프랑스의 철학자 앙리 베르그송Henri-Louis Bergson의 저서와 논문 등에서 상세하게 살펴볼 수 있다. 특히 베르그송의 물질과 기억에 대한 사유를 들여다보면 이미지에 대한 지각과 의식, 기억 등의 문제를 자세히 알 수 있다. 참고할 만한 저서로 《물질과 기억: 반복과 차이의 운동》(김재희 옮김, 살림, 2008), 《물질과 기억》(박종원 옮김, 아카넷, 2005), 《창조적 진화》(황수영 옮김, 아카넷, 2005), 《의식에 직접 주어진 것들에 관한 시론》(최화 옮김, 아카넷, 2001), 《사유와 운동》(이광래 옮김, 문예출판사, 1993), 《필름컬처 6》(편집부, 한나래, 2000), 《물질과 기억: 지층을 탐험하는 이미지와 기억의 미학》(황수영, 그린비, 2006) 등을 들 수 있다.

인하지 않았다. 그러나 그는 그 형상이 이데아처럼 현실을 벗어난 곳이 아니라 현실에 존재한다고 믿었다.

아리스토텔레스가 플라톤과 가장 다르게 생각한 것은 모방이라는 뜻의 미메시스mimesis일 것이다. 플라톤은 이데아를 미메시스한 이미지가 환영이라고 정의한 데 반해, 아리스토텔레스는 미메시스 자체가 인간의 본성이며 어떤 것을 모방하는 일은 그것에 대한 지식을 얻는 것이라고 반박한다.[4] 아리스토텔레스에게 있어 모방은 실재하는 사물(원본)을 더 뛰어나게 만드는 것이다. 즉, 원본이 갖지 못한 것을 모방을 통해 창조할 수 있으며 창조 자체가 인간으로 하여금 정화의 쾌감을 갖게 한다는 것이다.

에이도스에서 파생된 에이돌론eidolon은 형상의 본질을 비슷하게 닮은 무엇이나 그 무엇을 본다는 뜻의 고대 그리스어로 이미지나 영상에 가장 가까운 개념이다. 에이돌론은 보이지 않는 것이나 현실이 아닌 것은 실제로 그것이 보이지 않거나 현실이 아닌 것이기 때문에 거짓이라고 전제한다. 따라서 이미지나 영상의 본질은 보이지 않는 것을 보이게 하고 현실이 아닌 것을 현실로 꾸미는 것이라고 할 수 있다. 플라톤은 보이지 않지만 명백히 존재하는 이데아를 보이는 것처럼 모방하는 것이 이미지라는 사실의 논거로 에이돌론을 들기도 했다.

이미지는 플라톤과 아리스토텔레스가 제시한 마음속 형상心象을 뜻하는 환영에서 유래한다. 이미지는 별도로 우리말로 번역해 표기하지 않고 영어식 표기 'image'를 발음 그대로 가져와 '이미지'라고 한다. 한자식으로 하면 상像일 텐데 굳이 '상'이라 하지 않고 외래어 그대로 표기한 것은 '이미지'에 부합하는 적절한 낱말을 우리말에서 찾을 수 없기 때문이다.

이미지의 어원은 모방imitation을 뜻하는 라틴어 이미토imitor에서 유래한 이마고imago이다. '무엇'인가를 모방한다는 뜻의 이마고는 아리스토텔레스식의 미메시

---

4 아리스토텔레스의 《시학》에는 모방을 기반으로 하는 예술과 예술가, 드라마, 비극 등이 매우 정치하게 기술되어 있다. 어떤 번역서여도 상관없으니 반드시 《시학》을 읽어보기를 추천한다.

스이다. 그렇다면 이마고는 도대체 '무엇'을 비슷하게 흉내 낸다는 것일까? 바로 죽음death이다. 죽은 이의 형상figure, 죽은 이의 얼굴에 씌우는 가면death mask, 죽음의 의례인 장례식funeral과 묘비tombstone, 영혼ghost까지 죽음과 관련된 모든 것들을 모방한 것이 이마고이다.

따라서 이마고는 항상 죽음과 마주하고 있는 삶의 두려움을 시각화한 환영이라고 할 수 있다. 삶과 더불어 죽음은 피할 수 없는 인간의 숙명이다. 그러나 인간은 어느 누구도 죽음을 보거나 죽음의 경험에 대해 얘기할 수 없다. 간혹 사후세계에 대한 이야기가 세간에 전해지지만 객관적으로 검증할 수 없는 허구일 뿐이다. 이마고와 철자 하나가 다를 뿐인 이미지에는 죽음에 대한 경외가 담겨 있는 셈이다. 이미지는 결국 인간이 결코 볼 수 없고 말할 수 없는 죽음의 세상을 모방해 시각화한 것이라고 할 수 있다.[5]

이미지는 보이지 않거나 볼 수 없는 것을 분명히 존재한다고 유추analogy될 수 있게끔 하는 상상의 산물이다. 따라서 유추와 상상은 이미토, 이마고, 이미지에 공통적으로 적용되는 개념들이다. 어떤 "하나의 '이미지'가 물질적이든, 비물질적이든, 시각적이든 아니든, 자연적이든 가공적이든 간에, 그것은 우선적으로 다른 어떤 것과 닮은 것"(졸리, 1999: 53)으로 유추되고 상상된 것이어야 한다.

이미지에서 영상으로

독일의 미술비평가, 영화이론가, 지각심리학자인 루돌프 아른하임Rudolf Arnheim은 인간의 보는 행위는 눈에 비친 대상을 보는 것에서 시작해 그 본질 자체를 알아가는 과정이며, 인간의 시각은 무한하고 능동적이고, 적극적으로 본다는 행동

---

5 카메라로 사진을 찍는 행위가 현실세계에 실존하는 피사체의 영혼을 빼앗아간다는 주술적인 믿음이 통용되었던 시절이 있었다. 그 시절에 카메라는 인간의 영혼을 잠식하는 불길한 기계로 여겨졌던 것이다.

과 직결되는 의식작용이라고 강조한다(아른하임, 2006: 6). 인간의 보는 행위와 방식은 태어날 때부터 자연스럽게 주어지는 것이 아니라 "우리 사회가 오랫동안 지식의 유형들과 권력의 전략들 그리고 욕망의 체계들을 조정해온 방식들과 긴밀하게 연관되어 있다. 우리는 보는 것을 믿어야만 한다고 더는 생각하지 않는다. 보는 것과 진리 사이에는 형식적인 관계가 아니라 단지 사회적인 관계만이 있을 따름"(젠크스, 2004: 5)이다.

앞 장에서 살펴봤듯이, 영상은 넓은 의미에서 눈에 보이는 것과 눈으로 볼 수 있는 것을 포함해 보이지 않거나 볼 수 없는 모든 것을 포괄하는 개념이다. 보이는 것과 볼 수 있는 것은 빛의 반사와 굴절로 인해 발생하는 가시적 이미지이고, 보이지 않거나 볼 수 없는 것은 머리나 가슴으로 지각하고 감각하는 정신적 이미지이다. 흔히 전자를 실제 형태를 갖춘 상實像으로, 후자를 형태가 불분명한 상心像, 表象으로 구분하기도 한다. **영상**映像, the visual이라는 개념에는 이 두 가지 상이 모두 포함된다. 즉, 보이거나 볼 수 있는 물질적 상과 보이지 않거나 볼 수 없는 심리적 상을 모두 영상이라고 정의할 수 있다.

영상은 영어로 image, vision으로 표기되기도 하며 image, vision이 영상으로 번역되기도 한다. 그러나 앞에서 살펴봤듯이, image는 일반적으로 이미지로, vision은 시각, 시야, 환상, 상상 등을 뜻하는 '시각'으로 통용된다. 눈이 빛의 자극에 반응하면서 발생하는 생물학적 보기seeing로서의 시각이 vision인 것이다. 만일 vision을 영상으로 번역해 사용한다면, 어떤 대상을 특정 의도나 목적을 가지고 바라보면서 의미를 부여하고자 하는 의지를 담은 적극적인 행위인 바라보기looking(Berger, 1972)의 차원에서 이해해야 한다.

영상은 단지 '보기'이기보다 보고자 하는 적극적인 관심과 의지가 포함된 실천적 행위로서의 '바라보기'이다. 따라서 '시각적인 것'을 뜻하는 'the visual'을 영상으로 추상명사화해 정의하는 것이 논리적으로 더욱 타당하다고 할 수 있다. 영상은 영상을 심리적으로 감각하고 지각하며 의식하고 상상하는 인간적인 차원과, 영상의 기술과 사회문화적인 구성 및 작용에 중점을 두는 역사적인 차원의 두 가지 측면에서 정의될 수도 있다. 이 두 가지 차원의 정의에 공히 적용되는 전제가 **카메라**camera이다.

영상을 이미지나 시각과 구별하기 위해서는 기계적 시각 장치로서의 카메라가 수반되어야 한다. 사진, 영화, 텔레비전 등의 영상매체에 의해 매개된 대부분의 시각적 결과물은 카메라를 통해 만들어진 영상이다. 물론 기계적 시각 장치로서의 카메라와 관련해서만 영상을 정의하는 데에는 한계가 있을 수 있다. 그러나 카메라 기술technology은 기술적 차원뿐만 아니라 수많은 다른 차원의 논의와 직간접적으로 연계되어 있다. 가령, 카메라의 다른 이름이기도 한 렌즈를 통한 시각, 카메라 몸체 안에 맺히는 상(영상)에 대한 지각과 감각, 의식과 상상, 커뮤니케이션과 구조화된 영상의 결과물인 작품의 의미와 서사, 영상의 사회적 기능과 역할의 문제 등과 같은 매우 복합적인 논제들이 영상이라는 개념을 정의하는 데 영향을 미친다고 할 수 있다.

그럼에도 불구하고 영상은 기본적으로 카메라를 통한 시청각적인 복합 감각을 기반으로 구성되기 때문에 주로 사진과 영화, 텔레비전, 광고, 애니메이션, 게임 등의 매체를 기준으로 정의된다. 또한 영상은 물질적 영상과 정신적 영상으로 분류되기도 한다(주형일, 2004: 12). 그러나 매체나 물질, 기술이나 관념 등으로 구분해 영상을 정의하는 것은 다소 도식적일 수 있다. 영상은 어느 한 가지 측면만으로 개념화할 수 없을 정도로 다층적이고 복합적인 특성을 가지기 때문이다.

또한 카메라가 제시하는 시청각적인 복합 감각이 영상화된 실제 대상과 직접적으로 관련되지 않을 수 있기 때문에 영상을 정의하는 일이 더욱 복잡해지기도 한다. 가령, 카메라의 '기계적 눈(렌즈)'과 카메라(렌즈)를 통해 실제 대상을 바라보는 '인간적 눈(육안)'이 하나로 연결되면서 실제 대상이 영상으로 정착되기 때문에 영상을 통해 실제 대상을 인식하는 데 한계가 있을 수밖에 없다. 이것이 영상의 첫 번째 특성이다.

영상의 두 번째 특성은 실제 대상이 영상이 되기 위해서는 일정한 시공간적 배경이 필요하다는 점이다. 사진은 시간을 일시 정지시켜 공간을 단편slice으로 고정시키고, 영화와 텔레비전은 시간과 공간을 흘러가게 지속시킨다. 영상의 세 번째 특성은 앞에서 여러 차례 살펴봤던 것처럼, 영상이 프레임과 스크린이라는 사각형의 틀이나 창window에 의해 구조화된다는 점이다.

무엇보다 영상의 가장 고유한 특성으로 **영상성**映像性, visuality을 들 수 있다.[6] 영상이 하나의 이미지로서 갖는 본질적인 속성이나 특정 영상매체에서 두드러지게 표출되는 특유의 성질이 영상성이다. 영상성은 영상을 보는 방법과 이유, 영상이 다양한 방식으로 사회화되고 문화화되는 과정과 결과를 이해할 수 있게 한다.

특히 영상의 본질이 영상 자체보다 당대의 사회와 문화, 시간과 공간, 주체와 객체 등의 맥락에 따라 영향을 받기 때문에 영상성은 사회문화적이고 역사적이며 맥락적인 개념이라고 할 수 있다. 영상성은 보는 주체와 보이는 객체 사이에서 형성되는 특정한 시각체계scopic regime에 의해 구성되며, 그 결과에 따라 보고 보이는 주체와 객체의 관점PoV, Point of View이 결정되기도 한다.[7]

앙리 베르그송(김상환, 1999: 69-95에서 재인용)은 영상이 모방이나 지시, 어떤 원인(사물)의 결과(이미지)는 아니라고 강조한다. 베르그송에 따르면, 인간이 감각하고 지각할 수 있는 모든 사물이 영상이다. 즉, 대상은 그 자체로서 존재하며, 영상은 대상을 포함해 물질세계를 구성하는 일차적 요소라고 할 수 있다. 물질은 감각되는 대로 존재하고 대상은 영상으로 지각되므로 인간의 정신은 물질을 존재하는 그대로 영상화한다는 것이다.

위와 같이 영상이 물질로 구성된 사물 자체라는 영상의 물질성을 강조하는 견해는 영상이 실체가 불분명한 현실의 환영적인 모사나 현실에 존재하는 특정

---

6 'visuality'는 어떤 대상이 우리에게 어떻게 보이는지, 우리는 그 대상을 어떻게 보고, 우리가 본 것과 보인 것의 차이에 대해 어떻게 이해하는지 등을 설명해주는 개념으로 '시각성'으로 번역되기도 한다. 워커와 채플린(2004: 52)은 "어느 특정 문화 속에서 특정 방식으로 보이게끔 하는 것으로, 사회화된 시각socialized vision"이 시각성이라고 정의하기도 한다. 그러나 여기서는 vision을 인간의 생물학적인 시각체계로, the visual을 영상으로 한정지어 정의하기 때문에 동일한 맥락에서 visuality를 영상성으로 정의하고자 한다.

7 시점의 영어식 표기인 point of view, viewpoint는 종종 관점으로 해석되기도 한다. 그러나 바라보는 사람의 신체가 위치해 있는 물리적 지점이 시점이고, 관점은 바라보는 사람의 생각, 태도, 입장, 상황, 맥락 등을 포괄하는 심리적 지점으로서, 원근법을 뜻하는 'perspective'로도 이해되는 개념이다. 이에 대해서는 'S#3 영상의 의식과 상상'에서 보다 상세히 살펴보자.

대상의 지시, 빛이 원인이 되어 발생하는 그림자처럼 관념적이고 추상적인 것이 아니라는 점을 강조한다. 영상의 고유한 특질로서의 영상성은 인간이 감각을 통해 알 수 있는 일체의 사물과 사물 자체가 갖는 물질성을 뜻하는 셈이다.

보는 것과 믿는 것, 믿는 것과 보는 것

앙리 베르그송이 물질로서의 사물 자체를 영상으로 정의한 것처럼 근대의 경험주의와 실증주의는 눈으로 본 것만이 과학적 지식이라는 명제를 실증하는 데 주력했다. 근대는 논리적이고 객관적인 경험을 바탕으로 하는 실증적 산물인 수학과 과학이 플라톤이 주장한 이데아의 자리를 대체한 시기이다. 따라서 근대는 자연과 사회에 대한 엄밀한 시각적 관찰의 결과를 이성과 오성悟性을 입증하는 이론으로 받아들이면서 이른바 **시각중심주의**ocularcentrism를 주창했던 시대였다고 할 수 있다.

　다시 말해, 근대는 과학기술의 발전과 시각적 관찰 경험을 통해 세상의 이치를 실질적으로 입증할 수 있고, 우연한 발견은 결코 과학적 지식이 될 수 없으며, 보는 것이 곧 믿는 것seeing is believing이라는 생각이 지배했던 시대였다. 눈으로 직접 본 것만을 믿을 수 있다는 근대 철학은 역설적으로 믿을 수 있는 것만을 본다는 독선을 낳았다. 그 결과, 눈으로 직접 관찰한 것만을 진리나 진실로 규정할 수 없다는 점에서 시각적 진실visual truth에 대한 논란이 불거졌다. 볼 수 없거나 보이지 않는 것들도 얼마든지 진리나 진실일 수 있다는 것이다.

　이와 같은 주장의 선두주자는 단연 세기를 초월한 철학자 칼 마르크스Karl Heinrich Marx였다. 마르크스는 인간은 눈에 보이는 그대로 어떤 대상을 보지 않으며, 그런 대상도 없다고 단언했다. 자연현상을 제외하고 인간의 눈에 보이는 모든 것들은 누군가에 의해 의도적으로 선택되고 (재)구성된 사회적 산물에 다름 아니라는 것이 마르크스 철학의 기반이다. 특히 마르크스는 자본주의의 생산양식에 의해 만들어진 산물과 그것을 바라보는 시각의 관계에는 권력, 계급, 이데올로기(마르크스가 직접 언급하지 않았지만) 등의 문제들이 개입되어 있다고 비판했다.

마르크스의 논의에 따르면, 눈으로 직접 본 것만이 진리나 진실일 수는 없다. 특히 권력, 계급, 이데올로기는 눈앞에 직접 나타나지 않는 경우가 더 많다. 따라서 눈에 보이는 겉모습보다 그 속에 숨겨져 있어 보이지 않는 구조(본질)를 살펴보는 것이 중요할 수밖에 없다. (사회) 구조에 진리나 진실이 은폐되어 있다고 강조했던 마르크스는 정작 미디어나 커뮤니케이션에 대해서는 유의미한 언급을 하지 않았다. 그래서 커뮤니케이션학이나 미디어연구에 마르크스주의는 불필요하다고 주장한 캐나다의 미디어이론가 마셜 매클루언Marshall McLuhan은 이렇게 말한 바 있다(McLuhan, 2001).

I wouldn't have seen it if I hadn't believed it.

원근법적 전통, 프레임과 스크린의 미학

오래된 미래, 회화의 원근법

고대에 회화는 이집트와 인도의 부조, 그리스와 로마의 벽화처럼 주로 건축물의 부속물로 인식되었을 뿐 예술로서 독자적인 위상을 갖지 못했다. 회화가 건축물의 일부에서 독립한 것은 대략 르네상스 시대 무렵부터이다. 르네상스 시대에 회화는 성당과 궁전의 화려한 프레스코 벽화로부터 분리되어 여러 쪽의 나무판에 그림으로 그려지다가 비로소 캔버스로 옮겨져 예술의 형태로서 독자성을 확보하기 시작했다.

이탈리아 제노바 출신으로 성직자, 작가, 건축가, 시인, 화가로 다재다능한 솜씨를 뽐냈던 레오나 알베르티Leona B. Alberti를 비롯해 주로 피렌체에서 활동했던 화가들과 건축가들은 1435년경, 그림(도면) 중앙에 소실점vanishing point을 가정하는 **원근법**perspective을 고안했다.[8] 그러나 공간(거리)을 중첩해 압축시키는 원근법의 기본 원리는 1425년에 이탈리아 플로렌스에 살았던 건축가 필리포 브루넬레스키Filippo Brunelleschi에 의해 이미 정립된 것이었다.

---

8   원근법의 영어식 표기인 perspective는 5~6세기 경 이탈리아 철학자 안티시우스 보에티우스Anicius Manlius Severinus Boëthius가 '보는 것'을 뜻하는 그리스어 'optikos'를 이탈리아어로 번역하기 위해 '투시하는 기술'이라는 뜻을 가진 'ars perspectiva'를 원용한 데서 유래한다.

누가 먼저든, 브루넬레스키와 알베르티는 건축가로서의 시각적 관찰 경험을 바탕으로 수학과 기하학에 기반을 두는 원근법을 창안했다. 가령, 건축의 투시 도법은 고딕 성당의 바닥에서 천장으로 이어지는 기둥의 격자무늬가 만드는 소실점을 통해 가깝고 먼 거리의 깊이에 대한 감각을 이끌어냈다. 이 원리가 회화에 적용되어 3차원의 원근감을 가진 현실공간을 2차원의 평면에 압착해서 묘사하는 기법으로 발전했던 것이다.

원근법은 2차원의 평면공간에서 3차원의 입체공간을 볼 수 있게 하는 시각적이고 심리적인 오류(착시와 같은)에 기반을 둔다. 도면이나 그림과 같은 투사면과 수직으로 만나는 시선 축에 위치한 선들을 수평선상의 한 점으로 수렴하는 선원근법linear perspective은 중앙에 시선을 집중적으로 유인함으로써 그림을 바라보는 단 하나의 시점만을 강제하기도 한다.

이런 원근법의 원리는 당연히 그림에만 적용되지 않는다. 트릭아이처럼 일종의 눈속임이기도 한 원근법을 통한 바라보기 방식이 실제 현실공간을 비롯해 세상을 인식하는 체계에도 지대한 영향을 미친 것이다. 특히 원근법은 "관찰자(주체)를 위해 비어 있는 어느 장소를 각인"(Metz, 1982: 49)시키는데, 그곳은 바로 가장 강력한 권력을 가진 신이 위치한 곳이다.[9]

원근법은 중세 신학과 신 중심의 보기 방식에 중대한 도전이었다. 수학적 공식과 기하학적 규칙을 통해 체계화된 원근법이 인간의 눈을 통해 세상을 '하나의 점'으로 집중시킴으로써 원근법에 기초한 시각에 당위성을 부여했다. 그 결과, 인간은 세상 밖에서 세상을 관찰하는 곳에 위치하면서 신에게 양보했던 주체의 자리를 회복해 자신의 시선으로 세상을 소유할 수 있게 되었다. 이와 같이 인간의 시각을 특권화하는 데 결정적인 영향을 미친 원근법은 비로소 인간을

---

9 르네상스 시기, 원근법이 추동한 시각중심적인 세계관은 주체의 합리성을 주장한 르네 데카르트 René Descartes의 사상과 밀접하게 연관된다. 과학이 수학과 손을 잡고 신의 자리를 대신하면서 근대를 대표하는 시각체계인 데카르트적 원근법주의cartesian perspectivism가 인간이 세상을 바라보는 단일한 척도가 되었다.

세상의 중심에 위치시켰다.

원근법의 역설

인간의 눈을 통한 시각의 절대성은 인간으로 하여금 '보는 것이 믿는 것'이라는 확신을 갖게 했다. 가령, 그림의 액자는 그림 속 세상을 소유하고 싶다는 인간의 욕망을 발현하게 해주었고, 원근법은 인간(의 눈)을 세상을 바라보는 가장 중요한 척도로 공인해주었다. 원근법의 시대인 근대는 고대 이후 '다시' 시각을 그 어떤 감각보다 융숭하게 대접했다. 근대를 시각중심주의의 시대라고 부르는데 딴죽을 거는 이가 없을 정도이니 말이다.

　당시에 인간의 시각은 가장 순수한 감각으로 여겨졌으며, 이런 인식은 바라보는 것과 사고하고 상상하는 것이 본질적으로 동일하다는 관점을 그대로 드러냈다. 근대에 인간의 육안으로 볼 수 없던 것을 볼 수 있게 한 망원경이나 현미경이 발명된 것도 결코 우연만은 아니다.

　그러나 원근법에 기반을 두는 근대 회화는 "세계에 대한 하나의 시점을 우리에게 강제하고, 그 이외의 다양한 시선, 활발한 우리의 시각경험을 잘라버린 위험을 내포 …… 근대 회화에서 비밀에 싸인 듯한 세계의 혼돈된 양상, 전율적인 시선, 관찰의 모험은 사라지고, 커뮤니케이션의 제도화된 시스템만이 지배적인 것"(오카다 스스무, 2006: 71)이 되게끔 했다. 그림 밖에서 그림 안의 소실점(소실점에 위치한 신)을 바라보는 인간의 눈에 부여된 특권이 오히려 인간의 시각경험의 다양성을 가로막는 장애가 된 셈이다.

　세상을 바라보는 단 하나의 시선과 시점은 곧 세상을 이해하는 단 하나의 관점이나 마찬가지이다. 이와 같은 원근법의 역설이 회화의 오래된 전통에서 벗어나 영상이라는 개념의 등장을 촉발하는 계기가 되었다. 르네상스 시대 이후 현대에 이르기까지 원근법은 "물질세계와 정신세계에 대한 진실을 그대로 시각적으로 재현할 수 있는 자동적이고 기계적인 체계인 것처럼 인식"(Mitchell, 1986: 37)되어왔다. 원근법의 이런 강력한 시각체계는 "이성, 과학, 객관성의 기치하에 시각적 재현의 세계를 정복했다. 그리고 이 같은 종류의 이미지를 생산하기 위해 구축된 기계가 바로 사진, 영화의 카메라로서 이것(카메라)이 자연적인 재현의 양식이라는 확신을 강화"(박명진, 2013: 99)했다.

결과적으로 원근법을 적용한 회화를 통해 "바라보는 주체(화가)가 세계의 중심임을 강력히 시사하고 있음을 알 수 있다. 그러나 사진기—특히 영화촬영기의 경우 두드러지는—는 중심이 어디에도 없음을 보여주는 좋은 예"(버거, 2002: 47)이다. 카메라가 원근법의 오래된 전통을 계승하는 기계라는 것과 인간으로 하여금 바라보는 중심의 상실을 경험하게 한다는 두 가지 인식은 사진과 영화라는 매체는 물론 무엇보다 영상의 본질에 대한 수많은 논쟁을 불러일으켰다.

그림과 사진

그림과 사진은 실제나 가상의 대상을 시각적으로 표현하는 예술형식이라는 공통점을 갖고 있다. 위에서 살펴본 두 가지 인식 중에서 어느 쪽을 선택하든 회화와 사진이 3차원의 입체적인 현실 공간을 2차원의 평면 공간에 투사시키는 원근법의 오래된 전통으로부터 유래된 것만큼은 분명한 사실이다. 그러나 그림과 사진의 교집합에도 불구하고 그림을 그리다make pictures와 사진을 찍다take a photo는 명확히 다른 차원의 시각화 방식이라고 할 수 있다.

우선 그림과 사진이 사용하는 도구의 물질적 조건이 명백히 다르다. 그렇다보니 그림과 사진의 표현기법도 다를 수밖에 없다. 회화는 표현하고자 하는 대상과 실질적으로 독립적인 관계인데 반해 사진은 실제나 가상의 대상과 사진의 대상이 어떤 식으로든 관계를 맺고 있다는 점에서 둘은 본질적으로 다른 매체라고 할 수 있다.

그림이 그려지고 사진이 찍힌 과거는 그림과 사진을 바라보는 현재와 겹치지만 "회화가 과거의 지시 대상을 갖고 있는지 없는지와 상관없이 사진은 여전히 특정 시공간 속에 드러나는 역사적 사건을 가리킨다"(로도윅, 2012: 80). 회화는 그림이 그려진 과거에 대상을 '묘사'하며 대상과 분리되는 반면에, 사진은 사진이 찍힌 과거에 대상을 '기록'하면서 대상과의 연결고리를 단절시키지 못한다.

회화와 사진의 시각적 재현representation과 기록transcription을 구분하면서 사진과 대상의 인과관계를 강조한 논의(Cavell, 1979, 2005)에 의하면, 사진은 "공간적 유사성보다 시간적 존재에 더 많이 연관"(로도윅, 2012: 81; Cavell, 2005: 118)된다. 특히 기록과 보존, 전달의 기능을 부여받은 사진은 그림이 독보적으로 유지해왔던 전시 공간의 독특성과 그림의 유일성이나 원본성과 관련된 신화를 무너뜨렸다.

물론 문자를 필사하는 것처럼 그림을 전사轉寫하거나 전시하는 공간을 이동시키는 것이 불가능하지는 않지만 동일한 그림이 두 곳 이상의 전시 공간에 동시에 걸릴 수는 없다. 그러나 사진은 동일한 사진(특히 디지털 사진의 경우는 두말할 나위도 없이)이 다수의 전시 공간에 동시에 전시될 수 있다. 따라서 사진의 전시 공간, 사진작품의 독특성, 유일성, 원본성은 별다른 의미를 갖지 못한다. 사진에서 "원작품의 고유성이란 이미 여러 복사본 중의 '원작'이라는 뜻 이외에 별 의미가 없다. 그전처럼 원작품의 고유성이 그것이 가진 이미지의 독특함에 의해 대표되지 않게 된 것"(버거, 2002: 51)이다. 이와 같이 사진은 바라보기의 새로운 인식체계를 형성하는 데 결정적인 영향을 미쳤다.

원본과 복제물

회화는 작품의 의미보다 작품의 전시 공간에 따라 가치가 매겨지는 경우가 적지 않다. 가령, 이탈리아 사람인 레오나르도 다 빈치Leonardo di ser Piero da Vinci의 〈모나리자Mona Lisa〉(1503)는 프랑스 파리에 위치한 루브르박물관에 있다. 그러나 또 다른 모나리자들이 전 세계 곳곳과 온라인 공간에 무수히 존재하기도 한다. 진본처럼 그럴싸한 액자로 장식된 회화 모나리자를 비롯해 디지털화된 모나리자, 사진 모나리자, 각종 기념품에 디자인된 모나리자처럼 '복제된' 모나리자들이 '아무 곳'에서나 우리를 향해 미소 짓고 있는 것이다.

이 모나리자들에는 원본 모나리자의 유일무이한 현존성인 아우라aura는 온데간데없다. 유일성이 반복성으로, 영원성이 일시성으로 바뀌면서 모나리자

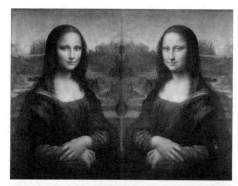

왼쪽은 진짜처럼 그려진 가짜 모나리자,
아래는 기념품으로 디자인된 모나리자들과
디지털로 가공된 모나리자 얼굴.

의 가치가 다양하게 분화된 것이다. 발터 벤야민Walter Benjamin은 아우라를 "공간
과 시간으로 짜인 특이한 직물로서, 아무리 가까이 있어도 멀리 떨어진 어떤 것
의 일회적인 현상"(벤야민, 2009: 14, 50)으로 정의했다. 아우라는 진품의 원본성
originality이 갖는 가치를 뜻한다.[10] 벤야민은 그 가치가 사라졌다고 탄식했지만 그

---

10 발터 벤야민은 회화를 비롯해 예술작품이 대량으로 복제되고 유통되면 시간과 공간에서의 현존
재와 그것이 있었던 장소의 독특한 존재와 진정성, 그것이 경험했던 역사에 대한 증언과 주어진
문화유산 속의 전통적 가치를 상실한다고 역설한다(Benjamin, 1968: 222-223). 그 결과 예술작품
의 "원본의 맥락이 제거되고, 본래의 의미는 상실"되며, "원본 고유의 것, 즉 그것의 아우라는 복
사본에서 묽어지고 파편화되었으며 속화"(유웬, 1996: 124)된다.

것은 사라졌다기보다 다른 것으로 변모해 새롭게 재탄생되었다고 할 수 있다.

그렇더라도 복제된 모나리자들이 원본 모나리자를 대체할 수는 없다. 오히려 복제된 모나리자들의 반대급부로 인해 원본 모나리자의 아우라가 갖는 가치와 원본 모나리자에 대한 편집증적인 애착이 더해질 수도 있다. 원본에 대한 동경과 경외가 더욱 커질 수 있는 것이다. 실제로 루브르박물관 2층 드농^{Denon}관에 방탄유리로 밀폐된 채 전시된 '원본' 모나리자 앞은 연일 인산인해를 이룬다. 혼자서 또는 삼삼오오 인증 사진을 찍기 위해 벌어지는 관람객들의 가벼운 몸싸움 정도는 다반사다. 박물관 내 기념품 가게에만 가도 수많은 또 다른 모나리자들을 만날 수 있는데도 사람들은 '진짜' 모나리자를 향해 숭배에 가까우리만치 집착한다.

그렇다면 벤야민이 우려했듯이(벤야민, 2009; Benjamin, 1968), 기술복제 시대에 원본의 성스러운 아우라는 과연 소멸되었다고 할 수 있을까? 2016년 1월을 기준으로, 〈모나리자〉처럼 아예 경매에 부쳐지지 않아 거래 자체가 불가능한 걸작들을 제외하고 세계에서 가장 비싸게 팔린 회화 작품들 중에 파블로 피카소^{Pablo Picasso}의 두 작품이 포함되어 있다.¹¹ 피카소의 작품들과 다 빈치의 〈모나리자〉를 비롯한 수많은 원본 작품들은 미술관에 전시되어 미술관 입장료 수입을 두둑하게 해준다. 그뿐만 아니라 스카프, 가방, 엽서, 컵 등 기념품의 장식용 이미지로 복제되어 날개 돋친 듯 팔려나가면서 상상을 초월하는 부가수익을 창출한다.

---

11 이 작품들을 10위부터 역순으로 살펴보면 다음과 같다. 윌렘 드 쿠닝Willem de Kooning의 〈여인 Ⅲ Woman Ⅲ〉(1953) 1억 3750만 달러, 잭슨 폴록Jackson Pollock의 〈No.5〉(1948) 1억 4000만 달러, 프랜시스 베이컨Francis Bacon의 〈루치안 프로이트에 대한 세 가지 연구Three Studies of Lucian Freud〉(1969) 1억 4241만 달러, 파블로 피카소Pablo Picasso의 〈꿈Le Rêve〉(1932) 1억 5500만 달러, 아메데오 모딜리아니Amedeo Modigliani의 〈누워있는 누드Nu Couché〉(1917/18) 1억 7040만 달러, 파블로 피카소의 〈알제의 연인들Les Femmes d'Alger〉(1955) 1억 7940만 달러, 렘브란트Rembrandt Harmenszoon van Rijn의 〈마르텐 솔만스와 오프옌 코피트의 초상화Pendant Portraits of Maerten Soolmans and Oopjen Coppit〉(1634) 1억 8000만 달러, 마크 로스코Mark Rothko의 〈바이올렛, 그린 앤드 래드Violet, Green and Red〉(1951) 1억 8600만 달러, 폴 세잔Paul Cezanne의 〈카드놀이 하는 사람들Les Joueurs de Cartes〉(1892~1893) 2억 5000만 달러에서 3억 달러, 폴 고갱Paul Gauguin의 〈언제 결혼할 거니Nafea Faa Ipoipo〉(1892) 3억 달러.

사실 벤야민은 기술복제 시대에 예술의 정치적 역할을 기대했지만 그의 바람과는 달리 예술은 상점 진열대에 상품 형태로 전시되면서 아우라의 상실을 속절없이 목도해야만 했다. 특히 예술에 값어치가 매겨지면서 예술이 자본화되는 현실을 안타까워했던 벤야민은 기술복제 시대 이후에 전시가치보다 의례가치로서의 예술과 아우라의 복원을 주창하기도 했다.

사진(카메라)과 같은 기계기술의 발전에 따라 작품의 의미가 작품 자체보다 복제를 통한 생산이나 소비에 의해 결정되는 체계로 이동되었다. 작품의 의미구성 체계가 이동한다는 것은 "그것이 마치 우리가 어디서나 대할 수 있는 정보와 같은 것"(버거, 2002: 55)이 되었음을 가리킨다. 이와 같은 상황의 저변에 사진(카메라)이 있기 때문에 어떤 면에서 사진(카메라)은 기술적 복제를 통해 예술작품의 소유를 대중화하는 동시에 예술의 생산과 소비 체계를 민주화하는 데 결정적인 역할을 수행했다고 할 수도 있다.

새로운 복제 예술, 사진

원근법은 세상을 바라보는 수많은 방식들 가운데 하나에 불과하지만 인간의 눈을 세상의 중심에 위치시켰다는 사실만으로 원근법이 인간의 시각체계에 극적인 변화를 가져왔다고 할 수 있다. 그럼에도 불구하고 원근법에는 "시선의 주고받음visual reciprocity이 없다. 이것은 마치 신이란 개념 그대로 자신을 다른 대상이나 사물과의 관계 안으로 위치시킬 필요가 없다는 태도와 같다"(버거, 2002: 46). 물론 영국의 저명한 예술비평가 존 버거John Berger의 이런 주장에 논란의 여지가 없지는 않다. 그러나 원근법이 세상을 바라보는 시선, 시점, 관점을 '단 하나'로 규정함으로써 다양한 시각으로 세상을 관찰하고 커뮤니케이션할 수 있는 가능성을 제한한 것도 명백한 사실이다.

회화나 사진에서 원근법을 통해 평면에 입체적으로 구성된 공간은 꼭짓점이 하나인 대칭적인 피라미드나 원추의 형태를 띤다. 인간의 눈을 두 개가 아닌 한 개로 가정하기 때문에 가능한 일이다. 이와 같이 지극히 수학적인 원근법의 원

왼쪽은 역사상 최초의 사진으로 알려진 조제프 니에프스의 〈르 그라 창가에서 본 풍경View from the Window at Le Gras〉(1826/1827)이다. 이 사진은 한여름 낮에 찍힌 것이었음에도 불구하고 감광도가 낮아서 8시간 남짓 노출을 주었다고 한다. 오른쪽은 다게레오타이프가 이론적으로 정립되기 직전에 찍힌 루이 다게르의 〈화가의 거실에 있는 정물Still Life in Studio〉(1837)이다.

리를 응용해 고안된 기계가 카메라이다. 카메라의 렌즈는 하나다. 카메라의 기계적 원형이라고 할 수 있는 **어두운 방**camera obscura의 구멍도 하나다. 원근법과 카메라 옵스큐라는 단 한 개뿐인 '절대적인 눈'으로 세상을 바라보도록 함으로써 인간의 시선, 시점, 관점을 한 가지로만 환원시킨다.

원근법과 카메라 옵스큐라로부터 기술적 유산을 물려받은 카메라 발명의 역사는 1826년경부터 시작된다. 당시 프랑스의 발명가인 조제프 니에프스Joseph N. Niépce는 8시간 남짓의 노출시간을 통해 자신이 살던 집의 창문 밖 풍경을 금속판 위에 '고정'시켜 최초의 사진으로 알려진 헬리오그래프héliograph를 발명한다.

프랑스의 화가 루이 다게르Louis-Jacques-Mandé Daguerre12는 조제프 니에프스와 동업관계를 맺고 1839년에 최장 30초 정도면 한 장의 사진을 만들어낼 수 있는 다

12　루이 자크 망데 다게르라는 긴 이름을 가진 다게르는 주로 연극이나 오페라 무대에 배경그림을 그리는 화가였다. 다게르는 본업인 그림 그리기를 이용해 무대감독 겸 미술감독으로도 활동했던 셈이다. 당시에 그가 그린 그림들은 무척 큰 크기였기 때문에 그는 자연스럽게 대형그림 그리기의 전문가가 되었다. 다게르는 그 경험을 살려 스위스의 알프스 산과 같은 웅장한 대자연의 그림을 투명한 스크린에 그리고, 스크린 뒤에 조명장치를 설치해(다게르는 대학 때 건축학을 전공했다) 관람객을 불러 모으는 사업수완을 발휘하기도 했다. 이런 그림 형식이 디오라마diorama이고, 그 기법이 카메라 옵스큐라이다.

게레오타이프^{daguerréotype}라는 사진기술을 고안해낸다. 일각에서는 니에프스와 다게르를 두고 누가 세계 최초의 사진을 찍었는지, 다게레오타이프가 대중적인 사진술이 된 이유가 무엇인지에 대해 논란이 벌어지기도 하지만 사진의 역사에서 다게레오타이프는 가장 결정적인 전환점이었다고 할 수 있다.

물리적으로 빛과 어둠의 흔적을 기록하는 사진은 실재하는 대상의 단면을 잘라내고 뜯어낸 '시간의 파편'이라고 할 수 있다. 사진에 찍힌 인물과 사건, 시간과 공간은 실재하는 그것들과 닮은 물질적 흔적이지만 사진에 담긴 것은 사실상 실재와는 거리가 멀다. 사진술은 어떤 대상을 기계적으로 유사하게 시각화함으로써 마치 그것이 실재인 것처럼 객관화한다는 착각을 불러일으키는 기술에 불과할 뿐이다.¹³

사진이 실제를 거의 완벽하게 묘사할 수 있고, 사진 복제기술이 실제를 객관화할 수 있다는 믿음은 회화에 심각한 위협이 되었다. 프랑스의 화가 폴 들라로슈^{Paul Delaroche}는 다게레오타이프 사진으로 인해 '오늘부로 회화는 죽었다'(Batchen, 1994: 4-8)라고 한탄하기까지 했다. 물론 들라로슈는 회화의 가치가 완전히 사라졌다는 사실을 인정하지 않았다. 다만, 오랜 시간 동안 최고의 시각예술로 인정받아 왔던 회화만이 세상을 '그리는' 유일한 방법이 아닐 수 있음을 직감하며 아쉬움을 토로한 것이었다.¹⁴

사진은 시간을 통제하는 기술이자 예술이다. 사진이 포착하는 현재-여기는 동시에 과거-거기이자 미래-어디쯤이기도 하다. 인류는 사진을 통해 시간을 통제할 수 있는 가능성을 확인할 수 있었다. 또한 순간을 정지시켜 과거, 현재,

13 이와 같이 사진이 실제 대상과 온전히 닮았다는 사진의 객관성에 대한 믿음은 사진과 대상의 지표 index로서의 관계를 보증하는 근거가 되기도 한다. 사진은 "대상을 정확히 닮았기 때문에 사진이 대상과 연결돼 있다는 생각은 사진이 대상과 물리적으로 연결돼 있기 때문에 사진이 대상과 정확히 닮는다는 생각으로 대체"(주형일, 2004: 88)될 수 있는 것이다.

14 또한 폴 들라로쉬의 예견은 모든 회화에 적용되는 것도 아니었다. 들라로쉬가 언급한 것은 프랑스에서 50여 년 넘게 주류를 형성했던 신고전주의적인 아카데미 스타일의 회화로, 인물의 윤곽을 붓 자국이 전혀 남지 않을 만큼 매우 세밀하고 정교하게 표현하는 것이 특징이다.

미래를 정지된 순간에 통합할 수 있는 카메라의 능력은 인간의 시각과 관련된 모든 문제들에 일대 지각변동을 일으켰다. 회화가 결코 가질 수 없었던 "사진의 독창성은 그것의 본질적인 객관성에 있다. 실제로 인간의 눈을 대체하는 사진의 눈을 이루고 있는 일군의 렌즈는 바로 객관적인 것"(바쟁, 2013: 35)이라 불린다.

그러나 사진이 과연 객관적인가에 대한 치열한 논쟁은 앙드레 바쟁André Bazin 의 주장과 관계없이 여전히 그 실마리를 찾을 수 없을 만큼 복잡하게 전개되어 왔다. 결론부터 얘기하면, 사진이 객관적이라는 믿음은 앙드레 바쟁을 비롯해 많은 이들의 바람이었을 뿐이다. 이유는 비교적 간단하다. 그림의 액자와 동일한 형식의 사진 프레임 자체가 사진의 객관성을 논증하는 데 결정적인 오류를 일으키기 때문이다. 프레임의 존재는 프레임으로 획득할 수 있다고 믿었던 사진의 객관성이 주관적일 수밖에 없다는 모순을 역설적으로 반증하는 것이다.

프레임의 미학

르네상스 이후, 서구의 시각중심주의가 초래한 시각의 특권화는 영화라는 선물을 인류에게 선사한다. 인류에게 그 선물은 맘에 드는지 여부와 상관없이 받아야만 하고 받을 수밖에 없는 것이었다. 사진이 영화를 선물이 되도록 하는 데 결정적인 역할을 했음은 두말할 나위가 없다. 사진은 영화의 "구조적 최소 단위이며, 영화 영상의 존재적인 원점"(오카다 스스무, 2006: 82)이고, 영화는 "사진의 객관성을 시간 속에서 완성시킨 것"(바쟁, 2013: 37)이라 할 수 있으니 말이다.

요즘은 카메라 없이 완전한 디지털 방식으로 사진과 영화를 제작할 수 있지만 사진과 영화에서 카메라라는 기계적 장치가 차지하는 비중은 가히 절대적이다. 오죽하면, "내 영화에 두 명의 주연이 나온다면 나는 늘 실제로 세 명의 스타가 있다고 생각한다. 세 번째 스타는 카메라이다"(루멧, 1998: 96)라는 말이 회자되었을까. 〈심판The Verdict〉(1982), 〈오리엔트 특급 살인사건Murder on the Orient Express〉(1974) 등으로 잘 알려진 미국의 영화감독 시드니 루멧Sidney Lumet은 카메라가 매우 단순한 메커니즘을 갖고 있음에도 불구하고 프레임으로 시작해 프레임에서 끝나는 작동원리를 가진 카메라를 감독의 '제일 좋은 친구'라고 한껏 치켜세웠다.

카메라는 사각형의 프레임에 영상을 담는다. 특히 (필름) 카메라는 하나의 정지된 프레임이 빛에 노출되면 카메라의 기계장치가 렌즈 뒤로 또 하나의 정지된 프레임을 끌어당겨 프레임을 움직이게 하면서 영상을 만들어낸다. 영화 필름카메라의 경우, 1초에 24개의 프레임들이 18인치 길이를 지나가며 프레임마다 정지 이미지를 움직이는 것처럼 촬영한다.

그러나 관객은 이 프레임들이 정지되어 있음을 육안으로는 결코 확인할 수 없으며 오히려 그것들이 움직인다고 믿는다. 이 시각적 오류와 착각이 영화와 관객의 관계를 설명하는 출발점이다. 관객의 "몸은 좌석에 남겨지고, 반면 그/그녀의 눈은 움직이는 카메라와 하나"(마노비치, 2002: 57)[15]가 되면서 카메라의 눈(렌즈)과 관객의 눈(육안)이 평면 스크린에서 영상으로 동시에 수렴되기 때문이다.

프랑스의 세계적인 영화이론가이자 작가주의auteurism 영화와 누벨바그nouvelle vague의 산실이었던 〈카예 뒤 시네마Cahiers du Cinéma〉를 창간한 앙드레 바쟁에 의하면, "그림의 프레임은 방향을 잃게 하는 공간 지대를 구성하고 있다. 그것은 자연의 공간, 그림의 바깥 한계에 테를 두르는 우리의 적극적인 경험 활동의 장場인 공간에 대하여, 내부로 향하는 공간, 오직 그림의 안쪽을 향해서만 열려 있는 명상적인 공간을 대립시킨다"(바쟁, 2013: 266).

영화의 프레임을 세계를 향해 열린 창으로 정의하며 영화가 현실을 객관적으로 재현해야 한다는 **리얼리즘**realism 영화이론을 주창한 바쟁은 그림의 프레임(액자) 내부 공간으로의 지향성이 영화에서 동일하게 적용될 수는 없다고 주장했

---

15 레프 마노비치는 러시아에서 출생해 주로 미국에서 활동했던 뉴미디어이론가이자 컴퓨터 애니메이터, 디자이너, 프로그래머, 작가이기도 하다. 특히 그는 뉴미디어의 기술적 특성과 시각예술에 관심이 많았다. 그의 홈페이지 www.manovich.net에서 새로운 미디어 기술과 미디어 예술의 경향을 살펴볼 수 있다.

다.[16] 투명한 창의 역할을 하는 프레임을 통해 창밖의 세상(현실)을 바라봐야 한다는 바쟁의 주장은 결국 프레임이 "렌즈에 의한 시각의 한정, 화면의 틀"(오카다 스스무, 2006: 75)이라는 전제하에서만 설득력을 갖는다. 프레임의 내부 공간이 외부 공간을 (지)향하고, 외부 공간이 내부 공간을 (지)향하더라도 영상화된 프레임 내부 공간과 미처 영상화되지 못한 외부 공간은 구분되기 때문이다.

또한 하나의 프레임은 하나의 개별 영상 단위이기 때문에 프레임 내부 공간에 선택된 것은 당연히 영상이 되고, 외부 공간으로 배제된 것은 '아직' 영상이 아니다. 그러나 프레임 외부 공간에 배제된 것도 언젠가는 내부 공간으로 선택될 수 있는 가능성을 가지고 있는 잠재적 영상이라고 할 수 있다. 특히 다큐멘터리의 경우에는 극영화처럼 정해진 영상(흔히 콘티라고 부르는 스토리보드에 의한)이 없기 때문에 프레임 내부 공간과 외부 공간 간의 선택과 배제는 상황에 따라 얼마든지 달라질 수 있다.

프레임 내·외부 공간을 구분하고 규정하는 것이 경계의 기능을 하는 테두리이다. 프레임의 테두리는 프레임 내부와 외부를 '잘라내' 구별 짓는다. 이 구별 짓기가 **프레이밍**framing이다. 현실에 존재하는 실제 대상의 일부(결코 전부일 수 없는)를 그림으로 떼어내는 프레이밍을 통해 사진은 프레임 내부 공간에 시간을 정지시키고 영화는 시간을 이동시킨다. 또한 프레이밍이 결정되고 카메라 셔터가 눌리는 순간에 사진은 과거의 시간을 동결시키고 영화는 과거의 시간을 현재로 소환하기 위한 준비를 시작한다. 특히 영화의 경우, 프레임 외부 공간으로 잘려나간 것을 관객은 추론과 상상을 통해 프레임 내부 공간으로 지속적으로 불러들인다.

---

16 현대영화는 틀, 창, 거울을 통해 은유적으로 의미를 구성한다. 틀은 회화처럼 틀 내부와 외부를 엄격히 구분하는 형식주의 영화 이론의 핵심 개념이며, 창은 영화가 세상을 향해 열려있는 투명한 창이라고 믿었던 사실주의 영화 이론의 이론적 기반이고, 거울은 정신분석학적인 영화 이론의 기본 개념이다(Sobchack, 1992).

스크린과 영화관, 그리고 텔레비전

프레임과 프레이밍은 카메라에만 적용되는 원리가 아니다. 회화와 사진의 액자와 영화 스크린은 그 자체로 완벽하게 프레임으로 구조화되어 있다. 이는 앙드레 바쟁의 주장을 뒷받침하는 논거이지만, 르네상스 이후에 틀 안쪽에 있는 대상들이 틀 바깥쪽을 지향하면서 틀은 틀 내부 공간을 외부 공간으로 확장하는 창으로 인식되었다. 회화와 사진으로부터 프레임의 유산을 물려받은 영화 스크린도 사각형의 모양새를 하고 있지만 실제로는 창으로서의 역할을 수행하는 것이다.[17]

스크린 공간on-screen space은 단지 스크린이라는 평면공간만을 가리키지 않는다. 영화영상은 분명 스크린상에 존재하지만 영화이야기는 스크린 안팎에서 동시에 전개되기 때문이다. 영화 스크린은 "스크린의 틀이 다른 크기의 두 공간, 즉 물리공간과 가상공간을 분리"(마노비치, 2004: 163)시킨다. 물리공간은 물질로서의 스크린이 펼쳐진 곳이고, 가상공간은 영화관의 스크린상에서 점멸하는 영상과 이야기가 전개되는 공간이다. 영화관의 스크린 공간은 물리공간이자 가상공간으로서, "더 광활한 원근법적 공간 안에 포함된 것으로, 습관적으로 지각된다. 비록 보이는 것은 스크린뿐이지만 더 큰 풍경이 그 주위에 펼쳐진 것"(Aumont et al. 1992: 13)이다.

르네상스 시대 회화에서부터 현대 영화에 이르기까지 관(람)객이 그림과 영화영상을 만나기 위해서는 관(람)객의 신체가 특정 공간 안에 고정되어 있어야 했

---

17 영화 스크린의 기원은 대략 17세기경부터 시작된다. 1650년대 중반 무렵, 영사기의 전신이라고 할 수 있는 오락용 영사장치인 환등magic lantern이 발명되었고, 1781년에는 연극무대의 벽면에 거울과 도르래를 활용해 움직이는 그림을 보여주면서 음향효과까지 내는 에이도푸시콘eidophusikon이, 1790년대에는 환등을 이용한 일종의 매직 랜턴 쇼인 판타스마고리아phantasmagoria, 파노라마panorama, 디오라마diorama 등의 볼거리를 제공하는 대중적인 오락산업이 번창한다. 이 모든 영상기구들이 스크린의 기술적 기반이 되었다. 또한 뤼미에르 형제가 최초의 필름 카메라이자 인화기, 영사기이기도 한 시네마토그래프Cinématographe를 발명하면서 본격적으로 스크린의 시대가 시작되었다.

다. 가령, 원근법이 적용된 그림의 원근법적인 '창'에 비친 소실점에 시선을 맞추기 위해 관람객은 그림 앞의 한 지점에서 움직이지 않고 그림을 바라봐야 했다. 카메라 옵스큐라나 그 반대의 원리로 작동하는 카메라 루시다camera lucida 역시 어둡거나 밝은 공간 안에 관람객의 신체를 위치시켜야만 작은 구멍을 통해 재현된 이미지를 볼 수 있다. 초기 사진도 이미지를 얻기 위해서는 일정 시간 동안 꼼짝없이 카메라와 함께 인간의 신체가 고정되어야만 했다.

혹시 플라톤의 동굴의 비유에 등장했던 죄수가 연상되지 않는가? 영화관이라는 거대한 교도소에 갇힌 관객은 마치 죄수처럼 "서로 말할 수도, 좌석에서 이동할 수도 없다. 그들이 가상 여행을 하는 동안 그들의 몸은 여전히 집단적인 카메라 옵스큐라의 어둠 안에 남겨져야만 한다"(마노비치, 2002: 56). 관객과 죄수는 '움직일 수 없음'이라는 형벌을 공통으로 감내하는 셈이다. 이와 같이 영화에서 관객의 부동성은 역사적으로 우연히 만들어진 것이 아니라 영화적 쾌락을 느끼기 위한 본질적인 조건이다(Baudry, 1986).

또한 영화적 쾌락은 영화 자체보다 영화관picture palace이라는 특별한 장소를 통해 경험할 수 있는 것이다. 영화관에서 "영화를 보는 것보다는 영화관에 가는 것이 더 많은 재미와 흥분의 의미가 결합된 기분 전환"(젠크스, 2004: 276)을 하게 한다.[18] 영화관 앞에서 "기다리는 사람들의 줄, 영화관 입구, 휴게실, 계산대, 계단, 복도, 영화관 입장, 좌석 사이의 통로, 좌석, 음악, 불빛의 변화, 어둠, 비단 커튼이 열리면서 빛을 내기 시작하는 스크린"(Corrigan, 1983: 31) 등 영화와 만나기 위한 경험들은 영화 못지않게 흥미롭다.

어쩌면 영화를 보러 영화관에 가기보다 어떤 의식을 치르는 데서 더 영화적 쾌락을 느끼는 것은 아닌지 궁금해질 정도다. 관객은 제의적이고ritualistic 수행적인performative 일련의 행위들을 모두 거쳐야만 비로소 영화를 만날 수 있다. 스크

---

18 5세기경, 그리스 아테네의 연극무대인 테아트론theatron은 '보는 공간'을 의미한다. 이 공간은 볼 수 있는 영역이 원의 절반으로 제한된 허구적 공간이다. 일정한 각도와 방향으로 설치된 스크린을 갖춘 영화관은 테아트론과 동일한 구조로 이루어져 있다.

린에 빛이 비치면 관객은 모든 감각을 폐쇄된 영화관의 어둠 속에 맡긴 채, 부동 상태로 꿈 같은 상태dream-state에 빠져든다. 관객을 지나치게 수동적인 존재로 가정한다고 비판받을 수 있겠지만 영화는 빛과 어둠의 교차를 통해 마치 꿈을 꾸는 것처럼 관객을 퇴행시킨다(Baudry, 1974).

그러나 텔레비전으로 방송프로그램을 시청하는 행위는 영화관에서 영화를 관람하는 행위와 사뭇 다르다. 영화를 관람하기 위해 영화관에 가는 행위는 일종의 의식이나 의례와 비슷한 데 반해 텔레비전을 켜고 방송프로그램을 시청하는 행위는 일상 자체라고 할 수 있다. 텔레비전은 집의 거실이나 침실 등 지극히 일상적인 공간에 마치 가구처럼 존재하기 때문이다.

텔레비전을 켜는 것은 반드시 시청해야 할 방송프로그램이 있어서가 아니다. 집 밖에 있다가 집 안으로 들어왔고, 집에 있음을 스스로 확인하기 위해 텔레비전을 켜기도 한다. 따라서 텔레비전과 방송프로그램에 대한 논의는 "가족의 삶의 공간인 가정"을 전제로 "보는 대상만큼 보는 맥락을 고려"(몰리, 2004: 276)해야 한다. 그러나 이런 주장도 근래에는 가정 밖으로 나간 텔레비전과 휴대용 전자기기를 통한 개인화와 이동성 등 방송 수용환경의 변화 때문에 수정되어야 할 판이다.

영화와 텔레비전은 시간과 공간을 영상화하는 예술적인 영상매체이다. 영화관이라는 공간에서 설레는 마음으로 영화가 시작되기를 기다리거나 가정이라는 공간에서 가족과 함께 식사를 하며 가벼운 마음으로 예능프로그램을 시청하는 행위는 오늘이라는 시간을 어제와 내일이라는 시간으로 확장시킨다. 영화와 텔레비전을 통해 현재로서의 오늘이 과거였던 어제와 대화를 나누고 미래인 내일을 기약하도록 하는 것이다. 그렇게 영화와 텔레비전 영상은 회화와 사진이 그랬듯이 우리에게 '오래된 미래'를 되돌아보거나 가늠할 수 있게 한다.

카페라테(caffe latte)와 카푸치노(cappuccino)는 에스프레소가 우유를 만나 탄생한 가장 대중적인 커피이다. 에스프레소와 우유의 절묘한 만남처럼 사람과 영상의 신묘한 만남은 커뮤니케이션의 양상을 더욱 다채롭게 만든다. 특히 영상을 의식하고 상상하는 과정과 방식, 영상이 재현되는 체계, 문화와 영상이 맺는 관계 등을 주도면밀하게 살펴봐야 비로소 영상을 통한 커뮤니케이션이 제대로 이루어지게 된다.

Act II-1

영상으로 커뮤니케이션하다

S#3
영상의 의식과 상상

"이미지, 상상된 것, 상상적인 것, 이런 것들은 전 지구적인 문화 과정에서 비평적이고 새로운 무엇인가로 우리를 안내한다. 상상은 사회적 실천이 된다."

- 아르준 아파두라이(Arjun Appadurai), 1990: 5

반영과 구성, 시선과 시점의 문제들

자연스러운 것과 인위적인 것

사실을 기반으로 하는 다큐멘터리이든, 허구를 바탕으로 하는 드라마나 극영화이든 영화와 텔레비전 영상은 대상을 보이는 그대로 기록하고 복제(복사)하거나 영상 고유의 다양한 기법을 통해 대상을 변형(전환)하는 두 가지 방식으로 이야기를 구성한다. 우리는 영상으로 기록되거나 복제된, 또는 변형된 실제 대상(세계, 세상, 현실)을 바라보고 그것에 의미를 부여하며 서로의 의사를 소통한다.

　이러한 의사 소통 방식은 두 가지 종류가 있다. 물론 이 두 가지 외에, 또는 그 사이에 수많은 다른 방법들이 있을 것이다. 단순화의 논리적 오류를 무릅쓴다면 이 두 가지 '방법'을 일종의 가치관처럼 대상을 바라보고 이해하는 '관점'으로 바꾸어 생각해볼 수도 있다. 두 방법 중 하나는 대상을 거울에 비친 것처럼 보이는 그대로 반영하거나 모방하는 **거울이론**mirror theory이고, 다른 하나는 대상을 (재)구성(re-)construction하는 **사회구성이론**social construction theory이다.

　거울이론은 마치 거울에 비친 것처럼 대상을 있는 그대로 바라보고 객관적으로 의미를 부여하면서 이해하는 방법이다. 반면에 사회구성론적social constructionist 접근으로 불리기도 하는 사회구성이론은 "특정한 문화적인 맥락에서 물질세계에 의미를 부여"(스터르큰·카트라이트, 2006: 3)하는 방법이다.

　거울이론은 영화와 텔레비전 같은 영상매체가 대상을 있는 그대로 수동적으로 반영할 뿐이라고 가정하는 데 반해 사회구성이론은 영상매체가 능동적으로 대상을 바라보면서 의미를 (재)구성한다고 전제한다. 특히 사회구성론적 관점은 영화와 텔레비전의 "단순한 현실 '반영' 수준을 넘어 더욱 적극적인 차원에서 우리 현실을 '구성'하고, 우리는 그렇게 구성된 현실에 대한 인식을 통해서 실제 현실에 대처"(황인성, 2004: 492)한다는 점을 강조한다.

가령, **형식주의**formalism 영화는 사회구성론적 관점에서 영화가 현실을 변형할 수 있다는 점을 철칙으로 삼는다. 형식주의 영화는 영화영상의 표현 형식이 내용을 결정하며, 주제와 의미 자체라고 규정한다. 따라서 형식주의의 입장에서 보면, 영화영상은 감독(작가)의 주관에 따라 얼마든지 구성 및 재구성될 수 있다. 반면에 **사실주의**realism 영화는 현실이 영화와 무관하게 이미 존재하기 때문에 영화와 현실은 별개이며, 영화는 현실을 거울에 비친 것처럼 반영하여 객관적으로 보여주어야 한다는 점을 강조한다.

반영과 구성, 사실주의와 형식주의의 이런 대립구도는 결국 어떤 시선과 시점으로 세상을 바라보고 의미를 부여하며 이해하는지의 문제로 귀결된다. 이 문제의 핵심은 자연스러운 반영과 인위적인 (재)구성 가운데 어느 관점(방법)을 선택할 것인가이다. 결론적으로 우리는 세상을 거울에 비친 것처럼 보이는 그대로 자연스럽게 볼 수 없고, 세상은 그렇게 보이지도 않는다. 거울 속 세상은 단지 거울이라는 물질에 '비친' 것일 뿐이기 때문이다.

세상의 의미는 세상이 어떤 모양인지보다 왜 그런 모양으로 우리에게 보이고, 우리는 왜 그런 모양으로 세상을 바라보는지, 우리가 어떻게 세상을 바라보고 세상은 우리에게 어떻게 보이는지에 따라 달라진다. 더욱 중요한 것은 세상의 의미는 바라보는 주체(인간)와 바라보이는 객체(세상) 사이에 형성되어 있는 사회문화적인 관계와 바라보고 바라보이는 조건이나 환경, 과정에 두루 걸친 맥락에 의해 결정된다는 사실이다.

시선과 시점

영상은 빛과 그림자가 만든 이미지이고, 보는 것과 보이는 것의 대상이며, 보고 보이는 다양한 관계이기도 하다. 기계적인 도구이자 장치인 카메라에 의해 만들어진 영상을 이해할 수 있는 세 가지 방법이 있다. 첫째는 'S#2 영상, 그 오래된 미래'에서 살펴본 빛과 그림자의 원리가 카메라에 그대로 적용되어 영상이 생성된다는 물리적 방법이다. 영화의 필름이나 텔레비전의 전자식 비디오는 빛과 그림자, 밝음과 어둠이 반반씩 혼합된 기계적 기술에 의해 작동한다.

둘째는 인간이 영상을 바라보거나 영상이 인간에게 바라보이는 방법이다. 영화는 스크린, 텔레비전은 브라운관, 웹과 게임 등은 컴퓨터 모니터처럼 영상이 가시화되는 공간을 중심으로 영상의 문제에 접근할 수 있다.

셋째는 이야기 자체를 포함해 영상을 통해 대상을 이야기하거나 대상이 이야기되는 방법이다. 즉, 영상이 들려주는 이야기와 이야기의 의미, 이야기가 조직되는 방식 등을 통해 영상의 보고 보이는 문제에 접근할 수 있다. 이 방법은 'S#7 영상이야기와 영상으로 이야기하기', 'S#8 서사의 전통과 영상서사'에서 구체적으로 살펴볼 예정이다.

시선과 시점은 이 방법들 중에서 두 번째에 해당한다. 무엇인가를 바라보는 방식과 이유는 우리가 알고 있거나 믿고 있는 것과 밀접하게 관련되어 있다. 동일한 대상이어도 그 대상에 대해 얼마나 아는지, 알고 있는 것에 대해 어느 정도의 확신을 갖는지에 따라 대상을 바라보는 시선의 방향과 방법, 시점이 달라진다.

시선one's eyes은 말 그대로 눈이 가는 방향이다. 시선이 멈춘 곳에 바라보고자 하는 대상이 있을 것이다. 그 대상에 이르기까지의 '눈길'이 곧 시선이다. 시선은 앞서 얘기한 거울의 반영처럼 자연스럽게 결정되지 않는다. '그냥 그쪽으로 시선이 갔어!'라는 표현은 논리적이지 않다. 시선에는 '관심'이 포함되기 때문이다.

결국 "보는 것은 무언가에 시선을 준다는 말이며, 시선을 준다는 것은 선택하는 행위"(버거, 2002: 36)라고 할 수 있다. 바라보고자 하는 관심과 의지가 담긴 시선의 선택 행위에 의해 대상은 우리의 시각 영역 안으로 들어온다. 그때 비로소 우리는 우리의 눈에 들어온 대상을 지각하고, 그 대상에게 왜 그런 시선을 주었는지, 그것의 의미는 무엇인지를 인식할 수 있게 된다.

그렇다면, 시선을 '주는 것'이 아닌 '받는 것'은 어떻게 이해해야 할까? 만일 시선을 받는 대상이 누군가가 자신에게 시선을 주고 있다는 사실을 인식하고 그 누군가를 향해 시선을 돌린다면, 서로의 시선은 어느 지점에서든 마주칠 것이다. 시선을 받는 대상이 시선을 주는 이의 눈길을 인식하지 못하는 경우도 있을 것이다. 이에 대해서는 'S#5 영상커뮤니케이션'에서 살펴보기로 하고, 여기서는 시선의 '마주침'에 대해서 이야기해보자.

시선의 마주침은 곧 시선의 '주고받음'을 뜻한다. 그런데 단지 시선만 주고받는 것일까? 당연히 그렇지 않다. 아무런 의미가 없는 시선이란 없다. 사람 사이에 오고가는 시선에는 어떤 식으로든 의미가 담겨 있기 마련이다. 따라서 시선을 주고받는 것은 의미를 주고받는 것이고, 시선의 마주침은 의미의 마주침이라고 할 수 있다.

일차적으로는 시선을 보내는 사람의 신체가 위치한 물리적 지점이 **시점**point of view, viewpoint이다. 바라보는 "시선은 시점을 동반하여 시점은 시선을 재촉한다"(오카다 스스무, 2006: 66). 시선을 보내는 것은 곧 시선을 주는 사람이 어느 시점(위치)에 있음을 뜻한다. 물리적인 지점이나 위치로서의 시점에는 바라보는 사람의 시공간적인 현존이 전제된다. 시점은 그때, 그곳에서 누군가는 시선을 보내고 또 누군가는 그 시선을 받는다는 시선의 주고받음의 상황까지 포함한다. 시점은 소설과 같은 문학의 이야기와 이야기 구조인 서사에서 처음 사용된 용어로 "대상, 그것을 바라보는 위치, 바라보는 행위 등 세 가지 요소로 구성"(채트먼, 2001: 215)된다.

문학에 비해 영화의 시점은 한층 복잡하다. 일반적으로 영화의 시점은 크게 세 가지로 구분된다(바느와 레테, 1997: 65). 첫째는 피사체를 어디에서 보는지, 영상은 어디서, 어떤 앵글로 찍히는지, 카메라 위치는 어디인지와 같은 시각적 의미의 시점이다. 둘째는 서사가 누구에 의해 전해지는지와 같이 인칭을 기준으로 하는 시점이다. 마지막으로 셋째는 영화 자체와 영화의 이야기, 영화에 등장하는 인물에 대한 작가의 시선으로서, 주제의식에 따른 이데올로기적 의미의 시점이다.

영화에서 이 시점들은 카메라 시점에 따라 결정된다. 영화 이야기가 1인칭이나 2인칭으로 전개되더라도 카메라는 3인칭 시점으로 대상을 바라본다. 특히 1인칭 주관적 시점은 "관객의 시점이 등장인물의 시점과 일치될 때 형성된다. 이것은 두 가지 방향에서 진행된다. 하나는 객관적 시점에서 등장인물을 묘사했다가 등장인물의 시점으로 바뀌는 경우(간접적 시점)이고, 다른 경우는 주관적 시점을 그대로 유지하는 것(직접적 시점)"(주창윤, 2015: 71)이다.

대부분의 영화는 주로 3인칭의 객관적(전지적) 시점을 채택한다. 3인칭 시점은 관객과 카메라 사이의 거리를 의도적으로 설정하는, 일종의 거리 두기로서의 **소격 효과**alienation effect를 통해 카메라가 대상에 관여하거나 개입하지 않고 제3자의 위치에서 관찰자적 시점으로 대상을 바라보는 것처럼 '가장'한다. 이런 시점은 관객을 영화에 더욱 몰입시키는 데 유용하다는 것이 수많은 영화제작 경험과 이론을 통해 입증된 영화의 오래된 영상재현 및 서사 전략이다.

제3자의 관찰자적 위치에서 객관적이고 전지적으로 대상을 바라보는 영화적 시점의 일례로 시점쇼트point-of-view shot를 들 수 있다. 시점쇼트는 어떤 한 사람이 어느 위치에서 어딘가를 바라보고 있을 경우, 그의 시점으로부터 시작된 시선의 방향에 위치해 있는 대상을 보여주는 기법이다. 두 사람이 있는 물리적 위치에서 일차적으로 시점이 결정된다.

특히 영화의 경우에 바라보는 사람이 바라보는 방향에 존재하는 대상을 연속적으로 제시하는 쇼트의 일관성과 공간의 방향성이 결합되면서 바라보는 사람과 바라보이는 대상의 시선이 일치(마주침)한다. 중요한 것은 바라보는 사람의 시선의 높이와 방향에 따라 대상이 보이지 않아도 시선은 일치할 수 있다는 것이다. 그러나 시점의 일치는 다르다. 바라보는 사람의 눈의 위치와 각도에 따라 대상이 보여야만 시점이 일치하며, 이것이 곧 시점쇼트이다.

카메라의 시선과 시점, 그리고 관점

영화나 텔레비전에서 시선과 시점을 결정하는 카메라는 이야기를 주도적으로 진행하는 내레이션의 권위자라고 할 수 있다. 인간의 눈을 대신하는 카메라의 눈(렌즈)은 작가와 감독을 비롯해 촬영감독과 관객의 눈이기도 하다. 따라서 카메라 시점은 작가, 감독, 관객의 시점을 일치시킨다.

특히 촬영기술의 측면에서는 카메라 렌즈의 선택 자체가 시점을 결정하는 변수가 되기도 하다. 예컨대, 초점거리focal length는 렌즈 화각에 따른 프레임과 시점의 구성을 결정한다. 심도depth of field 역시 마찬가지로 앞 장에서 살펴본 원근법상의 거리, 크기, 배열, 색상, 명도, 소실점 등의 원리가 심도를 결정하면서 시점에까지 영향을 미친다.

카메라(렌즈)를 통한 시점 일치는 대상에 대한 카메라의 감각, 지각이 관객의 감각, 지각과 맞아떨어진다는 것을 의미한다. 유의해야 할 것은 카메라(렌즈) 시점이 결코 중립적이지 않다는 사실이다. 앞서 여러 차례 살펴봤듯이, 카메라라는 영화적 장치의 핵심 기능은 프레임이다. 프레임 자체와 프레이밍을 통한 선택과 배제의 과정과 결과가 이미 영상이 중립적일 수 없음을 입증하는 확실한 물증이다.

사실주의를 통해 영화영상의 본질적 객관성과 '완전한 영화의 신화'를 주창했던 앙드레 바쟁은 롱테이크long take가 현실을 현실답게 보여주기보다 현실에 대한 거짓 환상을 줄여줄 뿐이라고 고백한 바 있다. 영화영상의 "어떤 쇼트든 이미 피사체를 일정한 각도에서(따라서 다른 각도는 배제된다), 일정한 크기로(마찬가지로 다른 크기는 배제된다) 잘라내는 것"(박성수·전수일·이효인, 1996: 130)이라는 사실을 앙드레 바쟁도 잘 알고 있었던 것이다.

시점 이동은 다큐멘터리를 비롯해 대부분의 극영화가 3인칭 객관적 시점으로 이야기를 구성함으로써 관객의 몰입을 유인하는 주요 전술 가운데 하나이다. 예컨대, 카메라 렌즈의 초점이동rack focus, 카메라의 수직적 움직임tilting, 수평적 움직임panning, 카메라 자체의 위치 변경을 통한 움직임tracking, dolly, following을 통한 카메라 시점 이동은 프레임 변경을 통해 관객의 시점을 연쇄적으로 이동시킨다.

결국 관객의 시선은 지속적으로 연장되고, 관객의 감각과 지각은 확장되며, 영화에 대한 관객의 관여도도 더욱 극대화된다.

시점이 이동하면 원근법상의 중심인 소실점도 덩달아 변경된다. 시점 이동은 수많은 복수의 소실점을 새롭게 만들기 때문이다. 아예 소실점의 의미 자체가 사라질 수도 있다. 시점 이동을 통한 소실점의 생성과 소멸(의 반복)은 관객으로 하여금 어디(무엇)를 볼 것인지, 그곳(그것)을 보는 이유가 무엇인지에 대해 끊임없이 고민하게 만든다. 시점 이동은 소실점의 분산을 통한 시공간의 파편화를 초래하기 때문이다.

앞서 시점이 바라보는 사람의 신체가 위치한 물리적 지점이라고 '일차적'으로 정의한 바 있다. '이차적'으로 시점은 이야기와 서사의 측면에서 정의될 수 있다. 흔히 화자로 칭해지는 서술자narrator는 이야기를 하는 사람(등장인물, 감독, 작가, 제3의 인물 등)이다. 서술자가 어떤 감정과 생각으로 이야기하는지를 결정하는 심리적이고 정신적인 위치가 시점의 '이차적' 정의이다.

특히 "'어느 곳으로부터'라는 위치가 보는 사람의 정신일 때, 의미는 아주 복잡해진다. 우리는 물질적 대상뿐 아니라 기억들, 추상적 생각, 관계 등까지 '본다.' 그래서 '시점'이라는 용어는 대단히 복잡하고 어떻게 보면 막연하기까지 하다"(채트먼, 2001: 215). 문학 및 영화비평가인 시모어 채트먼Seymour Chatman은 물리적 지점과 정신적 지점을 모두 시점에 포함시킨다. 하지만 엄밀히 말하면 물리적 지점은 시점이고, 그 시점에서 맥락에 따라 바라본 것에 대해 갖는 의식과 사유는 **관점**point of view, viewpoint, perspective이라고 정의하는 것이 보다 정확할 듯하다.

영화의 눈, 인간의 눈

앞 장에서 살펴봤듯이, 르네상스의 융성기인 15세기 중엽 이후에 인간의 시각체계를 근본적으로 바꾸어놓은 원근법은 3차원의 입체공간을 2차원의 평면공간에 압착해 보다 사실적으로 그림을 바라보게 하는 기계적이고 기술적인 기법이다. 그러나 원근법은 단순히 시각의 방식일 뿐만 아니라 대상(세상)을 바라보고 의미를 부여하며, 그것을 의식하는 '유일한' 시선과 시점이라는 것이 당대 유럽의 지배적인 세계관이었다.

원근법 이전에 "이미지를 다루는 중세의 관습에서는 하나의 장면이 그려질 때 여러 개의 시점이 존재할 수 있었는 데 반해 원근법은 단 하나의 특정 시점이 확립될 것을 요구"(스터르큰·카트라이트, 2006: 101)했다. 그 '단 하나의 특정 시점'이 인간의 시선을 소실점에 위치한 신의 위치에 고정시키는 것임은 두말할 나위 없다.

러시아의 다큐멘터리 감독이자 영화이론가인 지가 베르토프^{Dziga Vertov}는 카메라(영화)의 눈(렌즈)은 인간의 눈(육안)으로부터 독립적인 자율성을 갖는다는 뜻의 **영화-눈**^{kino-eye}을 역설했다. 베르토프는 "나는 눈이다. 나는 기계의 눈이다. 기계인 나는 당신에게 오직 나만 볼 수 있는 세상을 보여준다(I'm an eye. A mechanical eye. I, the machine, show you a world the way only I can see it)"(베르토프, 2006: 77)라고 주저 없이 선언했다. 그는 영화-눈이 "가시 세계에 속해 있지만 인간의 눈으로 지각할 수 없는 무수한 비가시적 영역들을 자유롭게 포착해 제시"(베르토프, 2006: 75)한다고 믿었다.

'키노-아이'는 카메라(렌즈)가 인간보다 더 뛰어난 능력을 가졌음을 입증하는 개념이다. 카메라의 눈은 인간의 눈이 갖지 못한 시선과 시점을 가질 수 있기 때문에 카메라가 인간의 시지각과 시야를 확장시킬 수 있다는 것이다. 따라서 "영화-기계의 눈은 인간의 눈처럼 '의식' 장치를 통해 지각된 내용을 사후에 보완, 교정할 필요가 없으므로 기본적인 '진실성'을 확보"(박성수, 1998: 213)할 수 있다. '키노-아이'는 현실을 단순히 모사하거나 재현하지 않고 현실의 "모든 곳에 스며들어, 시점을 증식(다수화)시키고, 공간의 모든 점을 모두 시점화"(주라비슈빌리,

위의 장면들은 〈카메라를 든 사나이〉에서 영화-눈을 상징적으로 표현한 영상과 카메라와 일체가
된 지가 베르토프. 아래는 〈카메라를 든 사나이〉의 포스터.

2003: 222)함으로써 인간의 시선과 시점의 한계를 극복할 수 있게 한다는 것이다.

베르토프가 제작한 실험적인 다큐멘터리 〈카메라를 든 사나이〉Man with a Movie Camera〉(1929)는 카메라와 영화가 세계를 지각하고 의식하는 주체라는 점을 강력하게 드러냈다.[1] 베르토프는 인간과 인간의 눈은 카메라(렌즈)를 대신할 뿐이며, 카메라(렌즈)가 대상(세상)을 직접 바라보면서 제작한 영화는 물질적이고 기계적인 지각의 실천을 통해 세계를 의식할 수 있도록 하는 하나의 '작은 우주'라고 강조했다.

특히 베르토프는 "세계는 스스로 지각하고 운동하는 물질들로 구성되어 있으며 인간적 지각이 아닌 물질적 지각만이, 혹은 (물질적 지각의 원리에 입각해 구성되는) 기계적 지각만이 그러한 물질적 우주를 제대로 구현해낼 수 있다는 유물론적이자 기계주의적인 관점"(김호영, 2012: 254)을 갖고 있었다. 그의 주장대로라면, 인간의 시선과 시점에 아랑곳하지 않고 오직 영화의 눈(카메라, 렌즈)으로만 물질세계 자체와 물질세계에서 발생하는 다양한 현상을 의식하고 상상할 수 있으며, 현실의 이면에 감춰진 **진실**(영화-진실)kino-pravda까지 볼 수 있게 된다.

베르토프는 〈카메라를 든 사나이〉를 통해 "인간의 지각과 의식은 근본적으로 배제되어 있으며, 사물들 혹은 물질들이 지각과 의식의 주체이자 대상으로 기능"(김호영, 2012: 255)한다는 영화적 사유를 피력했다. 앞서 베르토프는 다큐멘터리 감독이고 〈카메라를 든 사나이〉는 실험적인 다큐멘터리라고 기술한 바 있다. 베르토프는 '극영화의 즉각적인 죽음'을 선포했을 만큼 극영화를 배격하고 세계를 있는 그대로 가장 정확하게 보여주는 사실들의 공장factory of facts을 만

---

1 〈카메라를 든 사나이〉는 베르토프가 직접 카메라를 들고 실제 현실 공간 곳곳을 누비며 연출, 촬영, 편집한 다큐멘터리이다. 베르토프는 소형화, 경량화 된 카메라와 삼각대, 조명장비, 빛에 더욱 민감해진 필름 등을 최대한 활용해 고속촬영, 이동촬영, 콤마촬영 등의 다양한 촬영기법과 현미경을 활용한 굴절장면, 역동작, 애니메이션 등의 몽타주montage 기법까지 당시에 구현할 수 있었던 모든 영상기술을 선보였다.

들어야 한다고 주장했다. 키노-아이와 사실들의 공장은 현실을 있는 그대로 재현하기보다 기록과 구성이라는 이중의 작업을 통해 현실의 이면에 숨겨진 진실을 보여주는 것이 더욱 중요하다는 포괄적인 의미를 내포하기도 한다.[2]

영화적 순간과 사실, 그리고 진실

코닥 모멘트Kodak moment라는 용어가 있다. 코닥은 사진과 관련된 제품을 제조하고 판매하는 회사인 이스트먼 코닥Eastman Kodak Company의 약칭이다. 코닥 필름을 사용해 절호의 순간을 놓치지 않고 찍은 사진과 그 순간의 기록을 모두 코닥 모멘트라고 부른다. 살면서 가끔씩 마주치는 잊지 못할 경험을 사진(필름)으로 남겨 세월이 흘러도 기억할 수 있게 하는 것이 코닥의 순간이다.

우리는 일상에서 그런 순간을 자주 경험한다. 다만, 그때가 코닥 모멘트임을 인식하지 못한 채 무심코 지나칠 뿐이다. 어쩌면 삶의 모든 순간순간이 코닥 모멘트일 수도 있다. 영화에서 코닥 모멘트는 **영화적 순간**cinematic moment이다. 사진을 비롯해 어떤 매체도 할 수 없는 "영화만이 만들어낼 수 있는 순간", "영화 고유의 언어가 시의 적절하게 구사되어 영화적 힘을 느끼게 만드는 그런 순간"(최인규, 2014: vii)이 영화적 순간이다.

영화관에서 영화가 끝났는데도 좀처럼 일어서지 못한 채 영화가 남긴 여운을 되새겼던 적이 있을 것이다. 그 여운은 영화 전체에 대한 것일 수도 있고, 특정 대사와 음악의 한 구절, 또는 배우의 말투나 표정처럼 스치듯 지나가는 한 장면

---

2 현실을 있는 그대로 보여주는 동시에 그 이면에 숨겨진 진실(키노-프라우다)까지 보여줄 수 있다는 베르토프의 키노-아이는 역설적으로 비현실적인 가설이나 이상이라는 비판을 받기도 했다. 그러나 영화가 "인간의 지각과 경험과 의식을 넘어서는 비가시적 세계를, 광활한 미지의 세계를 보여줄 수 있다고 믿은 그의 사유는 후대의 영화인들과 영화이론가들에게 깊은 영향을 미친다. 인간의 의식 이전에 존재하거나 인간의 지각을 훨씬 넘어서는 차원의 물질들의 세계를 구현하는 것은 어쩌면 영화를 포함한 모든 영상매체의 작가들이 꿈꾸는 영원한 꿈이기 때문"(김호영, 2012: 274)이다.

에 관한 것일 수도 있다. 객석에 앉아 있는 관객인 우리의 눈과 영화의 눈(키노-아이)이 하나로 일치되는 지점에서 우리는 그 순간을 만끽한다.

영화적 순간은 영화가 영화관 밖의 현실로부터 우리를 떼어놓았기 때문에 경험할 수 있는 것이다. 그러나 우리는 그 사실을 인식하지 못한다. 정확히 말하면 인식하고 싶어하지 않는다. 영화적 순간을 놓치고 싶지 않기 때문이다. 더욱 정확하게는 영화적 순간을 통해 영화관 밖에서 '다시' 현실과 마주치고 싶지 않기 때문이다. 그래서 우리는 영화적 순간을 통해 우리의 눈이 영화의 기계적 눈이 된 것 같은 환영적인 쾌감을 즐기고자 한다.

그러나 영화적 순간은 "촬영을 통한 실재의 포착이란 세계의 즉각적이고 현상적인 이미지의 기록일 뿐, 사실 혹은 진실은 이 이미지 자체에는 드러나지 않는 비가시적인non-visible 상태"(이자혜, 2012: 213)라는 것을 은폐하는 것이나 마찬가지이다. 다큐멘터리나 극영화, 심지어 뉴스에서조차 카메라의 눈이 만든 영상은 사실이나 진실 여부와 관계없이 실제 현실로부터 유리된 것이기 때문이다.

우리는 현실로부터 이탈한 영상을 통해 어떤 사실이나 진실과 관련된 영화적(영상적으로 바꿔도 무방한) 순간을 지각하고 의식한다. 우리의 시선과 시점이 곧 영화의 시선과 시점일 수 있는 가능성으로 인해 우리는 영화적 순간을 만날 수 있다고 믿는다. 심지어 우리는 곧잘 영화적 사실과 진실을 실제 현실의 사실과 진실로 치환시키기도 한다.

영화와 방송프로그램에서 카메라의 시선과 시점은 등장인물의 시선과 시점과 일치하는 경우가 대부분이다. 관객과 시청자의 시선과 시점도 다르지 않다. 등장인물을 바라보는 관객(시청자)의 시선과 시점이 카메라의 시선, 시점과 일치하는 것이다. 따라서 관객의 시선에는 카메라와 등장인물이 모두 들어 있고, 관객은 카메라와 등장인물을 직접 지각하고 의식하며 카메라와 등장인물의 시점을 인식할 수 있다.

그러나 관객의 시선, 시점이 카메라의 시선, 시점과 일치함에도 불구하고 그 일치에 대한 관객의 지각과 의식이 현실의 사실이나 진실과 무관할 수 있다는 점이 중요하다. 관객은 그 문제를 잘 알고 있지만 영화적 사실과 진실을 실제 현실의 사실과 진실로 지각하고 의식한다. 정확히 말하면, 그렇게 하고 싶어한다.

또한 영화적 사실과 진실에 대한 관객의 지각과 의식이 이내 현실적 사실과 진실로 전환될 것이라는 점도 관객은 경험을 통해 잘 알고 있다. 그렇다면, 관객의 입장에 위치해 있는 우리는 우리의 시선과 시점으로 바라본 사진, 영화, 텔레비전 영상을 정확하게 지각하고 의식하며, 나아가 상상할 수 있어야 한다. 코닥 모멘트와 영화적 순간을 통해 우리는 과연 무엇을 지각하고 의식하는지, 그 순간들의 주체와 객체는 누구인지, 그 순간들이 사실이나 진실인지 등에 대해 꼼꼼하게 성찰해야 한다.

주체와 객체의 의식과 상상

뜻을 알다. 의식하다.

현대사회에서 영상은 시간과 공간에 구애받지 않고 언제 어디서든 우리의 눈과 귀를 끊임없이 자극한다. 또한 영상은 '자연스럽게' 우리 주변을 맴돌며 우리에게 한껏 친밀감을 표시하기도 한다. 그런 영상을 우리는 '더 자연스럽게' 받아들이며, 그 안에 담긴 의미를 읽으려고 애쓴다. 그러나 그 **의미읽기**가 그리 간단치는 않다. 의식적으로 읽으려 할수록 더 만만치 않아지기도 한다. 그래서 차라리 무의식적으로 영상의 의미를 읽는 것이 낫다는 푸념마저 하게 된다.

무의식unconsciousness은 **의식**consciousness 없음이 아니라 의식하지 않음을 뜻한다. 어떤 영상이든 의식되지 않는 영상은 없다. 따라서 무의식적으로 영상을 바라보거나 그 의미를 읽는다는 것은 불가능한 일이다. 의식의 한자어인 '意識'에서 알 수 있듯이, 의식은 감각보다 지각에 가까운 개념이다. 감각이 오감을 통한 느낌이나 인상인 데 반해 지각은 감각이 어떤 것인지를 인식하고 판단하는 것이다. 따라서 의식은 지각 대상의 '뜻意을 아는 것識'이라고 할 수 있다. 지각 대상 자체와 그것의 의미를 아는 것이 의식인 셈이다.

영상의 뜻(의미)을 지각하지 않고(않으려 하거나 않게 되는 경우도 적지 않지만) 영상을 바라보는 모순을 우리는 자주 경험한다. 영화관에서 영화를 보는 동안에 우리가 바라보는 것이 2차원의 평면 스크린인지, 그곳에 흐르는 빛과 어둠의 행렬인지, 가상의 인물과 사건, 이야기, 배경 또는 소리나 영상 자체인지를 알 수 없거나 아예 관심조차 두지 않는 경우도 많다.

　영화를 보는 것은 오롯이 영화를 보는 것일 뿐이지 그 외에 무엇을 더 의식해야 하느냐고 반문할 수도 있다. 그나마 영화관은 시청각적인 집중도가 높은 편이어서 영화의 영상과 이야기를 지각하고 의식하기가 수월한 편이다. 그러나 가정에 있는 텔레비전이나 휴대용 전자기기 속의 영상과 이야기를 의식하는 일은 여간 번거로운 일이 아니며 그만큼 어렵기도 하다.

　이른바 '1억 배우'라 불리는 송강호라는 인물을 익히 알고 있을 것이다. 배우 송강호는 배우이기 전에 송강호라는 이름을 가진 인간 송강호다. 그러나 영화에서 송강호는 인간 송강호가 아니다. 송강호가 인간이 아니라는 것이 아니라 배우로서 배역에 따라 다른 인물로 새롭게 거듭난 송강호라는 것이다. 인간 송강호, 배우 송강호, 극중 인물인 송강호, 이렇게 세 명의 송강호가 존재하는 셈이다.

　예를 들면, 배우 송강호는 이두삼(마약왕, 2018), 김만섭(택시운전사, 2017), 이정출(밀정, 2016), 영조(사도, 2015), 송우석(변호인, 2013), 남궁민수(설국열차, 2013), 신부(상현)(박쥐, 2009), 이상한 놈(윤태구)(좋은 놈, 나쁜 놈, 이상한 놈, 2008), 김종찬(밀양, 2007), 강두(괴물, 2006), 박두만(살인의 추억, 2003), 대호(반칙왕, 2000) 등의 다른 이름들을 갖고 있다. 우리가 영화관의 스크린에서 만나는 이 이름들은 인간 송강호도 배우 송강호도 아닌 제3의 송강호다.

　그렇다면, 우리는 영화를 보는 동안에 세 명의 송강호 중에서 정확히 누구를 의식하는 것일까? 가령, 우리는 영화 〈택시운전사〉(장훈)에서 김만섭을 의식한다. 그가 배우 송강호라는 사실도 의식한다. 동시에 김만섭과 배우 송강호가 인간 송강호라는 사실도 의식한다. 그렇다면 그는 세 명의 송강호인가? 아니면 두 명의 송강호와 한 명의 김만섭인가? 스크린 위에서 쉴 새 없이 움직이는 그는 과연 누구인가?

　두 시간 남짓 동안 그의 움직임을 쫓다가 영화가 끝나면 우리 머릿속은 어느새 하얘진다. 도대체 우리가 인간 송강호와 배우 송강호, 인간과 배우 송강호가 연기한 극중 송강호 가운데 누구를 의식한 것인지 혼란스럽기 때문이다. 분명한 것은 스크린상에서의 김만섭(배우 송강호)은 연속적으로 움직이는 것처럼 감각되고 지각되는 영상일 뿐이라는 사실이다. 그 감각과 지각이 김만섭과 송강호를 동시에 의식하게 한다.

그러나 앞서 살펴봤듯이, 움직이는 것처럼 감각되는 영상은 기술적인 측면에서는 움직이지 않는다. 육안으로 감각할 수 없을 만큼 빠른 속도로 지나가는 정지 이미지들과 그 사이사이에 존재하는 간헐적인 공백이 영상이 움직이는 것처럼 착각하게끔 작용한 것에 불과하다. 영상은 인간의 불완전한 감각을 자극해 의식적인 오류를 무의식적으로 용인하며 인간의 의식체계를 빈틈없이 구조화한다.

다소 과장된 표현일 수 있겠지만, 이와 같은 현상은 주체인 인간이 무의식적으로 영상을 내면화하면서 객체인 영상에 종속되는 것이라고 할 수도 있다. 영상은 영상 자체와 영상을 바라보고 그것의 의미를 읽는 인간을 의식하는 데 반해 오히려 인간은 영상을 의식하지 못할 수도 있기 때문이다.

저명한 영상학자인 오카다 스스무岡田 晉는 자신의 저서 《영상학 서설映像学·序説: 写真·映画·テレビ·眼に見えるもの》(2006)에서 영상에 대한 지각과 의식에 대해 매우 정련된 이론과 방법론을 제시한 바 있다. 그에 따르면, 영상은 카메라가 본 현존하는 대상물의 **유사상**類似像, analogon으로, '지각의 영역에 나타나는 부재의 대상'이라고 할 수 있다(오카다 스스무, 2006: 30-33).

오카다 스스무의 논의대로라면, 실제 대상은 분명 존재하고 그 대상을 시각화한 영상은 부재하며, 영상 속 대상은 관객의 지각 영역에서만큼은 존재한다고 할 수 있다. 이와 같은 논의는 "'아날로곤'은 부재의 대상, 즉 물적 또는 심적 소재가 부재한 대상을 지향하는 인간 의식에 의해 성립된다"(오카다 스스무, 2006: 32에서 재인용)는 프랑스 실존주의 철학자 장폴 사르트르Jean-Paul Sartre의 논의와도 상응한다.

현상학적 의식

사르트르 철학은 의식의 철학이자 주체의 철학으로 널리 알려져 있다. 사르트르는 현상학phenomenology의 선구자인 독일의 에드문트 후설Edmund Husserl의 영향을 받아 주체와 객체(대상)의 관계와 의식에 많은 관심을 가졌다(사르트르, 2009). 나타남appearance이라는 뜻의 현상phenomenon과 논리logos를 합한 현상학은 '나타나는 현상, 현상의 나타남'을 논리적으로 연구하는 학문이다.

앞서 살펴봤듯이, 의식은 의식 대상과 그 대상에 대한 의식이라는 두 가지 뜻을 동시에 포괄하는 개념이고, 현상학은 이 두 개념의 관계에 천착한다. 그러나 후설은 나타남과 현상 사이에는 본질적인 관계가 있을 뿐 그 둘이 동일한 것은 아니기 때문에 현상이라는 개념이 명확하지 않을 수 있다고 고민했다. 현상은 (주체의) 의식의 대상이자 대상이 (주체의) 의식에 나타나는 방식이라는 두 가지 뜻을 동시에 갖고 있기 때문이다.

대부분의 "인간은 너무나 당연한, 그래서 의문조차 가질 필요 없는 많은 현상들의 환경 속에서 삶을 영위하며, …… 현상학은 바로 이렇게 당연한 일반인들의 현실세계를 연구의 주제"(이제영, 2012: 8)로 삼는다. 특히 후설 현상학은 어떤 의식을 가지고 있는 주체가 당연하고 자연스럽게 지각하는 모든 것들을 (현실세계의) 현상으로 간주한다(여종현, 2001; 래니건, 1997; 후설, 1997; Husserl, 1965, 2002).

따라서 주체의 의식은 의식하고자 하는 대상을 찾기 위해 그 대상을 지향intention한다. 무엇인가를 지향하지 않으면 의식은 존재할 수 없기 때문에 대상은 당연히 대상을 지향하는 의식으로 인해 존재한다. (주체의) 의식, 의식 대상, 의식 대상인 동시에 의식에 나타나는 방식인 현상은 일종의 삼각관계처럼 연결되어 있고, 이 세 가지 가운데 어느 한 가지만 빠져도 각각의 존재는 불완전해진다.

후설 현상학의 기본은 의식이 대상을 지향하며, 대상은 의식의 지향에 의해 존재하고, 현상은 의식 대상 자체이자 대상이 의식될 수 있도록 하는 방식이라는 것이다. 사르트르는 후설 현상학에서 영향을 받았지만 의식이 지향하는 대상이 의식 내부에 존재한다는 후설 현상학과 달리 의식으로부터 벗어나 의식 외부에 대상이 존재한다고 가정함으로써 근본적으로 차이를 드러냈다.

후설은 의식 외부에 있는 것에 괄호를 치거나parenthese 그것에 대한 판단을 중지epoche함으로써 의식 내부의 대상과 그 대상을 둘러싸고 발생하는 현상, 대상과 현상에 대한 경험 자체에 집중할 수 있다고 강조했다. 이와 같이 후설이 대상

(객체)을 주체에 종속된 것으로 이해한 데 반해 사르트르는 대상(객체)을 주체와 독립적인 객체로 인식한다. 객체인 대상은 마치 부재하는 유사상처럼 주체의 의식에 의해 실제와 유사한 형태로 존재하지만 현상에 의해 지배를 받지 않는다. 그렇기 때문에 대상은 대상으로 불리기보다 주체의 의식으로부터 독자적일뿐만 아니라 주체와 동등한 위상을 가지며 주체의 대척점에 위치한다는 것이 사르트르의 주장이다.

그러나 후설과 사르트르의 현상학적 접근은 모두 "사회적 사건을 구조적 단계에서 역동적으로 이해하고 해석하는 점이 부족"(이제영, 2012: 9)하다고 할 수 있다. 그들의 현상학이 사회구조보다 "어떤 현상에 처한 인간 경험의 의미나 본질을 탐구하는 학문"(강승묵, 2010: 73)이기 때문이다. 따라서 그들의 현상학은 주체로서 인간의 사회적 실천의 중요성을 간과하고, 그 실천적 행위에 대한 구조적 분석을 소홀히 다루었다는 비판으로부터 자유로울 수 없다.

그럼에도 불구하고, 현상학이 영상의 의식을 이해하는 데 유용한 이유는 후설이 그의 초기 연구(논리연구)에서 의식을 "대상과 관련된 무엇에 대한 의식과 그 의식의 근본구조로서의 지향성이나 지향적 관계"(홍성하, 2000: 203)로 정의했기 때문이다. 의식에 대한 이런 정의는 제작자(카메라)와 관객이 영상화된 대상과 실제 대상에 대해 무엇을, 어떻게 의식하고, 그 의식은 어느 지점을 지향하는지, 궁극적으로 어떤 의미를 어떻게 구성하는지를 이해할 수 있게 한다.

앞에서 언급한 지향은 다른 말로 '의도'라고 할 수 있다. 우리의 의식이 무엇인가를 지향한다는 것은 곧 그 무엇의 내부에 담긴 의도를 지향하는 것이나 마찬가지이다. 가령, 영화의 등장인물이 심적 고통을 겪고 있다고 가정할 경우, 등장인물의 아픔을 관객이 공감한다면 그것은 관객의 의식이 등장인물의 고통을 지향했기 때문이며 동시에 작가나 감독이 의도한 그 고통의 이유, 보다 정확하게는 고통의 의미를 지향한 것이라고 할 수 있다.

후설은 영상의식을 "감각체험을 통해 이루어지는 지각이 변형modification된 의식"(홍성하, 2000: 204에서 재인용)으로 이해했던 듯하다. 의식은 당연히 지각을 통해 이루어진다. 아직 영상화되지 않은 카메라 앞의 실제 대상은 지각 대상이고, 촬영 이후에 영상으로 전환된 대상은 변형된 지각 대상으로 의식될 수 있는 셈이다. 카메라 앞에 존재했던 실제 대상은 영상(정확하게는 카메라)을 통해 영상의 객체가 되는 동시에 영상 내부에서는 주체로 다시 현존한다.

　현상학에서 "실체는 항상 개인의 의식적 경험의 일부분"(이제영, 2012: 4)이다. 따라서 실체로서의 지각 대상(영상 객체)은 관객에게 영상으로'만' 존재할 뿐 실제로는 부재하는 의식 대상이라고 할 수 있다. 이 대상은 실제로는 영상 객체로서 부재하지만 영상 내부에서는 영상 주체로서 존재하는 것이다.

　주체와 객체의 문제는 잠시 후에 다시 살펴보기로 하고, 여기서 한 가지 더 살펴봐야 할 것은 오카다 스스무가 얘기했던 유사상, 즉 아날로곤으로서의 영상에 관한 것이다. 영상 내부의 대상은 그 대상에게는 주체이지만 또 다른 주체인 관객에게는 부재하는 대상일 뿐이다. 관객의 의식이 실제 대상을 지향해야만 영상 내부의 대상은 비로소 객체인 동시에 주체로서 존재할 수 있게 된다.

　다시 송강호라는 인물을 예로 들어보자. 영화에 등장하는 송강호는 영화영상 내부에서는 인간으로서의 송강호라는 이름을 가진 주체로 존재하지 않는다. 영화영상 내부에 인간 송강호는 부재하는 대상(객체)일 뿐이다. 그는 실제 송강호의 유사상인 김만섭, 이정출, 영조, 송우석, 상현(신부) 등의 영상화된 주체이자 관객에게는 부재하는 송강호라는 대상(객체)인 셈이다. 만일 관객이 영화에 등장하는 송강호의 유사상들(객체들)을 실제 송강호로 의식하면서 인간 송강호를 지향한다면, 비로소 그 유사상들은 영화영상 내부에서 또 한 명의 송강호인 김만섭 등의 주체로 존재할 수 있게 된다.

　존재하는 듯 부재하고, 부재하는 듯 존재하는 영상 내부의 대상(객체)과 영상 주체인 관객의 관계는 마치 마술과 흡사해 보인다. 마술은 "다양한 '아날로곤'을 사용하여 사람들의 의식에 작용하기 시작하고, 그것을 조작하여 의식 저변에 숨은 심상을 이 세상에 끄집어내는 것이다. 영상은 말할 필요도 없이 '아날로곤'"(오카다 스스무, 2006: 93)이며, 두말할 나위 없이 마술인 셈이다. 이 마술 같은 영상의 주체와 객체의 문제와 상상에 대해 이야기해보자.

주체와 객체의 의식

근대 철학의 선구자로 회자되는 프랑스 철학자이자 물리학자인 르네 데카르트 René Descartes는 '나는 생각한다. 그러므로 나는 존재한다Cogito, ergo sum'라는 유명한 명제를 남겼다. 나의 존재 이유는 나의 생각 때문이고, 주체로서의 나의 존재감은 나의 의식에 의해 논증될 수 있다는 것이 데카르트의 생각이었다. 이 명제는 '생각한다. 그러므로 존재한다'와 같이 주어가 없거나, '나는 내가 생각한다고 생각한다'와 같이 주어가 있는 경우를 모두 포괄하는 것으로 '나는 내가 생각한다고 생각한다. 그러므로 나는 내가 존재한다고 생각한다'라는 의미를 갖는다.

데카르트는 주체로서의 '나'를 강조하지만 현상학자들은 주체와 객체를 엄밀히 분리하는 데카르트의 이분법Cartesian dichotomy이 오히려 주체의 주관적인 경험 세계를 설명하지 못한다고 비판한다. 그들은 객체로서의 "생활세계 밖에 있는 대상들의 존재 유무보다 주체이든 객체이든 객관적인 대상이 어떻게 지금 현재 그런 현상으로 우리에게 보이는가의 문제에 더욱 천착"(강승묵, 2010: 78)하기 때문이다.

주체로서의 나(너)와 객체로서의 너(나)에 대한 의식의 문제는 이른바 근대성의 기획modernity project의 근간이었다. 특히 데카르트의 '나'의 존재에 대한 사유에 "근거한 명증된 주체의 확립은 '나'의 보편적인 독립성과 주관성을 정당화했고, 나아가 인간의 자연에 대한 우월성과 주체라는 이름으로 타자를 대상화시켜 억압하고 지배하는 권리를 스스로 부여"(조용철·강승묵·류웅재, 2009: 229)했다.

이와 같은 논의를 사르트르 스타일로 다시 풀어보면, 관찰자로서의 나(너)는 타자인 너(나)의 응시에 대상화되는 동시에, 타자인 너(나)는 관찰자로서의 나(너)의 응시에 대상화된다. 즉, 주체이자 객체로서 서로를 억압하고 지배하는 관계가 성립된다고 할 수 있다. 이와 같은 주체/객체의 관계는 '누군가가 나를 보기 때문에 나는 그 누군가가 아니라 나 스스로를 본다'는 존재론의 이론적 근거가 되기도 한다.

근대의 주체성에 대한 논의는 주체가 무수한 사물들(객체인 대상들)의 세계에

윗줄 왼쪽은 프란스 할스Frans Hals가 그린 르네 데카르트(1596~1650)의 초상화, 오른쪽은 '나는 생각한다. 고로 존재한다'라는 세기적 격언이 수록된 그의 저서 《방법서설Discours de la méthode》.
아랫줄은 왼쪽부터 존재와 진리의 관계에 대한 데카르트 철학을 연상케 하는 영화 〈공각기동대Ghost in the Shell〉(오시 마모루Mamoru Oshii, 1995)의 포스터, 〈인셉션Inception〉(크리스토퍼 놀란Christopher Nolan, 2010)의 포스터와 영화의 한 장면.

둘러싸인 중심의 위치에서 사물들을 관찰하고 지각하며 의식한다는 데 중점을 둔다. 주체는 자신을 둘러싼 대상들로부터 독자적으로 존재하며 스스로의 현존은 의심하지 않지만 대상들의 존재 여부에 대해서는 의심을 거두지 않는다. 그러나 이와 같은 근대의 주체성 이론은 주체와 객체의 관계성, 구체적으로 객체의 주체화 가능성을 배제했다는 비판을 받기도 했다.

주체와 객체에 대한 데카르트와 사르트르의 논의를 참조하면, 주체인 나는 객체인 너를 의식하고, (너의 입장에서) 주체인 너는 객체인 나를 의식하지만 서로가 서로를, 그리고 서로의 모든 것을 온전히 의식할 수 없다는 점을 알 수 있다. 여기서 만약 너를 '영상'으로 바꾸어본다면, 내가 의식하는 영상과 영상이 의식하는 나는 서로를 동일하게 의식하지 못한다. 예를 들어, 나는 스크린상에서 나에게 말을 거는 송강호를 의식한다. 송강호 역시 관객인 나를 의식할 것이다. 그러나 서로는 서로를 잘 알지 못한다. 어느 정도 안다고 여기는 것은 예단이거나 기대에 불과하다. 그렇다면 이 예단이나 기대를 논리적으로 입증하기 위해서는 어떻게 해야 하는 것일까?

그 해답은 바로 상상이 쥐고 있다. 인간은 자신만의 특정한 방식으로 대상을 바라보는 시각적 주체이다. 보다 정확하게는 인간은 사회 내에서 시각적 주체로 구성된다고 할 수 있다. 앞 장에서 살펴봤듯이 사회의 특정 시각체계에 따라 인간의 시선과 시점이 결정되기 때문이다. 현대사회에서 가장 대중적이며 영향력이 큰 시각체계는 사진, 영화, 텔레비전 같은 영상매체의 영상이다.

사진을 예로 들면, 사진술은 "지각의 수단이다. 그런데 최초의 사진들은 마법과 기술의 경계 영역에서 '카메라에 비치는 자연은 눈에 비치는 자연과 다르다'는 것을 입증해준다. 인간이 의식을 가지고 엮은 공간의 자리에 '무의식적으로 엮인' 공간이 들어선다는 것"(벤야민, 2009: 12)이다. 벤야민의 주장대로라면, 사진(사진 속 대상)에 대한 인간의 의식은 무의식이나 매한가지이다.

지가 베르토프가 주창한 영화-눈처럼 카메라 기술이 인간의 시각적 무의식의 세계를 설명할 수 있다고 믿었던 발터 벤야민은 기술이 인간의 "육안으로 포착할 수 없는 세계를 들여다볼 수 있게 함으로써 인간과 자연의 관계를 더욱 가깝게 만들어주며, 또 그를 통해 세계에 대한 우리의 이미지와 관념은 가늠하기 힘들 정도로 변하게"(벤야민, 2009: 13) 되었다고 강조한 바 있다.[3]

이와 같은 논의대로라면, 결국 인간과 자연(세계)은 인간과 자연(세계)을 시각

---

3 카메라는 명백히 세상에 대한 인간의 사고체계를 변화시킨 기계기술의 총아이다. 카메라를 통해 바라보는 세상은 "육안으로 보는 것과는 다른 성질의 것임이 분명하다. 다르다는 것은 무엇보다도 사람의 의식이 작용하는 공간의 자리에 무의식이 작용하는 공간이 대신 들어선다"는(Tiedemann, and Schweppenhäuser, 1972~1989: 벤야민, 2009: 83에서 재인용) 것을 의미한다.

적 무의식의 세계로 이끄는 카메라에 시각적 주체로서의 자리를 내어줄 수밖에 없다. 인간과 자연(세계)이 카메라 앞에서 객체로 속절없이 전락하는 것이다. 이런 상황은 마치 사진(카메라)으로 인해 그림(붓과 물감)이 자신의 자리를 빼앗겼다고 아우성치던 역사를 다시 되돌려보는 것 같은 기시감을 느끼게 한다. 그때도 사진과 그림의 주체와 객체에 극적인 전환이 있었다.[4]

프랑스어에 변형시킨다는 뜻의 데포르메déformer라는 말이 있다. 명사형 데포르마시옹déformation은 만화나 애니메이션에서 "대상을 실제 형태보다 과장하거나 변형시켜 표현하는 것을 의미"(유키마사 마쓰다, 2008: 306)하는 용어로 사용된다. 주체를 과장하거나 변형시키는 의미를 갖는 데포르마시옹은 주체에 대한 해체를 상징적으로 은유한다.

프랑스의 저명한 철학자이자 사회학자인 미셸 푸코Michel Foucault는 인간이 스스로 주체일 수 있다는 인본주의적 사고를 철저히 배격했다. 이른바 '인간은 죽었다'라고 선언한 바 있는 그는 세계를 구성하는 선험적이고 초월적인 존재로서의 주체와, 이성적이고 합리적이며 절대적인 존재로서의 의식적인 데카르트식 주체를 모두 거부했다.

이와 같은 푸코의 주체에 대한 해체는 인간을 의식의 주체로 인식하지 않을 뿐만 아니라 어느 한 개인의 실제 경험이나 주관적인 판단도 인정하지 않는다. 푸코에 따르면(푸코, 1992, 2012; 홍성민, 1991), **권력/지식**power/knowledge의 효율성을 극대화시키기 위해 주체는 만들어지며, 권력 스스로 주관적으로 해석될 수 있는 지식을 창출해 주체를 만들기도 한다. 그렇게 창출된 지식은 다시 권력이 된다. 권력이 지식을 낳고 지식이 권력을 낳는 반복적 순환을 통해 주체는 주체로

---

4 그림과 영화에 대한 의식은 명백히 다르다. "화가는 주어진 대상에 자연스러운 거리를 유지하는 데 반해 카메라맨은 작업할 때 주어진 대상의 조직에까지 깊숙이 침투한다. 이를 통해 두 사람이 얻게 되는 영상은 엄청나게 다르다. 화가의 영상은 하나의 전체적 영상이고, 카메라맨의 영상은 여러 개로 쪼개져 있는 단편적 영상들로, 이 단편적 영상들은 새로운 법칙에 의해 다시 조립된다"(Tiedemann, and Schweppenhäuser, 1972~1989: 벤야민, 2009: 80에서 재인용).

서의 역할을 상실하고 마는 것이다.[5]

상상이라는 것, 상상한다는 것

상상imagination은 사전적으로 '실제로 경험하지 않은 현상이나 사물에 대하여 마음속으로 그려봄', 또는 심리의 측면에서 '외부 자극에 의하지 않고 기억된 생각이나 새로운 심상을 떠올리는 일'을 가리킨다.[6] 상상의 한자어인 '想像'에서 '想'은 생각을, '像'은 형상이나 모양을 뜻한다. 직접 겪어보지 않은 것이나 눈으로 보지 못한 것의 형상이나 모양을 마음속에 그리면서 생각하는 것이 상상인 셈이다. 그래서 상상은 대부분 한자나 일본어식 표현인 심상心象, 心像, 心想을 대신하기도 한다.

형태가 있는 대상과 달리 형태가 없거나 아예 물질적으로 존재하지 않는 대상을 감각하고 지각하며 의식하기란 여간 어려운 일이 아니다. 그것을 감각, 지각, 의식할 수 있는 유일한 방법이 상상이다. 상상한다는 것은 "객관적으로 존재하지 않는 부재의 심상을 불러내어 지금 내가 지각하고 있는 세계 속에 나타나게 하는 것"(오카다 스스무, 2006: 93)이다. 부재하는 대상을 상상을 통해 나타나게 해서 그것을 감각하고 지각하며 의식하는 일은 그리 간단치만은 않다.

그러나 부재하는 대상이라는 표현이 정확하지 않다고 가정하면, 뜻밖에 간단하게 상상이란 것을 할 수 있다. 마음속에 있는 것의 형태를 감각하고 지각하며 의식할 수 없다고 해서 그것이 존재하지 않는다고 할 수는 없다. 상상하고자 하는 대상의 존재 여부가 중요하지 않은 것이다. 더 중요한 것은 상상 자체를 상상

---

5 인간과 주체, 권력과 지식 등에 대해서는 《권력과 지식》(홍성민, 1991), 《지식의 고고학》(푸코, 1992), 《말과 사물》(푸코, 2012) 등 미셸 푸코의 저서를 참조하길 바란다.

6 국립국어원 표준국어대사전. "상상." (검색일: 2017.4.19).

하는 일상적인 실천이다. 그것이 공상daydream이나 망상delusion, 또는 몽상wild fancy 이어도 무방하다. 상상은 짐작하지 못한 시간과 예측하지 못한 공간에서도 얼마 든지 가능하기 때문이다.

'아는 것이 없으면 상상할 수 없다.' 한두 번쯤은 들어봤음직한 말일 것이다. '아는 만큼 상상한다'라는 말은 어떤가? 과학과 수학, 이성과 합리가 지배했던 근대에는 지식(지성)이 없으면 상상 자체가 불가하다는 일종의 불문율이 있었다. 그만큼 근대에 과학, 수학, 이성, 합리는 지식(지성)의 원천이었다. 아는 것이 없으 면 상상할 수 없고, 아는 것이 있더라도 충분히 알지 못하면 아는 만큼만 상상 할 수 있다는 점은 자명하다. 근대에 대한 탈근대의 딴죽에도 불구하고 지식(지 성)이 어느 정도 상상의 밑바탕일 수 있음을 부인하기는 어려울 듯하다.

그러나 근대 철학의 지식과 지성 예찬에도 불구하고 상상하기를 위해 굳이 과학적이거나 수학적인 실증이 수반되어야 하는 것은 아닐 수 있다. 도리어 이성 적이고 합리적이면 상상이 불가할 수도 있다. 의식하지 못한 순간에 상상이 발생 하는 경우도 적지 않기 때문이다. 때로는 의식과 무의식의 경계liminality에서 더욱 활발한 상상 활동이 펼쳐지기도 한다.

정신이 명료하게 깨어 있거나 깊은 수면에 빠져 있는 상태보다 잠이 들거나 깰 무렵에 상상력은 극대화되기도 한다. 막 잠들 무렵에 문득 기막힌 아이디어 가 떠오르거나 고민거리의 해결책이 순식간에 스치는 경험을 해본 적이 있을 것 이다. 또는 잠에서 깰 때쯤 생각지도 못했던 새로운 것들이 머릿속에서 주마등 처럼 흘러간 적이 있을 것이다. 상상은 그런 것이다.

상상적인 것과 현실적인 것

상상하지 못한다는 것은 흔한 말로 '그림을 떠올리지 못하고, 떠올리지 못하니 그릴 수 없다'는 것과 같은 말이다. 일종의 이미지 연습과 흡사한 '그림으로 떠올 리기'는 상상의 중요한 방법 가운데 하나이다. 영화의 경우, 서사(구조)의 중간 단 계를 경계 시기라고 부른다. 이 경계 단계에서 이전에 발생했던 사건들이 전환점을 맞는 경우가 적지 않다. 극적인 반전이 이루어지기도 한다.

루돌프 아른하임Rudolf Arnheim은 영화가 인간의 시각경험을 기대만큼 만족시켜주지 않는다고 비판했다(아른하임, 2006). 영화는 인간의 시각체계가 갖는 3차원의 공간감을 2차원의 평면에 평평하고 기하학적으로 배열할 뿐이라는 이유 때문이다. 그러나 아른하임은 영화가 2차원의 평면에 3차원의 공감각을 느낄 수 있도록 관객의 감각과 지각체계를 흩트려놓기 때문에 비록 인간의 현실에 대한 지각을 모호하게 왜곡하더라도 영화는 창조적인 예술이라고 한껏 치켜세우기도 했다.

프랑스의 영화이론가 크리스티앙 메츠Christian Metz는 영화가 "관객에게 동일한 시공간에 속해 있는 지각대상을 제시하는 것이 아니라 부재하는 것의 이미지를 제시"(Metz, 1982: 47)한다고 주장한 바 있다. 관객은 부재하는 대상을 이미지화해서 마치 존재하는 것처럼 지각할 수 있게 하는 영화를 통해 존재와 부재의 감각과 지각, 의식의 유희에 빠져든다는 것이다. (극)영화가 분명히 허구임을 알면서도 허구가 아닌 것으로 인식(오인)하는 것처럼 말이다.

그렇게 '영화의 바다에 빠지는' 방법들 가운데 하나가 관객 스스로 카메라의 눈(렌즈)과 자신의 눈(육안)을 일치시키며 카메라가 투사하는 영상이 자신을 통제한다고 스스로 착각하는 것이다. 앞 장에서 카메라 프레임에 대해 살펴본 바 있다. 프레임은 우리의 상상을 제한할까? 혹은 반대로 상상을 더욱 부추길까? 다시 말하면, 사각형의 틀은 인간의 시선(시각적 감각)을 가둘까? 혹은 반대로 그 틀 밖으로 확장할 수 있는 가능성을 제시할까?

이와 같은 의문과 관련한 수많은 논란이 있어왔지만 여전히 명쾌한 해답은 없는 듯하다. 기계와 인간, 허구와 현실, 감각과 지각, 의식과 상상 등의 논제와 얽힌 논쟁거리들이 그만큼 복잡하기 때문이다. 분명한 것은 영화적인 현실 인식과 현실적인 영화 인식은 명백히 구분되며, 또한 구분되어야 한다는 사실이다. 영화 같은 현실, 현실 같은 영화는 있을 수 있겠지만 영화가 현실을, 현실이 영화를 완전히 대체할 수는 없기 때문이다.

그럼에도 불구하고 영화와 텔레비전 같은 영상매체(작품)가 우리로 하여금 곧잘 현실과 현실이 아닌 것을 구분하기 어렵게 만드는 것도 인정할 수밖에 없다.

그래서 우리는 영화와 방송프로그램을 좋아한다. 특히 상상적인 것과 현실적인 것의 관계가 이렇듯 흐트러지는 것이 영화적 경험의 핵심(터너, 1994: 158-159)이다. 그 흐트러짐이 주는 즐거움 때문에 우리는 상상력을 극대화하면서 영화에 빠져든다. 가령, (극)영화영상에 현실이나 사실 따위는 없는데 우리는 상상을 통해 그것이 존재한다고 믿거나 적어도 믿고 싶어한다(Metz, 1982). 이것이 영화가 우리에게 주는 상상의 마력이다.

페르디낭 드 소쉬르Ferdinand de Saussure와 찰스 S. 퍼스Charles S. Pierce의 기호학이나 자크 라캉Jacques Lacan과 지그문트 프로이트Sigmund Freud의 정신분석학 등의 구조주의 영화이론의 단점을 보완하기 위해 등장한 인지주의cognitivism 영화이론은 인지주의 심리학cognitive psychology에 기반을 둔다.

인간의 감각과 지각, 기억과 이해, 학습과 추론, 의식과 상상 등의 사고 과정과 체계를 탐색하는 인지주의와 인지주의 심리학을 여기서 세세하게 살펴보기는 어려울 것이다. 그러나 의식과 상상의 측면에서 인지주의 영화이론이 관객의 영화관람 행위를 이해하는 데 중요한 논제를 제시한다는 점을 간과해서는 안 된다. 이 논제의 핵심은 관객의 영화 관람행위가 의식보다 무의식의 차원에서 이루어진다는 것이다.

인지주의 영화이론은 영화의 내용이나 형식보다 내용과 형식에 대한 관객의 지각, 의식, 상상의 방식에 관심을 갖는다. 특히 정신분석학적 영화이론과 달리 인지주의 영화이론은 (극)영화(영상)가 꿈(환영)의 발현이나 현실을 가장한 허구의 산물이 아니라는 데 중점을 둔다.[7] 따라서 인지주의 영화이론은 관객의 몰입

---

7 정신분석학적 영화이론과 인지주의 영화이론은 대립적인 이론이 아니다. 다만, 두 이론은 인간의 정신적 측면에 대한 접근방식을 달리할 뿐이다. 가령, "정신분석학이 인간 행동의 비합리적인 측면을 이해하기 위해서 무의식의 층위를 들여다보는 것이라면, 인지주의는 인간의 마음이 어떻게 지식을 습득하게 되고 그 지식을 어떻게 활용하여 특정 생활을 영위하거나 특정 과제를 해결하느냐 하는 문제에 논의의 초점을 맞추고 있다"(장일·조진희, 2007: 89). 따라서 정신분석학이 미처 예상하지 못한 말이나 행동의 오류, 꿈에 대해 관심을 기울이는 반면에 인지주의는 일상적이고 보편적인 사고와 행동에 주목한다고 할 수 있다.

이나 동일시, 응시나 관음증과 같은 영화적 바라보기의 방식에 당연히 비판적이다. 관객 역시 "자신이 영화를 보고 있다는 사실을 항상 상기하면서 자신의 상황과 극중 등장인물의 상황을 구별하여 인지하려는 경향이 있다"(장일·조진희, 2007: 91)고 인지주의 영화이론은 주장한다.

이와 같이 관객이 영화와 일정하게 거리를 둠으로써 영화와 관객이 분리된다는 인지주의 영화이론에 의하면, 영화는 영화고 현실은 현실일 뿐이라는 점을 알 수 있다. 따라서 인지주의 영화이론은 관객이라는 용어가 개별적인 정체성으로부터 독립적인 형태를 띠며, 영화적 장치와 주어진 상황 속 이데올로기에 의해 사회적으로 구축된다는 관객성spectatorship에 대한 논의(스터르큰·카트라이트, 2006: 62)와 밀접하게 관련되어 있다.

영화적(영상적) 의식과 상상의 측면에서 보면, 영화영상은 감각이나 지각, 의식이 아닌 상상의 산물에 가깝다. 특히 영화나 텔레비전 영상은 "상상과 정서를 포함한 의식, 그리고 물체와 물리적 시각조건의 요소들 사이를 오가고, 만들어지고, 사라지고, 또한 기억되는 복합적 시각 구성체"(신항식, 2004: 68)라고 할 수 있다.[8] 영상은 현실적인 감각과 지각의 산물이자 비현실적인 의식과 상상의 산물이기도 한 것이다.

---

8 영화의 의미와 미학의 문제를 상징적 영상존재론의 시각으로 접근할 경우, "플라톤적 영상 이데아를 현실에서 확인코자 한다면 그것은 상상의 영역에서 확인되는 것이 아니라 의식과 상상의 순환고리(문화인류학적 커뮤니케이션) 속에서 발견되는 문화의 형식이 된다. 상상은 신적 형식도 대상도 아니다. 그것은 우리 주관의 운동이다. 따라서 영상은 단순히 대상object이 아니라 벌써 주관subject화된 대상, 혹은 대상화된 주관이기 때문에 주관이 확대되면 객관화가 가능하며 곧 공동체의 문제로 되돌아온다. 이러한 이유로 영상은 정신분석학, 현상학 그리고 문화와 깊은 연관을 지니게 된다"(신항식, 2004: 84).

현실과 상상, 그리고 욕망

현실이란 곳은 우리가 실제로 살아가며 직접 경험할 수 있는 시공간에 기반을 두는 반면에, 현실이 아닌 곳은 우리가 실제로 살지도 않을뿐더러 직접 경험할 수도 없는 시공간에 근거한다. 영화는 이 두 개의 시공간을 명확하게 구분하지 않는다. 오히려 영화는 현실적 시공간과 비현실적(영화적) 시공간이 다르지 않을 뿐만 아니라 그 경계 또한 없다는 속내를 은연중에 또는 의도적으로 드러내기도 한다. 그렇다보니 영화는 영화가 현실을, 현실이 영화를 완전히 대체할 수 없다는 가정도 거부한다.

프랑스의 정신분석학자 자크 라캉(Lacan, 1978)은 우리가 몸을 부딪치며 살아가는 현실 공간을 실재 세계가 아니라 우리의 욕망이 만들어낸 일종의 환상적인 공간으로 이해했다. 라캉은 인간은 실재계the real에서 상상계the imaginary로, 상상계에서 상징계the symbolic로 이행하면서 발달(성장)한다고 주장했다(스토리, 1994: 131–135에서 재인용).[9]

실재계는 인간의 자아나 주체의 개념이 형성되지 않은 실제 현실이고, 상상계는 현실 공간에 실재하는 거울을 통해 현실 공간에서 벗어나 자아를 형성하는 곳이며, 상징계는 인간이 비로소 주체로서의 자아를 형성하는 곳이다. 특히 상징계는 인간이 언어를 습득함으로써 언어의 체계 안으로 진입하면서 주체가 되는 단계를 가리킨다. 이와 같은 논의에 의하면, 나는 언어 안에서 나 자신을 확인하지만 그 안에서 나를 잃을 때 객체가 되고, 내가 너에게 말할 때 나는 나이지만 네가 나에게 말할 때 나는 네가 된다고 할 수 있다.

---

9 상상계는 주관(주체)과 객관(객체)이 공존하는 영역이지만 "때로 현실계와 무관하게, 사물이 존재한다고 믿거나 원하는 공간이 아니며 또한 개인적이거나 집단적 환상과 모든 구속에서 자유로운 상상력의 장소도 아니다. 반대로 주변 세계와의 만남으로 발생하는 욕망과 주관적 판단이 혼합된 장소이다. 또는 사회적 혹은 개인적 체험 속에 뿌리를 둔 정신적 도식, 경향, 행동이 전체적으로 조화를 이루는 장소"(카세티, 2012: 68)이다. 라캉이 상상계와 상징계를 구분했듯이, 상상계의 자아와 상징계의 주체도 각기 다른 의미로 개념화된다.

흥미로운 것은 라캉이 언어를 의식이 아닌 무의식의 영역에 속하는 것으로 간주했다는 점이다. 인간은 언어를 사용할 줄 알게 되면서 자아를 확인하고 비로소 주체가 된다는 것이 그의 논지이다. 그러나 그런 언어가 의식이 아니라 무의식에 해당한다는 것이 역설적이다. 라캉에 의하면, '언어 안에서 나를 잃을 때' 나는 주체가 아닌 객체가 된다. 마치 주체(상징계)에서 자아(상상계)로 회귀하는 것처럼 말이다.

자크 라캉의 정신분석학에서 정작 우리의 관심을 끄는 것은 상상계이다. 상상계에서의 자아 형성 과정은 수면에 비친 자신과 사랑에 빠지는 나르시스^{Narcissus} 신화와 유사하다. '상상'계라는 개념에서 드러나듯이, 이 단계에서 인간은 거울에 비친 자신을 자신의 자아로 '상상'한다. 여기서 '상상'은 착각이나 오인의 다른 이름이라는 점이 중요하다. 실제 자신이 아니라 거울 속의 자신을 닮은 '이미지'를 자아로 욕망하는 것이다.

이 자아 이미지는 당연히 허구이거나 환영이다. 상징계에서의 주체 형성은 자아와 타자 사이의 차이에 의해 이루어지기 때문에 타자와 달리 자아에게 결핍된 것을 채우기 위해, 즉 타자와의 동일시를 위해 타자에게 다가선다. 상상계에서 자아에 대한 상상적 착각과 오인이 자아의 욕망이라면, 상징계에서 이루어지는 결핍의 충족을 위한 타자와의 동일시는 그 욕망의 발현인 셈이다.

상상계에서부터 시작된 욕망이 상징계로 전이되면서 인간은 자신과의 동일시에서 타자와의 동일시에 이르는 욕망의 연쇄적인 치환을 경험한다. 동일시(동일시의 욕망)가 실체가 아닌 실체와 닮은 이미지(영상)를 통해 지속된다는 점에 주목할 필요가 있다. 또한 그 이미지(영상)는 현실의 시공간에 존재하는 실제가 아니라 비현실의 시공간에 존재하는 것처럼 의식되며, 부재하는 허구라는 사실을 더욱 주의 깊게 살펴볼 필요가 있다.

어쩌면 인간은 현실에서 겪는 아픔을 기억하고 싶지 않아 비현실의 시공간에서 동일시라는 욕망을 투사하고 그것에 어떤 식으로든 의미를 부여하며 사는지도 모른다. 영화와 텔레비전이 그 욕망을 투사하는 가장 대중적인 영상매체라는 점은 말할 나위가 없다. 현실과 비현실의 경계를 넘나들며 우리의 욕망을 부추기거나 사라지게 하는 영화와 텔레비전은 "이미지와 상상력의 공통된 장소

······ 우리 삶의 다양한 형태와 영역을 넘어서 존재하고, 현실적인 것을 동반하는 무한한 잠재적 요소의 세계"(카세티, 2012: 68)인 상상계에 터를 잡고 있다. 그래서 우리는 영화와 텔레비전이 우리에게 보여주고 들려주는 영상과 이야기에 빠져든다.

그러나 상상계 이전에 실재계가 이미 존재했듯이, 상상계는 실재하는 현실 세계로부터 분리된 시공간이 아니다. 따라서 현실 세계로부터 벗어난 상상의 세계가 과연 있기나 한 것인지 고민스러워질 수밖에 없다. 다소 뜬금없을 수도 있겠지만 "상상의 결과는 ······ 순수하게 해방적이지도 않고 완전히 훈육되지도 않는다. ······ (그래서) 보통의 사람들은 자신들의 일상생활의 실천에서 스스로의 상상력을 전개하기 시작했다"(Appadurai, 1997: 4-5)는 지적에 관심을 기울일 것을 제안한다. '일상생활에서의 실천을 통한 상상하기'가 영상의 감각과 지각, 의식, 그리고 무엇보다 상상을 위한 중요한 방법이 될 수도 있기 때문이다.

S#4
영상재현

"가장 사실주의적인 예술도 …… 현실을 있는 그대로 온전히 포착할 수 없다. 현실은 어떤 측면에서는 불가피하게 예술로부터 빠져나가기 때문이다."

- 앙드레 바쟁(André Bazin), 1971: 29

리얼리즘의 관습에 대한 비판

리얼리즘에 대한 오래된 이야기들

프랑스의 영화감독이자 영화비평가인 장 뤽 고다르Jean-Luc Godard는 자율적이고 자기만족적이며, 그 자체로 아름답지만 이미지를 위한 이미지에 불과한 이른바 '이미지−이미지image-image'에 대해 비판적이었다. '이미지−이미지'는 당연히 영화영상을 가리킨다. 고다르는 영화영상 자체보다 영화영상이 다시 제안하고 영향을 미치는 '무엇'을 중시했다. '무엇'은 이미지와 영화영상이 아니라 사물의 사실성인 현실reality을 지칭한다(카세티, 2012: 20).

이와 같은 고다르의 주장은 영화영상의 **리얼리즘**realism에 대한 논쟁을 본격적으로 촉발하는 계기가 되었다. 흔히 사실주의로 번역되는 리얼리즘은 비단 영화에만 해당하지 않는다. 이는 영화 이전의 사진이나 이후의 텔레비전, 컴퓨터그래픽 등에서의 영상을 포함해 고대 동굴벽화에서부터 현대 미디어 아트에 이르기까지 그림으로 시각화된 모든 이미지(영상)의 현실성에 대한 논의와 깊이 관련되어 있다.

역사적으로 리얼리즘에 대한 수많은 논의들은 그때마다 격론을 불러일으켰지만 결론은 대략 엇비슷하다. 이미지(영상)는 마치 현실인 것처럼, 또는 현실과 유사하게 보이는 마술적인 환영 효과의 결과일 뿐이지 현실 자체는 아니라는 것이다.

특히 리얼리즘은 프랑스의 철학자, 언어학자, 문예이론가, 문화비평가, 기호학자인 롤랑 바르트^{Roland Barthes}가 명명한 현실 효과^{reality effect}처럼 결코 현실이 아닌데 현실로 가장해 현실이라고 주장하는 모든 시각화된 것들에 공통적으로 적용될 수 있는 논쟁거리 중 하나이다. 또한 리얼리즘은 근대의 이성과 합리에 기초해 현실을 사실적이고 객관적으로 실증할 수 있다고 인식하는 철학적인 예술 사조에서 비롯된 것이기도 하다.

앞서 여러 차례 살펴봤듯이 근대는 과학기술에 대한 굳건한 믿음을 토대로 하는 실증주의가 지배했던 시대였다. 실증주의는 과학기술에 의해 창안된 시각적인 증거자료를 통해 사실을 경험적으로 입증하고자 했다. 특히 실증주의적인 인식론의 측면에서 보면, 사진과 영화 등의 핵심 기계장치인 카메라는 리얼리티를 기록하기 위한 과학적 도구라고 할 수 있다.

사실과 현실을 있는 그대로 묘사하고 서술하는 리얼리즘은 르네상스 시대 원근법의 단일 시선과 시점을 전제한다. 르네상스 시대는 사실과 현실을 객관적으로 묘사하고 서술할 수 있는 기술적이고 과학적인 방법으로 원근법을 맹신했다. 대략 14세기부터 17세기에 이르기까지 유럽의 문명사를 풍미했던 르네상스는 의심의 여지없이 원근법과 리얼리즘의 시대였다.

리얼리즘과 관련된 논란의 한복판에 현실을 객관적으로 보여줄 수 있고, 그렇게 보여주고 싶다는 당대의 욕망이 투영된 원근법이 있었던 것이다. 원근법은 인간의 눈길(시선)과 그 눈길이 지향하는 대상의 관계를 하나의 평면 공간에 압착해 대립시킨다. 그러나 원근법이 "세계를 보여주는 매우 사실적인 기법처럼 보이지만, 사실 그것은 환원적이고 추상적인 형태의 재현"(스터르큰·카트라이트, 2006: 103)에 불과하다.[1] 인간의 눈길은 그렇게 단일하게 하나의 대상만을 소실점에 고

---

1 중세에 하늘은 신(영역), 땅은 인간(영역)이었다. 그 시절의 그림들은 지평선을 기준으로 아래쪽의 땅을 위쪽의 하늘보다 1/3쯤 적은 면적을 차지하도록 그려졌다. 넓게 펼쳐진 하늘에서 신은 좁게 뭉뚱그려진 땅에서 살아가는 인간을 내려다 볼 수 있었고, 반대로 인간은 하늘에 있는 신을 올려다봐야만 했다. 이런 "본다는 행위가 매우 가변적인 맥락에 좌우됨에도 불구하고 원근법의 세계는 시각이 견고하고 변함없기를 바라며, 이미지의 의미가 고정되어 있기를 바라는 욕구를 암시"(스터르큰·카트라이트, 2006: 103)한다.

정시켜 바라보지 않기 때문이다.

생물학적으로는 더욱 그렇다. '멍'하다는 말은 눈에 초점이 없이 어느 한 지점을 공허하게 바라보거나 그런 마음의 상태에 있을 때 주로 쓰는 표현이다. 그러나 속칭 '멍 때릴' 때조차 인간의 눈길은 허공의 한 지점에 꼼짝없이 움직이지 않은 채 머무르지 않는다. 인간의 생물학적 눈길은 셀 수도 없고, 쉴 새도 없이 주변을 살피면서 두리번거린다.

리얼리즘과 관련된 논의는 어떤 대상을 어느 정도로 충실하게 묘사하는가의 문제와 무관하다. 리얼리즘에 대해 이야기할 때 반드시 등장하는 "'자연스러움'은 자연적이기보다는 '관습적'이고 문화적인 재현 장치에 의해 '매개된' 것으로서 단지 그렇게 보일 뿐"(황인성, 1999: 120)이다. 어떤 대상이 자연스럽게 인식된다는 것은 그 대상의 사실성 여부 때문이 아니라 그렇게 인식되게끔 하는 사회문화적인 관습과 재현 장치 때문이다.

헝가리의 마르크스주의 철학자이자 문예사상가인 죄르지 루카치^{György Lukács}는 "사회적·역사적 현실에 대한 올바른 미학적 이해는 리얼리즘의 선결조건"(루카치, 1986: 97)이라고 주장하면서 20세기 초반에 본격적으로 등장한 예술에서의 모더니즘 형식을 제국주의 시대의 타락을 반영하는 예술사조라고 비판했다. 루카치의 리얼리즘론은 "사회에 의해 발생한 문제를 개인이 어떻게 극복하는지의 문제에 중점"(Hallam and Marshment, 2000: 190)을 두는 이른바 사회적 리얼리즘_{social realism}의 중요성을 강조한다.

왼쪽은 죄르지 루카치,
오른쪽은 베르톨트 브레이트.

반면에 독일의 극작가이자 연극연출가인 베르톨트 브레히트Bertolt Brecht는 리얼리즘을 "사회현실을 사실적으로 재현하는 예술형식이 아니라 끊임없는 혁신 속에서 이룩되는 열려 있는 형식으로 정의하며, 변화하는 역사적 현실을 다루는 데 있어 (민중 중심의 관점을 지향한다면 리얼리즘을) 어떤 형식이라도 수용, 발전시켜야"(브레히트, 1989: 65)한다고 역설했다. 브레히트는 예술가는 끊임없이 형식적 요인들에 관심을 기울여야 하지만 형식과 내용을 이분법적으로 구분해서는 안 되며, 오히려 리얼리즘을 형식의 측면으로만 이해하려는 것 자체가 형식주의라고 비판했다.

사진과 영화의 리얼리즘

후기 르네상스에 속하는 바로크 시대 화가들은 대상의 순간적인 움직임을 포착하고자 했으며, 그 연장선상에서 마침내 인류에게 시각적 대혁명을 경험하게 한 사진이 등장했다고 해도 과언이 아니다. 이른바 **존재론적 리얼리즘**ontological realism을 주창했던 앙드레 바쟁(바쟁, 1998, 2013; Bazin, 1967, 1971)은 사진 이미지를 예로 들며 현실을 보이는 그대로 모방하는 것은 인류가 공유해온 하나의 신화에 불과하다고 인정한 바 있다. 현실을 '완전하게' 재현하는 것은 인류의 오래된 욕망일 뿐이지 결코 그렇게 할 수는 없다는 것이다.

그러나 바쟁은 사진과 영화의 기술이 이 욕망의 신화를 현실화하여 리얼리즘을 달성할 수 있게 한다는 믿음을 완전히 포기하지는 못했다.[2] 그의 믿음은 〈사

2 앙드레 바쟁이 관념적인 존재론적 리얼리즘을 역설한 데 반해 장-루이 코몰리Jean-Louis Comoli는 영화는 현실을 환영적으로 복제하는 사회적 도구라고 주장한다(Comoli, 1980). 유물론적인 인식을 바탕으로 하는 코몰리의 이와 같은 주장은 리얼리즘의 추구가 결국은 현실의 실제 모습을 보지 않도록, 또는 볼 수 없도록 한다고 비판한 것이라고 할 수 있다. 그 결과, 영화의 현실성이 아닌 영화적 사실주의만 강화될 뿐이라고 코몰리는 강조한다.

진 이미지의 존재론The Ontology of the Photographic Image〉(Bazin, 1967: 9-16)에 제시된 본질적으로 객관적인 특성essentially objective character을 가지고 있는 사진의 미학적 자율성aesthetic autonomy에 근거한다.

사진의 본질적 객관성과 미학적 자율성은 사진 영상(이미지)이 카메라 앞에 존재하는 대상(현실)의 실재성과 무관하게 그 대상으로부터 독립된 자율적인 미적 가치를 갖는다는 것을 뜻한다. 바쟁의 논리대로라면, 사진 영상은 재현된 represented 것이기보다 재출현된re-presented 것이라고 할 수 있다. 또한 본질적 객관성은 대상을 단순히 재현한 리얼리즘이 아니라 현실에 대해 객관적인 것과 그것 자신이 객관적 존재로 파악되어야 하는 것이다(오카다 스스무, 2006: 35-36).

사진이 본질적으로 객관적이라는 바쟁의 주장은 사진이 "과거 사실을 흔적으로 남기는 또 한 가지의 현실이자, 시간을 초월하여 존재하는 불변의 복제품이며, 언제 어디에서라도 꺼낼 수 있는 시·공간의 화석, 그리고 어떤 사실의 생생한 표본"(오카다 스스무, 2006: 33)이라는 인식에 바탕을 둔다. 바쟁의 이런 생각은 사진 이전에도 조각과 회화 등이 오랜 시간 동안 지녀왔던 "사라질 운명에 처해 있는 것을 보존하려는 염원, 사물과 신체를 소멸시키는 시간과 맞서려는 사고와 더불어 죽음을 넘어서려는"(카세티, 2012: 36)[3] 인간의 숙원과 맞닿아 있다.

앙드레 바쟁은 "존재의 육체적 외형을 인위적으로 보존하려는 생각은 그 존재를 시간의 흐름에서 벗어나게 해서 삶 속에 잡아두려는 것"(Bazin, 1967: 9)이라고 역설했을 만큼 사진이 리얼리즘을 보증할 수 있다는 큰 기대를 갖고 있었다. 나아가 그는 인간(화가)의 주관적 개입을 배제할 수 없었던 회화의 본질적인 리

---

3 앙드레 바쟁의 주장대로라면 인간과 인간이 살아가는 세상의 풍경, 그 세상에 인간과 함께 존재하는 여러 사물의 특질을 재현한 그림(회화)은 마치 미라처럼 시체를 방부처리해서 오래도록 보존하려는 인간의 오래된 염원의 결과물이다. 이와 같은 인간의 욕망은 "미학적 요구를 넘어서, 재현이라는 강박관념에서 비롯"된 것이며, 사진은 그와 같은 인간의 "본질적 욕구를 카메라의 특질인 절대적 객관성을 통해 실현"(카세티, 2012: 36)시켜주었다. 그러나 사진은 인간을 배제하고 오로지 기계적인 재현을 통해 인간의 염원과 욕망을 충족시켜주기 때문에 사진의 재현은 예술적인 재창조가 아니라 순수하게 기술적인 사실만을 드러내는 것이라고 할 수도 있다.

왼쪽은 앙드레 바쟁, 오른쪽은 프랑스의 영화잡지 〈카예 뒤 시네마〉

얼리즘의 한계를 사진(기술)이 객관적인 시선을 통해 완전하게 해결할 수 있다고 경탄했다. 카메라(사진)가 물질적이거나 비물질적인 모든 대상을 최소한 흔적으로나마 필름 위에 전이시킬 수 있다는 믿음(신화)을 갖게 했다는 것이다. 이런 믿음은 사진이 대상과 직간접적으로 인과관계에 있다는 점을 실증하고자 했던 데서 기인한다.

이탈리아의 영화극작가이자 영화이론가인 리치오토 카뉴도Ricciotto Canudo는 빛과 리듬을 상징하는 과학과 예술이 만나 탄생시킨 영화가 시, 음악, 무용의 율동예술과 회화, 조각, 건축의 조형예술을 하나로 통합한 종합예술로서 '제7의 예술'이라고 선언한 바 있다.[4] 그 연장선상에서 루돌프 아른하임은 실재하는 물리적 현실과 실재하지 않는 영화적 현실의 차이를 구분하며 형식주의 영화이론을

4 영화가 예술일 수 있는지는 여전히 논란거리이다. 어쩌면 영화를 예술로 주장하고 싶은 속내에는 영화학이 갖고 있던 학문으로서의 열등의식이 여전히 남아 있을 수도 있다. 영화는 "미학의 순수 형태가 아니라 이런저런 분야가 뒤섞인 잡종의 매체로 규정되었다. 여기에 고전 영화 이론의 위대한 역설이 있다. 직관적으로 볼 때, 영화는 물질적으로 특수한 자기 정체성을 가진 듯했다. 그럼에도 불구하고, 영화의 정체성은 한자리에 고정될 수 없었다. 당황스럽게도 영화가 갖고 있는 고유한 공간성과 시간성이 현대 미학의 가치 질서와 개념적 판단을 혼란"(로도윅, 2012: 16)에 빠트렸을 수도 있기 때문이다.

주창하기도 했다(Arnheim, 1997).

아른하임은 영화가 현실을 있는 그대로 재현할 수 없으며 그렇게 해서도 안 된다고 강조했다. 그런 영화는 예술일 수 없다는 것이다. 그는 2차원의 평면 스크린, 실제와 다르게 의식되는 영화 속에서의 거리감, 실제 대상과 영상 크기의 차이, 전체적인 색감의 상이함, 편집을 통한 시공간의 의도적인 연속과 단절 등의 영화적 형식이 영화를 예술의 경지로 올려놓을 수 있다고 역설했다.

형식주의 영화이론의 반대편에서 리얼리즘 영화이론을 주장한 영화사적 흐름은 1920년대 러시아의 소비에트 사회주의 리얼리즘socialist realism, 1920~1930년대 독일의 표현주의expressionism, 1940~1950년대 미국과 영국의 사실주의realism, 이탈리아의 네오리얼리즘neorealism, 1960년대 프랑스의 누벨바그nouvelle vague에 이르기까지 오랜 시간 격론을 거치면서 영화를 예술의 영역에 포함시키는 데 지대한 영향을 미쳤다.

특히 네오리얼리즘을 표방하는 이탈리아 영화는 앙드레 바쟁으로부터 "틀림없이 그것이 묘사해내는 시대의 바로 그 중심에서 혁명적인 휴머니즘을 보전하고 있는 유일한 영화"(바쟁, 2013: 364)라는 찬사를 받기도 했다. 네오리얼리즘 영화를 비롯해 "심리적이며 기술적인 동시에 미학적인 리얼리즘은 다른 표현방식 가운데 하나의 방식이 아니라, 아주 완벽하게 영화의 속성을 판별하는 방식"(카세티, 2012: 38)으로, 영화의 예술적 가치를 영화 스스로 획득하게 할 만큼 중요한 것이다.

영상의 현실적 인상

영화를 예술의 반열에 올려놓은 영화영상의 리얼리즘에 대한 의미 있는 논쟁에도 불구하고, 영화영상은 현실 자체가 아닐 뿐만 아니라 현실이 될 수도 없다는 점은 달라지지 않는다. 심지어 아예 비현실적인 영화도 비일비재하다. 아마도 이런 주장이 우리를 다소 맥빠지게 할지도 모르겠다. 그래도 어쩔 수 없다. (영화)영상이 실제가 아닌 것은 명백한 사실이기 때문이다.

앙드레 바쟁 식으로 말하면, (영화)영상은 **현실적 인상**real impression을 제시할 뿐이다. 마치 진짜처럼 가장한 가짜가 (영화)영상인 것이다. 바쟁은 정지 이미지인 회화와 사진을 비교해 이를 논증하고자 했지만, 사실 '움직임'이 있는 영화만큼 현실적 인상을 강력히 전달하는 영상매체는 없다.

바쟁은 영화가 실제 현실을 그대로 보여주는 것이 아니라 현실적인 느낌이나 감각, 즉 현실적 인상을 통해 현실감을 보여주어야 한다고 강조했다. 사진의 현실감은 사진이 찍힌 과거(바로 직전에 찍었어도)의 정적인 시간과 사진을 보는 현재의 동적인 시간의 접합을 통해 발생한다. 반면에 영화는 사진이 갖지 못한 영화만의 고유한 특성인 움직임을 통해 사진보다 더 현실적 인상을 강화할 수 있다.

비록 허구이더라도 움직이는 영상이 주는 사실성은 움직이지 않는 사진보다 더욱 구체적이고 직접적일 수밖에 없다. 영화영상은 기본적으로 네 가지의 움직임을 통해 현실적 인상을 자아낸다. 첫째, 카메라 전면에 위치한 대상의 움직임이다. 대상에는 인물, 사물, 세상(세계)이 모두 포함된다. 둘째, 촬영 시 이루어지는 모든 카메라 작동과 카메라 움직임이다.[5] 셋째, 영상의 움직임이다. 카메라가 찍은 영상이 편집 과정을 거친 후 스크린에서 상영될 때, 스크린상에서 나타나는 움직임이다. 넷째, 관객의 움직임이다. 객석에 앉아 영화를 관람하는 관객의 머리와 마음속에서 발생하는 영상에 대한 의식과 상상이 이 움직임에 해당한다.

대상, 카메라, 스크린, 관객의 네 가지 움직임은 결국 틀(프레임)의 움직임으로 귀결된다. 회화와 사진의 틀과 달리 영화영상의 틀은 틀 안과 밖이 부단하게 분리되고 전환되며, 생성되고 소멸되는 과정을 통해 움직인다. 보이던 것이 보이지 않게 되고, 보이지 않던 것이 보이게 되면서 소실점(초점)이 계속 달라지기 때문에 영화영상에서는 그림이나 사진보다 원근법의 적용이 더욱 복잡하게 전개된다.

---

5 이와 같은 움직임에는 패닝panning, 틸팅tilting, 주밍zooming과 같은 카메라 워킹working이나 달리 dolly, 트랙킹tracking, 팔로잉following과 같은 카메라 무빙moving과 들고 찍기handheld 등이 모두 포함된다.

틀의 움직임은 시선의 이동을 유인하고 시선의 이동은 시점의 이동을 촉발한다. 따라서 틀이 움직이는 것은 대상, 카메라, 스크린의 움직임을 통해 관객의 의식과 상상이 움직이는 것을 뜻한다. 관객의 의식과 상상의 움직임은 영화영상을 더욱 사실적이고 현실적으로 감각하고 지각하는 데 결정적인 영향을 미친다.

영화영상의 사실성과 현실성은 무엇보다 틀의 움직임을 통한 영화영상의 움직임이 야기하는 시간의 문제를 통해 그 논리적 타당성을 확보한다. 영상의 움직임은 곧 그만큼의 시간 경과를 뜻한다. 시간은 어차피 물리적으로 지나간다. 시간의 연속은 영상이 마치 언어처럼 일련의 흐름에 따라 배열되는 것이라고 할 수 있다. 이와 관련해서는 'S#7 영상이야기와 영상으로 이야기하기'에서 구체적으로 살펴보기로 하자. 여기서 우선 살펴볼 것은 특정 공간에서의 시간적 연속성이 영화영상의 현실적인 인상을 더욱 강력하게 추동하면서 리얼리즘을 극대화한다는 사실에 관해서이다.

앙드레 바쟁이 간절히 원했던 **완전한 영화의 신화**myth of total cinema는 결국 영화영상의 현실적 인상과 시간의 관계를 통해 리얼리즘을 완벽하게 구현할 수 있다는 가능성으로 인해 제기된 것이었다.[6] 바쟁은 연속적으로 흘러가는 시간과 그 시간과 공존하는 공간에서 리얼리즘을 구현할 수 있는 영화적 장치에 관심을 기울였다. 특히 바쟁은 카메라(렌즈)가 영화로 하여금 회화보다 더 극적으로 리얼리즘을 구현할 수 있게 했으며, 이로 인해 영화는 미적인 자율성을 갖게 되었다고 여겼던 듯하다.

흘러가는 시간을 눈(렌즈)과 손(카메라)으로 잡으려는 사진의 '부질없는' 노력이 역설적으로 사진에 예술의 지위를 부여했고, 이를 가능케 한 카메라는 완전

---

6 사진에서 축음기, 무성영화에서 유성영화, 흑백 필름에서 컬러 필름에 이르기까지 영화의 기계적 발전이 주도한 영화영상의 재현기술은 영화가 일종의 신화적 위상을 갖는 데 있어 결정적인 영향을 미쳤다. 그 신화는 "완전한 리얼리즘이라고 하는 신화로서, 세계를 그 자체의 이미지로, 예술가에 의한 해석의 자유라는 가설이라든가 시간의 불가역성이라든가 하는 따위의 짐을 지지 않는 이미지로, 재창조할 수 있다고 하는 신화"(바쟁, 2013: 47)였다.

한 영화의 신화를 실현할 수 있는 든든한 버팀목처럼 보였다. 그러나 바쟁 자신도 그것이 '속절없는' 기대임을 알고 있었다. 오히려 그는 그 기대를 갖게 한 카메라를 슬쩍 영화에 등치시켜 카메라가 곧 영화라는 무리한 논리적 오류를 감행하기까지 했다.

인류는 실재하는 그대로 현실을 재현하고자 하는 오래된 관념을 가지고 있었다. '현실에 의하지 않는 추상적이고 공상적인 생각'을 뜻하는 관념을 언급한 까닭은 인류가 창안한 어떤 영상매체도 그렇게 재현할 수 없기 때문이다. '완전한 영화'는 '신화'에 불과할 수밖에 없는 것이다. 100년을 훌쩍 뛰어넘는 시간 동안 발명된 수많은 영화적 장치들의 경이로운 기술적 완성도에도 불구하고 바쟁은 그것이 인류의 관념을 실현시킬 수 있는 '조건'에 불과하다고 토로했다. '완전한 영화'는 기계(기술)만으로 보장될 수 없는 것이기에 바쟁은 "과학기술이 만들어 낸 매체 이상의 것"이 영화이고, "관념이 낳은 부재의 상"(오카다 스스무, 2006: 12)이 영화영상이라고 역설한다.

존재론적 리얼리즘과 환영적 리얼리즘

영화는 완전한 환영을 실제인 것처럼 현실적이고 사실적으로 보여주고 싶은 인간의 욕망이 낳은 산물들 가운데 하나이다. 앙드레 바쟁의 존재론적 리얼리즘은 영화(영상)와 현실의 완전에 가까운 일치와 이를 통한 진실 추구의 가능성을 강조함으로써 영상의 본질에 대해 끊임없이 문제 제기를 한다. 물론 그 문제에 대한 해답을 구해야 하는 실천적인 성찰을 촉구하기도 한다.

앙드레 바쟁은 〈영화 언어의 진화The Evolution of the Language of Cinema〉(Bazin, 1967: 23-40)에서 롱테이크long take와 딥포커스deep focus가 영화의 존재론적 리얼리즘을 구현하는 핵심이라고 강조했다. 롱테이크는 하나의 쇼트가 하나의 신scene이 되는 원 쇼트–원 신one shot-one scene을 가리키며, 이를 통해 컷cut으로 분할되었던 (시)공간을 하나로 통합할 수 있다.

딥포커스는 광각렌즈를 통해 하나의 쇼트의 원근에 배치된 대상에 모두 초점을 맞추는 것으로 쇼트의 공간적 깊이감을 확장시킨다. 이를 통해 관객은 마치 자신이 영화의 공간 속으로 들어가 사물을 직접 지각하는 것과 같은 느낌을 갖게 된다. 공간적 깊이가 주는 극적 효과는 한 쇼트 내에서 배우의 움직임과 이를 담아내는 광각렌즈의 깊이감을 통해 만들어지며, 몽타주montage를 통해 표현되는 공간적이고 심리적인 효과를 대체하는 효과를 발휘한다.

특히 전심초점으로 불리는 딥포커스가 창출하는 공간적 깊이는 관객을 현실보다 영상과의 관계 속으로 더 가깝게 끌어들여 관객의 능동적 태도와 적극적 관여를 허용함으로써 관객의 주의와 의지에 따라 영상이 의미를 갖도록 한다(바쟁, 2013: 119-120). 이를 통해 영화는 완전하게 "현실에 관한 예술"(바쟁, 1998: 164)의 위상을 확보한다.

바쟁의 주장대로라면, 영화(영상)의 리얼리티는 현존하는 물리적인 공간의 리얼리티에 다름 아니다. 특히 사진의 본질적 객관성을 누구이 강조한 바 있는 바쟁의 입장에서 영화(영상)의 리얼리즘은 주제나 표현의 차원이 아니라 움직이는 사진이 영화가 되게 하는 공간의 리얼리즘(바쟁, 1998: 213-218)일 수밖에 없다. 이와 같은 논의는 사진이 "주형이나 지문처럼, 재현된 대상의 물리적 흔적"(보드웰, 2002: 103)이라는 인식과도 궤를 같이 한다.

영화는 리얼리즘 예술의 구현체이거나 반리얼리즘anti-realism 예술의 산물이라는 상반되는 입장 중에 어느 쪽이 더 정확할까? 재현의 측면에서 보면, 당연히 후자이다. 앙드레 바쟁이 언급한 '신화'가 롤랑 바르트나 클로드 레비스트로스 Claude Lévi-Strauss의 '신화'와 동일한 개념이라면 영화영상의 리얼리즘에 대한 논의는 무의미해질 수도 있다.

예컨대, 영화영상은 기술적으로 1초에 24장의 '정지된' 사진이 순서대로 촬영되고 영사된 것이다. 24장의 정지사진이 가리키듯이 영화영상은 기실 움직이지 않는 이미지의 연속에 불과하다. 그런데 그것이 움직이는 것처럼 감각되고 지각되는 이유는 일종의 착시효과에 따른 '현실적 인상' 때문이다. 영화영상은 기계적으로 연속된 순간의 정지를 통해 순간보다 조금 더 긴 시간적인 움직임으로 감각되고 지각된 결과일 뿐이다.

기계적인 작동원리만 놓고 보면 영화영상은 '리얼'할 수 없다. 이미 여러 번 살펴봤듯이, 카메라라는 기계는 본질적으로 사실을 사실대로, 현실을 현실대로 기록할 수 없다. 당연히 프레임 때문이다. 프레임의 연장선상에 위치한 영화 스크린이나 텔레비전 수상기, 휴대용 전자기기의 모니터 역시 마찬가지다. 사진, 영화, 텔레비전 등의 영상은 이 사각형의 틀로 인해 결코 사실이거나 현실일 수 없는 것이다.

그럼에도 불구하고 리얼리즘의 문제가 끊임없이 제기되는 이유는 기계나 기술의 측면에서만 영상의 본질에 접근할 수 없기 때문이다. 특히 영상학은 기계 기술의 원리를 다루는 수학이나 과학보다 인문학과 사회과학에 가까운 논제를 다루기 때문에 리얼리즘에 대한 숙고가 더욱 필요하다고 할 수 있다.

철학과 미학 등의 거창한 학문적 패러다임으로 영화영상의 리얼리즘을 논의하지 않아도 상관없다. 영화영상의 리얼리즘을 **환영적 리얼리즘**phantasmal realism 으로 가정하면, 영화영상의 리얼리즘에 대한 어지간한 논제들은 어렵지 않게 풀어낼 수 있다. 바쟁도 영화는 현실 자체가 아니라 현실의 접근선asymptote of reality(캐드버리·포그, 1992: 76-100)이라고 지칭한 바 있다.

사진영상이 실제 대상이 아니라 대상의 '지문'이듯이, 영화영상도 현실에 근접하기는 하지만 현실 자체가 아닌 현실의 '물리적 흔적'일 뿐이다. 물론 영화영상이 사실이 아니라고 해서 그것을 환영과 같은 비현실적인 것으로만 간주하는 것도 그리 설득력이 있어 보이지는 않는다. 그럼에도 불구하고 영화영상이 진짜 현실이 아닌 것만큼은 분명하다. 따라서 진짜 현실을 진짜처럼 보이게 하는 것이 영화매체와 영상의 한계라고 날을 세워 비판할 필요는 없을 듯하다.

영화는 이미 스스로 환영의 산물임을 감추거나 일부러 드러내기 위한 다양한 영화적 장치들을 통해 자신의 한계를 인정해왔다. 가령, 빛과 어둠의 정비례에 따른 빛과 어둠의 틈, 쇼트들의 매끄러운 연결을 위한 비가시적 편집invisible editing 등은 영화가 인위적으로 가공된 구조물이라는 사실을 숨기거나 거꾸로 도드라지게도 하는 훌륭한 영화적 장치들이다.

특히 자크 라캉이 의식과 무의식의 상관관계를 설명하기 위해 제시한 봉합suture은 편집 같은 영화영상의 기술적 연결과 서사 같은 영화 이야기의 서술적 연결의 이음새를 없애는 데 응용되면서 환영적인 리얼리즘을 구현한 영화적 장치이다. 봉합은 "영화나 방송프로그램을 보는 중에 수용자의 주체성이나 정체성이 구축되는 체계라 할 수 있다. 수용자의 욕망은 카메라의 앵글, 편집방식에 의해 조종되어 영화의 주인공과 자신을 동일시하도록 유도되며, 이를 통해 철저히 사실적 환상을 유발"(이자혜, 2012: 218)한다.

존재론적 리얼리즘이거나 환영적 리얼리즘이거나 관계없이 영화영상의 리얼리즘에 대한 논의는 결국 무엇이 사실이고 사실이 아닌지, 사실'적'인 것의 기준은 무엇이고, 왜 그런지, 무엇보다 사실 자체를 어떻게 개념화할 수 있는지 등의 문제들과 밀접하게 연관되어 있다. 형식과 내용, 감각과 지각, 의식과 상상은 대립적이기보다 유기적으로 상호 연관되어 있으며, 영화영상을 비롯한 모든 영상의 리얼리즘에 대한 논의는 이를 바탕으로 이루어져야 한다.

형식으로서의 리얼리즘과 태도로서의 리얼리즘

18세기 들어 본격적으로 대두한 데카르트주의와 과학기술의 발전에 따른 계몽주의, 19세기 사진과 영화의 발명과 발전, 근대주의의 발현과 산업혁명 등은 영상(이미지)을 바라보는 단일한 시선과 시점을 '다시' 부인했다. '다시'를 붙인 이유는 19세기가 오히려 원근법이 지배했던 단일한 시선과 시점 '이전'으로 회귀한 시대라고 할 수도 있기 때문이다. 이 시기에 리얼리즘에 대한 인식도 달라졌다.

영화의 리얼리즘에 대한 논의는 르네상스 시대 원근법의 전통을 계승한 고전영화의 형식에서 시작되었다. 특히 영화의 리얼리즘 논의는 1960년대 이후 마르크스주의를 기반으로 하는 영화이론에 의해 격렬하게 비판받은 이후, 앞에서 살펴본 것처럼 마치 플라톤 사유의 귀환을 보는 것과 같은 존재론적이고 인식론적인 리얼리즘의 재등장을 거치며 논의가 계속되어 왔다.

이 시기에 영화의 리얼리즘 논의는 **형식으로서의 리얼리즘**과 **태도로서의 리얼리즘**으로 분류되기도 한다(Hallam & Marshment, 2000). 형식으로서의 리얼리즘은 문학, 그림, 사진, 영화, 텔레비전 등 매체 고유의 형식이 내용의 현실감을 결정한다고 가정한다. 특히 할리우드 고전 영화의 미학 양식으로 적극 활용된 형식으로서의 리얼리즘은 영화가 현실을 어느 정도로 실제처럼 재현하는가의 문제와 관련되어 있다.

가령, 소설보다 역사서가, 추상보다 구상이, 극영화보다 다큐멘터리가 더 사실적이라고 한다면, 그 이유는 내용이 아닌 형식 때문이라는 것이다. 특히 바쟁식으로 얘기하면, 영화의 경우 르네상스의 유산인 원근법이 영상 자체의 움직임에 의해 더욱 강화되면서 이로 인해 창출된 현실적 인상이 영화의 형식상의 리얼리즘 구축에 중요한 영향을 미쳤다고 할 수 있다.

태도로서의 리얼리즘은 형식으로서의 리얼리즘에 대한 대안으로 제기된 미학양식으로 앞서 살펴본 존재론적 리얼리즘과 인식론적 리얼리즘으로 구분된다. 존재론적 리얼리즘은 고전 영화의 서사가 구축하지 못하는 인간 세상의 복합성, 인과관계로 설명되지 않는 삶의 모호성, 등장인물이 처한 사회문화적 코드와 비판적으로 거리를 둔다. 존재론적 리얼리즘의 대표적인 영화이론가인 앙드레 바쟁은 영화란 "공간적인 리얼리티, 즉 물리학자들이 인정하는 현실 세계의 리얼리티에 의존"(앤드류, 1988: 170)한다고 이해하기도 했다.

존재론적 리얼리즘은 카메라가 대상에 개입하는 것을 최소화하면서 대상을 관조해야 한다고 강조함으로써 카메라의 투명성을 전적으로 신뢰했다. 그러나 이와 같은 입장은 역설적으로 할리우드 영화에 면죄부를 부여했다는 비판을 받기도 했다.

반면에 인식론적 리얼리즘은 존재론적 리얼리즘과 형식으로서의 리얼리즘이 영화가 투명한 창window과 같은 역할을 해야 한다는 점을 과도하게 강조한다고 비판하면서 영화는 '불투명한' 매체일 뿐이라고 주장한다. 즉, 영화는 불가피하게 현실을 왜곡하고 변형할 수밖에 없는 도구이며, 영화를 통해 재현된 현실은 실제 현실이 아니라 마치 실제처럼 꾸며진 환영의 결과와 다름없다는 것이다.

영화의 사실성과 환영성에 대한 논의는 영화가 실재하지 않는 것을 실재하는 것처럼 보여준다는 이데올로기적인 논의와 맞닿아 있다. 관객은 영화영상이 사실이 아님을 인지하지만 적어도 영화가 상영되는 시간 동안만큼은 사실로 받아들이고 싶어한다. 관객은 실제처럼 '그럴듯하게' 감각하고 지각할 수 있게 하는 영화영상의 사실감과 현실감을 용인하는 것이다.

따라서 영화영상의 리얼리즘을 논의하는 데 있어 "물질적 현실과의 일치 여부가 아니라 무에서 이미지를 창조하는 상상의 자유로운 통치가 핵심 기준"(로도윅, 2012: 148)이라고 가정하는 **지각적 리얼리즘**perceptual realism에 주목할 필요가 있다. 지각적 리얼리즘은 "관객이 자신의 지각과 사회적 합의를 바탕으로 영화영상과 어떻게 소통하고 영화영상을 어떻게 이해하는지"(Prince, 1996: 28)를 설명해준다.

지각적 리얼리즘은 관객이 자신의 실제 경험과 영화영상을 통한 경험이 어느 정도 일치하는지를 계속해서 비교하는 과정을 통해 영화영상의 의미를 구성한다고 전제한다. 따라서 관객의 영화를 통한 영상경험과 일상에서의 사회적 경험의 일치 정도가 지각적 리얼리즘의 효과를 측정하는 기준이라고 할 수 있다. 그러나 영화에서 지각적 리얼리즘의 이런 "잣대는 공간적 균일성을 강화하고, 심지어 과장"(로도윅, 2012: 146)한다는 점에서 비판을 받기도 했다.

그럼에도 불구하고, 지각적 리얼리즘이 흥미로운 이유는 영화의 사실감과 현실감을 유지하고, 나아가 더욱 강화하거나 확장하기 위해 공간적인 투명성을 추구했던 할리우드 영화 스타일의 전통이 현대에도 여전히 유효하기 때문이다. 예를 들어, 관객의 영상경험과 사회적 경험이 일치한다고 가정할 경우, 지각적 리얼리즘은 "자신의 운명을 상상세계에 내맡기면서 물질세계로부터 후퇴한다. 다른 말로, 지각적 리얼리즘이란 심리적 이미지와 지각적 현실이 융합되어 있는 이미지 속으로 마음을 밀어 넣는 것에 다름 아니다"(로도윅, 2012: 149).

이와 같은 주장은 영화의 "지각적으로 리얼리스틱한 이미지는 3차원 공간에 대한 관객의 시청각 경험과 구조적으로 일치한다. 왜냐하면 제작자는 관객의 지각적 경험과 일치하도록 영화 이미지를 만들기 때문"(Prince, 1999: 400)이라는 주장과 일맥상통한다.[7]

---

7 물질로서의 필름과 영화로서의 필름, 사진의 컴퓨터 작업과 디지털 시네마, 지각적 리얼리즘과 시공간에 대한 이야기는 데이비드 로도윅David N. Rodowick의 《디지털 영화 미학》(정헌 옮김, 2012)의 '이미지 없는 새로운 풍경'(pp. 127-271)에 흥미롭게 기술되어 있다.

형식으로서의 리얼리즘, 태도로서의 리얼리즘, 지각적 리얼리즘에 대한 논의들은 영화의 본질에 대해 반복적으로 질문을 던지도록 한다. 예컨대, 영화관의 스크린상에서 펼쳐지는 영상과 이야기가 실재하는지, 아니면 실재하지 않는지와 같은 우문 말이다. 이 우문에 대한 다음과 같은 두 가지 현답이 있다. 이 중에서 한 가지를 선택해보기를 권한다.

먼저 "영화 스크린 위에 영사된 모든 것은 고유의 실재성과 동일한 현존(성)을 갖고 있다. 일단 스크린의 표면 위에 영사되면 스크린 위와 스크린 위에 영사된 두 개의 겹친 이미지들은 분리할 수 없는 하나가 된다. 스크린은 단지 2차원만을 갖기 때문에 그 위에 영사된 모든 형상은 동일하게 '현존'하는 것이며, '우리의 눈앞'에 있는 것"(Burch, 1981: 33)이라는 주장이다.

다음은 "스크린의 이미지가 완벽한 환영과 시각적 충만함을 실현하는 동안, 관객은 의혹을 지연시키고 이미지와 동일시되어야만 했다. 실제로 스크린은 단지 관객의 물리적 공간 내부에 위치한 제한적인 차원의 창문이다. 하지만 그것은 재현된 것에 관객의 주의를 집중시키고 물리적인 바깥 공간을 무시하면서, 창문 내부에 보여지는 것들에 우리가 완전히 집중할 수 있게 만들었다"(마노비치, 2004: 43)는 주장이다.

비슷한 듯 다른 이 현답들은 결국 허구를 다루는 극영화든 사실에 기반을 두는 다큐멘터리든 영상이 보여주는 세상은 객관적일 수만은 없다는 점을 상기시킨다. 영화영상은 다만 객관적임을 가장해 현실'적'이고 사실'적'으로 그럴듯하게 현실이나 사실, 나아가 진실까지 보여주는 효과를 낼 뿐이라는 점을 말이다. 따라서 영화에서 "불가사의한 것이나 환상적인 것의 존재는 영상의 리얼리즘을 약화시키기는커녕, 오히려 영상 리얼리즘의 가장 유효한 증거가 된다"(바쟁, 2013: 233)는 바쟁의 푸념 아닌 푸념에 동의할 수밖에 없다.

특히 할리우드나 충무로 상업영화들의 전통적인 사실주의 기법은 환상과 환영을 통해 영화의 이데올로기적 효과를 은폐한다. 이 영화들은 (극)영화 고유의 허구성에 관객을 몰입시키고 급기야 관객의 인식을 한 곳에 고정시켜 관객의 영상경험과 사회적 경험을 일치시킴으로써 현실의 불평등과 모순을 교묘하게 숨기는 것이다.

예를 들어, 할리우드와 충무로 영화들은 "폐쇄적 스토리 구조, 180도 촬영 규칙, 이음매 없는 연속 편집 등에 충실한 내러티브 관습을 확립"해 "영화 속 환상과 관객의 동일시를 통해 '자연스럽게' 지배 이데올로기를 전파"(정헌, 2013: 5)한다. 또한 이 영화들의 "공간의 원근법, 시선과 시점의 시각성이 모방하는 대상은 리얼리즘에 기초한 현실효과이고, 영화의 현실감은 관객이 카메라(이데올로기를 은폐하는 도구인)와의 동일화를 일으키는 필수적인 조건"(서인숙, 2009: 98)이 되도록 한다.

이쯤되면 '영화는 부재의 현존을 추구한다'라는 역설적 표현에 고개를 주억거릴 수도 있겠다. 롤랑 바르트(Barthes, 1977)는 아예 영화는 존재'했'다고 영화의 부재와 현존의 문제를 한꺼번에 과거의 몫으로 돌려버렸다. 마치 사진은 '존재했었음'이라는 과거의 현재화를, 영화는 '존재함'이라는 현재의 현재화를 표방하는 것처럼 말이다. 따라서 "사진이 명백하게 거기 존재했었다는 현실적 비현실성, 즉 '현존하지는 않지만 현실이었음'의 사실적인 성격을 내포한다면, 영화는 그것이 거기 존재한다는 비현실적 현실성, 즉 '현실에 근거하지 않지만 현존함'의 허구적 성격을 내포"(이자혜, 2013: 181)한다고 할 수 있다.

이와 같은 논의들에 따르면, 결국 리얼리즘은 "인위적 구성물이다. '자연스러움naturalness'이라는 것은 자연 그 자체에서 발생하는 것이 아니고, …… 리얼리즘에는 자연스러운 어떤 것도 존재하지 않는다"(피스크·하틀리, 1994: 175)는 결론에 이른다. 그렇다면, 영화를 제7의 예술로 규정한 리치오토 카뉴도의 선언도 재검토해야 하지 않을까? 영화는 순수예술의 교정된 시스템 내에서 적합한 지위를 찾을 수 없고, 오페라가 연극과 음악을 종합한 것처럼 다른 예술들의 종합도 아니며, 일차적으로 매체이고, 단지 부차적으로만 하나의 예술(보드웰, 2002: 104-105)이라는 지적이 더욱 설득력 있게 들리기 때문이다.

재현

태초부터 인류는 눈으로 보거나 마음에 떠올린 것을 시각적으로 표현하고자 하는 본능을 갖고 있었다.[8] 이런 인류의 욕망은 시대를 막론하고 수많은 시각적 산물을 유산으로 남겼다. 말이나 글이 아니라 그림으로만 생각을 기록하고 전달하는 인류 최초의 그림 언어picture language(Leroi-Gourhan, 1993)인 그래피즘graphism은 인류가 오랜 시간 동안 관습적으로 사용해온 대표적인 시각화의 유산이다.

문자가 발명되기 이전에 인류의 유일한 커뮤니케이션 수단이었던 이 원형적인 쓰기prototype writing 형식은 그림을 일련의 연속적인 '순서대로' 연결해 이야기 구조를 만들었다. 이야기는 마치 지그재그 모양의 선으로 번개를 표현하는 것처럼, 그림의 대상을 즉시적이고 물리적이며 형태적으로 표현하는 픽토그램pictogram과 언어의 구조처럼 체계화되지 않지만 언어적 형태와 유사하게 그림을

---

8 인간의 이런 본능은 기원전 3만 2410년쯤 전의 것으로 추정되는 쇼베Chauvet동굴 벽화에도 잘 나타나 있다. 한 번쯤은 들어봤을 법한 스페인의 라스코Lascaux와 알타미라Altamira 벽화보다 대략 2만년도 더 오래전에 그려진 것으로 알려진 쇼베동굴 벽화는 발굴된 것만 300여 점이 넘는다. 죽은 동물의 영혼을 달래기 위한 주술적인 의식의 일환으로 12종의 동물들을 그린 이 그림들은 3차원적인 명암 기법을 활용해 원근법을 시도했고, 추상적이고 상징적인 기호와 같은 이미지로도 그려졌다(류응재·강승묵·이영주, 2011: 93).

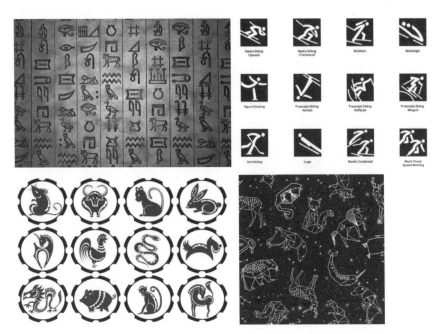

가장 널리 알려진 그래피즘은 이집트의 상형문자이다. 윗줄 왼쪽부터 시계방향으로 이집트 상형문자, 2018 평창동계올림픽 픽토그램, 별자리, 동양의 띠를 형상화한 그래피즘.

연속적으로 표현하는 픽토그래피pictography로 구성된다.

픽토그램과 픽토그래피를 비롯한 그래피즘은 모두 인간의 감각적 경험에 관습적으로 기반을 두지만 대상을 있는 그대로 묘사하지는 않는다. 대상이 자연현상이든 현상에 대한 관념이든 관계없이 그래피즘은 의식적으로 기록하고 전달하고자 하는 특정 목적을 전제한 상태에서 순서를 정해 그림을 연결한다.

그래피즘은 인간이 표현하고 전달하려는 관념을 그림으로 "지우고 없애고, 붙이고 빼고, 칠하고 그리면서 지각적 가치를 없애는 능력"(로도윅, 2012: 150)을 갖고 있다. 지각이 사라진 곳에 문자라는 새로운 상징적인 커뮤니케이션 도구가 자리를 잡았다. 그림의 공간적 특성을 강화했던 그래피즘은 르네상스 시대의

"에피스테메[9]에서 대상과 인간의 관계를 닮게 하는 것으로서의 유사"(Foucault, 1970: 305)라는 논의를 통해 다시 부활했다.

특히 "17세기와 18세기의 고전주의 시기의 에피스테메에서 사물과 대상의 관계는 재현이라는 것으로 요약될 수 있는데, 이것은 재현이 사물과 대상의 관계에 대한 본질을 보여준다고 생각하는 것"(신방흔, 2001, 133)이라는 논의에서 엿볼 수 있듯이, 이 시기에 재현과 연관된 개념과 이론들이 본격적으로 등장하기 시작했다.

재현의 한자어는 '다시 나타남(나타냄)'이라는 뜻의 '再現'이다. 실제 존재하는 물리적 대상이나 존재하지 않는 추상적 대상이 원래의 모습 그대로 그림이나 언어로 나타나는(표현되는) 것이기보다 '다시' 나타나는(표현되는) 것이 재현인 셈이다. '다시'라는 부사어에 주목해보면, 재현에는 어떤 의도와 목적이 개입되어 '다르게' 나타나거나 나타낸다는 의미가 포함되어 있음을 알 수 있다. 재현의 영어식 표기 'representation'도 다시[re] 보여주는 것[presentation]을 뜻한다. 따라서 재현은 **'다시, 다르게 보여준(나타난) 것'**이라고 할 수 있다.

재현을 모방[mimesis, imitation], 모사[copy], 복제[reproduction], 반영[reflection] 등과 구분할 수 있다면, 재현은 무척 간단하게 정의될 수 있는 개념이다. 모방, 모사, 복제, 반영이 실제 대상을 그럴듯하게 유사한 형태로 묘사하거나 표현하는 것인 반면에 재현은 "언어나 이미지를 사용해 주변 세계에 의미를 부여하는 것"(스터르큰·카트라이트, 2006: 3)이라고 할 수 있다.

모방, 모사, 복제, 반영은 대상을 닮은 꼴로 묘사하고 표현하는 데 반해 재현은 '의미부여'에 중점을 둔다. 따라서 재현은 '실제', '그럴듯함', '복제' 등의 개념

---

9 에피스테메는 이론적인 지식이나 참의 지식이라고 부르는 것으로, 지식의 실천성이나 감성과 반대되는 개념이다. 프랑스의 저명한 역사학자이자 철학자이며, 특히 후기구조주의에 적잖은 영향을 미친 미셸 푸코[Michel Foucault]는 특정 시대에 지배적인 인식이 무의식적으로 체계화된 것이나 특정 방식으로 사물에 질서를 부여하는 무의식적 기초를 에피스테메라고 정의한 바 있다. 푸코의 에피스테메에 대한 것은 《말과 사물》(미셸 푸코 저, 이규현 옮김, 2012. 서울: 민음사)을 참조하기 바란다.

이 제거되더라도 주체(저자, 독자, 관객 등)로 하여금 그의 눈(마음)이 정점을 형성 (Barthes, 1977: 69-70)하도록 할 수 있다면, 재현하고자 하는 대상과의 닮음을 필수조건으로 갖출 필요가 없는 개념이다.

어떤 대상을 재현할 때 요구되는 유사성에 기초한 미메시스는 재현의 조건이 아니라 재현적인 실천의 생산물이며, 오히려 재현은 무엇인가를 지시indication하거나 분류categorization하는 것에 더 가깝다고 할 수 있다(Goodman, 1968). 그림이나 언어 같은 재현을 위한 테크놀로지가 "전통적인 시각 또는 공간에 고정되어 있는 미적 대상을 참조하고, 자신의 외부에 있는 대상물을 지시"(마노비치, 2004: 58)하는 것이라면, 재현 대상의 지시와 분류는 결국 그것에 특정 의미를 부여하는 것이라고 할 수 있다.

재현은 지시와 분류를 통한 의미 부여 과정과 그 결과에 따라 구성되는 의미까지를 포괄한다. 즉, 재현은 "우리가 주변 세계를 구축해나가는 과정이라고 볼 수 있다. 또 매우 단순한 장면에서조차도 그로부터 파생되는 의미가 만들어지기 때문에, 우리는 자연스럽게 주어진 문화적 맥락에서 재현 체계의 관습이나 틀을 터득"(스터르큰·카트라이트, 2006: 4)한다. 따라서 우리가 살아가는 세상에 존재하거나 세상에서 발생하는 사건이나 상황 등은 재현에 의해 특정 의미를 부여받은 것들이라고 할 수 있다.[10]

사진과 영화의 재현

이와 같은 재현의 정의에 따르면, 영화와 텔레비전 등의 영상은 당연히 모방, 모사, 복제, 반영된 것이라고 할 수 없다. 앞 장에서 살펴봤듯이, 영상은 거울이론

---

10 예를 들어, 17세기 네덜란드 정물화의 사실주의, 인생무상, 종교적 상징은 "그림이 사물에 내재된 의미를 반영하기보다는 그것에 관한 의미를 만들어낸다는 점"(스터르큰·카트라이트, 2006: 4-5)을 강조한다.

에서처럼 반영된 결과물이 아니라 사회구성이론에 근거를 두는 재현된 것으로 "창조적인 정신작용에 따라 인위적으로 구성된 구체적인 시각 형태(오카다 스스무, 2006: 4)"이다.

그렇다면, 카메라 없이 인화지 같은 감광지에 직접 물체를 올려놓고 그 위에 빛을 비춰 이미지를 만드는 포토그램photogram은 반영된 것과 재현된 것 중 어느 쪽에 해당할까? 포토그램은 빛과 그림자를 활용해 "사건의 흔적과 지표를 남긴다. 포토그램은 시간을 공간적으로 기록하면서 사건을 프레임 속에 담는다"(로도윅, 2012: 78). 따라서 포토그램 역시 빛과 그림자를 자연스럽게 반영한 결과물이라고 할 수 없다. 추상적인 형태인 경우가 대부분이지만 포토그램은 명백히 재현된 시각물인 것이다.

특히 영화의 전신인 사진은 존재하는 것의 부재, 부재하는 것의 존재, 또는 현재인 과거, 과거인 현재를 재현하는 매체로 명성을 떨쳐왔다. 사진은 "시간적으로 분리된 거기와 우리 앞에 있는 지금 여기로 나누어진 존재 양식을 드러낸다. 그들은 과거 시간을 공간적 현재로 만들어내는 특이한 종류의 가상성"(로도윅, 2012: 78)을 보여주는 매력을 가진다.

그러나 이 매력은 재현된 사진의 객관성과 주관성에 대한 뜨거운 논란을 야기하는 마력이 되기도 했다. 매력과 마력 사이에서 롤랑 바르트는 사진의 매력적이고 마력적인 리얼리즘적 효과와 신화의 관계를 '**사진적인 진실의 신화**the myth of the photographic truth'를 통해 자세히 설명했다.

19세기 실증주의는 카메라를 현실을 객관적으로 기록하는 과학적인 도구로 간주했다. 그러나 사진은 지극히 주관적으로 재현된 인위적 산물이다. 사진에는 기계적 객관성과 인간적 주관성이 혼재되어 있다고 보는 것이 더 타당할 수도 있다. 중요한 것은 사진에 부여된 진실의 보증에 관한 것이다.

사진에는 시각적 증거로서의 사진이 경험적 진실을 확보할 수 있도록 한다는 믿음이 부여되어 있다. 사진은 중재되거나 매개되지 않은 사실을 전달하기 때문에 믿을 수 있는 매체라는 것이다. 그러나 앙드레 바쟁과 롤랑 바르트의 논의에서 드러났듯이, 이런 믿음은 신화에 불과할 뿐이다. 보는 사람에 따라 사진적인 진실이 유일하지도 않을 뿐더러 사진 자체가 온전히 객관적이지도 않기 때문이다.

사진은 명백히 재현의 산물이다. 영화도 예외는 아니다. 앙드레 바쟁식의 완전한 영화의 신화는 신화일 뿐이라는 점을 우리는 이미 확인한 바 있다. 사진과 영화의 재현과 관련해 루이 알튀세르Louis Althusser의 이데올로기론과 미셸 푸코의 권력과 담론에 관한 재현의 정치학에 기대어 많은 영화이론가들이 리얼리즘 실천에 관심(랩슬리·웨스틀레이크, 1995)을 기울였던 것도 사진과 영화의 신화적 속성 때문이다.

따라서 영화의 카메라와 스크린이 이른바 투명한 리얼리티를 객관적으로 재현할 수 있다는 것 역시 기술적 신화라고 할 수 있다. 그것은 "사진의 진실이 갖는 신화와 유사한 맥락에서 파생된 것에 불과하다. 재현의 정치학처럼 이른바 시각의 정치학을 근거로 작동하는 진리 주장은 오랫동안 문화적으로 구조화된 특정 이념과 사상의 문화적 재현을 통해서만 설득력을 얻을 수 있을 뿐"(강승묵, 2011: 15)이기 때문이다.

영상재현

영상을 통해 무엇인가를 다시 나타나게 하고 다시 보여주는 것이 **영상재현**visual representation이다. 앞에서 살펴봤듯이, 재현된 영상은 실제 대상과 유사하기는 하지만 반드시 유사하게 재현되어야 하는 것은 아니며 그렇게 재현되지도 않는다. 재현은 모방이나 모사, 복제나 반영이 아니기 때문이다.

수많은 대상들 가운데 특정 대상을 지시하고, 그 대상이 존재하는 다양한 형식들 가운데 어느 하나를 분류하는 것이 영상재현이라고 할 수 있다. 가령, 어떤 인물의 일대기를 영화(다큐멘터리)로 제작할 경우, 그의 인생 전체를 영상으로 재현하기란 어려운 일이다. 그의 일생 중에서 그와 그의 삶을 상징적으로 이야기할 수 있는 특정 단면(시기)을 지시하고 분류해서 재현하는 방법이 이야기를 더욱 극적으로 보여주는 것일 수 있다.

영상작품을 제작하는 데 있어, 재현은 "대상에 명찰을 붙이는 것과 같다. 즉, 영상제작은 대상에 이름 붙이기와 같다. 영상과 대상의 관계는 이름 붙이기라는 문화적이고 관습적인 행위에 의해 맺어진다. 영상제작은 한 사회의 재현체계에 의해 관리되는 것"(주형일, 2004: 41)이다. 따라서 영상재현은 재현하고자 하는 대상의 "형상과 색채, 움직임 등과 직접적으로 연계되어 단순히 원형을 모사^{replica}하는 수준이 아니라 상상력이 부가된 새로운 창조의 개념"(강승묵, 2007: 14)이라고 할 수 있다.

영상은 대상을 재현하지만 대상을 위해 존재하지 않는다. 영상과 대상은 상호 대칭적이지 않은 것이다. 영상은 대상을 재현하면서 항상(디지털 영상은 아닌 경우도 있지만) 대상의 영상이지만 대상은 영상이나 영상의 재현 여부와 관계없이 이미 거기에 존재했었다. 즉, 앙드레 바쟁이 현실은 영상 이전에 이미 그곳에 있었다고 주장한 것처럼, 대상은 영상과 무관하게 독자적으로 존재한다. 예컨대, 사진은 그때 그곳에 있었던 현상에 대한 '얼마간의' 시각적 점유일 뿐이지 대상을 영속적으로 소유하지는 못한다. 영화영상 역시 사진처럼 과거완료형의 시간으로부터 완전히 자유로울 수 없지만 사진과 달리 시간을 지속시키거나 연장시킬 수는 있다.

사진은 필름 위에 빛을 투과해 생긴 (과거에) 실존했던 대상의 (현재적) 흔적이다(Bazin, 1967). 그 흔적은 과거부터 존재했던 것이며, 사진영상은 카메라를 통해 재현된 대상이 과거에 실재했음을 보장하기 때문에 과거에 대한 기록으로서의 가치를 갖는다. 포토그램도 사건의 흔적을 남김으로써 시간을 공간적으로 기록하면서 사건을 프레임 속에 담는다. 모든 사진은 "렌즈에 의해 공간적으로 조직된 빛의 반사를 시간적으로 고정"(로도윅, 2012: 78)시킴으로써 과거라는 시간의 부식을 방지하기 위해 과거완료형으로 존재하는 재현된 영상인 것이다.[11]

---

11 롤랑 바르트가 《카메라 루시다》에서 주장한 것처럼, 사진은 과거와 현재를 오가며 시간의 의미가 아닌 시간의 감각, 즉 시간의 형식이 아닌 그 감각의 강렬함 때문에 매혹적이다. 사진은 (공간적으로) 지금-여기에다가 (시간적으로) 다음-저기를 덧씌우는 것이며, 사진과 영화는 기록 매체에서 물질적 변형을 가져오는 동일하고 연속적 인과관계로 시간 단위를 포착한다. 인과관계의 이 형태에 대한 우리의 직관은 왜 사진이 종종 시간적으로는 당혹스럽고 역설적이지만 공간적으로는 확실하다고 느껴지는지에 대해 명확히 설명해준다(로도윅, 2012: 164-165).

과거를 살았고, 과거에 머물러 있으면서 현재로 소환되기를 기다리는 사진과 달리 영화는 "사진의 객관성에 시간적 재현을 제공"(카세티, 2012: 37)한다. 사진의 시간은 얼어붙었지만frozen 영화의 시간은 흘러간다flow. 영화가 시간적으로 재현된다는 것은 영화가 "공간적 배열만큼 순간적 흐름을 기록함으로써 사진의 객관성을 확장"(보드웰, 2002: 104)한다는 것을 뜻한다. 영화영상은 "시간(시제)상으로도 과거완료가 아니라, 관객이 그 이미지를 바라보는 바로 '그 현재', '지금 여기', '내 앞에서 움직이는 이미지'로 거듭나는"(서정남, 2009: 270-271) 것이다.

앞에서 살펴봤듯이, 앙드레 바쟁은 영화(영상)의 본질은 사실에 근거해 객관성을 완벽하게 확보할 수 있는 리얼리즘이라고 믿었다. 그래서 그는 쇼트-역쇼트shot-reverse shot 같은 편집을 금지montage interdit해야 한다고 역설했다. 현실과 유리된 채 객관적으로 유사하지 않은 상황이나 감정을 의도적으로 만들어내는 속임수trick를 써서는 안 된다는 것이다.[12]

예를 들어, 죽음은 어느 인간이든 필연적으로 겪어야 하지만 죽음 그 자체에 대해서는 어느 인간도 기술하거나 표현할 수 없기 때문에 죽음을 영상화하는 것은 지극히 주관적일 수밖에 없다. 사랑도 마찬가지이다. 사람마다 사랑에 대한 정의와 방식이 다르다. 무엇보다 바쟁이 사랑을 '움직이는 것'이라고 비유했듯이, 사랑은 항상 살아있는 생명체처럼 변한다. 그런 사랑과 사랑의 본질을 영화영상을 통해 객관적으로 재현하는 것은 애당초 불가능하기에 사랑도 재현해서는 안 된다는 것이다. 앙드레 바쟁의 이런 주장은 "재현이란 재현하는 것을 재현

---

12 앙드레 바쟁의 주장과 정반대로 프랑스의 철학자이자 사회학자, 영화이론가인 에드가 모랭Edgar Morin은 "영화는 한 장의 활동사진이기를 거부하며, 이질적인 무한한 활동사진으로 혹은 숏으로 세분화된다. 동시에 영화는 새로운 시공간적 특질을 지닌 활동사진의 체계를 구축한다"(Morin, 1956: 64, 카세티, 2012: 66에서 재인용)라고 강조했다. 모랭이 이야기하는 영화의 새로운 시공간적 특질은 '트릭'과 같다. 트릭은 "이미 사진과 '시네마토그라프'에서 작용하는 마술적 속성을 명확하게 보여준다. 트릭은 특히 반영과 복제를 통한 매력으로서의 회귀일 뿐만 아니라, 사물과 사람의 변이가능성과 연관된 변형에 대한 의미회복이기도 하다. 다른 한편, 트릭은 재현된 현실에 새로운 속성을 부여한다. 변형된 존재로 인해 스크린상의 세계는 가변성을 획득하고, 생성을 향해 열리며, 또한 시간을 뒤섞고 연장하며, 공간을 분할한다"(카세티, 2012: 66).

하기를 거부하는 것"(카세티, 2012: 296)이라는 논지와 비슷한 맥락이라고 할 수 있다.

그러나 영화와 현실 사이에는 근본적으로 연속성을 지닌 실존적 관계가 있고 상호 존재론적으로 연관된다는 바쟁의 주장과 달리, 스페인의 영화감독이자 각본가였던 루이스 부뉴엘Luis Buñuel은 "영화는 무의식적으로 꿈을 모방한 것"으로, "극장을 서서히 덮어가는 어둠은 우리가 눈을 감는 것과 마찬가지"이며, "바로 그 순간 스크린 위에서, 그리고 인간의 깊은 내면 속에서 무의식의 밤이 시작"(카리에르, 1997: 72)된다고 주장한다. 부뉴엘의 이런 주장은 영화가 관객으로 하여금 현실에서 벗어나 꿈을 꾸게 하는 최고의 예술이라는 점을 다시금 일깨워준다.

앙드레 바쟁과 루이스 부뉴엘의 상반된 견해는 영상 자체를 비롯해 영상재현과 관련된 객관성과 주관성의 문제에 대해 더욱 깊은 고민을 하게 만든다. 그러나 그 고민에 대해 결론을 내리기란 여전히 쉽지 않다. 어느 한쪽의 손을 들어줄 수 없을 만큼 복잡한 문제이기 때문이다. 다만, "주관성과 객관성은 중첩될 뿐만 아니라 끊임없이 반복한다. 즉 객관적인 주관성, 주관적인 객관성으로 계속해서 순환한다. 현실은 비현실로 적셔지고, 접근되며, 관통되고, 이끌린다. 비현실은 현실에서 주조되고, 결정되며, 정당화되고, 내면화된다"(카세티, 2012: 67)는 절충안에 대한 또 다른 고민이 필요할 듯하다.

영상재현과 관련해서 한 가지 더 고민스러운 것은 리얼리즘의 논의에 빠지지 않고 등장하는 **그럴듯함**, 즉 **핍진성**verisimilitude으로 번역되는 재현된 영상의 사실성과 현실성에 관한 것이다. 고전적 서사영화는 "사건의 인과적 통합의 구조, 행위의 연결, 시점의 통일, 카메라 앵글 변화의 규칙을 통해 영화의 흐름에 투명성을 주고자 한다. 이렇게 해서 구축되는 것이 '그럴듯함'의 효과로서 환상적이고 허무맹랑할 수도 있는 이야기나 세계의 모습을 자연스러운 것으로 만들어준다"(박명진, 2013: 101).

핍진성은 영화의 사실성이나 현실성을 영화 스스로 부인한다는 점을 단적으로 드러내는 개념이다. 핍진성은 그럴듯할 뿐이지 정말 그렇지는 않다는 것과 영화영상은 재현된 것이라는 점을 명확하게 입증하는 개념이기 때문이다.

영화와 텔레비전은 한정된 평면 프레임에 사실적이고 현실적으로 시공간의 리얼리즘을 입체감 있게 구현한다. 그러나 그 결과가 항상 사실이나 현실로 직결되지는 않는다. 영화적 사실과 현실은 프레임 내부에 있을 수 있지만 진실은 프레임 외부에 있다는 것이 더욱 정확할 수도 있다. 그래서 관객과 시청자는 영화와 드라마가 허구임을 알면서도 동일시를 통해 그 허구의 세계에 몰입하기도 한다.

그러나 영화에 사실감과 현실감을 부여해 몰입을 강화하는 동일시와 달리 영화가 허구임을 의도적으로 드러내 영화를 다시 보게 하는 거리두기를 통해 영화적 진실을 탐색할 수도 있다. 재현이 "현실을 기만한 위안의 복제이고, 이롭지만 동시에 해로운 해결책이며, 눈을 가득 채우면서도 동시에 현실을 은폐하고 있는 연장선"(카세티, 2012: 297)이라는 견해에 동의한다면, 관객은 이 거리두기를 통해 영화의 영상재현, 재현된 영상의 의미를 비롯해 그것의 체계와 정치성까지도 비판적으로 고찰할 수 있을 것이다.

영상재현의 체계

인간의 시각체계는 자연스럽게 만들어지지 않는다. 무엇인가를 바라보는 인간의 행위는 태생적이지 않을 뿐더러 특정 사회와 문화의 구조 속에서 인위적으로 구성되기 때문에 시각체계 또한 사회문화적인 맥락에 의해 구조화된다고 할 수 있다. 예컨대, 영화 관람 행위는 매체와 작품으로서의 영화와 물질적이고 제도적인 공간으로서의 영화관에 의해 구조화되고, 그 결과 관객은 주체로 구성된다.

특정 시대나 사회에서 주도적으로 구축되는 시각체계는 당대의 지배적인 바라보기 방식이다. 시대와 사회가 바뀌면 시각체계도 달라진다. 무엇보다 중요한 것은 시각체계라는 개념에는 이것은 이렇게, 저것은 저렇게 바라봐야 한다는 일종의 강제적인 시각 권력의 역학관계가 내포되어 있다는 점이다.

특정한 바라보기 방식으로서의 시각체계가 특정한 사회문화적 맥락에 따라 구조화되는 것은 재현의 작동원리에도 동일하게 적용된다. **재현체계**representation system는 재현이 조직적으로 구조화되는 것을 일컫는다. 세상을 바라보는 방식인 시각체계와 세상이 재현되는 체계인 재현체계는 특정 방식으로 세상을 바라보고 이해하며 규정하도록 한다.

앞 장에서 인간이 세상을 바라보고, 바라본 세상에 의미를 부여하는 두 가지 방식인 거울이론과 사회구성이론에 대해 살펴본 바 있다. 시각체계와 재현체계는 이 두 가지 방식 중에서 사회구성이론과 밀접하게 관련되어 있다. 즉, 세상에 대한 의미는 보이는 그대로의 반영을 통해 부여되지 않고, 특정한 사회문화적인 **규칙과 관습**rules and conventions에 따라 구성되는 것이다.

물론 반영을 통해 자연스럽게 의미가 부여되는 것과 재현(체계)을 통해 인위적으로 의미가 구성되는 것의 경계를 명확히 나누기는 쉽지 않다. 그러나 '다시' 나타내거나 보여주는 재현의 말뜻대로라면 세상의 의미는 그냥 주어지는 것이 아니라는 것만큼은 분명하다. 우리가 실제로 살아가는 "물질세계는 재현 체계에 의해서 비로소 의미를 지니며 시각적으로도 '보일 수 있는 것seen'"(스터르큰·카트라이트, 2006: 3)이다. 따라서 재현체계는 "특정 방식으로 이야기의 의미를 구성하도록 우리로 하여금 그 규칙과 관습에 따라 협상과 합의를 하도록 중재한다. 특히 영상재현의 체계는 영상이 특정한 사회문화적인 맥락에 의해 의미가 구성되는 과정이자 결과라고 할 수 있다"(강승묵, 2011: 12).

영상재현 체계는 반복적으로 제시되는 영상을 특정한 규칙과 관습에 따라 조직화하는 것이다. 바라보기 방식과 영상재현 체계가 특정한 사회문화적인 규칙과 관습에 의해 구조화된다는 것은 그 사회와 문화의 특정 이데올로기가 구조화의 과정에 일정하게 영향을 미치며 특정 의미를 생산하고 소비하도록 작용한다는 것을 뜻한다.

자메이카 출신으로 영국의 저명한 마르크스주의 사회학자이자 문화연구자인 스튜어트 홀Stuart Hall은 우리가 세상을 우리 자신이나 다른 사람에게 재현할 때의 의미체계systems of meaning를 재현체계라고 정의한다(Hall, 1985). 이런 주장에 의하면, 모든 사회적 실천은 의미와 재현이 상호작용하는 가운데 구성되는 것이라고 할 수 있다. 즉, "개념concepts, 관념ideas, 신화myths 또는 이미지로 구성되는 재현체계로서의 이데올로기"로부터 벗어난 사회적 실천은 없으며, 이를 통해

"인간은 현실의 존재 조건과 상상적 관계를 맺고 사는"(Hall, 1985: 103) 것이다.

영상을 어떤 대상과 연결시켜 생각하는 것은 영상과 재현된 것(대상)이 유사하거나 유사하다고 인식해서가 아니라 "재현체계나 언어적 이름 붙이기가 우리로 하여금 영상과 대상을 연결시킬 수 있도록"(주형일, 2004: 42) 작용하기 때문이다. 영상과 대상 사이의 유사성은 "영상재현을 통한 영상표현 기법과 관련해 카메라라고 하는 기계적 장치에 대한 논란"(강승묵, 2011: 13)을 끊임없이 제기해왔다.

이와 같은 논란은 카메라가 작동되는 순간부터 이미 현실을 기록하기 시작한 영상에 대한 변형과 수정의 작업이 발생하며, 카메라가 개입하는 순간에 이미 어떤 형태로든 조작이 시작된다는 비판(Comoli, 1985: 42-45)에 따른 것이다. 특히 회화와 달리 사진의 정지 이미지는 사물의 본질을 객관적으로 모사하는 이미지를 창출하고, 영화는 이 사진 이미지에 운동성이 부여되었을 뿐 사진의 객관적 모사성은 훼손되지 않는다는 바쟁(바쟁, 1998: 18-20)의 주장은 이 논란에 기름을 부었다.

카메라 같은 "재현적 테크놀로지는 두 가지 주요한 기능을 수행해왔다. 관객을 속이는 것과 행위[action]를 가능하게 하는 것이다. 즉, 관객이 재현물들을 통해 현실을 조작하도록 하는 것"(마노비치, 2002: 275)이 대상을 영상화하는 카메라의 재현기술이다.[13] 신의 자리에서든, 인간의 자리에서든 환영적인 중심의 위치를 차지하고 다른 자리와 경계를 지음으로써 주체를 구성하며 지배 이데올로기에 필요한 정확한 이데올로기적 효과를 얻게 하는 것이 (카메라라는) 영화적 장치이다(Baudry, 1986: 539-540).

현대사회는 영상의 의미를 주고받으며 의사를 소통하는 **영상커뮤니케이션** visual communication 시대이다. 영상커뮤니케이션이 주도하는 시대에 일정한 영상재

---

13 허구적인 영화는 관객들에게 거짓말을 하는 데 기반하며, 관객은 실제로는 존재하지 않는 공간 안에 '현존한다.' 하나의 거짓 공간이 만들어지는 것이다. 영화가 발명되기 이전에도 속임수는 관객들에게 가시적인 현실 공간 내에 거짓 공간을 구축하는 것으로 한정되어 있었다(마노비치, 2002: 276-278).

현 체계에 의해 구조화된 영상은 특정한 목적과 의도에 따라 생산, 유통, 소비되는 사회문화적인 결과물이라고 할 수 있다.

영상커뮤니케이션 시대에 영상을 하나의 텍스트text로 간주해 보여주는 것은 "영상을 있는 그대로 '보여주는' 것이기도 하지만 동시에 문자언어가 아닌 '영상언어'로 '다시' 보여주는 재현 과정"(원용진·곽경윤, 2010: 100)이라고 할 수 있다. 영상은 언어처럼 텍스트일 수 있고, 언어와 텍스트에 의미가 있듯이, 영상에도 당연히 의미가 있다. 우리는 이 '의미가 담긴 영상'을 통해 커뮤니케이션한다.

특히 재현의 측면에서 보면, 앙드레 바쟁이 〈영화 언어의 진화The Evolution of the Language of Cinema〉(1997)에서 이야기했듯이 영상은 '다시 보여주기'를 통해 언어와 텍스트가 이미 규정해놓은 의미를 새롭게 구성한다.

> (영화 언어의 측면에서) 영상은 그것이 현실에 대하여 무언가를 덧붙여주는 것에 의해서가 아니라 그것이 현실 속에서 무언가를 드러내는 것에 의해 우선 평가되어지는 것이다(바쟁, 2013: 107).

S#5
영상커뮤니케이션

"나는 스스로를 보고 있는 나 자신을 본다."

- 자크 라캉(Jacques Lacan), 1978: 80

눈길의 교차와 접촉, 관점

눈길과 커뮤니케이션

눈 깜빡할 사이에 스치듯 지나간 어느 누군가의 눈길, 아마 한두 번쯤 그 찰나에 마주쳤다고 느끼는 시선에 대한 경험이 있을 것이다. 시선을 보낸 이가 누구인지, 그 시선이 나를 향한 것인지, 어떤 의미의 시선인지 등을 미처 의식하지 못할 만큼 순식간에 교차된 눈길에 담긴 추억이나 사연 하나쯤 누구나 간직한 채 사는지도 모를 일이다. 누군가는 그 눈길로 인해 사랑에 빠지기도 했을 것이고, 또 누군가는 이별의 아픔을 감내한 적도 있을 것이다. 눈길이 맞닿고, 스치고, 마주치는 것은 곧 그 눈길을 통해 무엇인가를 느끼고 주고받으며 나누는 것을 의미한다.

눈길은 말 그대로 '눈의 길'을 뜻한다. 눈이 가는 방향, 지향하는 지점이 모두 눈길이다. 우리는 한글인 눈길보다 한자인 **시선**視線이란 말에 더 익숙하다.[1] 눈길과 시선은 '주의'나 '관심'을 전제한다는 공통점을 갖고 있다. 눈길이나 시선에는 주의 깊게 관심을 갖고 본다는 의미가 담겨 있는 셈이다. 눈길은 "관찰의 큰 요

---

1 시선은 영어로 표기할 경우에 일반적으로 one's eyes를 가리키지만 sight나 attention 등도 혼용된다. 본다는 뜻의 동사형으로 see, look, watch, stare, glance, gaze 등이 문맥에 따라 구분되어 사용되기도 한다.

인"(오카다 스스무, 2006: 68)으로, 단지 우연히 자연스럽게 눈이 오가는 길이라기보다 주의와 관심을 가지고 '눈여겨 바라보는(바라보이는) 길'이라는 속뜻을 담고 있다.

눈길(시선)은 커뮤니케이션의 가장 기본적인 도구이자 방법이라고 할 수 있다. 눈길을 보내지 못하거나 받지 못하면 커뮤니케이션이 원활하게 이루어지지 않는다. 주의 깊게 관심을 가지고 눈여겨 바라보는데도 볼 수 없거나 보이지 않는 것은 커뮤니케이션이 잘 안 된다는 것을 뜻하고, 아예 눈길(시선)조차 보내지 않는다면 커뮤니케이션에 대한 의지조차 없다고 해야 할 것이다. 비록 순식간에 스쳐 지난 것이라도 눈길(시선)은 내가 다른 이와 또는 나 자신과 커뮤니케이션하는 출발점이다.

우리는 왜 커뮤니케이션을 하는 것일까? 끊임없이 누군가와 소통하기를 원하고, 그것이 잠시라도 중단되거나 단절된다고 느끼면 초조해하고 불안해하는 이유가 무엇일까? 바로 **진정성**authenticity 때문이다. 서로의 눈길(시선)에 진정성이 결여되어 있기 때문에 그 부족한 부분을 채워 진정한 의사소통을 하고 싶은 마음 때문에 커뮤니케이션하려는 것이다(오오누키 에미코, 2004: 457~468).

그러나 우리는 항상 모든 것을 드러내면서 커뮤니케이션하지는 않는다. 얼마나 진정성이 담긴 것인지 알기도 어렵거니와 진정성이 도대체 무엇인지 정확하게 알지 못하기도 한다. 아무런 거짓 없이 진심을 다하는 것이 진정성이라면 그렇게 커뮤니케이션하는 이가 과연 몇이나 될지 의심마저 든다. 우리는 항상 얼마만큼은 어떤 것을 의도적으로 숨기거나 불가피하게 모든 것을 드러내지 않은 채 커뮤니케이션한다고 보는 것이 보다 정확할 듯도 하다.

의미와 사유의 주고받음과 나눔

'2%' 남짓 결여된 진정성으로 인해 서로의 마음을 온전히 전하거나 받아들이지 못하고, 잘못 전하거나 받아들이는 것을 자크 라캉은 메코네상스méconnaissance라고 불렀다. 메코네상스는 자신에 대해 안다는 것은 착각에 불과하다는 뜻의 오인misconception을 뜻한다(오오누키 에미코, 2004: 557에서 재인용).[2] 커뮤니케이션은 메코네상스를 줄이기 위해 진정성 있게 눈길(시선)을 주고받는 것에서부터 시작된다고 할 수 있다.

커뮤니케이션은 흔히 **의사소통**意思疏通으로 정의된다. 뜻意과 생각思을 막힘없이 잘 통하게 하는 것이 커뮤니케이션이다. 뜻과 생각이 잘 통하면 오해나 착각, 무엇보다 오인 없이 의사소통이 이루어지지만 만일 잘 통하지 않으면 전혀 예상치 못한 일들이 발생하기도 한다. 그렇게 되면 당사자들 사이의 관계도 기대한 것과 달리 매우 복잡해지기 마련이다. 커뮤니케이션은 '관계' 형성의 기반이자 주축이며 인간관계 자체이기 때문이다.

커뮤니케이션을 인간관계 형성을 위한 유용한 의사소통으로 정의한다면, 결국 인간관계와 의사소통이라는 두 가지 차원에서 커뮤니케이션을 이해할 수 있다. 인간관계에 대해서는 잠시 후에 살펴보기로 하고 우선 의사소통에 대한 이야기를 마저 해보자. 뜻과 생각은 이야기(대화)에 담겨 있기 때문에 커뮤니케이션은 이야기에 담긴 뜻(의미)과 생각(사유)을 주고받고 나누는 것이라고 할 수 있다.

커뮤니케이션의 방법은 무척 다양하다. 주로 말이나 글 같은 언어가 이야기를 주고받거나 나누는 데 쓰이는 핵심 도구이다. 또한 눈빛이나 표정, 제스처나 행동 같은 비언어도 당연히 커뮤니케이션 수단이다. 중요한 것은 주고받거나 나누는 이야기 속에 담긴 의미와 의미에 대한 사유이다. 말과 글, 눈빛, 표정, 제스처, 행동에 함축되어 있는 의미와 그 의미에 대한 사유에 따라 커뮤니케이션의 과정과 결과가 달라지기 때문이다.

결국 커뮤니케이션의 방법은 의미와 의미에 대한 사유에 따라 결정된다고 할 수 있다. 가령, 내가 너에게 호감을 갖고 있다는 의미를 주기(나누기) 위해서는 그

---

2 거울단계에서 유아는 거울에 비친 자신의 모습을 통해 자아 개념을 형성하는데, 이때의 '나'의 이미지는 착각의 산물이다. 상상계는 이 착각의 지배를 받으며, 이런 과정을 거치는 동안 메코네상스인 오인이 발생한다. 원래 메코네상스는 자크 라캉의 스승인 앙리 왈롱Henri Wallon이 처음 사용한 말로 언어학이나 문학, 문학비평, 인류학 등에서 자주 인용되는 개념이다(오오누키 에미코, 2004: 557).

런 의미를 담은 커뮤니케이션 도구와 수단, 적절한 시간과 공간이라고 하는 커뮤니케이션 환경을 선택해 상대방이 오인하지 않도록 전달해야 한다. 일반적으로 커뮤니케이션은 송신자, 수신자, 메시지(의미), 채널(도구, 방법), 효과(긍정적이거나 부정적인), 피드백(반응)의 여섯 가지 과정을 거쳐야 한다. 물론 이때 오인을 일으키는 잡음noise이 섞일 수도 있다.

특히 커뮤니케이션의 가장 중요한 전제는 송신자로서의 '나'보다 수신자로서의 '너'에 있다. '너'(너의 입장에서는 나)의 생각이 '나'(나의 입장에서는 너)의 생각과 같다고 추측하거나 예단할 수 없다. 즉, 너(나)는 나(너)와 다르다고 가정해야 하는 것이다. 내가 너를 바라보는 눈길(시선)과 네가 나를 바라보는 눈길(시선)이 항상 일치하지는 않는다. 오히려 현실에서는 서로의 눈길(시선)이 빗나가거나 어긋나는 경우가 더 자주 발생한다. 그만큼 커뮤니케이션이 쉽지만은 않은 것이다.

또한 커뮤니케이션하는 과정에서 나의 생각이 너의 생각과 항상 같을 수 없기 때문에 나의 눈길(시선)과 너의 눈길(시선)이 다른 방향을 지향할 수 있다는 전제도 반드시 수반되어야 한다. 원활한 커뮤니케이션을 위해서는 우선 나와 너의 눈길(시선)이 만나 어울려야 한다. 서로의 눈길(시선)을 통해 서로가 서로를 지각하고 의식할 수 있어야 서로 이해할 수 있게 된다.

'S#3 영상의 의식과 상상'에서 바라보는 행위는 눈길(시선)을 주는 것이고, 눈길(시선)을 주는 것은 바라본 것을 선택하는 것이라고 했다. 눈길을 통한 커뮤니케이션은 이와 같이 눈길(시선)의 선택이라는 행위로부터 시작된다. 나의 눈길(시선)이 닿는 곳에 있는 너는 나의 선택으로 인해 내게 다가오고, 나의 눈길(시선)에 소유되며, 비로소 우리는 커뮤니케이션한다. 역으로도 얼마든지 가능하다. 너에게 내가 다가가고 너의 눈길(시선)에 내가 소유되며, 너와 나, 우리는 커뮤니케이션하기도 하는 것이다.

나와 너, 우리의 '관계'

메코네상스라는 용어를 다시 떠올려보면, 커뮤니케이션은 나를 아는 데서부터 시작된다고 할 수 있다. 나의 의식 속에 존재하는 내가 진정 나인지, 혹은 내가 의식하고 싶어하는 이상적인 나를 현실의 나로 오인한 것은 아닌지에 대한 자문과 성찰로부터 커뮤니케이션을 시작해야 한다. 인간관계를 형성하는 데 유용한 의사소통이 커뮤니케이션이라는 정의에서 두 번째로 살펴볼 것은 나에 대한 앎을 전제한 인간관계에 관한 것이다.

인간은 '홀로' 살아갈 수 없다. 적어도 그렇게 산다는 일이 무척 힘든 것만큼은 사실이다. 인간은 다른 사람과의 '관계'를 통해 살아간다. 따라서 나는 나의 사고로만 존재하는 것이 아닐뿐더러 나의 의미도 오롯이 나만의 것일 수만은 없다. 내가 아닌 너의 존재로 인해 나도 존재하며, 무엇보다 너의 의미 때문에 나의 의미도 있는 것이다.

프랑스의 실존주의 철학자 장폴 사르트르Jean-Paul C. A. Sartre는 자신의 저서인 《존재와 무Being and Nothingness: An Essay on Phenomenological Ontology》(2009)[3]에서 나와 나, 나와 내가 아닌 것에 대해 상대론적인 입장에서 상세하게 설명했다. 사실 사르트르의 철학적 사유의 일단이나마 정확히 이해하는 것은 여간 어려운 일이 아니다. 하지만 나와 너, 우리의 관계와 그 관계를 규정하는 커뮤니케이션과 관련해 그 생각의 일면이라도 살펴볼 필요는 있을 듯하다.

사르트르는 나의 대상인 다른 사람(너), 다른 사람(너)의 대상인 나, 서로의 관계를 통해 인간의 존재론에 접근한다. 다소 투박하지만 결론삼아 간단히 얘기하

---

3 1943년에 처음 발간된 《존재와 무》의 원저는 무려 720여 쪽에 달한다. '현상학적 존재론에 대한 에 세이'라는 부제가 일러주듯이, 이 책에서 사르트르는 주체도 존재하고 대상도 존재하며, 의식도 존재하고 몸도 존재하고, 눈도 존재하고 시선도 존재하며, 나도 존재하고 다른 사람도 존재하고, 개인도 존재하고 사회도 존재하며, 아무 것도 아닌 것도 존재하고 모든 것도 존재한다는 등, 존재한다고 여겨지는 온갖 것들을 근원적으로 분석한다.

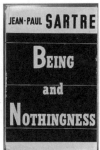

왼쪽은 《존재와 무》의 프랑스어 원저와 영어 번역본, 오른쪽은 장 폴 사르트르.

면, 이 이론의 핵심은 나와 다른 사람(너, 타인)은 서로를 보는 동시에 서로 보이는 관계로 연결되어 있다는 것이다. 즉, 나는 너를 보면서 너에게 보이는 대상이며, 너 역시 나를 보면서 나에게 보이는 대상이다. 나와 너의 관계가 맺어지는 데 있어 가장 중요한 전제조건은 **관심**regard이다. 나는 나인 동시에 네게는 타인으로서의 너이고, 너도 네게는 나인 동시에 내게는 타인으로서의 너이다. 서로가 자신이자 타인인 나와 너의 관계 맺기는 서로의 관심을 통해 이루어지며, 그 시작은 다름 아닌 눈길(시선)의 마주침과 어울림이다.

사르트르에 따르면, 나와 너, 개인과 사회, 주체와 객체 등은 상호관계를 통해 존재한다. 그러나 그는 존재의 전제조건으로서 의식(활동)과 현상의 관계를 예로 들며 존재한다etre라는 말을 아무 데나 갖다 붙이면 안 된다고 지적했다(사르트르, 2009: 15-45). 특히 사르트르는 '자신인' 동시에 '자신이 아닌' 존재와 현존existence을 구별해야 한다고 강조했다.

이른바 대자존재對自存在, etrepour-soi와 즉자존재卽自存在, etre-en-soi의 차이를 통해 존재와 현존을 설명하는 사르트르의 이야기들은 무척 난해하다. 그럼에도 불구하고, 우리가 S#3에서 살펴본 주체와 객체의 관계를 통해 나와 너의 현존과 존재에 대한 사르트르의 생각을 슬쩍 들여다볼 수는 있을 것이다.

앞서 'S#3 영상의 의식과 상상'에서도 살펴봤듯이, 사르트르 철학은 주체의 철학, 의식의 철학으로 유명하다. 그의 논의(사르트르, 2009: 155-170)를 간략하게 재정리하면, 나와 너 가운데 한 명이 주체일 경우에 다른 한 명은 객체이고, 한 명이 자신과 다른 한 명을 의식할 경우에 다른 한 명도 그 자신과 다른 한 명을 의식한다. 따라서 주체로서의 나의 존재는 객체인 너(너의 입장에서는 네가 주체이고 나는 객체)의 존재로 인해, 너에 대한 나의 의식은 나에 대한 너(너의 입장에서는 반대)의 의식으로 인해 가능해진다. 이쯤 되면 사르트르 철학에서 우리가 엿본 것이 무엇인지 얼추 짐작할 수 있을 것이다. 바로 나와 너, 우리의 '관계'이다. 영상커뮤니케이션에서 가장 중요한 것도 여느 커뮤니케이션과 마찬가지로 바로 이 관계에 대한 것이다.

영상커뮤니케이션과 영상적인 전환

내가 바라보는 너(타인)와 네가 바라보는 나(역시 타인)를 동시에 인식해야만 나와 너는 각자와 서로의 존재를 의식할 수 있다. 나는 너에게 보이고, 너 역시 나에게 보여야 나와 너는 존재할 수 있는 것이다. 나와 너, 우리가 각자 주체로서 존재하고 의식하기 위해서는 서로의 눈길(시선)의 교차와 접촉이 수반되어야 한다. 시각적 환경에 기반을 두는 영상은 두말할 나위 없이 나와 너의 눈길(시선)의 교차와 접촉을 전제한다.

관객인 나는 스크린(영화)에는 존재하지만 실제로는 부재하는 인물을 바라보고, 동시에 스크린(영화) 속의 인물, 사건, 배경은 나를 바라본다. 나와 (영화)영상은 영화관이라는 공간에서 서로의 시선을 교차하고 접촉함으로써 커뮤니케이션하는 셈이다. 이 과정에서 나는 영상을 바라보는 주체인 동시에 영상에 의해 바라보이는 객체이기도 하다. 거꾸로 말하면 영상은 나를 바라보는 주체이자 내게 바라보이는 객체인 것이다.

나와 영상이 주체가 되고 객체가 되기도 하는 이 커뮤니케이션 과정이 바로 영상커뮤니케이션이다. 사르트르 스타일로 얘기하면, 인간은 현존하지 않는 부재의 대상이며 실제 대상과 명백히 다르지만 유사하기도 한 영상을 의식하고 상상한다. 그리고 영상에 이런저런 의미를 부여하면서 영상과 영상의 의미를 알아간다. 이 과정은 영상적 전환 visual turn 을 통해 이루어진다.

미국의 철학자 리처드 로티Richard M. Rorty가 학문 전반에 중요한 영향을 미쳤다고 평가한 언어적 전환linguistic turn은 철학사의 마지막 단계로, 예술이나 미디어, 문화의 형태 등을 비판적으로 성찰할 수 있게 했다(Rorty, 1979).**4** 언어의 수사학을 탐구하기 위한 방법론으로 도입된 언어적 전환은 1970년대 이후 전개된 문화적 전환cultural turn과 함께 현대사회의 뜨거운 논쟁거리 가운데 하나였다. 특히 문화연구의 측면에서 보면, 구조주의와 후기구조주의의 연구들이 언어의 구조를 참조하면서 문화적 전환을 추동했다고 할 수 있다.

언어적 전환, 문화적 전환과 함께 이미지적 전환pictorial turn 역시 현대 철학사에 중요한 전기를 마련했다. 미국의 예술사가이자 미디어 문화이론가인 윌리엄 미첼William J. T. Mitchell이 명명한 이미지적 전환은 포스트모던 시대에 현실 재현이나 커뮤니케이션의 주도권이 언어에서 이미지로 바뀌었음을 전제한다.

미첼은 이미지가 현실을 단순히 모방하거나 복제한 것이 아니며, 인간의 시각성과 기술 장치, 사회제도, 담론 등이 복잡하게 상호작용하면서 이미지적 전환이 이루어졌고, 언어와 이미지는 현실을 재현하고 커뮤니케이션을 수행하는 데 있어 각기 다른 방식으로 작동한다고 역설했다(Mitchell, 1994: 15-17).

이미지적 전환에서 이미지를 뜻하는 'picture'를 그림으로 국한하면, 이미지적 전환은 '그림적 전환'이 될 것이다. 하지만 'picture'는 당연히 그림만을 의미하지 않는다. 이미지 전반을 지칭하는 'picture'는 그림을 비롯해 사진, 영화, 텔

---

4 언어적 전환은 과학정신을 시대정신으로 전제하고 언어분석을 방법론으로 활용하는 분석철학을 기반으로 한다. 분석철학은 과학적 탐색과 지식의 본성을 철학적으로 성찰하고자 했으며, 그 핵심 방법이 언어분석이다. 철학사적으로 보면, 언어적 전환은 플라톤의 존재론적 전환과 데카르트의 인식론적 전환에 비견될 만큼 중요한 의의를 갖는다.

레비전 등의 영상을 포괄한다.[5] 따라서 이미지적 전환은 협의로 영상적 전환이라고 할 수도 있다.

이미지적 전환은 영화나 텔레비전 영상을 통한 현실 재현과 커뮤니케이션의 방식에도 많은 변화를 이끌어냈다. 그러나 이미지가 언어를 대체했듯이, 영상커뮤니케이션에서 이미지적 전환은 약간의 수정을 필요로 한다. 즉, 영상이 언어를 대체하면서 영상 주도의 커뮤니케이션보다 언어의 역할을 하는 영상을 통해 커뮤니케이션이 이루어지는 것이다. 이는 영상을 단지 시각적 대상으로서보다 언어처럼 '읽는' 대상으로 전제하기 때문이다.

눈길의 교차와 접촉

이미지(영상)는 '벙어리'이다. 따라서 이미지(영상)는 수신자의 언어인 '관객의 언어'(드브레, 1994: 66)이다. 프랑스의 철학자이자 저널리스트인 레지스 드브레Régis Debray가 이미지를 벙어리dumb라고 낮잡아 부른 이유는 이미지가 언어를 갖지 못해서 그 자체로는 의미를 가질 수 없다고 생각했기 때문이 아니다. 언어로서 이미지의 의미는 이미지 내부보다 외부에서 최종적으로 결정된다는 점을 강조하기 위해 이미지에 언어적 장애가 있다고 한 것이다.

이미지(영상)의 언어적 기능과 의미는 이미지(영상) 생산자(제작자)가 결정한 그대로 수신자(관람객, 관객, 시청자)에게 전달되지 않는 경우가 많다. 이미지(영상)의 언어적 역할이 다양한 데다 여러 가지 변수에 따라 그 의미가 다의적polysemic이

---

5 앞 장에서 살펴본 원형적 그림 쓰기인 그래피즘은 문자 중심의 언어가 발달함에 따라 추상적인 지식체계로 변화한다. 특히 근대의 계몽주의는 이런 변화를 더욱 가속화시키면서 문자 문화의 선형성을 더욱 공고하게 만들었다. 지난 수세기 동안 문자가 인간의 사유 방식을 지배했다는 점은 주지의 사실이다. 그러나 영화나 텔레비전, 모바일 미디어 등에서 그림을 이용한 쓰기와 말하기가 중요한 커뮤니케이션 방법으로 활용되면서 문자 자체가 또 하나의 픽토그램이나 픽토그래피로 재인식되고 있다.

기 때문이다. 따라서 이미지(영상)를 통해 커뮤니케이션할 때, 송신자(생산자, 제작자)와 수신자(소비자, 관객, 시청자) 사이에 의미를 둘러싸고 다양한 국면의 갈등과 협상의 과정이 펼쳐진다.

언어는 비교적 명확하게 의사를 전달하는 데 반해 영상은 언어에 비해 의사 전달이 불명확하다는 평가를 곧잘 받는다. 물론 얼마든지 반론이 제기될 수 있다. '사랑해'라는 말과 아무런 말 없이 사랑의 의미를 담은 선물을 주는 행위 중에 어느 쪽이 사랑을 더 잘 표현했다고 할 수 있을까? 말이나 글로 마음을 전하는 것이 시각적인 대상을 통해 마음을 전하는 것보다 더 정확하게 커뮤니케이션 하는 것일 수도 있다.

그러나 영상적 전환은 언어보다 영상(이미지)을 통한 커뮤니케이션이 더 직접적이고 감각적이기 때문에 더욱 효율적으로 커뮤니케이션할 수 있다고 가정한다. 언어보다 영상을 통한 커뮤니케이션이 더욱 명확하게 의사를 전달할 수 있다는 것이다. 앞서 'S#2 영상, 그 오래된 미래'에서 영상매체에 의해 '매개된' 이미지나 시각을 영상으로 정의한 바 있다. '매개된'은 영상에 특정 의도나 목적이 포함된다는 것을 뜻한다.

특히 영화와 텔레비전을 통해 매개된 영상은 문자보다 눈길(시선)의 교차와 접촉을 더욱 활성화한다. 영상커뮤니케이션은 눈길(시선)의 "접촉에 의한 감각의 교환"(오카다 스스무, 2006: 141)이기 때문이다. 여기서의 접촉은 당연히 눈길(시선)의 접촉뿐만 아니라 눈길(시선)에 담긴 의미의 접촉을 가리키기도 한다. 눈길(시선)이 시각 내부와 외부를 넘나들며 교차되고 접촉되며 어떤 의미를 주고받고 나누는 것이 영상커뮤니케이션이다.

사진, 영화, 텔레비전 같은 영상매체의 영상을 통한 눈길(시선)의 교차와 접촉은 사람들의 시각을 "어두운 동굴에 틀어박혀 사는 시각으로부터 넓은 세계에서 사는 방식으로 끌어내렸다. 현대사회에서 영상미디어는 전 세계를 하나의 영상이미지의 집합체로 구성함으로써 시야는 넓어지고 세계는 축소되었다"(주창윤, 2015: 77)고 할 수 있을 만큼 세상을 '한눈'에 들여다볼 수 있도록 했다. 중요한 것은 한눈에 보이는 세상을 '어떻게' 바라볼 것인가의 문제이다.

역사적으로 바라보는 방식은 시대마다 변화를 거듭해왔다. 영상을 의식하고자 하는 행위 또한 달라져왔다. 영상을 바라보고 의식하는 행위에는 영상의 의미를 이해하려는 적극적인 실천이 내포되어 있다. 또한 그 행위에는 바라보고자 하는 영상을 선택하고, 선택된 영상의 구조를 분석하려는 의지도 담겨 있다. 앞에서 살펴봤듯이, 내가 영상을 바라본다는 것은 곧 영상이 나를 바라본다는 것과 동일하다. 내가 영상을 바라보지 않으면 영상도 나를 바라보지 않는다. 결국 내가 어떤 '관점'으로 영상을 바라보느냐에 따라 영상의 의미가 다양하게 (재)구성될 수 있는 셈이다.

문제는 관점

영상커뮤니케이션의 핵심은 결국 **관점**PoV, Point of View이다. 영상을 둘러싸고 있는 다양한 맥락에 대한 사유(사유의 방식)가 대상(세상)을 바라보고 의식하며, 그것의 의미를 결정하고 이해하는 관점을 결정한다. 또한 사물이나 사건, 현상이나 상황을 바라보고 그것에 의미를 부여하며 사고하는 방식은, 평소에 우리가 겪는 영상경험을 통해 구성되는 영상에 대한 의식에 의해 규정된다.

따라서 영상에 대한 사유(사유의 방식)가 곧 관점이라고 할 수 있다. 'S#3 영상의 의식과 상상'에서 살펴본 것처럼, 시점과 관점은 상이한 개념이다. 시점이 눈길(시선)을 보내거나 받는 신체의 물리적인 위치라고 한다면, 그 시점에서 바라본 것을 의식하고, 그것에 대해 사유하는 것이 관점이다. 무엇보다 눈길(시선)이나 시점에 따라서도 그렇겠지만 관점은 커뮤니케이션 과정이나 방식, 결과까지 달라지게 할 만큼 영상커뮤니케이션에서 가장 핵심적인 기능을 한다.

대부분의 영상매체에서 실제 대상이 아니라 그 대상을 유사하게 영상화한 유사상은 실제 대상과 지각적으로 비슷한 특징을 가진 이미지일 뿐이지 실제 대상으로 의식되지는 않는다(오카다 스스무, 2006: 5, 32-33). 예컨대, '사진을 찍다'의 영어식 표기인 'take a photo'는 카메라가 실제 대상을 카메라로 '집고, 옮겨서 take' 사진으로 재현한 것이다. 사진영상은 카메라(렌즈) 앞에 존재했던 실제 대상을 셔터를 누르는 순간 카메라로 집고 옮겨서 실제 대상과 유사하게 재창조한 것에 불과하다. 실제 대상은 여전히 카메라가 아닌 카메라 앞에 남겨져 있다.

카메라는 프레임 내부의 한정된 시각으로 실제 대상을 지각하게 할 뿐이지 대상의 전부를 의식하도록 할 수는 없다. 이것이 곧 카메라에 독창성을 부여하는 프레임의 본질인 동시에 카메라의 한계이기도 하다.[6] 카메라(렌즈)가 만들어낸 영상을 바라보는 관객(시청자)은 실제 대상을 결코 지각할 수 없지만 실제 대상을 재현한 유사상을 통해 영상(영상 속의 대상)과 실제 대상을 동시에 의식할 수 있다. 이 지각과 의식의 과정이 카메라(렌즈), 대상, 관객이 영상을 통해 커뮤니케이션하는 과정이다.

관객은 카메라(렌즈)를 통해 커뮤니케이션하는 과정 동안 실제 대상을 간접적으로 만나는 유사경험을 하게 된다. 카메라(렌즈) 앞에서는 실존했던 대상이 영상을 보는 관객에게는 부재하기 때문에 관객은 실제 대상이 아니라 대상의 유사상과 커뮤니케이션하는 셈이다. 결과적으로 관객이 바라보는 것은 진짜가 아니라 진짜와 유사한 가짜이며, 관객은 가짜를 마치 진짜인 것처럼 지각하고 의식하는 착각을 경험하는 것이라고 할 수 있다.

그렇기 때문에 카메라(렌즈)가 바라본 실제 대상과 영상화된 대상은 다르다. 관객인 우리는 카메라(렌즈) 앞에 존재했던 실제 대상이 아니라 카메라(렌즈)에 의해 '매개된' 영상 속의 대상을 바라볼 뿐이다. 따라서 우리와 실제 대상 사이에 직접적인 눈길(시선)의 교차나 접촉은 애당초 없었다고 할 수 있다. 다만 영상 속의 대상과 눈길(시선)을 교차하고 접촉할 수 있을 뿐이다. 특히 카메라가 움직일 경우, 카메라(렌즈) 앞의 실제 대상은 물론 카메라(렌즈)의 눈길(시선)과 시점도 함께 움직인다.

---

6 카메라(렌즈)로 세상을 보면 처음에는 왠지 낯설다. 육안으로 보는 것과 달라 보이기 때문이다. 그래서 마치 처음 보는 것처럼 당황스럽거나 놀랍거나 흥미롭거나 신비스럽기도 하다. 카메라로 본다는 것은 내가 내 눈으로 보는 것이 아니라 렌즈에 비친 풍경을 보는 것이기 때문이다. 우리의 눈길(시선)을 카메라의 눈길(렌즈)에 맡기면 카메라의 눈길(시선)에 의해 우리는 새로운 시각 경험을 할 수 있게 된다. 이 단순한 과정에 '카메라의 창조적 계기'가 담겨 있다.

이와 같이 "시점의 변화, 시선의 이동은 반대로 대상의 이동으로 보이기도 하고, 공간의 왜곡으로 나타난다. 그 결과 렌즈 자체가 가지는 본질적 객관성, 재현성에도 불구하고, 영상에는 끊임없이 일종의 애매한 환혹적幻惑的인 분위기가 따라다닌다"(오카다 스스무, 2006: 56). 따라서 관객에게 영상 자체와 영상 속 대상은 비현실적인 꿈이나 환상처럼 보이는 것이다. 그럼에도 불구하고 관객은 영상과 영상 속의 대상이 실제와 닮았다는 사실을 간과하고 오히려 그것들에서 그럴듯한 현실적 인상을 경험한다는 것이 앙드레 바쟁의 주장이다.

실제 대상이 아니라 실제 대상과 유사한 영상 속의 대상, 그리고 영상 자체와 커뮤니케이션해야 하는 관객은 그래서 왠지 모르게 불안해진다. 그러면서 영상 속의 가짜 대상에 감탄하고 전율을 느끼기도 한다. 유사상의 의미를 정확히 파악하는 데 애를 먹는 일도 심심치 않게 발생하다보니 커뮤니케이션이 잘 되는 것인지 의심스러울 때도 있다.

결국 S#3에서 살펴봤듯이, 관객이 할 수 있는 것은 상상이며, 어떤 생각과 태도로 영상을 의식하고, 그 영상의식을 통해 무엇을 어떻게 상상할지는 결국 관점의 문제로 귀결된다. 영상은 눈길(시선)이 교차하고 접촉하는 시점에서 바라본 것에 대한 사유로서 관점에 따라 다양하게 의식되고 상상되며, 또한 이해되고 해석된다. 그 결과에 따라 관객은 커뮤니케이션의 메코네상스를 줄일 수 있게 된다.

영상커뮤니케이션의 모델과 방법

영상과 커뮤니케이션

현대사회는 영상사회이다. 간단명료하면서도 단호하게까지 들리는 이 말은 영상이 현대사회에서 차지하는 비중이 그만큼 크다는 것을 반증한다. 현대인은 문자도 시각화해 정보로 활용하면서 커뮤니케이션할 정도이니 말이다. 언어적인 문자정보와 달리 비언어적인 시각정보는 더 즉각적으로 의사를 전달할 수 있게 한다. 시각정보의 의미는 매우 직접적이고 감각적이며 함축적이기 때문이다. 따라서 문자로 장황하게 설명해야 할 일을 이미지나 영상을 활용한 시각정보로 비교적 간단하게 표현할 수 있다.

반대로 생각할 수도 있다. 문자정보가 시각정보보다 더욱 명료하게 의사를 표현하거나 전달할 수 있다는 것이다. 예컨대, '잘 지내?'라는 말 한마디가 지그시 바라보는 눈길이나 부드럽게 어깨를 툭 치는 행위보다 더욱 명확한 의미를 담고 있을 수 있다.

그러나 우리는 '말로 형용할 수 없는' 혹은 '글로 표현할 수 없는' 언어로 전달하기에 일정한 한계가 있는 의사를 이미지나 영상 같은 시각정보로 '대신' 표현하고 전달하는 데 익숙하다. 트위터tweeter나 페이스북facebook과 함께 인스타그램

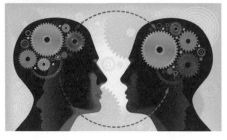

우리가 살아가는 세상에 아무런 의미나 생각이 포함되지 않은 영상은 없을 것이다. 설령 있더라도 그런 영상을 주고받는 경우는 드물 것이다. 영상으로 어떤 결과물을 만드는 일은 그 영상에 대한 생각과 상상을 합해 '어떤' 의미를 담아 전달하고 공유하며, 소통하는 것이라고 할 수 있다.

instagram7이 꽤 인기를 끄는 것을 보면 한 장의 사진 같은 이미지로도 충분히 커뮤니케이션할 수 있음을 실감할 수 있다.

현대사회에서 영상은 커뮤니케이션 방식을 더욱 다채롭게 만들기도 한다. 앞에서 살펴봤듯이, 영상을 통한 커뮤니케이션으로 간단하게 정의되는 영상커뮤니케이션은 당연히 영상에 담긴 의미와 생각에 상상을 담아 소통하는 것이다. 영상에 담긴 의미와 그에 대한 생각은 일차적으로 언어적 차원에서 이루어진다.

언어적 기능을 하는 영상과 커뮤니케이션의 관계를 탐색한 연구에 의하면(박명진, 2013: 52-53, 74-75), 영상에는 구두언어의 메시지 구성에서 최소 단위의 역

---

7 온라인상에서 사진이나 비디오를 공유하는 응용 소프트웨어이자 어플리케이션인 인스타그램은 2012년 대략 10억 달러에 페이스북에 인수되었다. 인스타그램 사용자는 사진이나 동영상을 업로드하고 이를 팔로워follower와 공유할 수 있다. 또한 다른 이들이 공유한 게시물을 보고 댓글을 남기며, '좋아요'를 눌러 호감을 표현할 수도 있다.

할을 하는 단어라는 개념이 없으며, **영상언어**visual language는 구두언어와 달리 분절articulation되지 않는다고 한다. 영상은 언어적 기능을 하지 못하며, 영상 배열이나 조합의 관습화된 규칙이나 체계도 특정 효과를 내기 위한 것으로 문법보다 수사법에 가깝다는 것이다.

이런 논의는 영상을 언어로 전제하지 않기 때문에 영상은 메시지가 아니며, 영상에는 언어문법과 같은 체계적인 구조가 없다고 가정한다. 이를 따른다면 영상커뮤니케이션은 애당초 불가능하다. 그러나 과연 그런가? 결론을 먼저 얘기하면, 영상은 언어로서 언어적 기능을 할 수 있고 언어문법처럼 영상에도 체계적인 구조가 있을 수 있다. 이와 관련해서는 'S#7 영상이야기와 영상으로 이야기하기', 'S#8 서사의 전통과 영상서사'에서 자세히 살펴보기로 하고, 여기에서는 영상과 커뮤니케이션의 관계를 더 들여다보도록 하자.

앞에서 예로 든 연구는 "영상은 완전히 입체적으로 보이지만 실제로는 평면적인 화면의 비현실적인 세계 속에서 이루어지는 허구로, 허구세계가 비실제적인 것들에 의해 만들어지므로, 허구세계의 실제성과 현실감을 더욱 강하게"(박명진, 2013: 68) 한다고 주장한다. 이를 논증하기 위해 영상을 통해 보는 세계는 마치 현실의 한 토막 같은 착각을 불러일으켜 영상을 하나의 메시지로 파악하기 어렵다는 롤랑 바르트의 주장을 덧붙인다. 아울러 영상의 의미를 해독하기 위해 영상구조 분석의 필요성을 제기하기도 한다.

이런 논의에서 주목해볼 만한 것은 영상의 의미 해독을 위해 영상의 구조를 분석해야 한다는 점이다. 영상은 문자언어와 다르고 구두언어의 메시지일 수 없으며, 그런 영상의 의미를 해독하기 위해 영상의 구조를 분석해야 한다는 주장에 이의가 있을 수 없다. 중요한 것은 영상의 '구조'이다. 영상이 언어처럼 체계적으로 구조화될 수 있다는 것은 결국 영상도 언어문법처럼 일정한 규칙과 관습에 따라 논리적으로 배열되고 조합될 수 있다는 것을 가리키기 때문이다.

영상커뮤니케이션은 커뮤니케이션되는 영상의 의미를 해독해 그 결과를 탐색함으로써 이루어진다. 따라서 메시지에 대한 동의의 방식보다 해독된 의미가 사회와 문화 속에서 공유되는 방식에 더 관심을 기울여야 한다. 예컨대, 사랑이라는 '언어'와 사랑을 시각화한 '영상'은 똑같이 사랑의 의미를 갖고 있지만 언어에 비해 영상은 보다 감각적인 데다 추상적이어서 영상으로 표현된 사랑이 언어로 언급된 사랑보다 더욱 다양하게 해독될 가능성이 높다.

또한 영상의 의미는 사회와 문화에 따라 상이하게 구조화된다. 따라서 사회문화적인 맥락에 따라 영상의 다의성polysemy이 더 큰 영향을 받기 때문에 영상의 의미를 다층적으로 해독할 수 있어야 한다. 그래야만 커뮤니케이션되는 영상의 의미를 더 잘 이해할 수 있고 영상을 통한 커뮤니케이션도 효율적이고 원활하게 이루어질 수 있다.

예를 들어, 어떤 사물이나 현상에 대한 선입견 같은 '그릇된 믿음'을 일시적으로 유보하는 판단중지(판단보류)epoche와 "편견을 제거하기 위해 자기검증"(Marshall and Rossman, 1995: 82)을 하는 괄호 넣기bracketing 등의 현상학적 개념이 영상커뮤니케이션에 유용할 수 있다. 괄호 넣기와 판단중지를 통해 "영상커뮤니케이션의 과정에서 발생하는 객관적 세계는 실제 현존하는 것으로 나타나지 않고 경험의 세계나 의식의 작용으로 인해 순수한 자아와 지향적 관계를 형성하는 현상으로서만"(강승묵, 2010: 72)[8] 나타날 수 있기 때문이다. 그 결과, 자연스럽게 실제로 여겨졌던 세계(영상과 영상 대상을 모두 포함한)에 대한 '그릇된 믿음'에 문제를 제기하고 선입견과 편견 등을 제거할 수 있게 된다.

시대와 지역, 사회와 문화를 막론하고 영상과 같은 시각적 대상은 가장 손쉬운 커뮤니케이션 도구이자 방법이다. 영상(이미지) 자체가 커뮤니케이션의 가장 오래된 매개 수단이기 때문이다. 대부분의 경우, 인간과 인간의 커뮤니케이션은 상대성의 규칙을 따른다. 특히 "커뮤니케이션 기제가 특정 표현형식과 의미, 내용을 담고 있는 기호 체계를 통해 작동될 때에는 내적 경험세계 기반의 인식 체

---

8 에드문트 후설 이래로 세계가 객관적 대상으로 존재한다는 도그마의 지배력은 괄호 속에 묶여 정지됨으로써 그것에 대한 판단도 중지되었다. 따라서 현상학은 영상커뮤니케이션이 빠지기 쉬운 과학기술 지상주의로부터 비교적 자유로워질 수 있게 된다. 현상학은 판단중지와 괄호 넣기를 통해 자연적인 태도에서 의식을 초월해 객관적으로 존재하는 대상으로 향하던 인간의 시선을 의식 내재적인 세계로 되돌리며 의심의 여지가 없는 명백한 앎을 추구하도록 유도하기 때문이다(강승묵, 2010: 73-75).

계가 커뮤니케이션의 주요 도구로 활용되기 때문에 개별 현상과 상황마다 각각 다른 시각의 상대성 또는 상호적 주관성이 개입"(강승묵, 2010: 72)된다.

가령, 다음 장에서 살펴볼 **영상기호**visual sign의 의미가 교환되는 방식과 사회문화적으로 구성되는 과정과 결과를 이해할 수 있다면, 개인마다 갖고 있는 시각의 상대성과 상호주관적인 영상 의식에 따라 상이하게 전개되는 커뮤니케이션 양상을 보다 용이하게 파악할 수 있게 된다. 특히 영상을 기호학적으로 분석할 경우, "한편으로는 영상의 사실적 의미 그리고 다른 한편으로는 영상의 사실적 의미를 넘어 영상의 감성적 의미 생성을 설명"(크레버 릴, 2005: 21)할 수도 있다.

영상기호학적 접근은 기호로서의 영상이 제시하는 것을 '읽음'으로써 영상의 의미를 이해하고 해석하는 데 유용한 방법론이다. 개인마다 각기 읽기의 방식이 다르다는 점을 고려하면, 영상의 의미는 시각의 상대성이나 영상에 대한 상호주관적인 의식 체계를 더욱 적극적으로 참조해야만 이해되고 해석될 수 있다. 영상커뮤니케이션은 인간이 주고받고 나누는 영상의 의미에 대한 이해와 해석을 전제하기 때문이다.

문화와 영상커뮤니케이션

어느 한 사회의 구성원들이 커뮤니케이션하는 양상을 살펴보는 것은 그들의 삶의 방식을 이해할 수 있는 여러 가지 방법들 가운데 하나이다. 즉, 서로의 눈길(시선)을 주고받고, 이야기를 나누며, 의사소통하는 방식에 대한 이해는 삶의 총체적 방식인 문화를 이해하는 것이라고 할 수 있다. 그래서 자메이카 출신의 문화이론가 레이몬드 윌리엄스Raymond Williams는 문화와 커뮤니케이션은 '서로 교환 가능한 개념'(Williams, 1989: 3-14)이라고 역설했다.

문화커뮤니케이션culture communication은 매스커뮤니케이션에서의 메시지를 역사적이고 문화적인 현상으로 인식하면서 메시지에 대한 동의나 합의보다, 동의와 합의를 통해 드러나는 의미론적인 관계에 천착한다. 영상커뮤니케이션은 이 의미론적인 관계에 의해 구성되는 **영상문화**visual culture를 탐색하는 문화커뮤니케이션 방식을 준용한다.

이와 같이 영상커뮤니케이션을 넓은 의미에서 문화커뮤니케이션의 일환으로 전제하면 영상커뮤니케이션 과정에도 현상학의 핵심 개념 가운데 하나인 지향성intentionality이 중요하게 작용한다. 지향성은 인간의 모든 행위나 경험이 '무엇을 향하고 있음'을 뜻한다. 따라서 영상커뮤니케이션에 대한 탐구는 커뮤니케이션 당사자들 간에 교환되는 눈길(시선)과 그들이 주고받는 이야기가 어느 곳을, 어떤 이유로, 어떤 방식으로 지향하는지, 이를 통해 그들은 어떤 관계를 맺는지를 살펴보는 것이라고 할 수 있다.

러시아 태생으로 미국으로 귀화해 현대 언어학과 기호학의 정립에 기여한 로만 야콥슨Roman Jakobson은 전형적인 언어학자이다.[9] 야콥슨은 언어를 커뮤니케이션의 핵심으로 인식했음에도 불구하고, 그가 제안한 커뮤니케이션 기능 모델은 문화와 영상커뮤니케이션의 다양한 방식을 이해하는 데 준거가 될 만큼 중요한 역할을 수행한다. 커뮤니케이션은 접촉이나 교감의 기능을 통해 말하는 사람과 듣는 사람 사이의 물리적 통로나 접속 행위가 이루어진다는 그의 통찰 때문이다(Jakobson, 1960).

로만 야콥슨은 원활한 커뮤니케이션을 위해 발신자addresser, 수신자addressee, 메시지message, 약호code, 맥락context, 접촉contact의 여섯 가지 구성적 요소들이 필요하고, 이 요소들은 정서적emotive, 함축적conative, 시적poetic, 메타언어적metalingual, 지시적referential, 교감적phatic의 여섯 가지 기능을 한다는 커뮤니케이션 모델을 제안했다(피스크, 1997: 74-78; Jakobson, 1987: 62-94).

커뮤니케이션의 구성적 요소들 가운데 발신자, 수신자, 메시지는 과정학파의

---

9 로만 야콥슨은 러시아의 형식주의자들 중 한 명으로, 형식주의와 구조주의 사이에 중요한 연결고리를 마련했다. 특히 언어학자로서 야콥슨은 사실상 구조주의 언어학의 창시자라고 해도 과언이 아니다. 그는 페르디낭 드 소쉬르의 언어학을 중요하게 참조했으며, 클로드 레비스트로스와 자크 라캉과 함께 구조주의를 창발하고 정립하는 데 핵심 역할을 했다. 야콥슨에 의하면, 의미를 전달하는 데 중점을 두는 일상 언어와 별개로 언어 자체에 주목하도록 하는 시적 언어의 중요성이 더욱 크다고 할 수 있다.

커뮤니케이션 모델에서도 필수 요소들이지만 약호, 맥락, 접촉은 기호학파의 이론을 참조로 새롭게 추가된 것들이다. 로만 야콥슨의 커뮤니케이션 모델이 영상커뮤니케이션을 이해하는 데 유용한 이유는 약호, 맥락, 접촉 때문이다.

약호는 효율적으로 커뮤니케이션하기 위해 발신자와 수신자가 서로 공유하는 의미 체계이다. 발신자와 수신자는 그들 사이에 합의된 규칙이나 관습에 의해 규제되는 "기호들의 조직화된 체계"(피스크, 1997: 118)인 약호를 통해 의미 공유의 효과를 극대화시킬 수 있다. 어느 한 사회의 구성원들은 주로 그들 사이에 약속된 방식을 통해 커뮤니케이션한다. 그래야만 커뮤니케이션 과정에서 발생할 수 있는 오인의 잠재적 가능성을 줄일 수 있기 때문이다. 이때 필요한 것이 구성원들이 미리 동의한 약호이다.

로만 야콥슨의 커뮤니케이션의 여섯 가지 구성적 요소들과 기능들

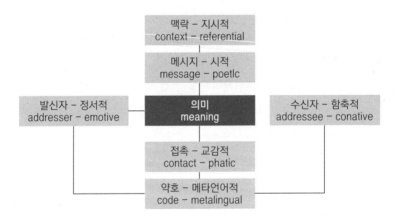

맥락은 발신자가 수신자에게 보내는 메시지 외에 커뮤니케이션 상황, 조건, 환경 등을 가리킨다. 메시지의 의미는 커뮤니케이션이 이루어지는 맥락에 따라 달라진다. 따라서 커뮤니케이션 상황이나 조건, 환경을 간과하면 정확하게 의미를 해독할 수 없게 된다.

접촉은 발신자와 수신자가 서로 커뮤니케이션하고 있음을 확인시켜주는 심리적 연계나 물리적 채널로, 메시지를 주고받는 통로 역할을 한다. 영상은 언어에

비해 더 직접적이고 즉각적으로 감각되고 지각되기 때문에 영상커뮤니케이션을 하는 발신자와 수신자는 물리적이거나 심리적인 접촉이 이루어지는 순간부터 자연스럽게 메시지의 의미를 해독하고자 한다.

중요한 것은 메시지의 의미는 메시지 자체나 메시지가 지시하는 대상보다 메시지와 지시대상을 둘러싸고 있는 약호와 맥락, 접촉에 의해 구성된다는 점이다. 야콥슨은 커뮤니케이션의 여섯 가지 구성적 요소들이 커뮤니케이션 행위를 통해 여섯 가지 언어의 기능들 가운데 한 가지나 그 이상의 기능을 수행한다고 가정한다.

구성적 요소들 가운데 발신자와 메시지의 관계를 나타내는 것이 표현적 expressive 기능이라고도 불리는 정서적 기능이다. 정서적 기능은 메시지의 진위 여부와 관계없이 발신자가 메시지를 보낼 때 표현되는 발신자의 감정이나 태도와 관련된다. 영상을 보면서 느끼는 감정의 표현이나 반응이 정서적 기능에 해당한다.

수신자에 대한 메시지의 효과는 함축적 기능에 의해 발휘된다. 예컨대, 관객이 영화를 보고 나서 등장인물의 말투나 행위를 흉내 내거나 사회비판적인 다큐멘터리를 통해 현실변화에 대한 참여와 실천의지를 다지는 경우 등이 함축적 기능이다.

시적 기능은 메시지 자체가 갖는 심미적이고 미학적인 기능을 가리킨다. 같은 말이라도 '시처럼' 주고받는다면 발신자와 수신자는 서로 한결 호감을 갖고 그 말의 의미를 이해하려고 노력할 것이다. 또한 영상에 배경음을 섞어 운율이나 리듬을 만들면 영상의 의미가 보다 수월하게 이해될 수도 있다.

메타언어적 기능은 메시지의 언어적 특징을 설명하는 기능으로, 어떤 대상을 직접적으로 지시하는 일반 언어(논리학에서는 대상 언어)object language와 그 일반 언어에 대한 또 다른 언어meta language를 이해할 수 있게 한다. 가령, '이 영화가 말하려는 것이 도대체 뭘까?'라며 난감해했던 적이 있을 것이다. 영화가 들려준 '말'의 의미가 일반 언어보다 메타언어 속에 숨겨져 있어 영화를 이해하기 어려웠기 때문에 나타나는 반응이다. 이런 경우에 약호를 응용해 영화와 관객이 합의하고 동의한 의미작용을 꼼꼼히 따져보면 영화의 메타언어에 숨겨진 의미를 어렵지 않게 발견할 수 있다.

지시적 기능은 메시지가 실제 대상이나 현실을 지시하는지 여부를 구분하는 기능으로 메시지 내용의 진실 여부를 인식할 수 있게 한다. '영화가 말하고자 하는 것이 정확히 무엇인지 알 수 없다'에서 '무엇'에 관한 것이 지시적 기능이다. 영화 자체나 영화 속에 존재하는 인물과 사건이 구체적으로 무엇을 지시하는지를 관객이 인식할 때 이 기능이 활성화된다.

교감적 기능은 발신자와 수신자가 커뮤니케이션하고 있다는 사실을 서로 확인할 수 있게 하고 양자의 관계를 지속적으로 유지시키는 기능이다. 관객은 '나는 지금 영화를 보고 있다. 영화를 만나고 있는 것이다'라고 생각하면서 영화와의 교감을 통해 커뮤니케이션한다. 이를 위해 물리적이고(영화관 입장, 객석에 앉기 등) 심리적인(감동, 교훈, 즐거움, 정서적 환기 등) 연계로서의 접촉이라는 구성적 요소가 반드시 필요함은 두말할 나위 없다.

로만 야콥슨의 커뮤니케이션 모델은 물리적이든 심리적이든 관계없이 교감의 기능을 통해 커뮤니케이션이 이루어진다는 점을 전제한다. 이 모델이 영상커뮤니케이션에 유용한 이유는 바로 교감 때문이다. 영상커뮤니케이션은 기본적으로 눈길(시선)의 교차와 접촉을 통해 커뮤니케이션 당자들 간에 이루어지는 교감에서부터 시작된다. 거꾸로 얘기하면, 감각과 감정의 실체를 의식하기 위한 교감은 당연히 눈길(시선)의 교환을 통해 이루어진다고 할 수 있다.

영화영상에는 눈길(시선)의 접촉을 통한 세 가지의 교환이 이루어진다. 첫째는 카메라(렌즈)를 통해 실제 대상을 바라보는 감독과 실제 대상 사이의 눈길(시선)의 교환이다. 카메라(렌즈)가 감독과 실제 대상 사이에서 눈길(시선)을 중재하고 매개한다. 둘째는 카메라(렌즈) 앞에 실재하는 실제 대상들끼리의 눈길(시선)의 교환이다. 배우 등의 출연자는 카메라(렌즈) 앞에서 서로의 눈길(시선)을 접촉하면서 교감한다. 이들의 눈길(시선)은 스크린 내부(프레임 안)on screen에서 또는 스크린 내부와 스크린 외부(프레임 밖)off screen 사이에서 교환된다.

셋째는 카메라(렌즈) 앞에 실재했던 실제 대상과 관객 사이의 눈길(시선)의 교환이다. 실제 대상과 관객은 직접적으로 눈길(시선)을 교환할 수 없다. 이들 간의 눈길(시선)의 교환은 영상화된 대상과 관객의 간접적인 교환이다. 이 눈길(시선)

은 영상화된 대상 시점에서의 눈길(시선)과 관객 시점에서의 눈길(시선)로 구분된다.

응시

응시gaze는 영상커뮤니케이션의 기본적인 전제인 눈길(시선)의 접촉과 교환을 통해 이루어지는 교감을 설명할 수 있는 개념들 가운데 하나이다. 자크 라캉은 "나는 나 자신을 보고 있는 스스로를 본다I see myself seeing myself"(Lacan, 1978: 80)라는 의미심장한 말을 남긴 바 있다. 이 말은 내가 나를 보기보다 타인이 나를 바라보는 방식으로 스스로를 의식함을 가리킨다. 다시 말해, 내가 나를 바라보는 방식은 내가 아니라 다른 이가 나를 바라보는 방식에서 비롯된다는 것이다.

라캉의 주장은 주체로서의 나는 "개별적인 존재라기보다는 무의식, 언어, 욕망이라는 메커니즘을 통해 구축되는 실재entity"(스터르큰·카트라이트, 2006: 63)라는 점을 알 수 있게 한다. 내가 나를, 네가 너를, 또는 내가 너와 네가 나를 바라보는 눈길(시선)에는 명확하게 의사를 소통하기 위한 무의식적인 욕망desire이 포함되어 있다는 것이다.

영상은 그 욕망을 드러내는 의사소통 도구들 가운데 가장 강력한 힘을 갖고 있다. 특히 응시는 영화영상에서 눈길(시선)을 통한 욕망이 극적으로 구성되는 과정을 이해할 수 있게 한다. 응시는 "열의나 욕망을 지닌 채 뭔가를 바라보거나 주시하는 것, …… 바라보기 그 자체가 아니라 특정한 사회적 맥락에서의 관계를 바라보는 것"(스터르큰·카트라이트, 2006: 64)이기 때문이다. 즉, 응시는 바라보고자 하는 의도를 가진 적극성을 띤 실천행위이기 때문에 욕망과 밀접하게 관련되어 있다고 할 수 있다.

응시는 오래전부터 회화(누드화)를 중심으로 여성 모델과 남성 관람객 사이의 커뮤니케이션 과정을 비판하는 예술비평 용어로 사용되어왔다(버거, 2002: 77-100). 바라보이는 객체인 여성 모델은 바라보는 주체인 남성 관람객을 위해 전시물 같은 자세를 취하는 것처럼 그려진다. 여성(모델)이 마치 남성 관람객의 소유물처럼 묘사되거나 남성 관람객의 응시를 유인하는 미끼 역할을 하면서 대상화objectification되는 것이다.

특히 응시가 영상커뮤니케이션을 이해하는 데 유용한 이유는 영화에서의 바라봄과 바라보임의 문제 때문이다. 여성의 신체를 볼거리로 물질화하는 영화의 영상재현을 비판적으로 고찰한 영국의 영화이론가 로라 멀비Laura Mulvey에 의하면(1975), 영화는 남성 중심적인 눈길(시선)의 욕망을 충족시키는 대표적인 매체라고 할 수 있다.

로라 멀비에 의하면, 카메라의 시선, 시점, 관점에 스스로를 동일시하는 남성의 응시male gaze가 공공연하거나 은밀하게 여성을 객체화함으로써 여성은 "강력한 시각적, 성적 효과로 코드화된다. 그렇게 됨으로써 여성은 보임의 존재to-be-looked-at-ness"(Mulvey, 1975: 11)로 전락한다. 남성 관객과 (대부분의 경우 남성인) 감독, 카메라(렌즈), 남성 등장인물의 눈길(시선)의 접촉과 교환이 여성을 물질처럼 객체화하고 객관화하는 것이다.

로라 멀비는 할리우드 영화와 같은 주류영화에는 영화적 사건을 기록하는 카메라의 시선, 영화를 관람하는 관객의 시선, 환영적인 스크린에 등장하는 인물들 간의 시선 등이 존재한다고 강조한다. 이 시선들을 통해 영화(감독, 작가, 카메라 등), 관객, 남성 등장인물 간에 여성 등장인물을 가부장적patriarchal 관점에서 바라보면서 남성의 시각적 쾌락의 욕망을 부추기거나 충족해도 무방하다는 묵계가 이루어진다는 것이다.

이들의 묵계는 주로 관음증voyeurism과 절시증scopophilia의 바라보기 방식으로 구조화된다. 관음증은 (남성)관객이 영화관(객석)이라는 어두운 공간에서 밝은 스크린을 통해 (여성)배우를 바라보면서 느끼는 쾌락이다. 관음증은 비록 가학적이지 않아도 상대에게 들키지 않으면서 몰래 엿보는 행위를 통해 바라보는 관객(주체)에게 잠재적인 가학의 권력을 부여하는 반면에, 절시증은 몰래 훔쳐본다는 점에서 관음증과 유사하지만 관음증보다 성적인 요소가 더욱 적극적으로 개입된 상태에서 바라봄으로써 야기되는 쾌락을 가리킨다.

영화에서의 응시는 절시증을 포함한 관음증적 응시와 물신적 응시fetishistic gaze로 구분되기도 한다. 특히 물신적 응시는 바라보는 이가 바라보이는 이를 욕망의 대상으로 고정시키고 자신의 욕망을 더 자극해 그 욕망이 충족될 것이라는 환상을 가지면서 바라보이는 이에게 시선을 고착시키는 것을 가리킨다. 물신物神, fetish은 "욕망의 이미지들이 가짜이며 환상에 지나지 않는 것임을 알면서도 그것의 실재에 대한 믿음을 통해 부재 자체를 부정하도록 한다"(박명진, 2013: 305).

따라서 영화에서의 응시는 카메라(렌즈)로 상징되는 남성의 응시를 통해 여성 대상을 무력화시키는 지극히 불평등한 커뮤니케이션 방식이라고 할 수 있다. 남성적인 영화적 장치인 카메라(렌즈)는 남성 중심의 눈길(시선), 시점, 관점으로 영상을 만들며, 영화관의 건물 구조와 영화 관람 행위는 남성적인 응시의 커뮤니케이션을 정당화하는 맥락으로 작용하기도 한다. 어떻게 보면, 합법적인 응시 공간이자 행위가 영화관과 영화 관람이라고 할 수도 있다.

그러나 영화관의 스크린 공간이 한쪽 벽면이듯이, 어차피 인간은 네 개의 면 전체를 조망할 수 없다. 인간의 시야각은 기껏해야 180도를 넘지 못한다. 따라서 우리는 "단지 부분만을, 전체로는 결코 보이지 않을 그런 파편들만 볼 수 있다"(Žižek, 1989: 5). 더구나 영화나 텔레비전 영상은 기술적으로는 빛과 그림자의 점멸에 불과하지만, 관객과 시청자는 실제 대상을 영상으로 변형한 빛과 그림자를 실재하는 것으로 의식하며 영상과 커뮤니케이션한다.

결국 관객과 시청자는 플라톤이 말한 동굴의 비유에 등장하는 죄수들처럼 기껏 한 면에 불과한 영화관과 거실의 한쪽 벽을 통해 빛과 그림자가 만드는 형상과 커뮤니케이션하는 셈이다. 영화와 텔레비전의 "유혹적인 이미지들은 끊임없이 우리들에게 말을 건넨다. 특히 그들은 눈이라는 보편적인 언어로 말한다. 그것들은 저마다 신중히 고려된 창작의 산물로서 각기 특수한 매력과 목적에 따라 선택되며 나름대로의 관점을 제시"(유웬, 1996: 200)하면서 우리의 영상커뮤니케이션 방식을 규정하는 것이다.

잘게 썰린 견과나 색색의 과일, 짙은 갈색의 초콜릿, 하얀 솜사탕을 닮은 아이스크림, 새콤한 레몬 등이 소담스럽게 얹어진 아포가토(affogato)나 모카치노(mochaccino)는 눈으로 보아도 맛이 느껴질 만큼 시각적인 행복감을 준다. 모름지기 영상도 시(청)각적 쾌(快)를 주는 맛이 있어야 한다. 영상은 다양한 시(청)각적 재료를 사용해 다채로운 맛을 내 우리에게 이야기를 건넨다. 영상의 이야기하기는 언어의 구조에 바탕을 두는 기호학에서 다루는 의미와 의미작용, 이야기 구조인 서사에 대한 문제들과 밀접하게 관련되어 있다.

Act II -2

영상이 이야기를 건네다

S#6
영상의 의미와 의미작용

"의미는 주어지는 것이 아니라 만들어지는 것이기 때문에 동일한 사건에 대해서도 다양한 종류의 다른 의미가 부여될 수 있다."

- 스튜어트 홀(Stuart Hall), 1982: 63

기호와 의미의 구성

영상을 '읽다'

전시장에서 그림과 사진을 본다. 영화관에서 영화를 본다. 집과 카페, 식당, 버스와 거리에서 방송프로그램을 본다. 이처럼 우리는 그림이나 사진, 영화나 방송프로그램을 '본다'라고 표현한다. 그림과 사진, 영화와 방송프로그램을 '읽다'라고 표현하지는 않는다. 그렇다면 **읽기**reading는 이미지나 영상과 같은 시각적 대상에 적용하기에 적절치 않은가? 반드시 그렇지는 않다. 어떤 대상을 눈으로 보는 행위가 단지 시각의 차원에서만 이루어지는 것은 아니라는 사실을 이미 앞 장들에서 충분히 살펴보았다.

시각이라는 감각은 지각, 의식, 상상과 유기적으로 연결되어 통각apperception을 촉발하는 첫 번째 과정에 불과하다. 우리는 시각을 통해 우리가 본 것의 의미를 가늠할 수 있다. 눈으로 보고, 귀로 듣는 것이 머리로 읽거나 마음으로 느끼는 과정으로 이어져야 보고 들은 것의 의미를 정확히 유추하고 판단하며 구성할 수 있다.

읽기는 문자, 이미지, 영상을 눈으로 훑어보고 귀로 스치듯 듣는 행위만을 뜻하지 않는다. 읽기에는 보고 듣는 것의 의미를 해석interpretation하는 행위가 포함된다. 이해understanding와 분석analysis이 결합되어야 해석이라는 개념이 완성된다. 즉, 어떤 사물이나 현상의 이치를 잘 이해하기 위해 그것을 단순화하여 의미를 명확하게 하는 일이 해석이다. 이해, 분석, 해석은 우리가 평소에 자주 사용하는

단어들이니 그리 어렵지 않을 것이다. 조금 더 전문적인(꼭 그렇지도 않지만) 용어들을 살펴보자.[1]

독해reading comprehension는 해석과 마찬가지로 읽기를 전제하는 개념이다. 즉, 의미를 이해하기 위해 꼼꼼하게 읽음으로써 읽은 것을 분석하고 해석하는 것이 독해이다. 언어가 독해의 유일한 대상은 물론 아니다. 시각적 대상인 그림과 이미지도 얼마든지 읽기를 통한 독해의 대상일 수 있다. 바라보는 데서 그치지 않고 바라본 것을 읽어야 의미를 이해할 수 있다. 그렇게 하기 위해서는 분석과 해석이 동반된 독해의 과정이 필요하다.

독해를 거꾸로 읽으면 **해독**decoding이 된다. 해독은 독해와 유사한 개념이지만 언어나 시각적 대상의 '구조를 풀어헤쳐' 그것의 의미를 읽는 것으로 독해보다 더 적극적인 읽기 방법이라고 할 수 있다. 해독은 해독 대상의 '구조'를 분석해 그것의 의미를 이해하는 것인 셈이다. 해독의 과정에서 중요한 것은 해독의 주체가 창작자가 아닌 독자라는 점이다. 해독은 "독자의 문화적 경험에 의해 결정된다. 독자는 그들의 경험, 태도 및 감정을 텍스트에 끌어들임으로써 텍스트의 의미를 창출"(피스크, 2002: 83)하기 때문이다.

예를 들어, 언뜻 봐서는 의미는 고사하고 형태조차 인식하기 어려운 상징이나 암호, 표식이나 부호 같은 **기호**sign의 의미를 이해하기 위해 기호의 구조를 풀어서 읽는 것이 해독이다. 이해, 분석, 해석과 달리 독해와 해독은 보다 능동적인 읽기 방법이라고 할 수 있다. **영상읽기**visual reading는 영상 독해와 해독을 통해 영상의 의미를 분석하고 해석해 영상을 이해하는 적극적인 행위이다.

사실 영상과 같은 시각적 이미지의 '읽기'는 부담스러운 일일 수도 있다. 영화

---

1 역사적으로 과학과 예술이 해석을 매개로 '동맹관계'를 맺고 있다고 주장하는 에드워드 윌슨Edward O. Wilson은 예술과 과학의 상호교류의 핵심은 이른바 과학적 예술이나 예술적 과학과 같은 떨떠름한 혼성화hybridization가 아니라고 강조한다. 오히려 그는 예술과 과학은 과학 지식과 미래에 대한 지식의 독점적인 감각으로 예술에 대한 해석을 되살림으로써 교류한다고 역설한다. 즉, 해석이 과학과 예술 사이의 통섭적인 설명의 논리적 통로라는 것이다(윌슨, 2005: 364-365).

나 방송프로그램을 단지 즐기며 관람하거나 시청하면 그만일 수도 있는데 그 의미를 독해하고 해독해야 하는 일은 여간 번거로운 일이 아니기 때문이다. 그럼에도 불구하고 영상은 읽어야 제맛이다. 거실이나 침실에서 기대듯 누워 방송프로그램을 시청하거나 다소 불편한 영화관 의자에 앉아 영화를 관람할 때 영상의 의미를 이해하지 못하면 그것이 무슨 맛인지 느끼지 못한 채 음식을 먹는 것이나 마찬가지일 테니 말이다.

언어이거나 영상이거나 관계없이 우리는 그것을 눈으로 바라보면서 머리로 읽고, 마음으로 느끼면서 즐긴다. 그 과정을 거치며 우리는 영상의 의미를 이해, 분석, 해석, 독해, 해독하는 영상읽기를 한다. 그렇게 의미를 주고받으며 커뮤니케이션이 이루어지는 것이다. 영상읽기를 하는 과정에 인간과 영상을 비롯해 영상 생산자와 소비자(생산자나 소비자끼리도) 사이에서는 의미를 둘러싼 갈등과 투쟁, 협상과 거부가 발생한다. 영상읽기의 가장 기본적인 방법들 가운데 하나는 영상을 기호로 가정하고, 그 기호의 의미가 구성되는 체계와 의미작용의 방식을 탐색하는 것이다.

기호의 과학, 기호학

기호에 대한 연구는 형태를 갖춘 사물이나 실체를 알 수 없는 관념 모두를 기호화할 수 있다고 전제한다. 마치 모든 인간이 '사회적 동물'이라고 가정하듯이 말이다. 기호를 연구하는 학문인 **기호학**semiotics은 기호의 과학science of signs으로 일컬어진다.² 기호학은 구조주의structuralism 언어학의 학문적 전통을 계승하며, 구조주의는 기호학의 학문적 체계를 따르는 사상이기도 하다.

기호학은 기호 자체와 기호의 작용방식을 연구하는 학문으로, "문화의 언어적 구조와 관념적 구조가 바깥 세상에 대한 우리의 인식을 결정짓는다고 믿는다. 다시 말해 우리는 세계를 있는 그대로 보기보다는 우리의 문화가 갖고 있는 관념과 언어적 구조를 통해서 바깥세계를 인식"(박정순, 1995: 362)한다고 전제한다. 기호학은 현실이 아니라 현실의 '이면'을 탐색하는 구조주의적 접근 방식을 토대로 기호 자체, 기호가 조직된 체계(약호), 약호와 기호를 둘러싼 문화 등에 관심을 갖는다.³

기호학은 영상과 같은 시각적인 재현체계를 이해할 수 있게 하는 이론적 토대

---

2 영상연구에 있어 기호학의 공헌은 많은 연구자들에 의해 여러 차례 논증된 바 있다. "의미의 생산과 수용 과정을 비롯해 문화적 활동의 본질 논리를 탐구하는 기호학은 인간의 사회적 삶 속에서의 기호의 산출과 해석 속에 배태된 메커니즘과 원리를 파악할 수 있는 개념적 틀을 마련해준다는 점에서 기본적으로 세상을 바라보는 '눈'이자 모델이며 하나의 방법으로, 궁극적으로는 하나의 세계관"(김성도, 1999: 143)이라고 할 수 있다. 그러나 기호학의 한계에 대한 지적도 적지 않다. 영상과 같은 시각예술의 미학을 분석하는 데 있어 기호학이 지나치게 형식적으로 접근한다는 비판 때문이다. 이는 구조주의와 기호학 등을 맞댄 이란성 쌍둥이라고 한다면, 언어의 구조에 대한 천착이 영상의 구조에 대한 집착으로 이어진다는 비판이라고 할 수 있다. 그럼에도 불구하고 기호학은 영상 (작품)의 형식은 물론 내용에 포함된 의미구성과 의미작용을 이해하는 데 유용한 학문이라고 할 수 있다.

3 현실은 객관적으로 관찰 가능하고 가치중립적이기 때문에 현실을 객관적으로 실증할 수 있다는 실증주의와 달리 구조주의는 "무엇이 현실인가를 발견하는 데 있다기보다는 사람들이 어떻게 현실을 파악하며 규정하는가를 발견하는 데 그 초점을 맞춘다"(박정순, 1995: 363). 따라서 구조주의는 현실 자체보다 현실 내부에 무엇이 있고, 그것은 어떤 의미를 갖고 있으며, 우리로 하여금 현실이라고 믿게 하는 이유는 무엇인지에 대해 관심을 갖는다.

가운데 하나이기도 하다.[4] 특히 기호학은 "커뮤니케이션을 하나의 과정으로서가 아니라 의미의 발생"(피스크, 2002: 81)으로 인식한다. 기호학 기반의 **영상기호학**visual semiotics은 영상으로 구성된 메시지 자체나 메시지의 전달 과정보다 메시지에 담긴 영상의 의미, 의미가 구조화되는 체계, 의미의 작용 등에 관심을 기울인다.

기호학은 모든 커뮤니케이션 과정을 기호의 의미를 읽는 과정으로 가정한다. 또한 이 과정은 기호 사용자의 문화적인 경험에 의해 이루어진다고 전제한다. 일반적으로 기호는 기호 자체보다 기호를 대신하는 물리적인 대상을 지칭하며, 기호학은 기호 자체, 기호가 지시하는 대상, 기호 사용자의 관계를 통해 기호가 의미하는 것과 기호에 의해 의미되는 것을 탐구한다.

기호학은 스위스의 언어학자이며 근대 구조주의 언어학의 창시자인 페르디낭 드 소쉬르Ferdinand de Saussure의 기호론semiology과 미국의 철학자이자 논리학자인 찰스 S. 퍼스Charles S. Peirce의 기호학semiotics으로 양분된다.[5]

177

---

4 1960년대 중반 기호학이 처음 등장한 이후, 기호학을 참조한 학제 간 연구가 가장 활발하게 이루어진 학문 분야가 영화영상에 대한 기호학적 접근이다. 이 무렵, 기호학이 영화영상을 탐구하는 중요한 방법론으로 활용되면서 영화기호학film semiotics이라는 분과학문이 생기기도 했다. 특히 1964년 크리스티앙 메츠의 〈영화는 랑그인가? 랑가주인가?〉라는 논문이 발표된 이후에 영화이론가들 사이에서 언어처럼 이중분절의 기능을 갖지 않는 영화를 언어의 일종으로 이해한다는 것은 모순이라는 격론이 벌어졌다. 그러나 영화가 "행위의 언어를 모사 …… 행위의 기호를 수용하고 재현"(카세티, 2012: 193)한다는 사실에 대해서는 누구도 이의를 제기하지 않았다. 따라서 영화제작은 글쓰기와 유사한 창작 행위이며, 영화도 글쓰기의 본질적인 구성요소인 언어와 언어의 체계인 문법구조를 얼마든지 인용할 수 있게 되었다.

5 1969년에 창립된 국제기호학회International Association of Semiotic Studies는 기호학을 'semiology'나 'semiotic'이 아닌 'semiotics'로 지정한 바 있으며, 이를 바탕으로 한국어식 표기도 semiotics를 준용해 기호학으로 주로 번역되어 범용된다.

페르디낭 드 소쉬르의 기호론

페르디낭 드 소쉬르는 기호를 통해 인간이 무엇을 생각하는지, 커뮤니케이션하기 위해 어떤 도구를 사용하는지 알 수 있다고 역설했다. 소쉬르에 의하면 기호는 기호로 '지칭'되는, "의미를 지닌 물리적인 대상"(피스크, 1997: 89)이다. 기호는 물질적 형태를 갖추고 있어서 감각될 수 있는 실제 대상인 기표signifier와 실질적으로 부재하는 정신적 개념으로서 기표의 의미에 해당하는 기의signified가 결합되어 만들어진다.

소쉬르의 논의 중에서 눈여겨봐야 할 것은 기표와 기의는 필연적인 관계가 없으며 기표와 기의를 관련시키는 연상적인 총체가 기호라는 점이다. 따라서 기표, 기의, 기호가 기호사용자들 사이의 규칙과 관습에 따라 임의적이고 상대적이며 유동적으로 구성되고, 의미는 기호사용자가 자신이 속한 사회에서 경험하는 문화에 의해 결정된다고 할 수 있다. 기호의 형식과 내용, 기호가 의미하는 것과 기호에 의해 의미되는 것 모두 사회문화적으로 구성되는 셈이다.

물리적 대상인 기표가 기의를 만나 비로소 기호가 되는 과정은 자연스럽게 이루어지지 않으며 오히려 사회와 문화 속에서 자의적으로arbitrary 구성되는 것이 기호의 가장 중요한 특징이다. 결국 "우리가 그것(기호화 과정)을 보고, 범주화하고, 구조화하는 방식은 우리가 말을 통해 그것을 재생산하는 방식과 마찬가지로 우리 문화의 보는 방식ways of seeing의 결과이다. 기의는 어떤 외적이고 자연적인 실재에 의해서 결정되는 것이 아니라 문화에 의해 결정되는"(피스크·하틀리, 1994: 45) 것이다.

예를 들어, '가을'이라는 계절의 이름은 언제부터, 어떤 이유로 가을이라고 불렸을까? 가을이라는 기호가 주는 왠지 모를 쓸쓸함과 외로움은 어떤 의미이고, 어떻게 그런 의미를 갖게 된 것일까? 사실 가을이 가을이라는 이름으로 불리고, 많은 이들이 다른 계절보다 가을에 더 외로움과 쓸쓸함을 느끼는 것은 자연스럽게 주어진 것이 아니다. 겨울로 접어드는 길목이기 때문에 해가 떠 있는 시간이 점차 줄어들고 기온도 차츰 내려가는 자연적인 계절상의 특성도 한몫했을 것이다. 그러나 가을비가 유난히 더 슬프고 가을이 한층 깊어지는 10월의 마지막

가을날 풍경들. '가을'이라는 기호의 의미는 개인마다의 문화적 경험에 따라 자의적으로 구성된 것이다. 따라서 그 의미는 개인마다 다를 수밖에 없다.

날을 유난히 스산하다고 느끼는 것은 주관적이고 자의적인 문화적 경험의 결과일 가능성이 단연코 높다.

찰스 S. 퍼스의 기호학

미국식 실용주의pragmatism를 주창한 찰스 S. 퍼스도 인간은 기호를 매개로 사고한다는 점에서는 소쉬르와 생각이 같았다. 그러나 소쉬르가 기호를 주로 언어학적 측면에서 커뮤니케이션을 위해 의도적으로 만들어진 관습화된 기호체계로 전제한 반면에 퍼스는 언어이든 비언어이든 상관없이 무언가를 대신해 나타낼 수 있는 것은 모두 기호라고 가정했다.

소쉬르와 퍼스는 기호에 대한 인식에서 가장 큰 차이를 드러냈다. 소쉬르가 기호를 사회문화적으로 구조화된 인위적인 가공물로 인식한 데 반해 퍼스는 의도적으로 만들어진 것을 포함해 자연적으로 발생하는 현상도 특정 의미를 갖는다면 기호일 수 있다고 주장했다. 따라서 소쉬르의 기호학이 의미소통을 위한 관습체계의 이론theory of systems of conventions for communication이라고 한다면, 퍼스의 기호학은 의미작용의 이론theory of signification이라고 할 수 있다(Harvey, 1982: 박정순, 1995, 99에서 재인용).

또한 소쉬르식 기호론은 이미 존재하는 사회문화적 구조에 따라 기호의 의미를 수동적으로 이해하면 된다고 가정하지만, 퍼스식의 기호학은 특정 기호에 기호로서의 기능이 부여되기 때문에 기호의 의미를 능동적으로 해독해야 한다고 전제한다. 특히 퍼스식의 기호학은 기호사용자가 기호를 어떤 관점에서 어떻게 해독하는지에 따라 기호의 의미가 다양하게 구성된다는 점을 강조한다. 기호의 의미는 기호사용자의 사회문화적인 경험, 지식, 감성 등에 따라 달라지기 때문에 사용자들마다 동일한 기호를 전혀 다르게 해독할 가능성이 있다는 것이다.

앞서 말했듯이, 퍼스는 언어뿐만 아니라 행위, 표정, 제스처 같은 비언어, 비나 눈 같은 자연 현상도 기호가 될 수 있다고 가정했다. 따라서 퍼스식 기호학에 따르면, 이미지와 영상 같은 시각적 대상도 당연히 기호일 수 있다. 가령, 비가 내리는 날, 거리에서 누군가와 스치는 순간, 그 누군가에 대해 무의식적으로 갖는 인상이나 아무 말 없이 바라봐도 의미를 알 수 있는 연인 사이의 눈빛, 찰나에 번뜩이며 떠오르는 어떤 이미지, 또는 그 이미지가 착상의 기발한 원천이 되어 만들어진 영상물 모두가 기호이다.

특히 발신자와 수신자(관계)가 비교적 명확하고 분명한 의도와 목적하에 전달되는 언어기호와 달리 영상기호는 발신자와 수신자(관계)가 불명확하거나 아예 발신자와 수신자(관계)가 없을 수도 있고, 있더라도 수신자가 발신자의 의도와 목적과 전혀 다르게 자의적으로 기호의 의미를 해독할 수 있다.

퍼스도 어떤 의도와 목적에 따라 무엇인가를 대신하는 것이 기호라는 소쉬르의 주장에 이견을 달지 않았다. 다만, 퍼스는 지시대상object, 기호 자체

representamen, 해석소interpretant라는 세 가지 요소들이 연결되면서 기호가 의미를 갖는다고 주장했다(피스크, 1997: 85-87). 기호는 기호가 지시하는 대상과 기호사용자의 마음속에서 발생하는 해석소의 관계에 따라 의미를 갖는다는 것이다 (Peirce, 1931: 135-138).

소쉬르가 강조했듯이, 기호의 지시대상은 기호가 대신하는 기호의 대상으로, 기호가 아니라 기호에 의해 나타난 것이다. 뒤집어 얘기하면, 기호는 그 자체가 아니라 기호의 지시대상을 '대신' 나타내는 것이라고 할 수 있다. 또한 퍼스식으로 보면, 기호의 지시대상은 언어 자체와 언어(이름)를 갖는 사물뿐만 아니라 언어가 아닌 추상적인 관념일 수도 있다.

기호의 지시대상은 기호사용자의 마음속에 받아들여지는 동안에 어떤 식으로든 무엇인가를 발생시키는데, 그 무엇이 바로 해석소이다. 즉, 기호사용자가 기호의 지시대상을 바라보거나 읽고, 그것을 해독하는 동안 마음속에 떠올리는 것이 해석소이다. 해석소는 기호와 기호의 지시대상에 대한 기호사용자의 사회문화적인 경험에 의해 만들어지는 정신적 개념이다. 따라서 동일한 지시대상에 대한 해석소는 기호사용자들마다 다를 수 있다.

퍼스는 기호와 해석소의 관계에 따라 기호를 세 가지로 분류한다. 각각의 분류마다 또 세 가지의 유목이 있기 때문에 기호는 총 아홉 개로 범주화된다. 이를 모두 살펴보는 것은 무척 복잡하지만, 기호와 기호의 지시대상 사이의 관계에 따라 분류되는 세 가지 기호 유형은 반드시 살펴볼 필요가 있다. 퍼스가 제안한 기호의 분류체계 중에서 두 번째 유목에 속하는 것이 기호와 기호의 지시대상과의 관계에 따른 기호의 유형분류이고, 이 분류체계에 따르면, 기호는 **도상**icon, **지표**index, **상징**symbol으로 구분된다.

도상은 'S#2 영상, 오래된 미래'에서 살펴본 에이콘eikon에서 유래된 것으로, 대상이 실제로 존재하지 않아도 기호와 실제 대상과의 유사성similarity을 기준으로 대상을 지칭하고 의미를 부여할 수 있는 기호이다. 즉, 기호와 기호가 지시하는 대상의 물질적 속성이 유사한 기호가 도상기호인 셈이다. 물질적 속성에는 인간의 오감이 모두 포함되는데 특히 시감각의 경우, 도상의 특징이 두드러지게 나타난다.

예컨대, 증명사진의 인물(기호)은 실제 인물(지시대상)과 닮아야 한다. 물론 디지털 기술을 활용한 조작과 합성기술이 실제 인물과 증명사진의 인물을 구분하기 어렵게 할 수도 있지만 대부분의 경우에는 증명사진을 보고 실제 인물을 알아볼 수 있다. 그러나 중요한 것은 증명사진의 인물과 실제 인물은 비슷할 뿐이지 두 인물이 동일하다고 단정할 수 없다는 점이다. 이유는 간단하다. 여러 차례 살펴봤듯이, 기호는 기호나 기호의 지시대상 자체가 아니라 그것을 '대신'하기 때문이다. 증명사진의 인물은 실제 인물이 아니라 실제 인물을 '대신'한 도상이다.

따라서 도상은 실제 대상의 존재 여부와 무관하다. 그러나 지표는 대상이 명백하게 존재하고, 그 대상과 기호가 실질적으로 관련되어야 한다고 가정한다. 지표기호는 도상기호와 달리 유사성이 아니라 물질적으로 직접적인 관련성이 있어야 만들어지며 무엇보다 기호가 기호의 지시대상을 명확하게 지시해야 한다고 전제한다.

다시 증명사진을 예로 들면, 증명사진은 누가 봐도 그 사진 속 인물이 누구를 가리키는지 정확하게 알 수 있을 정도로 '증명'되어야 한다. 증명사진의 인물(기호)이 실제 인물(지시대상)과 의심의 여지없이 맞아떨어지면, 사진(사진 속 인물인 기호)과 실제 인물은 지표적인 관계를 형성한다고 할 수 있다. 그런 모습의 얼굴(원인)이니 그런 사진(결과)으로 찍힐 수밖에 없는 것처럼, 지표기호는 실제 대상과 기호가 명확한 인과관계로 연결되어 있어 논리적으로 추론이 가능한 기호이다.

상징은 실제 대상과 기호가 유사하거나(도상) 직접적으로 관련(지표)되지 않지만 사회문화적인 규칙과 관습, 약속과 합의, 동의와 학습 등을 통해 자의적으로 의미가 구성될 수 있다는 전제를 따른다. 따라서 상징기호는 기호 자체나 기호의 지시대상에는 의미가 전혀 없을 뿐만 아니라 기호와 기호가 지시하는 대상 사이에 아무 관계가 없음에도 불구하고 의미를 가질 수 있다.

또다시 증명사진을 예로 들어보자. '증명'사진이라고 할 수 없을 만큼 과도하게 가공된 증명사진도 있을 수 있다. 그런 사진 속 인물은 실제 인물을 직접적으로 지시하기는커녕 전혀 유사하지도 않다. 그러나 그 인물의 몇 가지 특성 때문에 사진을 본 대다수가 그 인물일 수 있다고 인정할 정도라면 그 증명사진은 상징기호일 수 있다. 또한 기호사용자가 어떤 대상을 보거나 읽고 자신의 마음속에 떠오르는 해석소에 따라 임의로 그 대상에 의미를 부여할 수 있으면 비록 떠오른 것과 실제 대상 사이에 아무런 관계가 없더라도 그것 역시 상징기호일 수 있다.

영상기호는 도상, 지표, 상징, 세 가지 유형의 특성을 모두 가지고 있다. 카메라는 기본적으로 실제 대상의 외양 그대로를 지시(지표)하거나 유사하게 모방(도상)할 수 있다. 또한 카메라는 실제 대상을 창의적으로 창조할 수 있는 고유의 기계적이고 기술적인 특징을 통해 독창적인 이미지(상징)를 만들어낼 수도 있다. 따라서 영상기호는 실제 대상을 인과관계에 의해 명확하게 지시할 수 있을 뿐만 아니라 논리적으로 추론하기가 여의치 않은 상징적인 의미를 도출할 수 있다. 카메라에 의해 창출되는 영상기호의 의미가 쉽게 읽히지 않는 이유는 이 세 가지 기호유형의 특성을 영상기호가 모두 가지고 있기 때문이다.

기호와 의미

퍼스와 소쉬르는 기호의 의미가 생산되고 전달되며 소비되는 일련의 과정은 사회문화적으로 어느 정도 규정된다는 데 인식을 같이 했다. 그러나 소쉬르가 언어를 기반으로 한 기호들 간의 '차이'에 관심을 기울인 반면에 퍼스는 기호, 기호의 지시대상, 해석소의 구조적 관계를 통해 구성되는 기호의 '의미'에 주목했다.

소쉬르가 강조했듯이, 어느 하나의 기호는 다른 기호와의 차이(두 기호의 관계)에 의해 결정되며, 기호의 의미는 일차적으로 기표와 기의가 만나 구성된다. 그러나 기호의 의미가 이렇게만 구성되고 결정되는 것은 어딘가 모르게 충분치 않아 보인다. 기호, 기호의 지시대상, 해석소의 관계에 따라 의미가 다양하게 구성되고 결정된다는 퍼스의 기호학에 관심이 가는 이유이다. 소쉬르와 퍼스 둘 다 동의했듯이, 기호의 의미는 일의성monosemy보다 다의성polysemy의 특성을 갖기 때

문에 당연히 고정적이기보다 유동적일 수밖에 없다.[6]

기호학의 토대인 구조주의 언어학의 측면에서 보면, 스튜어트 홀(Hall, 1982)이 강조했듯이, 현실 세계(대상)는 단지 언어를 통해서만 전달되는 통합적이고 단일한 고유의 의미를 갖지 않는다. 의미는 주어지지 않고 구성되기 때문에 사회문화적인 맥락에 따라 동일한 대상도 다양한 의미를 가질 수 있는 것이다. 즉, 기호의 의미는 "사회적으로 생산되는 실천"(Hall, 1982: 63)에 따라 결정된다고 할 수 있다.

결국 기호의 의미는 자의적이기 때문에 일정한 규칙과 관습을 따르는 기호사용자들의 합의와 동의 같은 약속에 따라 (일차적으로) 구성되고 결정된다. 기호 생산자가 의도한 그대로 의미가 전달되거나 해독되지 않으며, 오히려 의미는 기호 소비자의 사회문화적인 경험, 기호를 소비하는 맥락, 기호를 해독하는 과정, 그 이후의 독자적인 행동(실천)에 의해 구성되고 결정된다고 할 수 있다.

따라서 영상작품의 의미도 작품 안에만 존재하지 않는다. 하나의 기호로서의 영상의 의미는 관객과의 상호작용에 따라 스스로의 존재(감)를 승인받거나 확정될 만큼 "다중성을 지니며, 보는 사람에 따라 매번 새롭게 변화"(스터르큰·카트라이트, 2006: 15)된다. 기호사용자가 의미 구성의 최종 결정권자인 셈이다. 따라서 기호학에서는 기호사용자를 수동적인 수신자나 수용자가 아닌 능동적인 독해자reader나 해독자decoder로 간주한다. 그러나 독자나 관람객, 관객이나 시청자의 적극적인 독해와 해독이 작품에 대한 비판을 위한 비판으로 악용(또는 오용)된다는 지적도 적지 않다.

---

6 기호의 다의적 속성으로 인한 의미의 유동성은 대부분의 경우에 "메시지의 내용과 이것이 전달되는 커뮤니케이션 상황(맥락), 그리고 그때그때 기호의 의미에 대한 일반적인 사용관습(기호 사용자의 문화)에 의해 해결된다"(박정순, 1995: 282). 기호는 원칙적으로는 어느 하나의 메시지 안에서 하나의 의미를 가지며, 스튜어트 홀은 이 하나의(또는 첫 번째) 의미를 선호된 읽기preferred reading에 의해 만들어진 지배적 의미라고 정의했다(Hall, 1980: 117-127).

의미의 독해와 해독

미국의 작가, 영화감독, 영화이론가인 수전 손택Susan Sontag은 《해석에 반대한다 Against Interpretation》(손택, 2002; Sontag, 1966)에서 문학을 포함한 예술작품에 대한 해석이 예술작품을 길들이기 위한 속물적인 거부에 다름 아니라고 주장했다. 예술작품에 대한 감각적 경험을 당연한 것으로 여기는 속물주의의 산물이 해석이라는 것이다. 그녀는 예술 비평의 목적은 예술작품을 더욱 실질적인 것으로 만드는 것이어야 하고, 그 기능은 어떤 예술작품이 무엇을 의미하는가가 아니라 어떻게 존재하는 그대로 보여줄 것인가여야 한다고 강조했다(Sontag, 1966: 23).

손택의 주장대로라면, 예술(작품)에 대한 해석이 인간의 (예술적) 감각을 마비시킨다고 할 수도 있다. 이런 주장은 "이성으로부터 감각이 해방되어야 한다는 것이며, 감각·실감·감성의 추상적인 형태나 스타일이 중요(하기 때문에) …… 현대 예술이 말하려는 것은 바로 이 감각이나 감성에 대한 것"(강준만, 2000: 129)이라는 또 다른 해석을 낳기도 한다.

그러나 예술(작품)에 대한 해석은 비평을 위해서든 감상을 위해서든 불가피하다. 엄밀히 말하면 해석하지 않고 이해한다는 것은 가당치 않다. 예술(작품)을 감각적, 실감적, 감성적으로 받아들이는 것 자체가 해석을 통한 이해의 과정이기 때문이다. 비평을 위한 비평, 비판을 위한 비판이 의미구성과 의미 찾기에 올바른 방법이 아니라는 것은 누구나 아는 사실이다. 다만, 예술(작품)의 의미를 이해하기 위한 분석과 해석, 독해와 해독은 비평과 비판을 위해 반드시 거쳐야 하는 과정이다.

특히 영상은 감각적이고 직관적인 특성을 갖기 때문에 영상의 의미는 사람마다 다른 감각과 직관에 따라 다의적일 수밖에 없다. 롤랑 바르트는 하나의 의미가 아니라 부유하는floating 여러 가지 의미들을 하나로 고정시킬 때 사용하는 개념으로 **정박**anchorage을 제시한 바 있다(Barthes, 1977: 32-51). 바르트는 사진과 같은 시각적 이미지의 유동적인 기의(의미)의 사슬을 고정시키는 데 있어 정박이라는 개념이 유용하다고 제안했다. 이와 같은 바르트의 제안에 따르면, 사진의 의미는 사진을 보는 사람의 (사회문화적) 경험에 따라 마치 닻을 내리듯이 고정시킬 수 있다.

바르트는 사진의 의미를 정박시킬 수 있는 구체적인 방법 가운데 하나로 **이름 짓기**denomination를 예시했다. 여기서의 이름은 작가가 붙여놓은 사진의 제목과 무관하게 관람자가 자신이 원하는 의미를 사진에 부여하도록 유인하기 위한 전술적 용어이다. 즉, 관람자가 스스로 의미를 결정하기보다 이미 선택된 방향으로 의미를 부여하도록 관람객을 유도하는 데 이름 짓기가 활용되는 것이다.

정박과 이름 짓기는 독자(관람객, 관객, 시청자, 수용자, 사용자)가 작품을 바라보고 읽으며, 이해하고 해석하는 과정에 자신이 선호하는 의미를 부여하도록 '작용'한다는 스튜어트 홀Stuart Hall의 선호된 읽기와 흡사한 개념이다. 정박, 이름 짓기, 선호해독은 의미의 다양성(다양성 추구)을 인정하지 않고 의미를 단일화시켜 다의적인 독해와 해독의 가능성을 방해하거나 차단한다.

사실 개인마다 영상(작품)에 대한 독해와 해독 방법은 제각각이다. 동일한 영상(작품)에 대해서도 사람들은 각기 다르게 독해하고 해독하는 경우가 비일비재하다. 그러나 수전 손택도 지적했듯이, 이런 다의적인 독해와 해독이 항상 긍정적인 것만은 아니다. 예컨대, 여러 명이 같은 시간대에 같은 공간에서 같은 영상(작품)을 봤는데 제각기 다르게 이해한다면, 그 영상(작품)의 의미는 도통 이해될 수 없게 된다.

저마다의 의미구성과 의미 찾기가 의미의 자율성(영상의 자율성처럼)을 보장한다고 할 수 있지만 공통의 의미로 정박시키지 못하거나 공감대를 이룰 만한 의미로 고정시키지 못한다면 오히려 그 영상(작품)을 둘러싼 혼란은 더욱 가중될 수 있다. 따라서 의미구성과 의미 찾기 과정에는 일관적이고 체계적인 분석과 해석, 독해와 해독의 방법(론)이 필요하다.

의미구성과 의미 찾기의 혼란을 줄일 수 있는 방법으로 대안적 읽기 방식 가운데 하나인 **징후적 읽기**symptomatic reading를 들 수 있다. 징후적 읽기는 저자가 의도적으로 장치한 의미와 상관없이 독자 스스로 자신만의 독해와 해독의 방법(론)을 통해 의미를 이해하는 것이다. 이야기(서사를 포함해)의 이면에 숨겨져 있는 의미를 독자(관람객, 관객, 시청자, 수용자, 사용자)만의 사회문화적인 경험을 바탕으로 찾아내는 것이 징후적 읽기이다.

일종의 비판적 이해의 방식이라고 할 수 있는 징후적 읽기가 오히려 혼란을 부추길 수 있다는 또 다른 비판이 제기될 수도 있다. 그러나 독자들 간에 사회문화적인 경험과 읽기 맥락에 대한 공유와 공감, 비판적 독해와 해독을 위해 동원하는 방법(론)에 대한 합의, 무엇보다 비판과 비평 이후의 사회적 실천이 담보될 수 있다면, 징후적 읽기는 의미구성과 의미 찾기를 위한 대안적 방식이 될 수 있을 것이다.

의미체계와 의미작용, 그리고 신화

기호의 의미체계, 약호

언어이든 비언어이든 인간이 사용하는 커뮤니케이션 도구와 행위는 커뮤니케이션하고자 하는 것의 '의미'를 주고받는 것이라고 할 수 있다. 특히 기호학적 접근을 통한 의미의 주고받음은 기호의 **의미체계**systems of meaning와 **의미작용**signification을 커뮤니케이션의 중요한 방법(론)으로 활용한다.

기호학적 접근을 통한 커뮤니케이션은 메시지(정보)를 전달하기보다 메시지에 담긴 기호의 의미작용 체계system of signification를 공유함으로써 이루어진다. 기호학적 커뮤니케이션은 기호와 약호code의 공유를 통해 발신자와 수신자가 메시지를 주고받는다고 가정하는 것이다(박정순, 1995: 32-33). 기호와 약호는 사회구성원 모두가 공유하는 의미소통의 기본 도구이기 때문에 모든 커뮤니케이션은 기호와 약호를 활용해 구성되는 문화적 삶의 방식이라고 할 수 있다.

'S#5 영상커뮤니케이션'에서 살펴봤듯이, 약호는 일정한 규칙과 관습에 의해 의미를 구성하는 기호의 조직화된 체계이다. 기호사용자는 그(녀)가 살아가는 사회에서 특정한 문화적 경험을 통해 기호의 의미를 구성하는 자신만의 규칙이나 관습을 갖고 있다. 규칙은 기호사용자의 관습적 행위와 사용자들 간의 약속이나 합의에 따라 정해진다. 따라서 약호는 사회 구성원들이 기호의 의미를 구성하고 이해하기 위해 '문화적'으로 만들어놓은 규칙과 관습, 약속과 합의 등에 따라 공유되는 기호체계나 의미작용 체계라고 할 수 있다.

'문화적'이라는 말은 약호가 명시적이든, 묵시적이든 사회구성원들이 동의하고 공유하는 과정을 거쳐 만들어진다는 것을 뜻한다. 즉, 문화마다 약호가 다르고 약호가 다르면 문화도 다르며, 문화가 변하면 약호도 변하고 약호가 변하면 문화도 변한다. 미국의 미디어학자로서, 문화연구와 대중문화, 미디어기호학, 텔레비전 연구자인 존 피스크John Fiske는 약호의 특징으로 다음의 다섯 가지를 든 바 있다(피스크, 1997: 119).

첫째, 약호는 선택될 수 있는 잠재적 가능성을 갖고 있는 복수의 기호 단위들인 계열체적paradigmatic 차원과 이 기호 단위들이 규칙이나 관습에 의해 결합되는 통합체적syntagmatic 차원을 가진다. 둘째, 모든 약호는 기호를 통해 의미를 전달한다. 셋째, 약호 사용자들 간에 공유된 문화에 의해 약호가 규정되기 때문에 약호와 문화는 역동적으로 상호 연관되어 있다. 넷째, 모든 약호는 사회적이고 의사소통적인 기능을 수행한다. 다섯째, 모든 약호는 그 약호에 적합한 의사소통 매체나 채널을 통해 전달된다.

피스크는 약호의 다섯 가지 특징 외에 약호의 다양한 유형들을 상세히 설명했는데(피스크, 1997: 119-148), 그 유형들 중에서 현시적인presentational 약호와 재현적인representational 약호는 영상과 같은 시각적 기호의 의미체계와 의미작용을 탐색하는 데 유용한 약호들이라고 할 수 있다.

현시적인 약호는 눈의 운동, 목소리의 톤, 제스처 같은 비언어적인 커뮤니케이션 맥락에서 기능하는 약호이다. 이른바 '현시現時에 현시顯示'되는 시각적 요소들의 의미체계가 현시적인 약호인 셈이다. 다시 말해 현시적인 약호는 '지금, 여기에서 나타내 보이는' 지표적인 특성을 갖는다. 따라서 현시적인 약호는 면대면 커뮤니케이션처럼 발신자가 '지금, 여기'라는 시공간적인 제약을 받으며 의미를 담은 메시지를 전달하기 위해 사용하는 시각적 기호들이 조직되는 체계라고 할 수 있다. 예컨대, 강의실 같은 학습공간에서 발표하는 발표자와 연극 같은 공연장에서 연기하는 배우가 사용하는 구어적 표현, 표정, 행동 등이 현시적인 약호에 해당한다.

재현적인 약호는 'S#4 영상재현'에서 살펴봤듯이, 어떤 의도와 목적을 가지고 '다시, 다르게' 보여주는 재현의 기능에 의해 의미를 체계화시키는 약호이다. 피스크는 재현적인 약호를 "텍스트 자체와 텍스트 생산자를 제외한 어떤 것을 대표하는 것으로서 도상적 혹은 상징적인 기호로 구성된 텍스트를 만들어내는 데 사용되는 약호"(피스크, 1997: 122)로 정의했다.

S#5에서 살펴본 로만 야콥슨의 커뮤니케이션 모델에서 제시된 지시적 기능과 메타언어적인 기능을 수행하는 약호가 재현적인 약호이고, 함축적이고 정서적인 기능에 효과적인 약호가 현시적인 약호이며, 심미적이고 교감적인 기능에는 현시적인 약호와 재현적인 약호가 모두 해당한다고 할 수 있다.

계열체와 통합체

기호학적으로 접근하면, 메시지는 송신자와 수신자의 상호작용을 통해 의미를 구성하는 기호와 약호의 구조물인 **텍스트**text라고 할 수 있다. 텍스트는 송신자와 수신자가 공유하거나 최소한 공유한다고 생각하는 기호와 약호의 세계인 셈이다(Guiraud, 1971; 박정순, 1995: 34에서 재인용). 따라서 기호의 의미를 이해하기 위한 기호학적 접근은 텍스트 자체와 텍스트를 '읽는 방식'을 통해 이루어진다.

텍스트 읽기는 기호사용자(텍스트 소비자)가 텍스트와 상호작용하면서 텍스트 자체는 물론 텍스트 생산자와 텍스트의 의미를 두고 벌이는 협상, 투쟁, 타협이라고 할 수 있다. 협상, 투쟁, 타협의 과정을 거치며 기호사용자는 자신의 사회문화적인 경험과 자신이 처한 사회문화적인 맥락에 따라 텍스트 읽기를 시도한다.

텍스트 읽기를 통해 기호의 의미를 이해하는 것은 **의미화 실천**signifying practices을 통해 이루어진다. 앞에서도 살펴봤듯이, 기호의 의미체계인 약호는 자연스럽게 주어지지 않는다. 많은 기호들 중에서 기호사용자의 사회문화적인 경험과 기호사용의 맥락에 따라 몇 개의 기호들이 선택되고, 선택된 기호들이 조직적으로 결합되어야 비로소 그 기호들은 의미를 갖게 된다. 기호의 의미는 이 선택과 결합이라는 의미화 실천의 과정을 거치며 체계적으로 조직되는 것이다.

계열체paradigm와 **통합체**syntagm는 기호의 의미를 체계적으로 조직하는 대표적인 의미화 실천이다. 계열체는 "일련의 기호들의 다발로서 이 중에서 특정 기호가 선택되어 사용된 것"(피스크, 1997: 108)이다. 계열체는 기호의 역할을 하는 언어나 비언어(영상 같은)의 수직적인 집합(다발)으로, 이 집합에 속한 기호들 중에서 몇 개의 기호들만이 선택된다. '다발'의 형태로 계열체의 집합에 속한 기호단위들은 유사성, 변별적 대립, 잠재적 관계의 특성을 갖는다.

유사성은 동일 계열체에 속한 하나의 기호는 다른 기호를 연상시킬 수 있을 만큼 각각의 기호단위들이 서로 공통적인 특성을 공유해야 함을 가리킨다. 가령, 딸기, 수박, 사과, 자두, 배 등은 과일이라는 공통점을 갖고 있다. 그렇다면 토마토는 어떤가? 토마토가 이들 과일과 같은 계열에 속한다고 볼 수 있을까?

변별적 대립은 각각의 개별 기호 단위는 계열체 내의 다른 단위와 구별되어야 한다는 것이다. 딸기와 수박은 과일이라는 공통의 유사한 특성을 갖지만 명백히 다른 과일이다. 열리는 계절이나 생긴 모양새, 맛 등이 모두 다르다. 딸기와 수박은 둘 다 과일이기 때문에 동일 계열체 내에 존재할 수는 있으나 과일로서 이 둘의 특성은 변별적이다. 이와 같은 대립적 관계는 선과 악, 흑과 백처럼 **이항대립** binary opposition의 구조 속에서 더욱 두드러지게 나타나기도 한다.

잠재적 관계는 계열체에 속한 기호 단위들 전체가 의미를 갖는 것이 아니라 그 중에서 선택된 것만이 통합체로 이동해 의미를 갖기 때문에 모든 기호 단위들은 잠재적으로 선택될 수 있는 가능성이 있음을 뜻한다. 즉, 모든 기호 단위들은 의미를 가질 수 있는 잠재적인 가능성의 관계 속에서 계열체 내에 존재하는 것이다.

계열체에서 선택된 기호단위들은 통합체의 수평축으로 이동해 일련의 연속적인 형태로 결합됨으로써 의미 있는 전체로 구성된다. 통합체는 기호사용자들의 합의와 동의에 의해 계열체에서 선택된 기호들을 연결해 의미를 구성하는 수평적인 전체이다. 언어를 예로 들면, 수직축의 계열체에 배치된 여러 단어들 중에서 몇 가지가 선택되고, 선택된 단어들을 수평축의 통합체에서 문법이라는 규칙(관습)에 따라 결합시키면 어구나 문장이 되면서 비로소 의미를 갖는 것과 동일한 원리이다.

결국 계열체에서 선택된 기호 단위들은 상호의존적인 관계로 묶여 통합체에서 결합되면서 의미를 가진 전체가 된다. 아무 관련이 없는 각각의 기호 단위들이 계열체에서 선택된다면, 통합체에서 의미 있는 전체로 연결되기가 쉽지 않을 것이다. 예를 들어, 나, 너, 가을, 눈물, 기쁨, 배고픔, 여행, 만남, 이별 등의 단어들이 계열체에서 선택되었다고 가정해보자. 얼핏 보면 서로 관련 없는 단어들 같고, 달리 보면 어떤 관계가 있는 단어들인 듯도 할 것이다. 이 단어들을 통합체로 옮겨 연속적으로 결합해보면 단어들의 관계 여부를 알 수 있다. 명사형 단어들이지만 동사형으로 변형이 가능하니 잠시 짬을 내서 결합시켜 보기를 권한다.

그전에 통합체의 기호 단위들은 **분절**segmentation될 수 있어야 한다는 점에 유의하자. 즉, 계열체에서 선택된 기호 단위들이 순서대로 연속선상에 배열되고 결합되어 의미를 갖는 동시에, 각각의 기호 단위들은 개별적으로 분리되거나 절단된 채로도 존재할 수 있어야 하는 것이다. 다시 언어의 경우를 예로 들면, 몇 가지 단어들이 계열체에서 선택되어 통합체로 이동하고, 그 단어들은 연속적으로 배열되어 하나의 문장으로 의미가 완성된다. 이때 조합된 문장 속의 각 단어들 또한 개별적인 의미를 가져야 한다.

의미작용

의미작용은 기호가 실제 대상을 대신해 의미를 갖는 과정과 결과를 일컫는다. 기호를 통해 세상(대상)에 대한 의미를 부여함으로써 세상을 이해하는 방식이 의미작용이다. 의미작용의 최소 단위가 기호이고, 의미가 구성되는 방식이 앞에서 살펴본 계열체와 통합체다.

여러 차례 살펴봤듯이, 소쉬르는 기호의 의미를 이해하기 위해서는 기호 자체가 아니라 하나의 기호와 다른 기호의 관계(차이)가 구조화되는 방식을 살펴봐야 한다고 주장했다. 복수의 기호들의 관계는 기호를 주고받는 (커뮤니케이션) 조건과 상황인 맥락과 기호를 주고받는 이들(커뮤니케이터, 기호사용자)의 사회문화적인 경험에 따라 달라지기 때문이다.

복수의 기호들의 관계가 달라지면 그 기호들의 의미도 당연히 달라진다. 찰스 S. 퍼스도 하나의 기호가 다른 기호와 맺는 관계와 사용되는 사회문화적인 맥락 등에 따라 기호의 의미가 구성된다는 페르디낭 드 소쉬르의 견해에 동의했다. 그러면서 기호의 의미는 기호 자체, 기호의 지시대상, 기호와 대상에 대한 기호사용자의 마음속에서 발현되는 해석소의 관계에 따라 결정된다고 강조한 바 있다.

이들의 논의에 따르면, 결국 기호는 기호사용자의 사회문화적인 경험이나 맥락 등에 따라 상이한 의미를 갖는다는 사실을 알 수 있다. 따라서 롤랑 바르트가 얘기한 것처럼, 기호의 의미는 곧 '문화적' 의미라고 해도 무방할 듯하다. 유의해야 할 것은 기호의 의미는 하나로만 정박되지 않으며, 항상 유동적이고 가변적이며 다의적이라는 점이다. 영화의 경우, 관객은 작가나 감독이 작품 속에 숨겨놓은 의미를 발견하는 데서 그치지 않고 스스로 텍스트 읽기를 통해 자신만의 의미를 새롭게 구성하기도 한다. 관객은 능동적인 독해와 해독을 통해 작가와 감독이 의도한 의미 외에 또 다른 의미를 발견하는 즐거움을 누리기도 하는 것이다.

이쯤에서 다시 궁금해지는 것이 있다. 동일한 기호를 두고 한쪽에서는 이렇게, 또 다른 쪽에서는 저렇게 제각각 다르게 의미를 해석하고 이해하는 이유가 무엇일까? 기호가 의미화되는 과정에서 어떤 사회문화적인 변수들이 영향을 미치는 것은 아닐까? 이쪽과 저쪽이 각각 상이한 사회문화적인 구조를 갖고 있다면 그 구조가 변수로 작용한다고 추론해볼 수 있을 것이다.

소쉬르는 언어학적 측면에서 문장의 구조화 방식이나 그 방식이 의미를 구성하는 과정에 관심을 기울였다. 그러나 그는 의미가 기호사용자와 어떤 관련이 있는지, 의미생산자(작가, 감독)와 소비자(독자, 관객)가 의미를 두고 어떻게 흥정하고 협상하는지에 대해서는 관심을 두지 않았다. 반면에 롤랑 바르트는 의미생산자와 소비자가 의미를 두고 벌이는 흥정과 협상 등의 상호작용을 살펴봄으로써 새롭게 의미를 발견할 수 있는 아이디어를 제공했다. 그의 아이디어는 기호의 의미작용이 한차례에 그치지 않고 또 다른 국면으로 전개될 수 있다는 것과 관련된다.[7]

---

7 의미의 단계별 작용을 통해 기호, 약호, 텍스트의 의미작용을 분석할 수 있는 아이디어는 롤랑 바르트 이전에 덴마크의 언어학자인 루이 옐름슬레브Louis Hjelmslev가 이미 제안한 바 있다. 옐름슬레브는 함축적 기호학connotative semiotics을 통해 2단계 의미작용 모델을 탐색하면서, 1단계 의미작용을 지시의미denotation로, 2단계 의미작용을 함축의미connotation로 각각 구분했다. 롤랑 바르트는 루이 옐름슬레브의 논의를 참조로 2단계 의미작용의 방식을 체계화한 것이다.

2단계 의미작용

롤랑 바르트(Barthes, 1972)는 기호의 의미는 **2단계 의미작용**two levels of signification 을 거치며 점차 명확하게 문화적 의미로 구성된다고 역설했다. 기호의 1단계 의 미작용은 기호의 물리적인 대상이자 형태인 기표가 기의와 만나 기호로서의 첫 번째 의미(피스크와 하틀리는 이를 재현적인 의미라고 지칭)를 갖는 과정으로 소쉬르 의 기호론과 동일하다.

첫 번째 의미는 명백한 의미로서 **외연의미**denotation로 정의된다. '일정한 개념 이 적용되는 사물의 전 범위'**8**라는 외연外延의 사전적 정의를 참조하면, 외연의미 는 누구나 상식적으로 쉽게 이해할 수 있을 만큼 객관적인 의미임을 알 수 있다. 예를 들어, 여러 명의 친구들끼리 영화를 보고나서 영화(영상)의 이야기가 '이 별의 아픔'이라는 의미를 갖는다고 모두 동의한다면 이별의 아픔은 이 영화의 첫 번째 의미가 된다. 1단계 의미작용은 단일한monosemic 의미만을 갖는 것이다 (Guiraud, 1971: 27-28).

기호의 2단계 의미작용은 1단계에서 단일하고 명백하며, 상식적이고 객관적 인 의미를 가진 기호가 두 번째 단계로 넘어오면서 새로운 기표로 변모하며 작 동하기 시작한다. 새로운 기표가 된 1단계 의미작용의 기호는 새로운 기의를 필 요로 하고, 비로소 새로운 기의와 만나면서 새로운 두 번째 기호가 되며, 이 두 번째 기호는 당연히 새로운 의미를 갖게 된다.

그러나 두 번째 단계에서 만들어진 새로운 기호는 명확하지 않은 잠재적latent 의미를 갖는다(Guiraud, 1971: 40-44). 가령, 위의 예를 다시 들면, 갑자기 한 명이 모든 친구들이 동의한 이별의 아픔이라는 의미와 다르게 '아니야, 새로운 사랑 의 시작이야'라는 의견을 제시하면, 영화(영상)의 텍스트(의미이자 주제인) 읽기 양 상은 다른 국면으로 접어든다. 공교롭게도 한 명이 다른 친구들이 보거나 읽지 못한 또 다른 의미를 발견했기 때문이다. 다른 친구들이 이에 동의하지 않으면, 그들에게 새로운 사랑의 시작이라는 의미는 명확하지 않은 채 잠재적인 의미의 상태에 머무르고 만다. 그러나 잠시 후에 다른 친구들 중에 한두 명이 '그런가? 그럴 수도 있겠는데'라고 슬며시 동의할 수 있음을 내비치면 새로운 사랑의 시작이라는 의미는 차츰 설득력을 가지게 된다.

두 번째 단계에서 새롭게 제기된 의미가 **함축의미**connotation이다. 새로운 사랑의 시작이라는 의미는 한 명(소수)의 주관적인 정서나 감정, 또는 그만의 사회문화적인 경험에 따라 구성된 의미일 수 있다. 사전적으로 함축含蓄이 '겉으로 드러내지 아니하고 속에 간직함'이나 '말이나 글이 많은 뜻을 담고 있음'9이라는 뜻을 갖고 있듯이, 함축의미는 "사용자의 느낌이나 정서, 혹은 사용자의 문화적 가치와 결합하여 발생하는 상호작용"(피스크, 1997: 153)에 따라 구성되는 '겉으로 드러나지 않는 뜻'이라고 할 수 있다.

함축의미는 모두가 동의하지 않을 수도 있는 주관적이거나 상호주관적인 intersubjective 의미이기 때문에 유동적이고 가변적인 특성을 갖는다. 외연의미가 누구나 동의할 수 있는 객관적이고 단일한 의미인 데 반해 함축의미는 주관적이고 복합적인 의미인 셈이다. 특히 기호사용자의 사회문화적인 경험, 기호사용의 맥락, 규칙이나 관습에 따라 동일한 기호가 각기 다른 의미로 독해되고 해독될 수 있기 때문에 함축의미는 다의적일 수밖에 없다.

바르트가 〈이미지의 수사학The Rhetoric of Image〉(1977)에서 밝혔듯이, 외연의미는 사진이 찍은 대상what이고, 함축의미는 사진을 찍는 방법how이라고 할 수 있다. 따라서 카메라의 기계적이고 기술적인 장치가 대상을 객관적으로 찍으면서 전달되는 외연의미보다 렌즈, 초점, 노출, 각도 등의 촬영 방법의 선택 및 결정을 통해 구성되는 이야기의 함축의미가 사진에 대한 논의를 더욱 다양하게 이끌어 낼 수 있다. 프레임 내부로의 선택과 배제의 과정을 포함하는 기술적인 방법과

---

9 국립국어원 표준국어대사전. "함축" 참조.

촬영하는 사람이 생각하는 주제의식 등이 동시에 사진의 함축의미를 결정하는 것이다.

이상에서 살펴본 것처럼, 기호와 기호의 의미는 객관적이지 않다. 기호가 의미를 얻는 의미체계나 의미가 작동하는 의미작용도 객관적으로 이루어지지 않는다. 의미는 기호와 기호사용자 사이나 기호사용자들 간의 상호주관적인 관계를 통해 구성된다. 중요한 점은 의미 구성과 작용이 개인적 차원이 아니라 사회문화적 차원에서 이루어진다는 것이다. 즉, 의미는 어느 한 사회의 구성원들(공통의 기호사용자들)의 합의와 약속, 그들이 만든 규칙과 관습에 따라 구성되며 작용하는 것이다.

롤랑 바르트의 신화

롤랑 바르트의 2단계 의미작용을 살펴보다보면 한 가지 의구심이 슬며시 고개를 든다. 바르트는 어떤 이유로 2단계에서 의미작용에 대한 설명을 멈춘 것일까? 혹시 3단계, 4단계, 또는 그 이상의 의미작용은 일어나지 않는다고 여기거나 일어나더라도 그다지 중요하지 않다고 판단했을까? 이 궁금증은 잠시 접어두고 2단계 의미작용에 의해 **신화**^{myth}가 만들어진다는 바르트의 이야기를 더 들어보기로 하자.

일반적으로 신화라고 하면 고대 그리스나 로마의 이야기가 떠오를 것이다. 우리나라에도 단군신화檀君神話가 있다. 이 옛날이야기들은 전설이나 설화처럼 믿거나 말거나인 것들이 대부분이다. 가령, 우리나라의 건국신화인 단군 이야기는 기원전 2333년, 천상에 살던 환웅桓雄이 아버지인 천제 환인桓因에게 지상에 내려가 살기를 청하고, 환인의 허락을 받아 지금의 태백산 근처 어디쯤에 터전을 잡았다고 한다. 이 소식을 들은 곰과 호랑이가 환웅을 찾아와 인간이 되고 싶다고 간청하여 마늘과 쑥을 먹는 이야기가 펼쳐진다. 어쩌면 한민족은 단군의 어머니인 곰熊女의 자손일 수 있는 이 이야기는 우리가 잘 알고 있는 대한민국 건국신화

윗줄 왼쪽부터 시계방향으로 《삼국유사》에 적혀 있는 단군과 홍익인간에 대한 이야기, 단군의 영정, 단군신화를 소재로 제작된 방송드라마 〈태왕사신기〉(2007, 김종학·윤상호)의 세트장, 강원도 태백시에 있는 단군성전.

환웅은 3000명의 무리를 거느리고 태백산 마루 신단수 아래에 신시를 열어 여러 신들과 함께 세상을 다스렸다고 한다. 이때 등장하는 곰과 호랑이, 웅녀와 환웅의 결혼, 그들 사이에서 태어난 단군, 그리고 국호 조선 등의 이야기는 널리 알려져 있는 것과 같다(철학사전편찬위원회, 2009).

의 레퍼토리이다.[10]

바르트가 생각한 신화도 큰 틀에서 보면 일반적으로 전해지는 신화의 개념과 비슷한 맥락에서 정의될 수 있다. 고대 신화에 등장하는 신과 인간, 하늘과 땅, 불과 물 등이 자본과 지배, 성공과 명예, 남성과 여성, 법률과 제도 등으로 바뀌었을 뿐이다. 결론부터 얘기하면, 신화는 정확하지 않은 것에 대한 '잘못된 믿음'이다(바르트, 1995; Barthes, 1972). 바르트가 믿은 신화는 어떤 대상에 대해 사고하고, 그 사고의 결과를 개념화해 이해하는 문화적 방식이다. 즉, 인간이 어느 한 사회에 속해 살아가면서 갖는 신념이나 가치관(체계)이 신화라고 할 수 있다.

롤랑 바르트는 인간이 경험하는 문화가 사회에 존재하는 다양한 형태의 신화를 설명하고 이해할 수 있게 한다고 믿었다. 신화는 첫 번째 의미작용 단계의 외연의미보다 두 번째 의미작용 단계의 함축의미를 통해 '관련된 개념들의 다발' 형태로 그 모습을 드러내기 때문에 함축의미와 매우 밀접하게 관련되어 있다. '다발'이라고 복수형으로 표현한 이유는 기호와 마찬가지로 어떤 하나의 신화에는 수많은 의미들이 다의적으로 '함축'되어 있기 때문이다.

함축의미는 신화가 되어 사회와 문화 속에 일종의 통념이나 상식처럼 자리 잡는다. 중요한 점은 신화가 평소에는 사회문화적인 구조 속에 숨겨져 있기 때문에 그 의미를 정확하게 이해하기 쉽지 않다는 사실이다. 그러나 2단계 정도의 수준이라면 함축의미와 그 속에 존재하는 신화를 찾아내는 일이 그리 어렵지만도 않다.

예컨대, 단군신화의 경우, 단군의 어머니 웅녀는 곰이다. 곰이라는 동물이 기표이고 곰이라고 부르는 것이 기의이며, '동물로서의 곰'은 1단계 의미작용의 기

---

10 우리나라 최초의 건국신화인 국조전설國祖傳說은 원시시대부터 민간에서 구비로 전해져왔다고 알려져 있으며 기록으로 남은 가장 오래된 것은 13세기 말 일연一然이 지은 《삼국유사三國遺史》 제1권 고조선 조條이다. 《위서魏書》에는 단군이 아사달에 도읍을 정하고 조선이라는 국호를 썼다고 기록되어 있다. 또한 《고기古記》에 환인의 서자 환웅이 인간 세상을 구하고자 청했을 때, 환인이 홍익인간弘益人間할 만하다 여겨 천부인天府印 세 개를 주어 다스리게 했다고 적혀 있다(철학사전편찬위원회, 2009).

호(첫 번째 의미, 외연의미)에 해당한다. 동물인 곰이 2단계로 진입해 새로운 기표가 되고 환웅, 동굴, 마늘, 쑥 등이 동기가 되어 '인간이 되고 싶은 곰'이라는 새로운 기의를 만나 '인간이 된 곰'이라는 새로운 기호(두 번째 의미, 함축의미)가 구성되는 의미작용이 발생한다.

이 두 번째 의미작용에 의해 발생한 함축의미가 곧 신화이다. '인간이 된 곰'인 웅녀는 '단군과 한민족의 어머니'라는 신화적 의미로 재구성되는 것이다. 비교적 객관적인 외연의미(동물로서의 곰)가 주관적일 수 있는 함축의미(인간이 된 곰)의 논리적 근거로 작용해 함축의미(신화)를 더 자연스럽고 당연하게 객관화(단군과 한민족의 어머니)한다.

그렇다고 해서 모든 함축의미가 신화가 된다고 단정하기에는 뭔가 석연치 않다. 함축의미와 신화는 거의 동일한 차원에서 작동한다고 이해할 수 있지만, 엄밀히 말하면 함축의미가 사회 내에 더욱 일반적이고 보편적으로 받아들여지는 지점에서 신화로 탈바꿈한다고 보는 것이 보다 정확할 것이다. 따라서 신화는 사회 내에 지배적으로 통용되는 함축의미라고 할 수 있다. 특히 신화에는 함축의미에서 미처 발견되지 않은 또 다른 의미가 포함되어 있을 수도 있다.

롤랑 바르트의 신화론에서 주목해야 할 또 한 가지는 신화에 내재된 특정 계급의 지배적인 이데올로기이다. 신화는 자연스럽고 당연하게 생성되거나 전파되지 않는다. 바르트에 의하면, 주로 지배 계급에 속한 이들이 자신들의 이해관계에 따라 의도적으로 특정 신화를 구성해 때로는 은밀하게, 또 때로는 노골적으로 그것을 퍼트린다. [11]

따라서 당연하고 자연스럽게 만들어진 것인 양, 신화 속에 감추어진 함축의미를 면밀히 살펴봐야 한다. 이 함축의미가 곧 이데올로기이기 때문이다. 사실 함

---

11 민중의 지팡이와 권력의 앞잡이로서의 경찰, 민중의 대변자와 권력의 시녀로서의 언론, 과학과 의학, 교육, 매스미디어 등에서의 지배적 신화dominant myth와 그 반대편에 위치한 대응적 신화 counter myth를 통해 신화의 절대적 보편성, 지배적 위치의 역동적인 변화 가능성 등에 대한 논의를 살펴보려면, 롤랑 바르트의 《신화론》(정현 역, 1995)을 참조하기 바란다.

축의미, 신화, 이데올로기의 밀접한 유착관계에 대한 논의는 역사적으로 선과 악의 숙명적인 경합이나 남성과 여성의 사회적 역할 등에 대한 뜨거운 논쟁을 통해 수없이 제기되었다.

클로드 레비스트로스의 신화

앞에서 제기했던 것처럼, 롤랑 바르트가 의미작용을 2단계에서 멈춘 이유는 무엇일까? 그가 왜 3단계 이후의 의미작용을 언급하지 않았는지 그 의문에 대한 실마리는 의미작용과 신화의 관계를 역으로 접근하면 찾을 수 있다. 즉, 의미작용은 물론 신화도 사회문화적인 상호주관성intersubjectivity의 영역 안에서 구조화된다는 가정으로부터 착안할 수 있는 것이다.

신화는 그 자체로는 신화가 아닌 것과 구별되지 않는다. 이유는 "상호주관성은 신화의 주요한 기능(의미구성과 의미작용)을 부정하기 때문이다. 그것들은 그 자체로 우리가 신화 혹은 이데올로기라고 불러도 좋을 일관성으로 조직된다. 의미작용의 세 번째 단계인 이것은 문화가 그것이 대항해야 하는 실재를 조직하고 해석하는 광범위한 원칙들을 반영"(피스크·하틀리, 1994: 53)한다. 복수의 사회들 내에 존재하는 복수의 문화들 간의 상호주관성이 두 번째 의미작용 단계에서 구성된 함축의미의 신화화에 일정한 영향을 미칠 수 있다는 이런 견해는 3단계 이후의 의미작용과 신화의 관계를 새롭게 탐색할 수 있게 한다.

프랑스의 대표적인 구조주의 학자이자 인류학자인 클로드 레비스트로스Claude Lévi-Strauss는 롤랑 바르트의 신화론과 유사할 수도 있고, 또는 전혀 다를 수도 있는 맥락에서 신화에 접근함으로써 3단계 이후의 의미작용과 신화의 관계를 살펴볼 수 있는 단서를 제시했다. 레비스트로스는 소쉬르와 야콥슨의 언어학을 참조하여 언어에서 음운의 차이와 대립에 따라 의미가 달라진다는 **이항주의**binarism를 주장한 바 있다(Lévi-Strauss, 1955).

이항주의는 '나'에서 모음에 해당하는 'ㅏ'를 'ㅓ'로 바꾸면 '너'가 되듯이, 음운에 따라 의미가 반대인 두 개의 항에 '나'와 '너'를 배치하는 것이다. 레비스트로스는 이를 **이항대립**binary opposition이라는 개념으로 이론화했다. 이항대립은 "형태상 가장 순수하고 내용상으로 보편성을 띠고 있는 두 개의 관련된 기호범주의 체계"(피스크, 1997: 203)이다. 즉, 상반되는 두 개의 범주category에 속한 개념들은 각자의 순수성과 보편성을 지닌 동시에 서로 갈등 관계를 형성해 상대를 배제한다는 것이다.

상호대립적인 두 개의 개념과 범주는 이것과 '저것'이 아니라 이것과 '이것이 아닌 것'의 관계에 따라 양극단에 배치된다. 예컨대, '나'와 '너'가 아니라 '나'와 '나가 아닌' 것이 서로 대립적인 항을 구축하는 것이다. '나가 아닌 것'에는 '너'를 비롯해 '그'나 '그녀'도 포함되며, 이들은 모두 나와 다른 상반되는 항에 위치한다. 또한 '나의 가족, 집, 방' 같이 나의 범주에 속하는 것들이 어느 한쪽에 위치해 있다는 이유만으로 의미를 갖지 않는다. 나의 범주에 속하는 것들은 나가 아닌 '너, 그, 그녀의 가족, 집, 방' 같이 너, 그, 그녀의 범주에 속한 것들이 있기 때문에 의미가 있는 것이다. '나'와 '나가 아닌' 두 개의 개념과 범주는 각자의 위치에 존재하기 때문에 의미를 갖는 셈이다.

레비스트로스의 이항대립은 언어에만 국한하여 적용되지 않는다. 언어 외에 음식(요리), 의복(패션), 친족관계(가족) 같은 구체적인 사회적 산물뿐만 아니라 신과 인간, 선과 악, 흑과 백 같은 관념적인 철학적 사유에 이르기까지 다양한 영역에 적용될 수 있다. 짐작하겠지만 레비스트로스의 이항대립은 신화와 밀접하게 관련되어 있다. 바르트의 신화론과 마찬가지로 레비스트로스의 신화론도 기본적으로 구조주의 언어학에 바탕을 둔다.

특히 레비스트로스는 잠재된 의식 속에 숨겨진 억압된 두려움이나 모순으로부터 신화가 발생하고, 현실에서 해결하기 어려운 모순이 신화를 통해 상징적으로 해결될 수 있다고 생각했다(Lévi-Strauss, 1955). 이와 같은 레비스트로스의 신화론은 지그문트 프로이트Sigmund Freud의 무의식과 꿈의 해석론과 흡사하다. 레비스트로스는 프로이트처럼 꿈의 해석을 통해 꿈속에 숨겨진 의미를 찾는 일에 몰두했으며, 신화를 일종의 '집단적인 꿈'으로 인식했기 때문이다.

레비스트로스의 주장대로라면, 의식적이기보다 무의식적인 기원이 담긴 이야기가 신화에 더욱 가깝다고 할 수 있다. 그러나 이야기 자체보다 이야기에 함축된 모순과 모순이 야기하는 불안과 공포가 집단적인 꿈의 형태로 드러난 것을 신화로 정의하는 것이 보다 정확하다. 가령, 우리가 평소에 자주 얘기하기도 하고 잔소리처럼 듣기도 하는 꿈(미래에 대한 희망이나 소원)과 현실의 모순적인 관계를 예로 들어보면, 우리가 살고 있는 사회에 어떤 성공과 행복에 대한 신화가 존재하는지를 어렵지 않게 알 수 있다.

우리가 살아가는 사회는 열심히, 최선을 다해, 차근차근, 죽기 살기로, 포기하거나 좌절하지 않고 꾸준히 노력하면 소망하는 꿈을 이룰 수 있고 성공이란 것도 할 수 있으며, 마침내 행복해질 수 있다는 믿음을 간직하라고 우리를 채근한다. 그러나 사회가 그리 공정하지 않을뿐더러 현실은 항상 녹록치 않기 때문에 우리는 종종 불안과 두려움에 휩싸이며 성공이나 행복이 우리 몫이 아니라는 또 다른 믿음을 가지기도 한다. 이 두 가지 믿음은 명백히 모순적인 이항대립의 관계에 있는 신화이다.

바르트와 레비스트로스의 신화론은 삶이나 문화처럼, 신화가 역동적으로 변화하며 신화 스스로도 그 변화를 추동한다는 공통점을 갖고 있다. 그러나 레비스트로스의 신화론은 바르트의 신화론에 비해 비교적 낭만적이라고 할 수 있다. "레비스트로스는 계층분화가 존재하지 않는 원시사회의 신화를 분석했던 반면에 바르트는 20세기 자본주의 산업사회의 그것을 분석대상으로"(박정순, 1995: 404) 설정했기 때문이다. 바르트는 지배와 피지배라는 자본주의 사회구조를 중심으로, 레비스트로스는 원시부족 사회의 이야기와 이야기의 구조인 서사를 중심으로 각각 신화를 살펴봤던 것이다.

특히 바르트는 자본주의 사회에서 신화가 지배계급의 이익(이해관계)을 촉진하기 위해 작동한다고 가정했다. 따라서 신화에는 지배계급의 이데올로기가 교묘하게 숨겨져 있고, 그런 신화가 자연스럽고 당연하게 사회에 보편화된다고 비판했다. 바르트에 의하면, 신화는 피지배계급의 의사나 의지와 무관하게 작동하기 때문에 피지배계급 입장에서 이를 거부하기란 여간 어렵지 않으며, 동일한 신화도 계급에 따라 다른 의미로 해석될 수 있다.

반면에 레비스트로스의 신화론에 등장하는 이야기와 서사는 주로 억압으로 인한 두려움이나 해결되지 않은 모순과 관련된다. 원시부족민들의 두려움과 이들이 겪는 모순은 평소에 그들의 집단적인 무의식이나 꿈의 형태로 잠재해 있으며, 두려움과 모순의 의미도 무의식과 꿈속에 숨겨져 있다. 그러나 어느 순간 무의식이나 꿈이 이야기되거나 가시화되면 숨겨져 있던 의미가 드러나거나 읽히기 시작하면서 신화가 구성된다. 즉, 사회 전체에 잠재되어 있던 억압으로 인한 두려움과 모순에 대한 집단적인 저항의식이 이야기를 통해 표출되면서 비로소 신화로 발현되는 것이다.

S#7
영상이야기와 영상으로 이야기하기

"이야기가 원하는 것을 말하라. 훌륭한 작가는 이야기를 위해 일하고, 시원찮은 작가는
자신의 생각을 위해 일한다."

- 마이클 티어노(Michael Tierno), 2008: 21-22

이야기와 이야기하기, 이야기하는 영상

세상의 모든 이야기들

세상에 새로운 이야기란 없다. 어지간한 이야기들은 죄다 비슷비슷하다. 하나의 이야기가 다른 이야기로, 그 이야기가 또 다른 이야기로 마치 줄기가 뻗어나가 듯이 이어지다보면 모든 이야기들이 다 거기서 거기인 듯하다. 어떤 이야기든 언젠가, 어디선가, 누군가에게 한 번쯤은 들어봤음직해서 아무리 새로운 이야기라 하더라도 듣다보면 종종 고개가 갸웃거려진다.

　곰곰이 생각해보면, 시대에 따라 이야기의 소재와 주제가 조금씩 바뀌었을 뿐 이지 하늘 아래 새로운 이야기는 없다는 말이 꽤 일리 있는 듯하다. 마치 세상에 새로운 것은 더 이상 없다는 말처럼 말이다. 그 정도로 유사 이래 인류는 수많은 이야기를 만들었고 나누었으며, 그만큼의 이야기하기 방법을 터득하면서 역사 를 만들어왔을 터이다. 역사는 밤에 이루어지고, 꿈은 지금부터 이루어진다고 하던가. 꿈을 이루기 위해서는 지금부터라도 무엇인가 준비해야 한다는 것쯤은 알겠는데 역사가 밤에 이루어지는 이유는 알쏭달쏭하다.[1]

1　미국의 프랑크 보제이즈Frank Borzage가 연출한 〈역사는 밤에 이루어진다History is Made at Night〉
　　(1937)라는 흑백영화가 있었다. 금세기 최고의 멜로영화라고 할 수 있는 〈타이타닉Titanic〉(제임스 카
　　메론James Cameron, 1997)처럼, 배가 가라앉는 결말부의 이야기가 흥미진진하게 펼쳐지는 전형적인
　　선악구도의 할리우드 영화이다.

아주 먼 옛날, 고대 원시인들도 주로 밤에 이야기를 나누었던 듯싶다. 대략 2백만 년쯤 전에 인류가 발견한 불 때문이다. 가장 오래된 원시인의 치아(치석)를 분석해보니 그 무렵부터 원시인은 불을 이용해 고기를 구워 먹는 방법을 알았다고 한다. 2백만 년 전이면, 현생 인류가 직립인간인 호모 에렉투스^{Homo Erectus}로부터 분리된 시기로 빙하기가 시작되던 무렵이었다. 빙하가 초원을 뒤덮으면서 초식동물이 멸종되고, 초식동물을 주식으로 삼았던 인종도 덩달아 절멸되었다. 하지만 우리 조상인 현생 인류는 초식과 육식을 같이 한 덕분에 살아남았다고 한다.

빙하기 이후 인류의 생존사보다 더 궁금한 것은 현생 인류가 추위와 천적을 피해 한밤중에 피웠던 불가에서 나누었을 이야기에 관한 것이다. 그들은 일종의 벽난로^{fireplace}인 모닥불과 화롯불 주변에 모여 캠프파이어^{campfire}를 하듯이 두런두런 이야기를 나누었을 것이다. 마치 영화의 한 장면이 상상되지 않는가? 원시 시대의 칠흑 같은 밤, 나무로 얽은 움막 앞에 피워진 불가에 동물가죽 옷을 입은

고대 인류와 불의 이야기를 그린 삽화.

원시인 가족이 옹기종기 둘러앉아 있다. 그들은 구운 고기를 서로 나눠먹으며 때로는 속삭이듯 정답게, 또 때로는 와자지껄 시끌벅적하게 이야기를 나누었을 것이다.

태초에 '이야기'가 있었다고 '이야기'할 만큼 인류의 역사는 곧 이야기의 역사라고 할 수 있다. 인류 최초의 이야기하는 인간인 호모 나랜스^{Homo Narrans}는 그렇게 이야기의 역사 속에 살았다.[2] 그들이 했던 이야기와 이야기하기 방식은 그들과 그들의 삶의 터전에 대한 이미지(영상)를 상상하게 하고, 그 이미지(영상)는 그들의 이야기와 이야기하기 방식을 유추하게 한다.

이야기

이야기^{story}는 형태가 있는 사물이나 형태가 없는 현상과 관념에 대한 의미와 생각(의사)을 전하는 말과 글을 일컫는다. 의미와 생각에는 감성과 이성에 관련된 모든 것이 포함되므로 이야기는 감성과 이성에 관한 의미와 생각을 전하는 말과 글이라고 할 수도 있다. 어떤 이야기이든 이야기에는 일정한 시공간적 배경^{background}과 그 배경을 바탕으로 발생하는 사건^{event}, 사건에 휘말리는 인물^{character}이라는 세 가지 구성요소들이 반드시 포함된다. 이 이야기 구성요소들이 체계적으로 구조화되어야 이야기는 비로소 이야기다워진다.

또한 세상의 모든 이야기에는 시작, 중간, 끝이 있어야 하며, 무엇보다 주제

2 호모 나랜스는 존 닐^{John D. Niles}이 자신의 저서 《Homo Narrans》(1999)에서 인간에게는 이야기하려는 본능이 있고, 이야기를 통해 사회를 이해한다고 언급한 데서 처음 등장한 용어이다. 근래에는 인터넷상의 SNS와 같은 디지털 공간에서 글, 사진, 동영상 등을 통해 자신의 이야기를 생산하고 공유하며 전파하는 이들을 호모 나랜스로 일컫기도 한다(한혜원, 2010). 호모 나랜스는 놀이하는 인간인 호모 루덴스^{Homo Ludens}의 업그레이드 버전으로, 일정한 서사구조를 가진 스토리를 창작하면서 지식을 정보화하는 디지털 공간의 이야기꾼^{storyteller}인 셈이다. 호모 나랜스의 'narrans'는 '이야기하는 사람'을 의미하는 라틴어로 영상정보에 대한 사실적 전달보다 문화지식에 대한 개인적이고 주관적인 이야기를 주고받는 사람을 뜻한다(류웅재·강승묵·이영주, 2011: 181-182).

theme가 담겨 있어야 한다. 특히 영상으로 구조화된 이야기의 주제는 사실을 바탕으로 한 다큐멘터리 같은 기록물에서는 사실, 현실, 진실(추구)을 통해 결정되는 데 반해, 허구를 기반으로 하는 드라마와 극영화에서는 극화된dramatized 가상의 배경, 인물, 사건을 통해 결정된다.

특히 드라마나 극영화에서 갈등conflict은 이야기의 필수적인 구성요소이다. 인물이 어떤 행위를 할 경우에 그 행위의 내적 동기나 외적 환경에 행위를 가로막는 장애물obstacle이 있어야 하고, 인물은 그 장애물을 제거하기 위해 분투해야 하며, 그로 인해 다양한 갈등들이 불거져야 한다. 모든 드라마와 극영화의 이야기에 있어 "갈등, 투쟁, 장애물을 극복하는 것이 기본적인 요소"(필드, 1999: 32)이다. 간추리자면, 특정 인물이 특정 시공간적 배경에서 특정 사건에 휘말리면서 갈등을 겪고 장애물을 극복하는 과정과 결과가 곧 이야기라고 할 수 있다.

이야기'하기'

이야기는 이야기 내용이고 이야기'하기'는 이야기 형식이다. 이야기는 '무엇what'에, 이야기'하기'는 '어떻게how'에 해당한다고 할 수 있다. '이야기'라는 명사와 '이야기하다'라는 동사에서 '이야기'의 의미는 다르다. 명사형의 이야기가 말, 글, 이미지(영상) 같은 이야기하기 수단이나 도구를 활용해 이야기꾼이 전하는 이야기 자체인 데 반해, 동사형의 이야기는 '말하다, 들려주다, 보여주다, 표현하다'처럼 이야기를 전하는 행위를 가리킨다. 따라서 이야기하기에는 이야기 자체와 이야기하는 행위라는 두 가지 개념이 모두 포함된다.

이야기하기는 이야기 자체보다 '하기'라는 행위에 중점을 둔다. 사실 우리에게는 이야기하기보다 **스토리텔링**storytelling이 더 익숙할 듯하다. 이야기를 뜻하는 'story'와 말하기를 뜻하는 'telling'의 합성어 스토리텔링은 말(글), 이미지, 소리를 통해 이야기를 전하는 것으로, 사전적으로는 '즉흥적 행위, 연극법(연출법),

이야기 꾸미기(윤색)를 통해 이야기를 나누는 사회문화적 활동'[3]으로 정의된다.[4] 이 정의에서 '나누는'이 '하기'에 해당하기 때문에 결국 이야기하기는 '이야기 나누기'인 셈이다.

고대부터 있어왔던 이야기하기의 원형은 표정이나 몸짓이 동반된 구술이다. 아리스토텔레스의 《시학Poetics》(B.C. c.335)[5]에는 구술 형식의 이야기하기가 문자 형식으로 체계화되어 있다. 특히 고대 그리스 연극(비극)의 이야기 구조에 대한 분석과 설명이 상세하게 기술되어 있는 《시학》은 이야기 구조인 서사의 경전으로 알려져 있다. 아리스토텔레스(아리스토텔레스, 2005; Aristotle, 1970, 1987)는 **좋은 이야기(하기)**의 기본 조건으로 다음의 네 가지를 제안했다.

좋은 이야기(하기)는 첫째, 인물의 행동을 그럴 듯하게 잘 모방해야 한다. 연극, 드라마, 극영화처럼 허구의 이야기에 등장하는 가상의 인물이라도 그 인물은 실제 현실에 존재하는 것처럼 생생하게 묘사되어야 한다. 둘째, 이야기(하기)는 개연성probability과 필연성necessity을 갖춘 인과관계causality에 따라 보편적인 진실을 추구해야 한다. 허구의 이야기라도 그 이야기는 당연히 실제 현실에 있을 법한

---

3 위키피디아. "스토리텔링" (검색일: 2017. 6. 22).

4 이야기하기의 영어식 표기인 storytelling은 한국어로도 스토리텔링으로 번역된다. 1995년에 미국 콜로라도에서 열린 디지털 스토리텔링 페스티벌Digital Storytelling Festival에서 처음 사용되기 시작한 스토리텔링은 서사를 뜻하는 내러티브narrative와 혼용되기도 하지만 스토리텔링과 내러티브는 명백히 다른 용어이다. 그만큼 스토리텔링의 정확한 용어가 학문적으로 완전하게 정립되지 않았다고 할 수 있으며, 단지 이론화하기 용이하거나 연구기관이나 연구자에 따라 실용적인 응용어로서 외래어 표기 그대로 스토리텔링이 사용될 뿐이다. storytelling은 옥스퍼드 사전The Oxford English Dictionary에는 'the action of telling stories'로, 웹스터 사전Webster's Third New International Dictionary에는 'the telling stories'로 표기되어 있다. 이 책에서는 스토리텔링이라는 용어를 원용하지 않고 한국어에서 가장 가까운 뜻이라고 할 수 있는 '이야기하기'로 번역해 사용하고자 한다. 이야기하는 사람을 뜻하는 스토리텔러를 '이야기꾼'으로 번역한 것도 같은 맥락이다. 스토리텔링이나 스토리텔러보다 이야기하기와 이야기꾼이 더 정확한 의미일 뿐만 아니라 우리의 정서와 감정에도 부합한다고 보기 때문이다.

5 국내에 여러 번역본이 소개되어 있는 《시학》 중에 《아리스토텔레스의 시학》(김재홍 옮김, 1998, 고려대학교출판부), 《시학》(천병희 옮김, 2002, 문예출판사), 《시학》(이상섭 옮김, 2005, 문학과지성사) 등을 참조하길 권한다.

이야기여야 한다. 셋째, 이야기(하기)는 다음 장에서 구체적으로 살펴볼 3막 구조로 구조화되어야 한다. 넷째, 이야기(하기)는 관객에게 정화catharsis의 감각과 정서적 충족을 경험할 수 있게 해야 한다. 좋은 이야기(하기)는 무엇보다 계속 그 이야기를 듣고 싶어질 만큼 흥미로워야 하고, 이를 통해 독자(청자)의 마음속에 억눌려있던 것을 해소시켜줘야 한다.

세상의 모든 이야기는 "일정한 형태의 이야기하기로서의 서사를 통해 날줄과 씨줄의 형식으로 구조화되고, 그 과정에는 당대의 사회문화적인 맥락이 필연적으로 개입되기 마련"(강승묵, 2011: 6)이다. 이야기하기란 사회문화적인 맥락에 의해 서사로 구조화된 이야기를 이야기하는 것이다. 즉, 이야기는 문학, 그림, 조형, 음악, 사진, 영화 등이 상호 참조하고 인용하며, 모방하고 조합하는 상호미디어성intermediality에서 파생된 상호텍스트성intertextuality을 갖고 있어야 한다.

1980년대 이후, 문예학에서부터 점차 언급되기 시작한 상호텍스트성은 "모든 텍스트는 인용이라는 모자이크로 구성되어 있으며, 다른 텍스트의 흡수이자 변형"(Kristeva, 1986: 37)이라고 가정한다. 즉, 상호텍스트성은 하나의 텍스트(문학, 그림, 조형, 음악, 사진, 영화 등의 모든 창작물)가 다른 텍스트와 맺는 관계의 특성을 일컫는다. 가령, 동일한 이야기를 바탕으로 하더라도 소설과 영화의 이야기와 이야기하기 방식은 서로 다르기 때문에 이야기는 미디어와 텍스트 간에 상호참조를 통해 이야기된다는 것이다.

이 장의 앞머리에서 언급했듯이, 나의 이야기가 어느새 너의 이야기가 되어 있고, 우리의 이야기가 어느덧 그들의 이야기와 뒤섞여 있는 경우가 드물지 않다. 이 이야기가 저 이야기로 바뀌기도 하고, 그 이야기가 그 이야기 같기도 해서 도무지 누구의 무슨 이야기인지 혼란스러울 때도 자주 있다. 이야기들이 이야기하는 사람(미디어)이나 이야기의 내용과 형식(텍스트)에 따라 서로 유기적으로 연계되고 영향을 주고받기 때문이다. 특히 영화는 가장 상호미디어적이고 상호텍스트적인 특성을 갖고 있다.

(영화)영상이 하는 이야기들

> (영화는) 움직이는 그림들moving pictures을 전제 조건으로 하는 기계장치의 산물이며, 바리에테variété와 같은 대중 극장에서 그 플랫폼을 얻었으며, 문학으로부터 사사 구조를 부여받았다. 또한 회화의 이미지성과 사진의 시간성은 영화영상의 전범典範이며, 사운드는 말이 없던 영화에 목소리까지 선사했다(배상준, 2013: 118).

영화는 그림, 기계장치, 대중 극장, 문학, 사진, 사운드까지 다양한 미디어와 텍스트를 참조하고 인용하며, 규범화되고 정형화된 이야기를 변형해 반복적으로 이야기하는 미디어이자 작품이다. 우리는 그런 영화를 '보러' 영화관에 간다. 틀림없는 말이다. 이 말을 영화를 '들으러' 영화관에 간다라고 바꿔보면 어떨까. 이 말도 틀린 말은 아닌 듯하다. 영화를 본다는 것은 시각적인 것, 즉 영상을 보는 것일 뿐만 아니라 대사나 음악, 음향 같은 청각적인 것, 즉 이야기를 듣는 것이기도 하니 말이다.

그렇다면 영상이 보여주는 이야기를 들으러 영화관에 간다는 표현이 보다 더 정확할 듯하다. 달리 말하면, 영화를 본다는 것은 영상을 듣고 이야기를 보는 것이나 매한가지일 수도 있다. 우리는 이미 'S#6 영상의 의미와 의미작용'에서 영화(영상)를 '읽다'라는 표현이 무엇을 뜻하는지를 살펴본 바 있다. 이처럼 그럴듯한 이야기는 프랑스의 저명한 영화이론가인 크리스티앙 메츠가 한 말이다 (Metz, 1991).

메츠의 말대로라면, 영화영상은 이야기를 들려주기보다 보여준다는 말이 더 일리가 있을 듯하다. 대사, 내레이션, 음악, 음향 등의 사운드는 청각적이지만 이 것들이 시각적인 영상과 결합되면 영상처럼 시각적인 이야기 구성요소로 기능하기 때문이다. 영상은 이야기를 구성하는 시청각적 요소를 모두 포함하기 때문에 결국 영상은 듣는 것, 영상이야기는 보는 것이라고 할 수도 있다.

앞 장에서 기호, 약호, 의미, 의미체계, 의미작용 등에 대해 살펴본 바 있다. 거기에 등장했던 여러 명의 구조주의 기호학자들은 세상에 존재하는 모든 것은 기호이고, 그 기호의 대부분(그들은 전부라고 주장하지만)은 의미를 갖고 있으며, 의미가 조직화되는 체계와 작용 방식을 살펴보면, 세상을 훨씬 더 정확하게 이해할 수 있다고 주장한다.

그들의 주장을 참조하면, 세상의 모든 것들은 이야기를 가지고 있고, 그 이야기의 대부분(사실 전부이지만)은 이미지(영상)로 형상화될 수 있다. 회화나 사진, 영화나 방송 어떤 미디어든 관계없이 영상이야기를 이해하는 일은 영상으로 재현된 이야기의 '의미'를 이해하는 것과 마찬가지이다. 따라서 영상이야기의 의미를 이해하지 못하면 그것을 보거나 들어봐야 아무 소용이 없을 터이고 영상이야기를 통한 의사소통도 애당초 불가능할 것이다.

영상이야기의 의미중복

영상이야기를 이해하기 위한 방법들 가운데 하나가 의미중복redundancy이다. 의미중복은 상이한 기호들마다 동일한 의미가 반복적으로 구성되는 것으로, "한 메시지 내에서의 예측 가능한 관습적인 특성"(피스크, 1997: 36)이라고 할 수 있다. 'S#5 영상커뮤니케이션'에서 살펴봤던 로만 야콥슨의 커뮤니케이션 모델에서 제시된 언어의 기능들 중에 교감적인 커뮤니케이션을 수월하게 하는 것이 의미중복이다.

매번 그 이야기가 그 이야기, 그 인물이 그 인물 같은 방송드라마나 영화를 지루해 하고 답답해하면서도 그 이야기와 인물에 빠져드는 이유는 의미중복의 관습이 시청자와 관객으로 하여금 더 쉽고 부담 없이 드라마나 영화(이야기와 인물)와 교감하도록 작용하기 때문이다.

의미중복은 일종의 관습이다. 관습은 의미가 중복되면서 동일한 의미를 반복적으로 구성하는 사회문화적인 습관 같은 것으로, "기호에 대한 적절한 사용법이나 기호에 대한 반응을 놓고 사용자들이 합의한 약속"(피스크, 1997: 107)이라고 할 수 있다. 기호가 사회문화적인 차원에서 체계화되거나 기호의 의미가 작용하는 과정에서 관습이 발생한다.

소쉬르의 기호론에 따르면, 기표와 기의는 반드시 어떤 관계를 맺는 것이기 보다 기호사용자의 관습이나 규칙, 합의나 약속에 따라 기표와 기의의 관계와 기호의 의미가 정해진다. 그래서 기호는 자의적이고 유동적이며, 다의적이다. 그렇기 때문에 기호의 의미를 명확하게 이해하는 일은 생각보다 쉽지 않다. 의미를 정확히 알지 못하면 커뮤니케이션 과정에서 자칫 오인(메코네상스)이 발생할 수 있다는 점을 잊지 않았을 것이다.

의미중복과 관습은 기호의 자의성, 유동성, 다의성에도 불구하고 기호의 의미를 보다 간명하게 이해할 수 있게 한다. 관습에 의해 규정된 규칙이나 기호사용자들끼리 합의한 약속에 따라 기호를 공유하면 그 기호의 의미는 한결 쉽게 이해될 수 있다. 의미중복과 관습이 기호의 의미를 잘 이해할 수 있게 한다는 것은 영상을 통한 이야기하기 방식에도 중요한 이론적 토대이다.

여러 차례 언급했지만, 영상은 감각적이고 직관적인 특성을 갖기 때문에 영상이야기와 그 이야기의 의미를 정확하게 독해하고 해독하기 어려울 수 있다. 그러나 동일한 영상이 반복적으로 제시되거나 유사한 영상이 관습적으로 중복되면 그 영상이 하고자 하는 이야기의 의미는 비교적 수월하게 이해될 수 있다.[6]

오래도록 관습이 지속되거나 급기야 고착될 지경에 이르면, 의미의 고정(정박) 가능성이 높아지고, 의미독해와 해독도 일정한 형식적 틀에 갇히면서 새로운 의미를 발견하거나 다양하게 의미를 구성하기가 점차 어려워진다. 예컨대, 비슷비슷한 이야기가 중복되다보면, '또 그 이야기?' 또는, 그 영화가 그 영화 같은 영화를 계속 보다보면, '또 그런 영화?'라는 반응이 나오면서 의미는 제한될 수밖에 없는 것과 같은 이치이다.

그럴수록 새로운 영상과 이야기에 대한 기대는 더 높아진다. 그래서 제작자

---

6 특히 영화영상에서 의미중복과 관습은 장르를 구축하는 중요한 전제조건이다. 대중적인 상업영화의 형식과 내용, 스타일, 이야기와 서사가 관습적으로 특정 의미를 중복시키다보면 유사한 영화들의 범주가 형성되고 그 결과, 특정 장르영화genre film들이 형성되는 것이다. 장르에 대해서는 'S#9 영상 장르와 포맷'에서 구체적으로 살펴볼 것이다.

producer와 감독 같은 영상이야기꾼visual storyteller은 항상 새로운 소재와 주제, 형식과 내용, 스타일과 장르의 영상과 이야기를 발굴하느라 골머리를 앓는다. 새로움이 주는 생경함이 관객을 유인하는 중요한 전략 가운데 하나라는 사실을 잘 알고 있기 때문이다.

영상이야기에서의 시간과 공간

영상과 이야기의 의미는 인물, 사건, 배경의 구성 방식을 통해 해석(분석)되고 독해되며 해독될 수 있다. 특히 배경의 핵심 구성요소인 시간과 공간은 인물과 사건에 비해 비교적 수월하게 영상과 이야기의 의미를 이해할 수 있게 하는 구성요소이다.

먼저 시간의 문제를 살펴보면, 영상으로 재현된 시간은 현실의 물리적 시간과 사뭇 다르다. 실제로는 수백 년에 걸친 시간이 영상으로는 단 1분 만에 압축되고, 실제로는 1분의 시간이 영상으로는 2시간 남짓까지 확장되기도 한다. 영상은 실제 현실의 물리적 시간을 가상의 비현실적인 시간으로 시각화할 수 있기 때문에 영상시간은 물리적 실재를 관념적 허구로 전치시킨다고 할 수 있다.

특히 영상언어의 측면에서 영상시간은 외적 시간과 내적 시간으로 구분된다. 촬영shooting시간으로도 불리는 외적 시간은 카메라가 실제 대상을 바라보며 대상을 영상화하는 과거의 시간이다. 우리가 영상을 바라보는 시점을 기준으로 촬영은 과거에 이루어졌기 때문에 외적 시간은 카메라와 실제 대상이 존재했던 과거의 시간인 셈이다. 또한 촬영시간은 관객이 직접 참여하거나 개입할 수 없는 시간이기 때문에 관객의 영역 밖에 '외적' 형태로 존재했던 과거의 시간이기도 하다.

반면에 내적 시간은 관객이 영화관 안에서 영화를 관람하면서 영화영상과 이야기에 직접 관여할 수 있고, 관객의 영역 안에 '내적' 형태로 존재하는 현재의 시간이다. 또한 관객 시점을 기준으로 하는 상영screening이나 영사projection 시간은 과거의 외적 촬영시간을 현재로 소환한 내적 시간이기도 하다.

내적 시간은 상영(영사)시간인 동시에 상상(의식)시간으로 관객이 영화영상과 이야기를 의식하고 상상하는 관객의 시간이다. 관객은 내적 시간을 통해 영화관과 스크린에 실제로는 부재하는 다양한 영화적 구성요소들을 마치 존재하는 것처럼 의식하고 상상할 수 있다. 영화를 관람하는 동안에 '언제 끝나?'하고 지루해하거나 관람하고 나서 '벌써 끝났어?'라고 아쉬워했던 경험이 있을 것이다. 관객의 내적 시간은 실제 상영시간보다 더 길거나 짧을 수 있기 때문이다.

프랑스의 저명한 철학자 앙리 베르그송^{Henri Bergson}에 의하면(베르그송, 2001), 현재는 순간순간 두 배의 속도로 배가되면서 지나간다고 한다. 현재라는 시간은 과거의 가상적인 이미지가 누적되면서 흘러가기 때문이라는 것이다. 나이가 들수록 시간이 더 빨리 간다는 어르신들의 말씀을 들어봤을 것이다. 그러나 그것은 다만 그렇게 감각된 결과일 뿐 그런 어르신들의 느낌과 베르그송의 주장이 옳을 리 만무하다. 시간은 물리적으로 가속이나 감속이 될 수 없으니 말이다. 그러나 한편으로 베르그송과 어르신들의 말씀이 얼마간 일리 있어 보인다. 과거인 동시에 미래이며, 현재이기도 한 시간에 대한 의식이 그렇게 상상하도록 작용할 수도 있으니 말이다.

영화와 방송프로그램에는 촬영시간(외적 시간)과 상영(방송)시간(내적 시간)이라는 두 가지 물리적 시간과, 관객과 시청자의 상상(의식)시간(내적 시간)이라는 한 가지 관념적 시간이 동시에 존재한다. 상상(의식)시간은 다음 장에서 살펴볼 이야기시간^{story time}과 밀접하게 관련되어 있다. 영화와 방송프로그램의 이야기는 물리적 시간과 관념적 시간이 동시에 관여하면서 구성된다.7

특히 이야기는 시간에 반드시 수반되는 공간에서 발생하는 사건과 사건에 연루된 인물을 통해 극적으로 서사화된다. 영화와 방송프로그램의 공간은 크게 두 가지로 구분된다. 첫째는 우리가 잘 알고 있는 촬영 공간이다. 실내나 실외,

---

7 물리적 시간과 관념적 시간이 구성한 이야기에서 사건은 아리스토텔레스가 이름 붙인 "'일어날 법한probable', '일어날 수밖에 없는necessary' 인과관계로 이루어진다"(티어노, 2008: 9).

실제나 실제가 아닌 모든 공간이 촬영 공간에 해당될 수 있다. 제작자(감독)는 촬영 공간이 단지 영화와 방송프로그램에만 존재하는 가상의 공간이 아니라 현실에도 존재할 수 있는 실제 공간인 것처럼 보여주고자 한다. 그러나 허구에 기반을 두는 극영화와 방송드라마에서 시간과 공간을 포함한 모든 이야기 구성요소는 이야기 자체가 그렇듯이 거짓이다.

세트라는 영화적 공간을 예로 들면, 세트에 설치된 집, 거리, 방, 심지어 도시조차 실제 현실에는 존재하지 않는다. 한쪽 벽면이나 천장이 뚫려 있거나 담과 창의 건너편에는 목재로 만들어진 지지대가 있기도 하고, 아예 건물 자체가 홑겹의 나무판으로 만들어지기도 한다. 영화와 방송드라마는 임의로 분리되고 조립된 가공물을 배경으로 허구적 환영을 만들어내면서 마치 실제 현실인 양 눈속임하는 셈이다.

둘째는 영화관이라는 공간이다. 영화를 보러간다는 것은 단지 영화 한 편을 관람하는 것만을 의미하지 않는다. 우리는 한 편의 영화와 함께 혼자만의 시간을 갖기 위해서, 친구나 연인, 가족과 소중한 추억을 만들기 위해서 영화관이라는 공간을 찾는다. 혹은 화롯불 주변에 둘러앉아 이런저런 이야기를 나누었던 오래전 원시시절의 기억 때문일 수도 있다. 우리는 그 기억을 추억삼아 영화관에서 영상을 듣고 이야기를 보면서 영화가 주는 "현실에 대한 완벽한 환상"(바쟁, 2013: 372)의 신비로움을 경험한다. 영화관이라는 공간에서 우리는 현실에서 결코 경험할 수 없는 것들을 의식하고 상상할 수 있다. 그래서 '영화 같은 현실'이나 '현실 같은 영화'라는 표현이 영화관 안에서 만큼은 잘 맞아떨어진다.

언어로서의 영상과 영상이야기

영상은 언어다

한 번 본 다큐멘터리나 영화, 방송드라마나 예능프로그램을 시차를 두고 다시 보기 할 때마다 새로운 영상이 들리거나 새로운 이야기가 보일 때가 있다. 그만 큼 영상이 들려주고 이야기가 보여주는 것은 매번 새롭다. 영상은 들리는 시각 뿐만 아니라 보이는 청각을 통해서도 이야기한다. 따라서 영상은 언어이고, 반 대로 언어가 영상이라고 할 수 있다. 영상은 언어의 기능을 하고, 언어는 영상의 역할을 한다는 것이 보다 정확한 표현일 듯도 하다.

영상은 바라보고 바라보이는 동시에 이야기하고 이야기된다. 지금부터 우리 가 살펴볼 것들의 결론이다. 이렇게 결론부터 먼저 언급하는 이유는 이 결론이 반박의 여지가 없을 만큼 확증된 명제이기 때문이다. 어느 문화든 문화는 언어 를 통해 이야기하고, 어느 언어든 언어는 그 언어를 사용하는 사회와 문화를 상 징한다. 그렇기 때문에 언어는 대표적인 사회문화적 상징이라고 할 수 있다.

한 사회 내에서 동일한 언어를 사용하는 이들은 공통의 이야기하기 방식을 통해 서로의 문화를 공유한다. 이처럼 언어와 문화는 구성원들 사이에서 커뮤니 케이션을 원활하게 만드는 도구나 수단으로 기능하기 마련이다. 또한 사회 구성 원들은 언어를 통해 이야기를 주고받으며 특정 문화를 향유하고 그 안에서 커뮤 니케이션하면서 서로 관계를 맺는다.

프랑스의 작가주의auteurism 영화를 촉발한 영화감독이자 비평가인 알렉산드르 아스트뤽Alexandre Astruc은 〈새로운 아방가르드, 카메라 만년필The Birth of a New Avant-Garde: La Caméra-Stylo〉(1948)에서 카메라 만년필caméra-stylo, camera-pen이라는 개념을 통해 영화가 회화나 소설처럼 하나의 (언어적인) 표현수단이고, 장터의 구경거리나 길거리 연극 같은 오락거리이며, 이미지를 기록하는 데서 벗어나 '언어'가 되고 있다고 주장한 바 있다(Astruc, 1968: 17-23).

아스트뤽은 예술가가 자신의 사고를 표현하는 형식이 추상적일지라도 마치 에세이나 소설처럼 자신의 생각을 정확하게 나타낼 수 있기 때문에 "나는 이 시기(1940년대 말)를 카메라 만년필의 시대라고 부른다"(카세티, 2012: 124에서 재인용)라고 천명했다. 글을 쓰는 도구인 만년필을 카메라에 빗대 카메라도 만년필처럼 영화를 쓸 수 있다는 아스트뤽의 발상은 후대 영화인들에게 영화의 표현수단은

오른쪽은 알렉산드르 아스트뤽.
아래는 아스트뤽의 영화 〈여인의 일생Une Vie〉(1958) 포스터와 그가 저술한 《카메라 만년필》 표지.

(영상)언어이고, 형식도구는 두말할 나위 없이 만년필의 역할을 하는 카메라라는
사실을 각인시켰다.

영화언어

영화와 방송프로그램의 최소 영상단위인 쇼트는 단지 시각적으로만 기능하지
않는다. 쇼트는 말과 글의 역할을 한다. 이와 같은 착안은 알렉산드르 아스트뤽
의 후대 영화이론가인 크리스티앙 메츠의 영화기호학film semiotics의 토대가 된다.
그는 이른바 **영화언어**film language를 역설했다(Metz, 1974, 1991).

　메츠의 언어학 기반의 영화분석은 영화영상을 상대적으로 신중하고 중요하
게 다루지 않는다는 비판을 받기도 했다.[8] 그러나 언어적 구조를 영화의 핵심
분석도구로 설정한 메츠의 아이디어는 영화영상을 마치 언어처럼 개별적으로
'뜯어' 보고 집합적으로 '모아' 볼 수 있게 하는 효과적인 방법이라는 점에서 주
목을 받았다.

　크리스티앙 메츠도 관객이 영화영상으로부터 받는 현실적 인상이 영화이론
의 핵심이라는 앙드레 바쟁의 인식에 동의했다(Metz, 1991: 31-91). 메츠는 바쟁
의 주장을 바탕으로 필름을 물리적으로 자르고 붙이는 편집의 이론적 원리를
뜻하는 **접합**articulation을 이용해 영화영상의 언어적 구조에 관한 거의 완벽에 가
까운 이론을 구축했다. 그는 접합을 단순히 쇼트를 자르고 붙이는 편집보다 이

8　프랑스의 철학자이자 사회학자인 질 들뢰즈Gilles Deleuze는 메츠가 주장한 영화영상의 언어적 접근
　　방식을 강력히 논박했다. 언어가 영화분석의 유일하고 주요한 방법론이 될 수 없다는 것이 들뢰즈
　　의 논거였다. 두 사람의 인식 차이의 핵심은 서사를 바라보는 관점에 있다. 언어의 계열체, 통합체
　　분석을 통해 영화의 서사를 이해할 수 있다고 주장한 메츠와 달리 들뢰즈는 서사는 가시적인 이미
　　지들 자체와 이미지들이 결합된 결과에 불과하고 비언어적인 이미지가 서사에 선행하기 때문에 이
　　미지는 계열체, 통합체와 그 어떤 관계도 맺지 않으며, 아무런 의미작용도 하지 않고, 통사적인 구조
　　도 갖지 않은 소재일 뿐이라고 강조했다(Deleuze, 1989: 26-27).

이것이 영상언어 영화이상의 언어이다

S#7

야기를 자르고 붙이는 것으로 이해했으며, 무엇보다 영상에도 언어처럼 문법이 적용될 수 있음을 논증했다.

바쟁이 영상의 공간성을 탐구했던 데 반해 메츠는 영상의 시간성을 천착했다. 엄밀히 말하면 메츠가 관심을 기울였던 것은 시간성이라기보다 언어의 '시간적 배열'이라고 하는 것이 더 정확할 것이다. 메츠는 영화영상이 언어의 문법처럼 체계적으로 조직화될 수 있기 때문에 역으로 그것을 분절(분리하고 절단하는)할 수도 있다고 생각했다. 쇼트를 단어로, 쇼트들의 접합을 단어들의 조합인 문장으로 가정할 수 있다는 것이다.

물론 메츠도 바쟁처럼 몽타주 자체는 반대했지만 그는 쇼트들의 일련의 시간적 배열(접합)이 몽타주처럼 이야기를 만들어낸다고 믿었다. 특히 크리스티앙 메츠는 이야기가 시간적 순서로 배열되는 데 있어 특정한 규칙과 관습이 적용된다고 강조했다. 하나의 쇼트가 다른 쇼트로, 한 신이 다른 신으로 연결되는 데 있어 반복적으로 활용되는 편집상의 규칙과 관습이 이야기하기에도 적용될 수 있다는 것이다. 메츠가 주창한 영화언어론은 이야기 자체, 이야기하기, 시공간의 변화, 인과관계, 인과관계에 따라 발생하는 사건에 모두 해당된다.

영화적 공간, 디에게시스의 영상언어

영상이 언어처럼 이야기한다. 영상은 단지 바라보거나 바라보이는 대상이 아니라 말이나 글처럼 듣거나 들리며, 읽거나 읽힐 수 있는 것이다. 영상이 보여주는 것에 그치지 않고 언어처럼 이야기하며 들려주기도 하는 셈이다. 이와 같이 언어의 문법이 영상의 구조에도 적용될 수 있다는 주장의 논거는 문화연구의 주요 이론이자 방법론 가운데 하나인 구조주의에 있다.

앞서 살펴본 크리스티앙 메츠도 구조주의자 가운데 한 명이다. 메츠가 제안한 영화기호학을 포함해, 기호학은 구조주의 언어학을 대표하는 학문이기도 하다. 기호학은 각양각색의 문화적 의미들이 구성되거나 재구성되는 데 있어 언어(구조)가 핵심요소로 작동한다고 전제한다. 앞서 'S#6 의미와 의미작용'에서 등장했던 페르디낭 드 소쉬르와 찰스 S. 퍼스는 대표적인 기호학자들이다.

언어학적 측면에서 볼 때, 언어는 단지 사물이나 관념에 이름을 붙이는 일만 하지 않는다. 우리의 삶과 우리가 살아가는 현실의 의미는 언어를 통해 구성되기도 한다. 우리는 누구나 "언어 없이는 사고할 수 없으며, 언어를 전혀 갖고 있지 못한 대상에 대해 '사고하기'는 상상하기 어렵다. 우리는 언어를 통해 우리 문화의 일원이 되고, 언어를 통해 우리의 개인적인 정체성을 획득하며, 언어를 통해 우리의 삶을 구조화하는 가치 체계를 내면화"(터너, 1994: 73)하기 때문이다.

따라서 언어는 우리의 정체성을 정립하고, 우리의 삶의 방식인 문화를 비롯해 삶과 문화의 의미까지 구성한다고 할 수 있다. 특히 말이나 글 같은 문자언어가 인간의 사회문화적인 행위의 과정과 결과를 논리적으로 설명해준다면, 영화의 언어적 가치를 강조하는 영상언어로 표현된 영화는 "'말하고', '표현하고', '소통'하며, 자신에게 적합한 언어를 소유하고 활용"(카세티, 2012: 124)한다. 영화는 영상언어를 통해 영화에 등장하는 인물의 행동과 사건의 전개를 논리적으로 체계화하는 것이다.

영화가 영상언어적인 기능과 역할을 수행한다는 사실을 이해할 수 있게 하는 개념 가운데 하나가 **디에게시스**diegesis이다. 디에게시스는 극영화의 허구적 세계를 가리킨다. 현실에는 존재하지 않는 비현실적인 공간이 디에게시스인 것이다. 앞에서 영화적 공간은 진짜가 아닌데도 불구하고 마치 진짜인 것처럼 보이며, 영화관은 그 진짜 같은 가짜를 더욱 진짜처럼 의식하게 하는 공간이라고 얘기한 적이 있다. 이것이 디에게시스의 전형적인 특징이다.

짐짓 진짜인 것처럼 꾸며진 가짜의 공간, 현실을 그럴듯하게 가공한 비현실의 세계인 디에게시스는 플라톤과 아리스토텔레스가 미묘하게 신경전을 벌였던 모방으로서의 미메시스와 대립된다(채트먼, 2001: 167-187; Genette, 1980; 41-43, 162-163). 플라톤과 아리스토텔레스의 논쟁에 전적으로 동의하지 않지만 이야기가 전개되는 허구적 세계인 디에게시스가 문자언어의 말하기를 통해 사건을 서술하고 인물(대상)을 묘사한다는 이들의 통찰은 충분히 새겨들을 만하다.

예를 들어, 연극에서 디에게시스는 관객이 직접 눈으로 볼 수 없지만 배우가 말하는 사건을 간접적으로 들으면서 이야기를 이해할 수 있게 하는 공간(연극의 허구적인 무대 공간)이라고 할 수 있다. 반면에 연극에서 배우가 말(대사)과 같은 언어가 아니라 행위(연기)와 같은 비언어를 통해 관객에게 마치 실제 상황을 모방한 것처럼 사건을 직접 보여줌으로써 이야기를 이미지로 재현하는 것이 미메시스이다.

디에게시스는 영화 안에서 전개되는 허구의 이야기 세계와 그 이야기를 영상을 통해 보고 듣는 또 하나의 영화적 공간인 영화관을 동시에 가리키기도 한다. 'S#2 영상, 그 오래된 미래'에서 살펴봤듯이, 영화관은 플라톤의 '동굴'을 떠올리게 하는 대표적인 디에게시스이다. 플라톤이 비유한 동굴의 구조는 영화관과 흡사하다. 동굴처럼 어두운 영화관은 광원을 등지고 앉아 동굴 벽과 동일한 기능을 하는 스크린에 일렁이는 빛과 그림자의 환영을 보여주며 이런저런 영상이야기를 보고 들을 수 있게 하는 상상의 공간이다.

또한 영화관은 관음증의 즐거움이 공인된 디에게시스이기도 하다. 관객은 깜깜한 객석에 몸을 숨긴 채 현실적인 비현실, 비현실적인 현실의 시공간을 넘나들며 스크린 위에 펼쳐지는 영상을 비롯해 영상 너머의 또 다른 현실과 비현실의 시공간까지 훔쳐볼 수 있다. 관객의 욕망이 꿈틀거리는 곳이 바로 디에게시스로서의 영화관인 셈이다.

영화가 디에게시스를 통해 보여주고 들려주는 영상이야기는 흔히 핍진성으로 번역되는 **그럴듯함**verisimilitude을 가장한 허구의 공간에서 펼쳐진다. 극영화와 드라마는 실재하지 않는 것을 실재하는 것처럼, 다큐멘터리는 실재하는 것을 실재하는 그대로 이야기한다. 또한 극영화와 드라마는 있을 것 같지 않은 이야기를, 다큐멘터리는 있을 수밖에 없는 이야기를 영상으로 들려주고 보여준다. 따라서 사실을 바탕으로 이야기하는 다큐멘터리 공간은 극영화와 드라마 공간과 달리 디에게시스를 적용하기 여의치 않은 곳이기도 하다.

영상이야기를 통한 동일시

사진과 영화의 유산을 물려받은 텔레비전도 별반 다르지 않다. 하지만 영화는 사진이나 텔레비전보다 더 진짜처럼 보이거나 실제와 비슷하게 느껴지는 현실 효과를 통해 관객의 몰입을 유인한다. 실제 같은 효과를 통해 관객을 몰입시키는 방법들 가운데 하나가 동일시다. 동일시는 관객과 카메라, 관객과 등장인물, 관객과 이야기 사이에서 이루어진다.

관객과 카메라는 '눈의 일치'를 통해 서로를 동일시한다. 관객의 눈은 카메라의 눈(렌즈)이 바라본 것을 바라보기 때문에 관객과 카메라 눈의 일치는 관객과 카메라의 시점을 동일하게 만들고, 이를 통해 관객과 등장인물의 동일시가 이루어지도록 한다. 관객과 등장인물의 동일시는 관객이 등장인물의 성격이나 취향에 공감하며 사건을 통해 등장인물과 자신을 동일시하는 것으로, 영화 관람 중에도 이루어지고 관람 후까지 지속되기도 한다. 관객과 이야기의 동일시는 관객이 작가와 감독이 설계해놓은 영화적 장치들에 의해 구조화된 이야기에 몰입하면서 이야기 자체에 자신을 위치시키며 이루어진다.

카메라의 눈을 작가나 감독의 눈으로 대체하면, 카메라라는 기계의 기술적technical 눈이 작가와 감독의 기술적descriptive 눈으로 바뀌면서 관객은 영상이야기와 보다 더 적극적으로 동일시를 시도한다는 것을 알 수 있다. 정신분석학자 지그문트 프로이트는 동일시를 "개인의 내면적인 갈망을 다른 대상에 투영한다는 것으로 설명한다. 즉 동일시란 관객 자신의 무의식의 세계에 감추어 두었던 욕망에서 그 동기가 유발된 것으로 심리학적인 관행"(프로이트, 2004; 장일·조진희, 2007, 234)이다.

관객은 등장인물의 외모, 성격, 취향이나 인물이 존재하는 시공간과 마주친 사건 등에 자신을 몰입시키는 동시에 인물과 관련된 이야기에도 자신을 이입시켜 자신에게 결핍된 것을 충족시키고자 하는 욕망을 드러낸다. 관객은 특정 인물을 "'볼look' 뿐만 아니라 '관찰한다spectate' 관객들은 영화 속의 행위가 그들을 위해 펼쳐지는 것임에도 마치 그들이 존재하지 않는 것처럼 재현되기 때문에 영화로부터 '분리separated'"(터너, 1994: 162)되는 것이다.

영화(이야기)에 몰입하고 특정 인물과 동일시하는 관객이 영화(이야기)와 인물의 부재를 깨닫는 순간 마치 '튕겨지듯이' 영화로부터 분리된다는 터너의 비판이 역설적이다. 프로이트의 꿈의 해석을 재해석하여 동일시에 적용해보면, 동일시는 실제가 아닌 가상의 시공간에서 욕망을 충족하는 행위라고 할 수 있다. 따라서 관객은 동일시와 동일시를 위한 몰입을 통해 실제 현실에서 부딪치는 문제로부터 도피하고자 스스로를 자기 합리화하려 한다는 비판을 받을 수도 있다.

또한 관객은 온갖 고난과 역경을 딛고 마침내 성공을 거두는 영웅처럼 묘사된 주인공을 자신에게 투영하며 주인공과 동일시를 꾀함으로써 자본주의 사회에서 물신숭배적인 성공 신화를 꿈꾸는 관객 자신의 욕망마저 정당화한다. 그러나 이와 같은 동일시는 비현실적이고 상상적인 동일시에 불과하다.

유고슬라비아의 저명한 철학자이자 정치가이며, 자크 라캉의 정신분석학에 기반을 두는 비판이론가 슬라보예 지젝Slavoj Žižek은 라캉이 상상계와 상징계를 구분한 것처럼 상상적인 동일시와 상징적인 동일시를 구분했다. 지젝에 의하면, "상상적인 동일시는 그렇게 되면 우리가 우리 자신에게 좋아할 만하게 보이거나 우리가 그렇게 되고 싶은 이미지와 동일시하는 것이고, 상징적인 동일시는 우리가 관찰당하는 위치와 우리가 우리 자신을 바라보게 되는 위치와 동일시하는 것"(지젝, 2002: 184)이라고 할 수 있다.

상상적인 동일시는 영화의 특정 인물에 동일시하는 것처럼 실제로는 불가능하지만 그렇게 되고 싶은 이상적인 자아 이미지를 추구하는 동일시이다. 반면에 상징적인 동일시는 어느 누군가가 아니라 자신이 자신을 동일시의 대상으로 간주할 수 있는 지점에 위치시킴으로써 상상적인 동일시를 해소하는 동일시라고 할 수 있다.

욕망과 정화의 이야기

영화영상과 영상이야기를 통한 동일시의 기저에는 욕망과 정화라는 두 가지 속성이 깔려있다. 욕망은 현실과 상상 사이에 존재한다(프로이트, 2004). 영화는 이 현실과 상상 사이를 오가며 욕망을 부추기거나 충족시키기도 한다. 또한 관객은 영화관이라는 현실적이자 비현실적인 공간에서 두 시간 안팎의 시간 동안 상상의 공간(디에게시스)으로 진입해 자신의 욕망을 추구하고 탐닉한다.

그러나 대부분의 경우에 관객의 욕망 추구와 탐닉은 완전한 몰입이나 동일시가 이루어지지 않기 때문에 실패로 귀결되고 만다. 관객은 (극)영화나 드라마가 실제와 유사하게 재현되거나 구성된 가상의 환영이라는 사실로부터 온전히 벗어날 수 없음을 자각하기 때문이다.

따라서 관객은 이야기를 주도적으로 끌고 가는 등장인물에 대한 거리 두기를 시도하며 관찰자로서의 역할에 충실하고자 자신과의 타협을 선택한다. 관객은 등장인물로 대변되는 감독이나 작가, 심지어 영화 자체에 대해 적당히 거리를 두면서 영화는 영화이고, 현실은 현실일 뿐이라고 결론을 내리며 스스로 관찰자로서 자리매김하는 것이다.

그럼에도 불구하고 관객의 타협적 선택과 자리매김은 항상 관객이 의도한 결과로 이어지지는 않는다. 'S#5 영상커뮤니케이션'에서 살펴본 관음증처럼 남성 관객의 응시가 관객 "자신의 시선에 걸린 존재를 '대상화하는' 관음자의 그것으로 묘사"(터너, 1994: 162)되면서 (남성)관객에게 영상이야기로의 몰입과 등장인물로의 동일시를 교묘하고 은밀하게 강제하기 때문이다. (남성)관객이 그 시선의 쾌락으로부터 탈피하기란 그리 쉽지 않다는 것이다.

관객이 두 번째로 선택하는 것이 정화의 뜻을 갖는 카타르시스이다. 아리스토텔레스는 이야기가 관객의 마음을 움직여 카타르시스를 불러일으키기 위해서 이야기는 반드시 극적인 통일을 이루어야 한다고 강조했다. 이야기는 인물이 아니라 인물의 '전체를 관통하는 흐름'인 인물의 행동을 통해 극적인 통일성을 갖춘다. 만일 주인공이 자신의 행동을 통해 사건을 주도하면 이야기는 명확하게 하나oneness가 되고 복수의 이야기들이 서로 긴밀하게 이어지며(티어노, 2008: 47-48) 관객을 이야기 속으로 강력하게 흡인한다. 카타르시스는 일종의 정서적인 배기emotional purging로서, "극적인 스토리텔링의 전부이며 모든 이야기 속 사건들이 관객들의 마음속에서 반드시 성취해야 하는 것"(티어노, 2008: 26)이다.

영상이야기의 의식과 상상

현실과 현실이 아닌 것, 실제와 실제가 아닌 것 사이에는 분명하게 간극이 있다. 그 틈을 좁히기 위해 인간은 꿈을 꾼다. 꿈에서나마 그 사이에 놓인 경계를 넘나들 수 있기 때문이다. 현실에서는 이루어질 수 없거나 실제로 존재하지 않는 것이 꿈에서는 얼마든지 상상(몽상이기도 한)을 통해 이루어지거나 존재할 수 있다. 현실적이거나 실제적인 영역에 속하지 않는다고 해서 꿈과 상상이 반드시 비현실적이거나 비실제적이라고 할 수는 없다.

꿈과 상상을 촉발하고 진작시키는 것들 가운데 하나가 영상이 보여주고 들려주는 이야기이다. 'S#3 영상의 의식과 상상'에서 살펴봤듯이, 영화와 텔레비전 영상은 움직인다. 카메라, 카메라 앞의 실제 대상, 실제 대상의 영상, 관객의 마음까지 모두 움직인다. 영상 자체가 움직이고, 영상이 움직임을 유발하기도 하며, 영상을 통해 관객(마음)도 움직이면서 영상이야기는 의식되고 상상된다.

이야기의 구조를 갖춘 서사영화narrative cinema에서 이야기는 서사를 움직이게 하고, 서사는 이야기에 의해 움직인다. 이 움직임들이 우리를 더욱 꿈꾸게 한다. 한 편의 영화나 방송프로그램을 본다는 것은 본질적으로 영화와 방송프로그램의 영상(소리를 포함한)이 보여주고 들려주는 이야기를 본다는 것이다. 영화와 방송프로그램을 보고 듣는 것은 결국 이야기를 보고 듣는 것이라고 할 수 있다.

영상은 이야기가 되어 말을 하고, 이야기는 영상으로 보이고 들린다. 영상의 모든 움직임을 통해 감각되고 지각되는 실제를 닮은 상(오카다 스스무가 제안한 유사상)에 대한 의식과 상상은 영상이야기를 통해 이루어진다. 또한 영상을 통한 움직임은 피사체나 카메라 혹은 관객 마음의 움직임 등 어떤 것이든 관계없이 시청각적으로 즉각 확인할 수 있다.

특히 대부분의 경우 영상에는 소리가 있다. 대사dialogue, 내레이션narration, 보이스오버voice-over, 음향효과sound effect, 소음noise, 묵음silence 등의 소리들이 영상과 함께 움직이며 이야기한다. 영상과 소리는 "이야기의 지속성 속에서 깊이 있게 정착되거나 아니면 반대로 급변을 유도하여 경계의 개념을 흐리게 하기도 한다. 여기에 소리는 프레임에서 벗어나기라는 강한 잠재성을 덧붙이기도 한다. 카메라의 시각과는 달리 소리는 사각형의 경계로 구분할 수 없으며 스크린이 아닌 객석을 떠다닌다"(소르랭, 2009: 198).

소리는 카메라와 스크린을 벗어나 관객에게 직접 도달할 수 있다. 예컨대, 영상음향 용어들 중에 온스크린 사운드 on-screen sound와 오프스크린 사운드 off-screen sound라는 것이 있다. 이름만 봐도 알 수 있듯이, 온스크린 사운드는 스크린(프레임) 내부에 소리의 발원지가 있는 것이고, 오프스크린 사운드는 스크린(프레임) 외부에서 들려오는 소리이다. 특히 스크린(프레임) 밖에서 들리는 오프스크린 사운드의 음원은 프레임 내부에는 없다. 따라서 객석에 앉아 있는 관객은 오프스크린 사운드를 내는 대상을 볼 수 없지만 그 대상의 소리를 들을 수는 있다.

소리에는 실체가 없다. 대신 영상으로 자신의 모습을 드러내며, 소리가 포함된 영상을 의식하고 상상하게 하는 이야기 구성요소가 소리이다. 영상이 이야기한다기보다 소리가 이야기한다고 하는 게 더 정확한 표현일 수도 있다. 영상은 이야기를 시각적으로 보여주는 것이지 직접 이야기하지 않는 데 반해 소리는 이야기 자체이거니와 이야기하기의 주체이기 때문이다.

반대로, 이야기하는 것은 영상이고, 보여주는 것은 소리라는 반론이 있을 수도 있다. 당연히 맞는 말이다. 소리가 이야기를 들려주면 영상이, 영상을 바라보다보면 소리가 연상되기 때문이다. 따지고 보면 소리가 없는 영상은 없다. 소리가 없다는 것도 소리의 일종이다. 따라서 소리(묵음 포함)가 있는 영상, 영상이 있는 소리가 개별적으로 또는 집합적으로 결합되어 이야기를 보여주고 영상을 들려준다고 할 수 있다.

혹시 인간의 눈은 둘인데 카메라의 눈(렌즈)이 하나인 이유를 아는가? 근래에는 3D 입체영상을 만들거나 볼 수 있도록 하는 양안 렌즈도 있고, 듀얼 카메라를 장착한 스마트폰도 대중화되었지만 일반적으로 카메라는 한 개의 눈만 가지고 있다. 카메라가 외눈박이인 이유를 고민하다보니 마술사 출신의 영화감독 조르주 멜리에스 Georges Méliès의 '오직 카메라만이 관객'이라는 경구가 떠오른다. 이 격언은 카메라의 외눈이 관객의 두 눈을 대신해 새로운 세상을 보여줄 수 있다는 마법 같은 영화에 대한 예찬이다.

영화 관객과 방송 시청자는 카메라 눈(렌즈)이 바라본 것만을 볼 수 있다. 한 개의 카메라 눈이 바라보고 들은 이야기를 인간의 두 눈과 두 귀가 따라서 바라보고 듣는다. 카메라를 통해서만 세상에 대한 이야기를 바라보거나 들을 수 있다니 왠지 억울한 생각이 들기도 한다. 그러나 영상은 그런 것이니 어쩔 도리가 없다. 카메라의 시선(눈길)이 인간의 눈길(시선)이고, 카메라의 시점이 인간의 관점이 되는 아이러니를 우리는 이미 'S#3 영상의 의식과 상상'에서 충분히 목도했으니 말이다.

비록 인간이 영상으로 이야기하려면 카메라를 통할 수밖에 없더라도 그것은 잠시 카메라에 인간의 눈과 귀를 빌려준 것일 뿐이다. 카메라가 보여주고 들려주는 영상이야기는 결국 인간의 이야기이다. 따라서 불공평하다고 불만을 가질 필요는 없다. 다만 한 가지만 주의 깊게 살피면 어떨까 싶다. 어떤 매체에서 보이는 영상이든 관계없이 영상은 진실만을 말하지는 않는다. 영상적인 진실^{visual truth}에 대해 이야기할 수는 있지만 그것이 실제 현실의 진실에 대한 것은 아니라는 사실말이다.

프랑스의 영화이론가인 피에르 소르랭^{Pierre Sorlin}이 조언했듯이(소르랭, 2009), 영화를 단지 여행 일정이나 과정처럼 일종의 '여정'으로 대하면 어떨까? 두 시간 안팎의 시간 동안 영화관이라는 공간으로 여행을 떠나 큰 부담 없이 영화의 영상이야기가 보여주고 들려주는 영상적인 진실을 만나고 돌아오면 그만인 여행말이다.

우리는 비록 "영화를 대상으로 생각하지 못하고, 영화 속의 말을 알아듣지 못하더라도 계속 영화를 보게 될 것이다. 어찌 되었든 간에 영화에는 움직이는 형태들이 존재"(소르랭, 2009: 151)하고, 영화는 '움직임의 글쓰기'(소르랭, 2009: 202)이기 때문에 우리는 그 움직이는 형태들을 바라보고, 움직임이 쓴 이야기를 엿보는 것으로 만족할 수도 있지 않을까? 굳이 우리가 살아가는 현실의 진실까지 영화나 방송에 기대할 필요 없이, 단지 우리 같은 평범한 사람들의 이야기를 엿보거나 엿듣는 것으로 충분하지 않을까 싶다. 그것이 더욱 의미 있는 이야기일 수도 있기 때문이다.

훌륭한 극적 이야기란 보편적인 인간의 삶과 행동을 그린다(티어노, 2008: 54).

S#8
서사의 전통과 영상서사

"영화는 알지 못하는 사이에 시나리오의 시대로 돌입했고, 내용과 형식의 관계는 역전했다."

- 앙드레 바쟁(André Bazin), 1998: 142-143

서사의 전통

이야기 구조, 서사

> 말로 구술된 언어나 글로 기술된 언어로, 고정 이미지나 움직이는 이미지들로, 몸짓들로, 그리고 이런 모든 재료들의 질서정연한 혼합으로, 그 어떤 것으로든 서사는 이루어질 수 있다. …… 서사는 모든 시대와 장소, 사회에 걸쳐 나타난다. 서사는 인류 역사의 시작과 함께 있었기 때문에 서사가 없는 시공간에 살았던 사람들은 없다(Barthes, 1982: 251-252).

롤랑 바르트는 세상에는 셀 수도 없을 만큼 무수히 많은 **서사**narrative가 있다고 이야기했다. 바르트의 이 말은 반박 불가능할 만큼 너무 당연하다. 사람들은 저마다 자신만의 이야기를 가지고, 그 이야기를 주고받으며, 특정 시공간에서 이런저런 사건들을 겪으면서 살아간다.

앞 장에서 모든 이야기는 서사로 만들어진다고 이야기한 바 있다. 시대와 장소, 사회와 문화를 넘나들며 인간이 경험하는 세계를 가장 보편적으로 조직하는 기본적인 장치(Branigan, 1992) 가운데 하나가 서사이다. 서사는 이야기 주체인 인물이 시간과 공간이라는 이야기 배경에서 구성되는 일련의 연속적인 사건에 관여하는 이야기 '구조'라고 할 수 있다. 이야기와 마찬가지로, "모든 시대, 모든 문화에서 인간 역사의 시초부터 존재했던, 문화적 보편성을 내포하고 있는 것이 내러티브의 패러다임이며, 따라서 내러티브는 언제나 삶 자체만큼 자연스러운 것"(랩슬리·웨스틀레이크, 1995: 179)이다.

이야기, 이야기의 구성, 서사는 다르다. 사건이 발생한 순서에 따라 배열된 것이 이야기이고(Rimmon-Kenan, 1983), 인물과 배경이 묶인 존재들과 사건들을 결합시키는 것(채트먼, 2001)이 이야기의 구성이며, 하나의 이야기를 연속적으로 연결시켜 시퀀스sequence로 조직화하는 장치, 전략, 관습이 서사이다(O'Sulivan et al., 1983).

미국의 문학평론가이자 영화비평가인 시모어 채트먼Seymour Chatman은 논증 argument, 묘사description, 설명exposition을 구분하면서 서사를 이것들과 다른 텍스트 유형이라고 강조했다(채트먼, 2001: 17-40). 채트먼에 따르면, 설명은 사실이나 입장을 밝히기 위한 해설이고, 논증은 옳고 그름을 논리적으로 입증하는 것이다. 설명과 논증은 어느 정도의 자의성을 전제한다. 반면에 묘사는 "스토리의 시공간적인 세계를 구성하는 성분으로서 서술적"(채트먼, 2001: 41)인 특성을 갖고 있으며, 무엇보다 그 자체로 논리를 가진 인과적이고 필연적인 연속이라고 할 수 있다.

특히 채트먼은 서사를 이야기와 **담론**discourse으로 구분했는데, 이야기는 인물, 사건, 존재물들(인물과 배경)이고, 담론은 화법, 묘사, 시점을 포괄하는 개념으로 화자인 등장인물이나 작가가 이야기를 표현하는 서술행위이다(Chatman, 1978, 26-27). 이야기가 "'무엇', 그 자체라고 한다면, 서사는 시공간의 변화에 따른 인과관계에 의해 발생하는 실제나 허구의 사건들의 연결이라는 구체성"(강승묵, 2011: 16)을 띠고 있다. 더 간단히 정의하면, 서사는 복수의 사건들을 연결시켜 전개되는 이야기 '구조'이다.

따라서 이야기는 '무엇'에 해당하는 내용이고, 담론은 그 '무엇'을 '어떻게' 서술하는지를 가리키는 형식이라고 할 수 있다. 앞 장에서 살펴봤듯이, 이야기가 이야기다워지기 위해서는 체계적으로 구조화되어야 한다. 체계화된 이야기와 그 이야기 구조가 곧 서사이다. 이야기가 체계적으로 구조화된 서사에는 반드시 사건, 인물, 배경이 있어야 한다.

세상의 모든 영상작품에는 이야기가 있고, 그 이야기는 당연히 서사로 구조화되어 있다. 간혹 이야기는 있어도 서사가 없는 영상작품도 있지만 그런 작품의 이야기는 여간해서 이해하기가 쉽지 않다. 또한 세상의 모든 이야기에는 시작과 끝이 있다. 이야기의 시작 지점부터 선형적으로 이야기를 전진시켜 끝을 향하게 하는 것이 서사의 오래된 전통이다. 보통 장편영화는 두 시간 안팎의 시간 동안 상영된다. 길면 길고, 짧으면 짧을 수도 있는 이 시간 동안 이야기는 하나의 주제를 향해 전진(플래시백과 같은 회상도 궁극적으로 전진에 해당)한다. 그 과정을 통해 이야기는 치밀하고 섬세하게 체계적으로 구조화되면서 서사가 된다.

서사의 구성요소들 - 1. 사건

아리스토텔레스의 《시학》은 비극을 기본 전제로 쓰였다.[1] 비극은 희극과 엄격히 분리되는 진지한 드라마serious drama라는 뜻을 가지고 있다(티어노, 2008: 18-19). 단지 슬픈 극이어서가 아니라 진지한 극적dramatic 구조를 가지고 있는 극이 비극인 셈이다. 비극이 비극으로서 진지해지기 위해서는 이야기가 극적으로 구조화되어야 한다. 특히 극 중 사건은 반드시 극적이어야 한다.

　극drama에는 느닷없이 우연처럼 발생하는 사건이란 존재하지 않는다. 현실에서는 우연이라고 할 만한 일들이 실제로 일어나지만 극에서는 우연조차 반드시 필연이어야 하고 최소한 필연을 가장한 우연이어야 한다. 극적 사건은 인물에게 부가된 긴장과 갈등, 곤경과 역경이나 그것들의 극복 과정과 결과 전반에 두루 걸쳐 있다. 극에서 인물이 처한 상황은 물리적인 시공간의 변화를 거치며 사건이 되고, 하나의 사건은 다른 사건과, 그 사건은 또 다른 사건과 유기적으로 연계된다.

1　아리스토텔레스의 《시학》을 읽지 않거나 이해하지 못한 채 서사를 논하는 것은 당치 않은 일이다. 하지만 그렇더라도 《시학》만이 가장 완전한 구조의 이야기를 만드는 방법을 알려주는 지침서라고 할 수는 없다. 특히 영화의 경우 《시학》이 시나리오 쓰기의 비밀을 간직한 보물창고가 될 수는 없다. 그럼에도 불구하고 아리스토텔레스의 《시학》이 우리에게 시나리오 쓰기의 중요한 출발점이 될 수 있는 기회를 준 것은 행운이다.

시(공)간의 연속이 사건의 전개 과정이고, 인물은 사건을 통해 자신의 전형성을 드러내며, 사건은 인물에 의해 야기되고 경험되는 한 상태로부터 다른 상태로 전이된다(툴란, 1993: 133-137). 복수의 사건들은 **인과관계**causality에 따라 유기적으로 연계되면서 개연성과 필연성을 확보해야 한다. 이야기가 이야기로서 역할을 하려면 앞과 뒤, 원인과 결과가 논리적으로 연결된 사건들의 연쇄가 수반되어야 하는 것이다.

인과관계는 모든 서사의 기본이자 본질이다. 서사는 인과관계를 맺고 있는 사건들이 질서정연하게 정렬된 것이라고 정의할 수 있을 만큼 서사에서 인과관계가 차지하는 비중은 절대적이다. 물론 현실에서는 원인을 알 수 없거나 결과만 있는 사건도 발생하며, 우연이라고밖에 할 수 없는 일들이 일어나기도 한다. 그러나 엄밀히 따져보면 그런 경우가 흔치는 않다. 이 세상에 이치에 맞지 않는 일은 거의 없기 때문이다.

어떤 일은 항상 다른 일과 직간접적으로 연관되어 있다. 다만, 원인을 명확히 특정할 수 없을 만큼 원인이 복잡하거나, 혹은 지나치게 명확해서 그것을 유일한 원인으로 확증하기 난망한 경우가 있을 수는 있다. 이것도 어디까지나 현실에서 그렇다는 것이지 영화와 같은 영상작품의 서사에서는 있을 수 없는 일이다.

서사의 구성요소들 - 2. 플롯

플롯plot은 특정 목적과 의도에 따라 사건들을 구성한 것으로 줄거리라고도 불린다. 사건에는 반드시 플롯이 있어야 한다. 사건은 인과관계에 의해 구성되는 줄거리로서의 플롯으로 인해 비로소 사건다워진다. 전통적인 서사에서 플롯은 인과관계에 따라 복수의 사건들을 사슬처럼 연결하는 역할을 하며, 플롯에 의해 구성된 사건은 개연적이고 필연적으로 이야기를 전진시키는 기능을 한다.

앞 장에서 살펴봤듯이, 아리스토텔레스가 제안한 '좋은 이야기'의 두 번째 조건은 개연성과 필연성이다. 개연성과 필연성은 이야기를 이야기다워지게 한다.

사건은 확실하지 않지만 확실한 것으로 믿고 싶어질 만큼 그럴 듯하고, 반드시 일어날 수밖에 없는 것으로 생각될 만큼 당연해야 한다. 다시 한 번 강조하면, 극적인 사건에 우연이란 있을 수 없으며, 있어서도 안 된다. 플롯 사건들의 전체 연결고리entire chain of plot events는 반드시 일어날 법하거나 일어날 수밖에 없는 이야기를 만들어야 하고, 이 사건들을 통해 플롯이 나아가며 극적인 핵심질문이 발전한다(티어노, 2008: 43).

따라서 플롯은 이야기의 목적end이라고 할 수 있다. 아리스토텔레스가 《시학》 6장에서 한 말이다. 등장인물이 경험하는 일련의 사건들을 시간의 순서대로 배열한 것이 이야기이고, 이야기를 관객에게 효과적으로 전달해 관객이 이야기(의미)를 잘 이해할 수 있도록 인과관계에 따라 사건들을 (재)배열한 것이 플롯인 셈이다.

플롯은 "사건의 연속적인 발생의 인과관계를 구축하는 형식적 측면과 플롯에 결정적인 영향을 미치는 등장인물, 그 인물의 성격을 규정하는 이름, 직업과 같이 구체적인 호명의 과정을 포함하는 내용적 측면"(강승묵, 2011: 17)으로 구분된다. 즉, 플롯은 사건 중심의 플롯과 인물 중심의 플롯으로 양분되며, 전자를 플롯이 끌고 가는 영화plot-driven movie, 후자를 인물이 끌고 가는 영화character-driven movie라고 부른다.

그러나 이런 구분은 얼마간 도식적일 수 있다. 플롯과 인물은 인과관계로 연결된 개연성과 필연성이 있는 사건을 통해 하나로 이어질 수 있으며, 그렇게 하나가 된 플롯은 인물의 모습을 온전히 그려낼 수 있기 때문이다. 중요한 것은 플롯이 갈등, 긴장, 고통, 발견, 반전, 서스펜스, 장애물, 분규 등을 통해 (사건들의) 전체적인 배열 속에서 (이야기의) 추진력을 구축하고 호기심을 불러일으키도록 사건들을 선택해 서사를 조직한다는 점이다(카우길, 2012: 110-111).

전적으로 동의할 수 없지만 아리스토텔레스도 강조했듯이, 좋은 플롯은 서브 플롯subplot 같은 보조 역할을 하는 이야기를 필요로 하지 않는다. 또한 여러 개의 일화episode가 서로 개연성이나 필연성(인과관계) 없이 단순히 나열된 플롯도 좋은 플롯이라고 할 수 없다.

플롯을 단순하고도 간결한 액션 아이디어로 채워라. 관객을 복잡하게 만들지 말고, 관객들에게 정서적인 충격을 줄 수 있는, 살아 있는 유기체와 같은 장면을 더하라. 그렇게 하지 않고 쓸데없이 불필요한 외부기관, 곧 장면을 더한다면, 당신의 플롯에서는 머리에서 손이 자라나는, 반드시 없애버려야 하는, 쓸모없는 시나리오의 촉수가 잔뜩 자라날 것이다. 그러면 당신의 시나리오는 반드시 망한다(티어노, 2008: 77)!

서사의 구성요소들 – 3. 인칭과 시점

'S#3 영상의 의식과 상상'에서 살펴본 것처럼, 3인칭 객관적(전지적) 시점은 카메라와 대상 사이에 일정한 거리감을 두는 것처럼 가장함으로써 영화(영상과 이야기)가 진짜인 것처럼 보이거나 들리게 하는 영화의 오래된 영상재현 및 서사 전략이다. 3'인칭'의 인칭과 객관적 '시점'의 시점은 다른 개념이다. 시점이 카메라의 물리적 위치처럼 이야기하는 서술자의 관점인데 반해 인칭은 이야기하는 서술자narrator, teller, shower를 지칭한다.

영화에서 서술자로서의 인칭은 의도적으로 숨겨지는 경향이 있다. 서술자는 궁극적으로 등장인물로 위장한 감독이나 작가인 경우가 대부분이기 때문이다.[2] 작가나 감독은 스스로 이야기하기의 주체임을 드러내지 않는다. 그래서 배우와 같은 등장인물을 대리인으로 내세워 간접적으로 이야기한다.

3인칭 서사에서 서술자는 주로 이야기 밖에 위치한다. 이것은 곧 서술자의 간

---

2 대부분의 영화에서 등장인물이 서술자의 위치에서 서술자의 역할을 수행하는 것처럼 보이지만 정작 등장인물은 작가나 감독의 대리인에 불과하다. 즉, "등장인물은 이야기의 수준에, 서술자는 담론의 수준과 관련되어 있다. 영화에서 등장인물은 이야기와 관계되지만, 서술자는 등장인물뿐만 아니라 등장인물의 성격이나 행동을 묘사하는 역할을 담당한다. 등장인물의 성격은 서술자로서 등장인물이 스스로 행동하고 말하는 것에서 나타나지만, 동시에 작가(카메라)로서의 서술자가 등장인물을 표현해내는 방식과도 관련되어 있다"(주창윤, 2015: 177).

접화법을 통해 이야기가 전개된다는 것을 뜻한다. 직접화법이 카메라가 대상에 직접적으로 관여하고 개입함으로써 주관적 시점을 의도하는 1인칭 서사를 추구하는 데 반해 간접화법은 카메라가 관찰자의 시선으로 객관적 시점을 통해 대상을 바라보는 3인칭 서사를 지향한다.

앞에서 살펴본 바와 같이, 서사의 서술자와 저자(감독, 작가, 카메라 감독)는 극영화에서는 다를 수 있지만 다큐멘터리에서는 동일인인 경우가 적지 않다. 픽션이든 논픽션이든 실제 저자와 서술자(화자)를 구분해야 하는 이유는 누가 작품의 실질적인 화자인지도 중요하지만 무엇보다 인칭과 관련해 서술자의 위치에 따라 서사의 방식은 물론이고 이야기의 의미도 달라질 수 있기 때문이다.[3]

서사의 구성요소들 - 4. 등장인물

과거에 실재했던 사건들 전부가 역사가 되는 것이 아니라 누군가(서술자의 역할을 하는)에 의해 기록된 사건만이 역사가 될 수 있듯이, 모든 사건들이 서사의 구성요소가 되는 것이 아니라 플롯에 의해 이야기로 구조화되어야만 비로소 사건이 된다고 할 수 있다. 연대기적으로 나열된 사건들이 시작(1막), 중간(2막), 끝(3막)의 이야기로 구조화되는 과정을 흔히 플롯 짜기emplotment라고 한다(White, 1987).

영화(영상)를 보고, 영화(영상)의 언어를 읽으며, 영화(영상)를 분석하는 작업이

---

3 등장인물과 서술자의 관계를 설명하는 개념 가운데 하나가 내포 저자이다. 시모어 채트먼(2001, 115-138)은 웨인 부스Wayne Booth가 제안한 내포 저자라는 개념을 활용해, 실제 저자는 등장인물이 아니라고 강조했다. 실제 저자는 자신을 대신하는 등장인물을 내포 저자로 설정해 서술자로서의 역할을 부여하기 때문이다. 따라서 실제 저자와 서사상의 화자인 내포 저자(등장인물)는 다르다. 내포 저자 개념의 모호성에 대한 의문이 꾸준히 제기되어 왔으며, 오히려 내포 저자보다 디에게시스와 비디에게시스의 구분을 통해 등장인물과 서술자의 관계를 이해하는 것이 보다 정확하다는 견해도 적지 않다.

흥미로운 이유는 플롯 짜기를 통해 "스크린에서 '무엇'이 벌어져서가 아니라 '누구'에게 무슨 일이 벌어지기 때문"(카우길, 2012: 71)이다. 여기서 '누구'는 당연히 **등장인물**character, 특히 주인공protagonist을 가리킨다. (극)영화의 주인공은 항상 곤경에 처하며 자신에게 부가된 내외적인 갈등 속에서 고심 끝에 결단을 내리고 마침내 온갖 역경과 고난을 극복해 영화적 진실을 추구하도록 설정된다. 이 모든 과정을 통해 주인공은 성장하고 발전한다.

허구적인 서사의 경우에 등장인물은 "플롯의 전개과정을 일관성 있게 유지하고 극적 효과와 집중도를 높이는 기능"(주창윤, 2015: 175)을 한다. 특히 등장인물의 행위는 어떤 하나의 사건을 전개시키거나 복수의 사건들을 연쇄적으로 연결시키는 데 핵심적인 기능을 한다. 아리스토텔레스도 행동이 인물보다 더 중요하고, 이야기는 반드시 인물의 행동에 관한 것이어야 한다고 강조한 바 있다(아리스토텔레스, 1998, 2002).

따라서 등장인물이 누구인지보다 그 인물이 어떤 행위(행위가 유발하는 사건)를 하는지가 더욱 중요하다. 물론 정반대로 행위나 사건보다 그 행위나 사건을 야기하는 등장인물이 더 중요할 수도 있다. 그러나 극영화에서는 인물보다 인물의 행동이 사건을 추동한다고 보는 것이 보다 정확할 것이다. 인물을 드러내는 것은 그의 행동이지 그의 말이 아니기 때문이다(필드, 1999: 48-50).

인물의 행위는 인물의 성격(개성)을 규정하며, "극적인 이야기 속의 주인공은 반드시 극적 행동을 주도해야 한다"(티어노, 2008: 23). 극적 행동은 등장인물(주인공)이 완수해야 할 일종의 임무수행 명령mission statement 같은 액션 아이디어action idea에서 나온다. 어떤 영화든 영화에는 반드시 하나 이상의 액션 아이디어가 있어야 하고, 영화는 이 액션 아이디어를 관객에게 침윤시켜 그들의 정서적 반응을 유발한다. 이를 통해 영화는 하나의 이야기를 오롯이 완결시킬 수 있다.

서사의 구성요소들 - 5. 배경

극영화에서는 "세계를 보는 방식, 그것이 인물의 배경"(필드, 1999: 45)이다. 인물이 존재하는 시공간적 **배경**background은 서사의 분위기를 증폭시키는 역할을 한다. 배경은 "등장인물의 행위와 감정이 적절하게 출현하는 장소이며 대상들의 집합상태"(주창윤, 2015: 170)이고, "시각과 청각 구성 요인들의 시간적 전개는 창조를 위한 열린 영역을 구축"(소르랭, 2009: 264)한다.[4]

앞 장에서 살펴본, 디에게시스는 원래 플라톤이 이야기의 전달을 설명하기 위해 사용한 개념으로 허구의 이야기 세계를 가리킨다. 특히 서사의 측면에서 등장인물의 행위와 감정을 드러내는 배경의 역할을 하는 장소는 디에게시스와 비디에게시스non-diegesis 두 곳 모두라고 할 수 있다. 디에게시스는 프레임 내부의 서사이고, 비디에게시스는 프레임 외부의 서사이다.

가령, 프레임 내부에 등장하는 인물들 간의 대화, 영상이 구성되는 미장센mise-en-scéne, 음원이 있는 소리는 디에게시스에 해당하고, 프레임 외부의 음원을 통해 들리는 소리, 후반작업 과정인 편집, 사운드믹싱, 배경음악 등은 비디에게시스라고 할 수 있다. 디에게시스가 등장인물의 서술이라고 한다면, 비디에게시스는 미학적으로 영상을 표현하는 작가, 감독, 카메라의 서술이라고 할 수 있다.

영화와 텔레비전 같은 영상작품의 서사는 작품 외부에 설정된 상영(방영)시간running time과 작품 내부에서 플롯을 구성하는 사건들이 전개되는 이야기시간story

---

4 그리스어로 시간은 크로노스chronos이고, 공간은 토포스topos이다. 시간과 공간이 하나로 묶인 시공간은 크로노토프chronotope이다. 세상의 모든 것은 반드시 어느 시간대 어떤 공간에 존재한다. 그 존재의 가치와 의미는 공간에서의 시간의 지속성과 직결되기 때문에 공간은 시간 속에, 시간은 공간 속에 공존한다고 할 수 있다. 이야기는 공간에 존재하는 인물과 사물, 공간에서 발생하는 사건이 시간을 통해 드러나는 모습을 연속적인 흐름으로 제시하면서 이야기된다. 러시아의 사상가이자 문학이론가 미하일 바흐친Mikhail Bakthin은 문학을 예로 들면서 "시간은 부피가 생기고 살이 붙어 예술적으로 가시화되고, 공간 또한 시간과 플롯과 역사의 움직임들로 채워지고 그러한 움직임들에 대해 반응하게 된다. 이러한 두 지표들 간의 융합과 축의 교차가 예술적 크로노토프를 특징짓는다"(바흐친, 2005: 261)라고 강조했다.

time에 의해 구조화된다. 전자는 앞 장에서 살펴본 촬영시간과 상영(방영)시간의 두 가지 물리적 시간에 해당하는 외적, 담론-지속시간이고, 후자는 상상(의식)시간에 해당하는 내적, 스토리-지속시간이다(채트먼, 2001: 53). 실상 서사의 시간은 물리적 시간과 아무 관련이 없다. 서사의 시간은 반드시 사건들의 연속으로 구성되기 때문에 외적, 담론-지속시간보다 내적, 스토리-지속시간을 면밀하게 검토해야 한다. 이 두 가지 시간 개념 모두 서사의 시간인 반면에 묘사는 "내적인 시간의 차원을 지니지 않는"(채트먼, 2001: 53) 서술적 시간이다.

3막 구조의 전통

아리스토텔레스 이후, 서사는 "인과관계에 의해 연결된 사건들의 완결 지향적인 이야기의 형식에 따라 조직된 내용으로 인식"(강승묵, 2011: 16)되어 왔다. 이와 같은 서사의 전통은 일단 시작된 이야기는 어떤 식으로든 결말까지 이어져야 한다는 서사의 안정성과 함께 그렇지 않을 수도 있다는 불안정적인 서사의 폐쇄성에 대한 문제를 동시에 제기했다.

서사이론은 구조주의 전통의 연장선상에 있다. 구조주의에 의하면, 사회 구조는 일정한 체계를 갖고 있다. 서사 역시 특정 체계로 구조화되어 있다. 예컨대, 한 편의 영화에 구조화된 서사는 이야기 구조의 원형이자 전형으로 의심의 여지 없이 공인되어 온 3막act5 **구조**의 전통을 정전처럼 지켜왔다.

영화 시나리오 작가나 감독은 영화를 '단 한 줄로 요약'해보라는 요청을 자주

---

5 막act은 원래 고대 그리스 시대부터 지금까지 통용되어 오고 있는 연극 용어이다. 연극이 시작되기 전, 시작, 중간 쉬는 시간, 끝을 알리기 위해 무대 위에 길게 늘여 놓은 커튼curtain이 바로 막이다. 연극과 달리 영화에서는 막이라는 개념이 명확하게 적용되거나 구분되지 않는다. 기술적으로는 페이드인/아웃fade in/out의 효과를 통해 이야기의 단락이 구분되지만 이야기상의 막은 이야기의 시작, 중간, 결말 등 이야기 흐름을 통해 파악될 수 있어야 한다.

받는다. 장편이든 단편이든 관계없이 말이다. 영화영상이 들려주고 영상이야기가 보여주고자 하는 주제는 한 줄로 설명될 수 있을 만큼 간단하되 명확하고, 짧되 함축적이며, 단순하되 의미심장해야 한다. 단 한 줄로 영화의 주제를 설명하기 위한 방법이 있다. 바로 3막 구조의 전통을 따라 이야기를 구조화하는 연습을 반복하는 것이다.

실제로 아리스토텔레스는 3막 구조에 대해 구체적으로 언급하지 않았다고 한다. 단지 그는 극적 이야기를 위한 갈등complication과 해결denouement의 필요성을 강조했을 뿐이다. 《시학》18장(아리스토텔레스·호라스·플라톤, 1995: 101-107; 티어노, 2008: 29-30)에는 이야기의 시작에서부터 주인공의 운명이 바뀌는 지점까지가 갈등이고, 주인공의 운명이 바뀐 이후부터 결말까지가 해결이라고 설명되어 있다.

아리스토텔레스가 '3막'이라는 용어를 직접 인용하지 않았다지만 《시학》7장(아리스토텔레스·호라스·플라톤, 1995: 54-59; 티어노, 2008: 30)에는 (이야기의) 전체란 시작, 중간, 결말을 뜻한다고 명시되어 있다. 시작은 그 자체가 필연적으로 어떤 것의 다음에 있는 것이 아니라 그것 다음에 다른 것이 있어야 하고, 결말은 그것 다음에는 아무 것도 존재하지 않고 필연적으로 그 자체가 어떤 것 다음에 있어야 하며, 중간은 그 자체가 어떤 것 다음에 있으면서 그것 다음에 다른 것이 있어야 한다.

얼핏 보면 원론적이지만 아리스토텔레스는 모든 비극은 일단 시작되면 반드시 중간을 거쳐 결말까지 이어져야 한다는 이야기의 기본 구조를 강조했다. 아리스토텔레스 이후, 이야기를 체계적으로 구조화하는 방법으로 정립된 3막 구조는 등장인물, 시공간적 배경, 사건 발단, 영화 전체 분위기, 주인공에게 부여되는 액션 아이디어를 제시하는 시작 부분에 해당하는 1막set-up, 주인공의 내외적인 갈등 전개와 극대화, 좌절, 전환점turning point과 반전reversal의 암시, 역경이 최고점에 이르는 절정climax을 향한 전진에 해당하는 2막development, 절정을 분기점으로 주인공의 갈등과 액션 아이디어 해소, 무사귀환 등의 해결resolution을 통한

대단원denouement으로 구성된다.[6]

불가리아 출신의 프랑스 철학자, 역사학자, 언어학자인 츠베탕 토도로프 Tzventan Todorov는 간결하고 명료한 서사이론을 제시한 바 있다. 토도로프에 의하면(Todorov, 1977), 서사는 첫째 단계에서 충족plenitude 상태인 안정적인 균형점 stable point of equilibrium으로 시작한다. 그러나 평화로운 이 상태는 적대자와 적대세력의 방해에 의해 불균형적이고 불완전한 상태로 전환될 위기에 처하며 둘째 단계로 진입한다.

첫째 단계의 균형과 안정이 붕괴된 둘째 단계는 다시 처음의 안정적인 균형점을 회복하고자 시도하며, 마침내 셋째 단계인 새로운 충족 상태에 이른다. 그러나 이 단계에서 새롭게 구축된 안정적인 균형점은 처음의 것과 동일하지 않다. 이와 같은 시작-중간-끝의 안정-불안정-안정, 또는 균형-불균형-균형은 3막 구조의 전형이라고 할 수 있다.

3막은 플롯을 중심으로 구분되기도 한다. 플롯이 "이야기의 문법에 맞춰 일정하게 배열됨으로써 인물과 배경은 행위 및 사건과 상호작용하고 주제도 구체화됨으로써 플롯이 이야기의 중심을 구성하는 역동적인 기능"(강승묵, 2014: 10)을 하기 때문이다. 플롯은 등장인물이 하는 행동의 최초 동기와 함께 시작된다. 행동의 최초 동기는 등장인물의 의지에 의해 순수하게 수행되며 스스로 시작되기도 하고, 다른 사건을 불러일으키기도 한다.

등장인물의 첫 번째 행동의 동기는 플롯의 중간middle 부분을 지시하며, 이 부분에서 사건이 인과관계에 따라 진행되면서 첫 번째 갈등이 드러난다. 또한 중간 부분에서 주인공의 운명이 바뀌기 직전까지 이야기가 진행되고, 등장인물의

---

6 할리우드를 비롯해 대부분의 주류 상업영화는 이른바 복구적restorative 3막 구조를 주로 활용해 왔다. 1820년대 프랑스의 극작가인 외젠 스크리브Eugène Scribe에 의해 개발되어 잘 짜인 희곡well-made play으로 불렸던 복구적 3막 구조는 명확하고 논리적인 대단원을 특징으로 하며, "관객을 당황스럽게 하는 어떤 '잔여물' 즉 해결되지 않는 몫이 있어서는 안 된다"(Driver, 1970: 48)는 원칙을 고수한다. 복구적 3막 구조에서 1막은 복귀 불능 지점과 잘못된 해결, 2막은 등장인물보다 앞서나가기, 결과의 장, 등장인물의 회복, 3막은 깨달음과 복구의 특징을 갖는다.

두 번째 행동의 동기가 발생한다. 이 두 번째 동기가 주인공의 도덕적 딜레마를 해소하고 갈등도 해결하면서 이야기는 결말에 이르게 된다. 결국 이야기의 마지막에 다다르고 나서야 우리는 삶에 관한 진실을 알게 되고, 그 과정을 통해 이야기의 주제가 자리를 잡는다(티어노, 2008: 35-36).

서사의 분석

'S#7 영상이야기와 영상으로 이야기하기'에서 살펴봤듯이, 영화와 같은 영상작품의 서사는 언어의 구조인 문법체계와 흡사하다. 가령, 'A(인물, 주어)는 B(인물, 목적어)를 오래도록(배경, 부사) 진심으로(배경, 형용사) 사랑했다(사건, 동사)'처럼 말이다. 인물은 주어와 목적어, 사건은 동사, 배경은 형용사와 부사와 밀접하게 연관된다. 이처럼 서사의 핵심구성요소인 인물, 사건, 배경은 언어의 문법체계를 이루는 주어, 목적어, 동사, 형용사, 부사와 일맥상통하는 셈이다.

영화영상의 언어적 특성을 강조한 크리스티앙 메츠는 이야기 자체(내용)와 이야기하는 행위(형식)가 결합되어 서사를 구조화한다고 강조했다(Metz, 1991: 31-91). 메츠(Metz, 1991: 92-107)에 의하면, 시공간의 변화에 따라 반드시 인과관계에 의해 연결된 사건들이 발생하면서 이야기가 전개되는 전체 과정이 서사이다. 이야기의 의미는 서사에 의해 구성되고, 관객의 이해와 해석의 과정을 통해 결정된다. 이해는 개별 이야기(쇼트)에 관한 것이고 해석은 이야기들(쇼트들) 간의 관계인 맥락에 관한 것이라고 할 수 있다.

관객은 "영상이 매혹적이고 현실보다 거대하고 무엇보다 욕구의 대상이 되기 때문에 영화를 주시한다. 따라서 관객은 보는 것에 집중한다. 그러나 영화 내러티브의 구조는 그것의 의미를 관객이 주시하면서 구축하게끔 만들어져 있다"(티너, 1994: 160). 가령, 'S#4 영상재현'에서 자크 라캉이 상상계와 상징계가 접합되는 지점을 설명하기 위해 제시한 봉합은 관객이 의미작용의 주체가 되어 서사를 따라가는 과정을 설명하는 데 유용한 개념이다.

봉합은 개별 쇼트가 몽타주의 일정한 규칙과 관습에 따라 여타의 쇼트들과 조합 및 배열되는 과정에서 쇼트와 쇼트 사이의 이격된 틈을 '꿰매어' 그 틈이 보이지 않도록 한다. 혹은 아예 틈이 존재하지 않았던 것처럼 쇼트들을 연결해 관객이 의미를 이해하고 해석하는 데 용이하도록 한다. 동시에 관객으로 하여금 영화가 장치해놓은 서사대로 영화의 의미를 받아들이도록 이해와 해석의 방식을 정형화하기도 한다.

영화와 텔레비전 영상은 봉합에 의해 연속적으로 연결되면서 내용이나 조형적 구도와 무관하게 문자 언어가 지시하는 대로 분위기나 정서 상태를 표현하지 않는다. 영상의 의미는 구조화된 영상의 지속적 흐름에 의해 결정되기 때문이다. 따라서 영상의 구조화는 문법적 질서가 문자 언어에서 차지하는 비중만큼 영화 예술에서 중요성을 갖는다(샤프, 2008: 55-56). 영상의 구조화가 영상이야기의 구조인 서사라는 점은 두말할 나위가 없다.

아리스토텔레스도 강조했듯이, 서사의 기본 골격이 완결성을 갖도록 하는 데 있어 가장 핵심적인 서사적 구성요소 가운데 하나가 갈등이다. 고대 그리스에서 갈등은 아곤agon으로 불렀다. 엄밀히 말하면 아곤은 경쟁에 가까운 개념이지만 경쟁이라는 단어에는 이미 갈등이 내재되어 있기 때문에 아곤을 갈등으로 의역해도 무방하다. 그리스 비극 서사에 빠짐없이 등장하는 아곤은 서로 대립하는 인물이나 상황을 통해 부각되고 고조되며 절정을 향해 이야기를 이끌어간다.

특히 통과제의는 아곤과 더불어 할리우드의 전통적인 서사적 장치 가운데 하나로, 주인공이 반복되는 시련을 극복함으로써 성장하는 과정을 가리킨다. 할리우드에서 제작되는 영화는 관객의 욕망을 대리 충족시키는 것을 가장 중요한 목표로 설정하며 이를 위해 주로 주인공을 통과제의를 완주한 영웅으로 설계한다. 물론 햄릿처럼 실패하는 인물도 있지만(실패했다고 단정할 수는 없지만) 할리우드 영화 서사에서 통과제의는 대부분 성공적으로 이루어지고 거의 모든 주인공은 통합 단계에 도달한다.

서사의 끝은 에누리 없이 아곤, 즉 갈등의 해결이다. 어떻게든 갈등이 해결되어야 이야기는 끝이 난다. 마치 갈등이 해결되지 않은 듯이 결말에 이르는 열린 결말open ending의 서사조차 그 명확하지 않은 결말 자체가 결말이라고 할 수 있다.

윗줄은 윌리엄 셰익스피어와 원작 《햄릿》의 표지. 아래는 올리비에 로렌스Olivier Laurence 감독·주연의 햄릿이 주인공으로 등장하는 세계 최초의 영화 《햄릿》(1948)의 장면들과 포스터.

윌리엄 셰익스피어 원작 영화는 전 세계적으로 270여 편이 넘는다고 한다. 세계에서 가장 많이 영화로 만들어진 원작자가 셰익스피어인 셈이다. 셰익스피어의 원작뿐만 아니라 셰익스피어 작품을 극화한 영화의 대부분은 아곤을 극적 구성의 핵심으로 설정한다. 주로 그리스의 비극 서사를 기반으로 이야기를 구성하는 것이다.

영상이야기가 서사로 구조화되는 방식과 과정, 결과 분석은 의외로 그리 어렵지 않다. 우선 분석하고자 하는 영화나 방송프로그램을 선정한 후 전체 상영(방영) 시간과 시퀀스별 상영(방영) 시간을 각각 계산한다. 그리고 각 시퀀스마다 신의 개수와 배열(정렬) 순서, 각 신의 상영(방영) 시간을 확인한 후에 마지막으로 각 신의 쇼트 개수와 순서를 정리한다. 물론 각각의 쇼트 길이^{duration}까지 계산하면 더욱 좋다. 여기까지가 서사의 1단계 분석이다.

※ 1단계 서사 분석

구분		시간	쇼트 수	주요 내용
시퀀스 #1	S#1	00:00		
	S#2	00:00		
	S#3	00:00		
	⋮	⋮		
	전체	00:00		

1단계 분석에서는 주로 숫자를 계산하는 반면에 2단계 분석에서는 숫자가 아니라 서사의 핵심 구성요소인 인물, 사건, 배경을 탐색한다. 경우에 따라 시퀀스를 분석하거나 일일이 쇼트를 분석하기도 하지만 주요 분석단위는 신이다. 분석 방법은 간단하다. 각 신의 핵심 등장인물은 누구이고, 그 인물을 둘러싸고 발생하는 사건은 어떤 것이며, 사건이 발생하는 시공간적 배경은 어떤지를 순서대로 분석한다.

※ 2단계 서사 분석

구분		등장인물	사건	배경
시퀀스 #1	S#1			
	S#2			
	S#3			
	⋮			

정신적인 교훈이나 도덕적인 효과와 같은 계몽주의적 미학을 우선시하는 사실주의적 미학은 이른바 '진지한 성찰'을 가능하게 한다고 알려져 있다. 그러나 즐거움과 욕망의 충족을 추구한다는 이유로 영화라는 매체와 작품은 '진지한 성찰'을 할 수 없다는 의심의 눈초리가 드리워져 있다.

이와 같은 미학관을 극복할 수 있다는 연구(김무규, 2005)에서는 영화를 통해 진지한 성찰이 가능한 두 가지 방법을 제시한다. 첫째는 영화의 서사체계narrative system를 통해 전통적 미학의 테두리 안에서 영화를 설명하는 것이고, 둘째는 서사(언어) 이전에 구축되어 있는 형상체계figural system를 통해 영화에 대한 새로운 미학관을 탐구하는 것이다.

첫째 방법은 구조주의 언어학을 기반으로 하는 크리스티앙 메츠의 이론을 통해 이미 논증된 것으로, 일정하게 구조화된 영화의 서사체계를 살펴본다. 이보다 더 흥미로운 방법은 영화를 서사로 간주할 때 요구되는 기호(언어) '앞'에 위치하는 형상figure과 관련된 두 번째 방법이다.

두 번째 방법은 영화가 사물의 투명성을 순수하게 형상화한다는 수전 손택의 주장과 의미를 직접적으로 재현한 것이 형상이라는 더들리 앤드류Dudley Andrew의 주장을 통해 논증된다. 손택과 앤드류의 논증은 시각적 재현과 유사한 형상이 문법 체계를 갖는 언어적 논리와 반대되는 개념이라고 가정함으로써 이루어진다. 일정한 형식의 이야기 구조를 갖기 이전 단계에 이미 이미지로 존재하는 형상은 이해나 분석이 아니라 인지나 지각의 대상이라는 것이다. 따라서 형상은 서사와 달리 시각적으로 인지하거나 지각할 수 있는 상황이나 과정에 의해 체계화된다.

프랑스어로 미장아빔mise-en-abyme을 뜻하는 심연은 사전적으로 '좀처럼 빠져나오기 힘들 만큼 깊은 곳(간격)에 위치함'[7]으로 정의된다. 미장아빔은 끝을 알 수 없는 '상자 속 상자의 반복'이다. 하나의 상자 안에 다른 상자가 있고, 그 상

---

7 국립국어원 표준국어대사전. "심연". (검색일: 2017. 8. 5).

자 안에 또 다른 상자가 있어서 마지막 상자임을 인지하고 지각하기까지 끝없이 계속되는 상자들의 연속처럼, 하나의 작품 안에 또 다른 작품, 하나의 이야기 안에 또 다른 이야기, 하나의 영화 안에 또 다른 영화가 계속되는 일종의 액자구조 framing structure와 유사한 것이 미장아빔이다.[8]

미장아빔은 형상 속 형상을 통해 서사 속 서사를 구조화한 예술적 양식이자 영화적 장치이다. 미장아빔의 의미를 곰곰이 따져보면, 영화의 진지한 성찰이 형상체계나 서사체계 모두를 통해 가능할 수 있다는 고민에 빠지게 된다. 서사와 형상이라는 영화에 대한 서로 다른 두 가지 성찰 방법이 고민을 더욱 깊게 만들기도 한다. 예컨대, 형상의 측면에서는 진실을 다루는 것처럼 보이지만 서사의 측면에서는 명백히 허위로 나타나는 경우나 허구의 이야기를 마치 사실처럼 재현하는 경우(반대의 경우도 포함)에 과연 영화의 미학적 가치를 어느 정도까지 성찰해야 하는지 혼란스러운 것이다.

흔히 사실을 바탕으로 하는 서사는 논픽션nonfiction으로, 허구를 기반으로 하는 서사는 픽션fiction으로 각각 구분한다. 논픽션이 실제 일어난 일에 대한 진짜 이야기인 데 반해 픽션은 실제 여부와 관계없는 가짜 이야기이다. 픽션의 가장 큰 특징은 이야기의 사실성이나 진실성 여부가 중요하지 않을 뿐더러 허구성을 굳이 논증할 필요도 없다는 점이다. 우리는 이미 사실성과 진실성이라는 잣대를 극영화의 허구성에 적용하는 일이 부질없다는 점을 여러 차례 살펴본 바 있

---

8 미장아빔은 3차원의 실제 공간을 2차원의 평면 공간에 표현하는 리얼리즘 효과와도 밀접하게 관련되어 있다. 르네상스 원근법의 일점투시법처럼 2차원의 평면 공간에 원근감을 통한 공간적 깊이를 구현하는 기법 중 하나가 미장아빔이기 때문이다. 미장아빔은 원근법적인 시각체계에 기초하지만 원근법을 해체하기도 한다. 가령, 프레임 이동(카메라 이동)을 통해 내화면과 외화면을 전환시키거나 교차편집을 통해 현실과 비현실의 경계를 무의미하게 만드는 것을 예로 들 수 있다. 또한 미장아빔은 시각적 효과뿐 아니라 서사 측면에서도 시공간을 겹치게 하거나 확장하는 스토리텔링 장치로 활용된다. 주로 시공간을 초월해 작동하는 기억, 망각, 의식의 유한성과 무한성 등을 이야기할 때 미장아빔이 채택된다. 미장아빔을 활용해 인물의 내면세계에 수직으로 침잠해 들어가는 이야기하기는 크리스토퍼 놀란Christopher Nolan 감독의 〈메멘토Memento〉(2000)나 〈인셉션Inception〉(2010) 같은 기억의 문제를 다룬 영화들의 핵심 서사 전략이다.

다. 가령, 역사 영화에서 건축물이나 가구, 의상, 소도구 등의 고증 여부를 따지거나 이야기 자체의 진위를 진지하게 묻는 것은 난센스이다.

그러나 픽션과 달리 논픽션은 실제 현실에 존재하는 대상과 관련된 이야기를 서사화하기 때문에 픽션과 다른 측면에서 흥미롭다. 논픽션은 현실과 사실을 직접적으로 다루기 때문에 관객(시청자)으로 하여금 진실 추구에 대한 기대를 갖게 하기 때문이다. 그래서 비록 픽션보다 예술적 완성도가 부족하거나 서사적 짜임새가 불완전하더라도 논픽션은 논픽션이라는 이유만으로 미학적 가치를 인정받는 경우도 적지 않다. 특히 실제에 대한 지시reference to reality를 전제하는 논픽션은 영상재현, 이야기, 서사의 진실성을 진지하게 성찰해야 한다는 요구를 받기도 한다.

그렇다면 픽션 서사에는 진실이 존재하지 않는 것일까? 이에 대해서는 이미 오래전에 아리스토텔레스가 대답한 적이 있다. 픽션에도 진실이 있다고 말이다. 다만, 아리스토텔레스가 말한 진실은 '거짓이 아닌 사실'로서의 진실이 아니라 '의미에 관한 진실'이다.⁹

비록 사실이 아닌 것을 사실인 것처럼 꾸민 허구일지라도 허구적 진실은 있을 수 있으며, 그 허구적 진실은 허구의 서사 안에 담긴 의미를 통해 찾을 수 있다는 것이다. 서사의 최종 완결은 텍스트가 아니라 독자(관람객, 관객, 시청자)에 의해 정해진다고 하지 않았던가. 따라서 그것이 허구인지, 또는 사실이나 진실인지의 여부를 따지기보다 영상과 이야기가 구조화된 서사를 꼼꼼히 탐색해 의미를 탐구하는 것이 더욱 중요할 것이다.

---

9 픽션은 오롯이 진실일 수 없을 뿐만 아니라 진실을 왜곡시키기까지 한다는 오해를 곧잘 받는다. S#2에서 살펴봤듯이, 플라톤에 의하면, 현실은 그림자일 뿐이고, 현실 너머에 이상향으로서의 또 다른 세상이 존재하며, 그곳에 진실이 있기 때문이다. 의문이 풀리지 않는다면 S#2로 플래시백flash back 하기 바란다.

서사의 새로운 해석과 열린 영화

또 다른 서사에 대한 기대

지금까지 살펴본 바에 의하면, 영상을 본다는 것보다 영상을 읽는다는 것이 더 정확한 표현일 듯하다. 영상이야기와 영상서사visual narrative는 영상을 언어로 전제하기 때문이다. 약간 과장을 보태면, 이야기가 체계적으로 구조화된 서사가 없는 영상은 존재하지 않는다. 물론 이런 주장에 반박의 여지가 없지는 않다. 아무리 서사가 있더라도 영상은 즉각적이고 감각적이기 때문에 영상을 읽는 것은 적절치 않으며, 모든 영상에 반드시 서사가 있는 것은 아니라는 등의 이견이 있을 수 있기 때문이다. 이를 부인할 수는 없다.

그러나 여기서 다루고자 하는 새로운 서사들을 살펴보려면 영상은 보는 것이기보다 읽는 것이라고 전제할 필요가 있다. 이미 우리는 이에 대한 이야기를 여러 번 했다. 영상에 대한 의식과 상상, 독해와 해독은 영상 읽기를 전제한다는 점을 말이다. 영화 서사는 "역사적으로 영화 제작의 지배적인 양식이었을 뿐만 아니라 사회적 맥락의 도구이며, 의미의 한계를 정하기 위한 논리"(앤드류, 1995: 114)였고, 특히 전통적인 영화 서사는 "서사화를 통한 유기적 통일성으로 조작"(히스, 2003: 76)된 완결 지향적이고 선형적인 서사의 전형에서 크게 벗어나지 않았다.

영상이야기가 구조화되는 형식과 영상이야기의 내용을 구분하는 것 역시 어떤 면에서는 무의미하다. 문학, 회화, 음악, 사진, 영화, 방송 등이 궁극적으로 미학적 가치를 추구한다면 형식과 내용은 모두 '구조'의 이름에 포함되기 때문이다. 영상(작품)이 예술(작품)로서의 완성도를 갖춘 미학적 가치를 추구하기 위해서는 형식과 내용을 굳이 별개로 분리할 필요는 없다. 구조가 곧 형식과 내용이고, 영상(작품)의 작품성을 보증해주기 때문이다.

따라서 서사와 서사의 가장 오래된 전통인 3막 구조를 이해하는 일은 무척 중요하다. 일반적으로 "영상예술을 지배하는 관습적 규약들을 알고, 또 어떤 요소들의 결합이 특정한 구조에 적합한지를 이해하는 일이 곧 영화적 독창성에 이르는 첫걸음"(샤프, 2008: 76)이다.

할리우드에서 서사영화narrative cinema와 서사로서의 영화cinema as narrative는 주요 마케팅 전략(보드웰·톰슨, 1993)이다. 또한 카메라와 스크린은 시공간적인 연속성을 확보하도록 하는 서사에 종속된 것(강승묵, 2011)이고, 카메라 움직임은 서사의 시공간상의 간극과 모순이 발생하지 않도록 하는 구성요소(히스, 2003)일 만큼 영화에서 서사의 위상은 절대적이다.

특히 3막 구조는 아리스토텔레스 이후 현대영화에서도 여전히 지배적인 관습으로 존속해오고 있다. 그러나 영화나 방송프로그램을 제작하거나 이해하는 데 있어 절대적인 법칙이나 공식이 있을까 하는 의구심이 들기도 한다. 의미와 마찬가지로 규칙과 관습은 고정될 수 없기에 그 의구심이 더욱 커진다. "필연성이 반드시 예측 가능성을 의미하지는 않는다"(루멧, 1998: 46)라는 통찰에 자꾸 눈길이 가는 이유도 역사적으로 항상 그랬듯이, '또 다른 서사'에 대한 기대 때문이다.

규칙과 관습의 거부

앞 장에서 살펴본 이야기의 상호텍스트성에 대한 논의에 따르면, 언어는 문자로 기술된 텍스트 이전부터 존재했기 때문에 언어로 구조화된 서사의 특징도 서사라는 용어가 등장하기 이전부터 이미 존재했다고 할 수 있다. 특히 문화연구의 관점에서 보면, 언어나 서사 모두 문화적인 의미체계의 구성에 따른 결과이다. 영화와 방송을 포함하는 모든 영상물들은 이미 존재했던 언어와 서사를 참조하고 인용하며, 모방하고 조합하기 때문에 상호텍스트성을 갖는 문화적 산물일 수밖에 없는 것이다.

규칙과 관습은 미디어들과 텍스트들이 각기 가지고 있는 이야기와 이야기하기 방식의 체계적인 구조화 방식을 공유하는 상호텍스트성의 중요한 특질 가운데 하나이다. 영화는 영화 고유의, 방송은 방송만의 규칙과 관습을 가지고 있고, 영화와 방송은 서로의 규칙과 관습을 참조하고 인용하며 나름의 방식으로 변형시키기도 한다. 이를 통해 기존의 서사와 다른 새로운 서사가 등장할 수 있는 가능성이 생기는 것이다.

역사적으로 연대기적인 시간 이동과 인과관계에 의한 시공간의 가공을 통해 이야기를 구조화하는 전통적인 서사 패러다임이 영화의 다양한 의미구성을 제한한다는 비판이 끊이지 않았다. 시공간의 이동과 가공은 주로 감속과 가속, 비약과 단절, 축약과 확장 등과 같은 시공간의 변주를 통해 이루어진다.

시공간과 관련된 서사의 전통이 규정하고 강제했던 규칙과 관습을 거부한 영화들 가운데 하나가 매카시즘McCarthyism에 대한 논란을 야기했던 〈하이 눈High Noon〉(프레드 진네만Fred Zinnemann, 1952)이다. 미국의 전형적인 서부극 장르에 속하는 〈하이 눈〉은 상영시간과 이야기시간이 87분으로 동일한 흑백영화이다. 물리적(객관적) 시간과 상상적(의식적) 시간이 일치하는 것이다. 이 영화에서 시간은 그 어떤 변주나 변형 없이 정속으로 이동한다.[10]

전형적인 3막 구조의 규칙과 관습에서 벗어나는 새로운 서사는 시공간을 비롯해 인물과 사건에 두루 적용될 수 있다. 예를 들어, 줄거리story line의 가장 핵심적인 액션라인action line은 이야기 배경인 배경이야기background story보다 전면에 드러나는 전경이야기foreground story라고 주로 인식되어 왔다. 액션라인은 등장인물의 성격(개성)이 행위를 통해 묘사되는 규칙과 관습에 따라 구조화된다. 특히 주

---

10 제19회 서울국제영화제(2017) '새로운 물결' 섹션에서 상영된 샐리 포터Sally Potter 감독의 〈더 파티The Party〉는 실제 상영시간 71분이 영화의 이야기시간과 거의 일치한다. 특히 이 영화는 마치 연극이나 텔레비전 생중계처럼 실시간으로 영화의 이야기가 전개되는 특징을 갖고 있다.

인공은 자신이 처한 고난과 역경 등의 갈등을 통해 이야기의 상승 액션^{rising action}을 유지하거나 강화하면서 2막 끝부분이나 3막 전반부까지 이야기를 끌고 간다.

그러나 주인공의 액션라인에서 큰 비중을 차지하는 전경이야기를 약화시키고 상대적으로 배경이야기의 비중을 높이거나 주인공의 행위를 최소화해 갈등을 누락시키고 상승 액션을 통해 절정으로 향하는 플롯을 지연시킬 경우에 이야기는 전혀 새로운 국면으로 접어들 수 있다. 즉, 배경이야기를 전면에 내세우고 주인공의 갈등요인을 제거해 액션라인을 완만하게 함으로써 절정을 최대한 뒤로 늦추거나 아예 절정 자체를 없앨 수 있는 것이다.

할리우드나 충무로에서 제작되는 대부분의 상업영화는 인물보다 사건(플롯) 중심으로 이야기를 전개시킨다. 사건(플롯) 중심의 영화는 제작비가 많이 든다. 사건의 비중이 높기 때문에 사건이 발생하는 시공간적 배경(세트나 로케이션)이나 등장인물(배역)의 수, 사실적 재현을 위한 각종 영화적 장치 등을 통해 스펙터클을 확보함으로써 관객을 유인해야 하기 때문이다.

반면에 인물 중심의 영화는 상대적으로 제작비가 적게 든다. 특히 현대극일수록 제작비를 줄일 수 있다. 그럼에도 불구하고 사건(플롯) 중심 영화가 인물 중심 영화보다 많이 제작되는 이유는 들인 비용만큼 수익이 보장된다는 상업영화 제작상의 오랜 경험 때문이다. 관객은 인물의 심리나 정서를 중심으로 극이 전개되는 영화보다 볼거리가 많고 다양한 사건이 복합적으로 연결되어 있는 영화를 더 선호한다.

그러나 제작비 때문이 아니라 미학적 차원에서 사건(플롯)보다 인물 중심으로 이야기를 구조화하는 영화들도 있다. 여기서의 인물은 상업영화에 주로 등장하는 정형화된 영웅이나 선남선녀가 아니다. 오히려 볼품없고 초라한 인물이거나 복잡한 내면세계에 빠져 있는 개성이 강한 인물이다.

〈택시 드라이버〉의 포스터와 트래비스(로버트 드니로 분)

〈애니 홀〉 포스터와
앨비(우디 앨런 분)

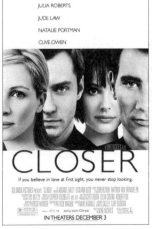

〈클로저〉 포스터와
댄(주드 로 분),
래리(클라이브 오언 분)

예를 들어, 〈택시 드라이버Taxi Driver〉(마틴 스코세이즈Martin Scorsese, 1976)의 트레비스(로버트 드니로Robert De Niro 분), 〈애니 홀Annie Hall〉(우디 앨런Woody Allen, 1977)의 앨비(우디 앨런Woody Allen 분), 〈클로저Closer〉(마이크 니콜스Mike Nichols, 2004)의 댄(주드 로Jude Law 분)과 래리(클라이브 오언Clive Owen 분) 등은 과격하거나 궁상맞지만 전형적인 상업영화의 인물과 거리가 있다.

한국영화에서도 감독의 페르소나persona 역할을 한 〈시〉(이창동, 2010)의 양미자(윤정희 분), 〈박하사탕〉(이창동, 2000)의 김영호(설경구 분)와 윤순임(문소리 분), 〈지금은 맞고 그 때는 틀리다〉(홍상수, 2015)의 함춘수(정재영 분), 〈북촌방향〉(홍상수, 2011)의 성준(유준상 분), 〈그물〉(김기덕, 2016)의 남철우(류승범 분), 〈피에타〉(김기덕, 2012)의 강도(이정진 분) 등이 인물 중심의 영화를 대표한다고 할 수 있다.

서사의 변형

서사를 변형시키는 것은 3막 구조의 규칙과 관습의 전형을 거부하는 대표적인 방법이다. 영상이 없는 영화와 텔레비전은 상상조차 할 수 없을 만큼, 영화와 텔레비전에서 영상은 보여주기를 통해 말하기를 하는 서사의 핵심적인 재현 수단이다. 만일 영상이 아무것도 보여주지 않거나 이야기하지 않는다면 그런 영상도 영상이라고 할 수 있을까? 사실 그런 영상은 존재하지 않는다. 거듭 강조하지만 영상은 시청각적이고, 시청각적 구성요소들로 이야기를 구성하며, 이야기는 일정한 형식으로 구조화되기 때문이다.

그러나 도무지 이해할 수 없을 정도로 기존의 규칙이나 관습을 무시한 영상작품에도 서사가 있다고 할 수 있을까? 예컨대, 제1차 세계대전 종전 직후인 1920년대에 등장한 다다이즘dadaism과 초현실주의surrealism의 영향을 받은 아방가르드avant-garde 영화는 쉽사리 이해하기 어려운 영상으로 이야기를 구성한다.

이른바 전위前衛영화로 총칭되는 아방가르드 영화는 새로운 형식과 내용의 선봉에 서기를 주저하지 않았다. 아방가르드 영화는 사상이나 사조라는 관념, 예술적 고상함으로 치장한 영화, 보이지 않는 편집을 통한 이야기의 연속성과 통일성에 대한 집착 등, 전통적인 규칙과 관습을 단호하게 거부했다.

〈하이 눈〉에서 예로 들었던 시간의 문제로 돌아가 보자. 구간 반복 상영을 뜻하는 루프loop는 영화가 등장하기 이전에 사진을 비롯한 정지 이미지를 대중에게 보여주는 대표적인 상영 방식이었다. 그러나 이야기가 일단 시작되면 끝을 봐야하는 서사영화는 루프를 꺼려했다. 이야기는 시간의 순서대로 전진해야 한다는 강박이 서사영화에 뿌리 깊게 박혀 있었기 때문이다. 플래시백처럼 과거로 회귀하거나 슬로우모션 같은 물리적인 시간 변형도 모두 서사의 틀 안에서만 가능하다.

서사영화(이른바 '본방'으로 불리는 방송을 포함)는 영상 재생을 멈추거나 이전이나 이후로 건너뛸 수 없다. 따라서 선형적인 서사와 일정 구간을 반복 재생하는 순환구조의 루프는 상반되는 관계에 있다고 할 수 있다. 사실 아방가르드 영화, 실험영화experiment film, 루프 형식은 서사 자체를 무시하거나 파괴할 수 있기 때문에 이런 영화 형식들이 3막 구조의 전형을 따르는지, 그렇지 않은지를 논의하는 것은 부질없을 수도 있다. 그러나 아방가르드 영화, 실험영화, 루프 형식이 기존의 규칙과 관습으로부터 벗어나 새로운 미학적 도전을 감행한다는 사실에 주목할 필요는 있을 듯하다.

익숙함은 편한 반면에 새로움은 낯설다. 그러나 새로운 것과 오래된 것, 낯섦과 익숙함, 편함과 불편함 등을 구분하는 것은 다분히 도식적이다. 세상에 존재하는 수많은 이야기들이 특정 구조에만 묶여야 할 필요나 이유도 없다. 오히려 그와 같은 이분법이 이야기와 서사의 다양한 시도들을 가로막는 장애물일 수 있기 때문이다.

열린 결말, 열린 영화

평행구조 중 하나인 평행액션parallel action은 서로 다른 시공간에서 발생하는 복수의 사건들을 마치 같은 시공간에서 발생한 것처럼 나란히 배치한다. 평행구조는 복수의 사건들을 철로처럼 나란히 병치하지만 종착지에서 하나의 철로가 다른 철로와 교차되듯이 어느 지점(순간)에서 사건들을 합류시키면서 결말을 향해 사건들을 재배치한다.**11** 복수의 사건들 가운데 한 사건은 주된 평행primary parallel, 다른 사건은 부차적 평행secondary parallel의 역할을 수행한다. 이는 사건의 비중보다 각각의 영상 구성요소들이 강조되는 방식에 따라 구분된 것이다.

주된 평행은 이야기를 주도적으로 끌고 가는 서사의 핵심 구성요소이고 부차적 평행은 이야기를 촉진하는 촉매제라고 할 수 있다. 중요한 것은 주된 평행액션에 해당하는 사건은 부차적 평행액션 없이도 독자적으로 시작과 끝이 있는 완결구조를 지향해야 한다는 점이다. 또한 주된 평행액션 다음에 이어지는 부차적 평행액션은 주된 평행액션의 시간이 흐른 뒤에 연속적으로 연결되어야 한다.

즉, 두 개의 사건이 마치 동시에 발생한 것처럼 교차되는 것이 아니라 한 사건의 시간이 경과된 이후에 다른 사건이 전개되는 시간의 건너뜀(샤프, 2008: 116)의 원리가 평행구조에 적용되는 것이다. 평행액션은 모든 서사적 구성요소들을 주된 이야기의 역할을 수행하는 끌차에 탑승시켜 시작과 끝이 명시된 완결구조를 지향하도록 작동한다. 그러나 평행구조처럼 세상의 모든 이야기에 시작과 중간, 끝이 있다는 아리스토텔레스의 역설은 '잘못된 믿음'에 근거한 서사의 신화일 수 있다.

어떤 이야기든 이야기는 언젠가 어떤 식으로든 끝나야 하는 것이 서사의 불문율이다. 《천일야화One Thousand and One Night》에 대해 들어봤을 것이다. 대략 1706년경에 처음 영어로 쓰인 《아라비안나이트Arabian Nights》가 세상에 나오기까지 수많

---

11 평행편집parallel editing이라고 불리는 평행액션은 교차편집cross-cutting과 혼용되는 편집 방식이지만 엄밀히 말하면, 교차편집은 시간과 장소의 동시성과 순차성을 모두 포괄하는 반면에 평행액션은 시간의 (물리적) 연속성에 기반을 둔다. 즉, 교차편집은 거의 엇비슷한 시간에 다른 장소에서 발생한 두 개의 사건을, 평행편집은 상이한 시간에 다른 장소에서 발생한 두 개의 사건을 병치한다. 교차편집과 평행편집(평행액션)을 포괄하는 평행구조는 시퀀스보다 주로 신 단위로 이루어지며 추적, 도주, 구출 등의 장면에서 인물의 초조하고 불안한 심리와 사건의 긴박감을 극적으로 재현하기 위해 사용된다. 대부분의 경우에 두 개의 사건은 일정 지점에서 합류하면서 추적, 도주, 구출이 종결되고, 최소한 세 번 이상 반복되어야 긴장감을 고조시키기 위한 리듬감을 만들어낼 수 있다.

은 중동 출신 작가들이 첨삭을 거듭하며 새로운 이야기의 《천일야화》를 썼다고 알려져 있다. 혹자는 '19금 금서'로 분류하기도 하는 《천일야화》도 1001일이 되는 날, 주인공 세헤라자드가 목숨을 건지는 해피엔딩으로 끝이 난다.

그렇다면 끝에 이르지 못하는(않는) 이야기는 없을까? 결말이 나지 않는 서사로 이야기를 끝낼 수는 없을까? 흔히 끝이 명확한 서사를 **닫힌 결말**closed ending, 그렇지 않은 서사를 **열린 결말**open ending이라고 한다. 3막 구조의 전형을 따르는 서사는 행이든 불행이든 닫힌 결말로 이야기를 끝맺는다. 그러나 열린 결말의 서사는 이야기의 끝을 다양하게 변주한다. 아리스토텔레스의 믿음처럼 모든 이야기가 3막으로만 구조화될 이유는 없다. 2막에서 이야기가 끝날 수 있고, 심지어 플롯이 전혀 전환되지 않은 채 1막만으로 종결되는 서사도 있을 수 있다.

3막 구조더라도 1막-설정, 2막-전개, 3막-해결의 전형을 따르지 않는 영화들을 어렵지 않게 찾아볼 수 있다. 예컨대, 〈박하사탕〉(이창동, 1999), 〈메멘토〉, 〈돌이킬 수 없는Irréversible〉(가스퍼 노에Gaspar Noé, 2002)처럼 1막에서 주인공이 처한 모든 갈등이 한꺼번에 해결되고, 2막과 3막에서 그것의 배경을 쫓아가는 서사도 가능하다. 물론 이 영화들이 모두 열린 결말을 지향한다고 할 수는 없지만 말이다.

열린 결말의 '결말'은 감독이나 작가가 관여하지 않은 것처럼 꾸민 형식으로 구조화된다. 또한 '열린'은 결말이 어떤 식으로도 결정되어 있지 않기 때문에 결말의 의미에 대한 독해와 해독의 몫이 온전히 관객에게 있음을 뜻하지 않는다. 〈하이 눈〉의 프레드 진네만 감독이 매카시즘 논란에 대해 끝까지 자신의 입장을 밝히지 않았더라도 그는 〈하이 눈〉이 어떤 의미의 영화인지 명백히 알고 있었을 것이다. 단언컨대, 감독이나 작가는 자신들만의 결말을 가지고 있으며, 관객들에게 약간의 지분을 남겨놓을 뿐이기 때문이다.

장선우 감독의 〈나쁜 영화〉(1997)가 표방했던, '정해진 시나리오 없음. 정해진 배우 없음. 정해진 카메라 없음. 정해진 거 다 없음'이라는, 이른바 '열려진 영화'의 신화는 서사영화에는 적용될 수 없다. 그렇다면, 〈나쁜 영화〉는 서사영화가 아닌가? 그렇지 않다. 아무 것도 정해진 것이 없다는 자체가 이미 그것이 정해졌음을 뜻하기 때문이다. 대부분의 이야기에는 시작과 끝이 있는 것처럼, 대부분의 영화에는 서사가 있다. 다만, 〈나쁜 영화〉가 열린 결말을 지향하는 이유는 이 영화의 사회적 실천 가능성 때문일 것이다.

거듭 강조하지만 영화영상이 들려주는 이야기는 영화 내부에서만 의미를 갖지 않는다. 영화가 끝나도 이야기는 계속 이어지고, 의미는 다양하게 분화되며, 새로운 의미들이 분주하게 등장한다. 〈나쁜 영화〉는 관객으로 하여금 영화 내부의 의미에만 천착하기보다 사회적 소수자와 관련된 영화 외부의 의미에 관심을 기울이도록 촉구한다. 따라서 〈나쁜 영화〉는 결말이 열려 있다기보다 영화 자체가 가지는 의식의 문제에 대한 진지한 성찰에 더 가치를 두는 영화라고 할 수 있다.

열린 영화는 열린 결말을 지향하는 영화다. 또한 관객에게 영화에 대한 의식과 상상을 더욱 적극적이고 능동적으로 발현시키는 여러 가지 영화적 형식 가운데 하나이다. 문이든 창이든 그것이 닫혀있다면 그 너머를 의식하고 상상하는 일은 아예 불가능할 것이다. 그러나 만일 문이나 창을 열 수 있다면, 영상과 이야기, 서사를 통한 영화적 의식과 상상은 문과 창의 경계를 넘어 새로운 세계로 확장될 수 있다. 그렇게 되기 위한 전제가 있다. 영화영상이 단순히 문과 창의 경계로서만 기능하기보다 그 경계를 넘을 수 있는 통로의 역할을 해야 하며, 그래야만 영화영상을 통해 사회적 실천을 '실천'할 수 있을 것이다. '열린'은 그 실천을 위한 약속이다.

데미타스(demitasse)에 담긴 30㎖ 남짓의 에스프레소 한 잔은 그 자체만으로 더할 나위 없이 완벽한 커피다. 여기에 브랜디를 섞은 카페 로열(caffe royal)이나 깔루아(kahlua)를 스미듯 부은 카페 깔루아(caffe kahlua)는 커피의 색다른 향을 느낄 수 있게 한다. 다큐멘터리와 영화, 드라마와 예능프로그램 등의 영상작품들도 카페 로열이나 카페 깔루아처럼 다양한 형식으로 변주되면서 영상장르와 포맷에 색다른 관심을 이끌어낸다. 그 관심의 저변에는 디지털 테크놀로지가 추동하는 새로운 문화현상이 자리 잡고 있다. 디지털 시대에 영상과 관련된 논제들은 곧바로 문화에 대한 논제들로 이어지면서 신화, 이데올로기, 권력에 대해 끊임없이 고민케 한다.

Act III

영상이 문화가 되다

S#9
영상 장르와 포맷

"영화를 사랑하는 첫 번째 방법은 같은 영화를 두 번 보는 것이다.
　두 번째 방법은 영화평을 쓰는 것이고,
　세 번째 방법은 영화를 만드는 것이다."

　　　　　　　　　　　　　- 프랑수아 트뤼포(François Truffaut), 출처 불명

영화영상의 장르

영화와 텔레비전의 상업성

현대사회에서 가장 강력한 영향력을 발휘하는 영상매체가 영화와 텔레비전이라는 사실은 의심의 여지가 없다. 영화와 텔레비전은 대중문화를 상품화함으로써 대중문화의 생산과 소비를 주도하고, 대중과 대중의 일상적인 생활양식을 규정할 정도이니 말이다. 특히 이들 매체에서 영상은 영화와 텔레비전의 핵심 생산재이자 소비재이기 때문에 영상의 미학적 가치는 주로 영상산업의 측면을 중심으로 측정되고 평가되기도 한다.

텔레비전은 영화에 비해 상대적으로 접근이 용이하고, 범용성이 뛰어나 비교적 저렴한 비용으로 언제 어디서나 쉽게 이용할 수 있는 여가수단이다. 동시에 시청자에게 광고를 판매하는 철저히 상업적인 영상매체이기도 하다. 영화는 더 말할 나위도 없다. 영화의 흥행 여부는 작품성과 별개로 영화의 성공 여부를 판가름하는 결정적인 요인이다.

관객을 끌어모아 영화의 예술적 매력을 한껏 과시하면서 상업적 이득까지 취하고자 했던 영화의 태생적 배경을 떠올려보면 영화에서 차지하는 경제적 위상이 매우 높다는 것을 알 수 있다. 그러나 텔레비전에 비해 영화에는 영상의 미학적 가치 측면에서 작품성이라는 짐이 하나 더 얹어져 있다. 예술성과 대중성, 작품성과 상업성의 경계를 넘나들며 영화는 고유의 유형학typology을 만들었는데 그것이 바로 **장르**genre이다.

매년 여름이면 극장가에는 유독 무서운 영화들이 많이 상영되고, 성탄절과 연말에서 새해까지 이어지는 겨울에는 가슴 뭉클한 영화들이 대세를 이룬다. 이는 계절에 따라 대중이 즐길 만한 영화들을 집중적으로 상영하면서 관객과 적극적으로 만나려는 상업적 목적에 따른 결과이다. 서로 좋아서 만나는 것이겠거니 할 수 있지만 이 만남에는 영화사와 배급사, 제작사와 영화관의 교묘한 전략과 전술이 감춰져 있다. 짐작하겠지만 당연히 돈과 관련되어 있다. 철저히 상업성에 초점을 맞춘 이런 전략전술은 영화 장르와 텔레비전 **포맷**format을 통해 치밀하게 수립된다.

장르

영화에서 장르라는 용어는 1940년대부터 1950년대에 걸쳐 구축된 할리우드의 스튜디오 시스템[1]과 스타 시스템을 통해 대량생산된 상업영화들에서 비롯되었다. 장르는 이야기 형식의 일종으로, "단순한 공식 이상이다. 흔히 장르는 관객을 마음속으로부터 사로잡는 매력을 지닌 하나의 이야기 형태"(댄시거·러시, 2006: 118)라고 할 수 있다. 특히 영화 장르는 문학, 연극, 회화, 음악 등을 참조해 영화를 유형화한 것으로, 하나의 "카테고리 안에 재편성된 영화들의 총체, 즉 구체적인 총체만큼 영화를 재편성하는 데 소용되는 추상적인 카테고리를 지칭"(무안, 2009: 16)한다.

---

1 미국의 경우, 특정 장르 유형 내에서 영화 제작 시스템이 구축된 시기가 스튜디오 시대이다. 미국 영화 산업계는 초창기에 군소 영화사들이 난립하다 차츰 몇 개의 거대한 영화사를 중심으로 재편되었다. 특히 1930년대부터 1960년대까지 메이저급 스튜디오(MGM, 20세기 폭스, 워너브러더스, 파라마운트, RKO)가 제작, 배급, 상영을 통합하면서 전 세계 영화시장을 지배했다. 스튜디오 시스템 시대는 고전적 할리우드 시대, 대량생산의 시대로도 불리는데, 이는 영화가 특정한 유형별로 거의 표준화되다시피 제작된 데서 기인한다. 당시에 영화사들은 장르별로 등장하는 인물 유형과 주요 배경, 내러티브 전개 과정 등이 거의 도식화된 영화들을 하나의 독립된 도시로 부르기도 했다(장일·조진희, 2007: 152).

장르는 관객의 영화에 대한 기대와 지지를 충족시키기 위해 유사한 이야기와 서사, 영상재현 방식이 영화마다 반복되면서 형성된다. 즉, 관객의 반응에 부합하는 영화적 장치의 반복적 활용이 장르의 전제조건이고, 관객과 감독(작가, 제작자) 사이에는 이 전제조건에 대한 암묵적인 약속이나 합의가 이루어져 있다.[2]

영화사와 제작사는 영화마다 전체적인 구조는 비슷하지만 세부적인 부분을 달리해 관객을 유인하기 위한 전략전술을 반복적으로 사용하면서 유사 형식의 영화들을 장르적 범주generic category로 유형화한다. 그 결과, 동일 범주에 속한 영화들은 형식상의 유사와 반복을 통해 낯설지 않은 전형적인 **장르 관습**genre convention을 공통적으로 갖게 된다.[3]

우리는 영화를 관람하면서 영화영상의 표현 형식이나 이야기 내용이 어딘지 모르게 익숙하다는 인상을 자주 받는다. 유사한 형식과 내용의 영화들에서 발견되는 공통점 때문에 부담 없이 영화를 관람하지만 식상해지면 이내 흥미를 잃기도 한다. 관객은 영화를 관람하는 동안만큼은 현실에서 잠시 벗어나 영화가 은밀하게 이끄는 환상의 세계로 빠져든다. 그 과정은 관객으로 하여금 종교적 의식을 치루는 것 같은 신성함sacred을 갖게 한다.

영화 관람의 의례는 장르를 규정하는 데 있어 중요한 역할을 한다. 장르는 상업영화가 지켜야 하는 엄숙한 제의와 유사하기 때문이다. 제의에 어울리는 격식이 있듯이, 상업영화는 장르 격식을 갖추어야 흥행이라는 관문을 통과할 수 있다. 상업영화의 규칙, 관습, 의식(의례와 제의)은 영화의 소재나 주제, 주인공이 속한 집단과 사회, 시대적 배경, 스타일 등을 정형화standardization하고, 그 결과에 따

---

2 특히 영화 장르를 이해하고, 장르의 "진화와 대중성, 생산의 변화 과정을 설명하는 기본적인 방식 중 하나는 관객과 특별히 공명된 화음을 연주하는 동시대의 삶에 대한 집합적 표현으로서 영화 장르를 생각하는 것"(Grant, 1986: 116-117, 벅랜드, 2002: 125-126에서 재인용)이다.

3 장르를 구분하는 기준은 흥행 여부이다. 장르는 영화를 산업과 상품으로 인식하는 데서 비롯된 개념이기 때문이다. 역사적으로 흥행에 성공했고 대중의 인기를 끌었던 영화들은 "하나의 '원형 archetype'이 되었고, 비슷한 소재를 채택하고 있거나 비슷한 주제, 비슷한 캐릭터 타입 등을 가진 영화들을 판단하고 장르의 범주로 묶는 데 있어 하나의 준거가 되었다"(서정남, 2009: 367).

라 영화는 특정 장르로 범주화categorization된다.

미국의 할리우드 영화는 크게 세 가지 범주, 열 가지 장르로 세분된다(Maltby, 1995: 116). 첫째 범주는 서부극western, 코미디comedy, 뮤지컬 코미디musical comedy, 전쟁war이고, 둘째 범주는 공상과학SF, Science Fiction, 스릴러thriller, 갱스터gangster, 공포horror이며, 셋째 범주는 필름누아르film noir, 멜로드라마melodrama이다. 여기에 탐정detective, 서사epic, 사회society, 성인teenpic, 전기biography, 액션과 모험action and adventure 등의 여섯 개 장르가 추가되기도 하고(Neale, 2000: 51). 이외에 슈퍼히어로superhero, 성장teen, 무협martial, 퀴어queer, 로드무비road movie, 음악music 등으로 세분화되기도 한다.

장르영화

매년 한국의 극장가를 뜨겁게 달구는 영화들에는 단골로 등장하는 직업군의 인물들이 있다. 검사, 변호사 등의 법조인, 경찰과 각양각색의 범법자, 기업인과 기자 등등 이들 사이에서 벌어지는 추적과 추격, 협박과 살인, 심리전과 추리전은 충무로 영화의 중요한 흥행요소이다. 그렇다보니 비슷비슷해 보이는 영화들이 엇비슷한 시기에 반복적이고 지속적으로 개봉된다. 그 배우에 그 이야기, 그 감독에 그 영화들, 유사한 소재와 주제, 형식과 내용의 영화들을 어렵지 않게 몇 개의 유형으로 묶을 수 있을 정도이다. 이런 영화들이 **장르영화**genre film이다.

장르영화와 영화의 장르는 엄밀히 말해 상이하다. 장르를 단지 "영화 텍스트들의 유형을 차별적으로 분류하는 기술적 용도로만 사용할 때는 영화의 장르라고 하고, 영화의 제작과 유통, 그리고 관객의 수용이라는 일련의 과정에서 자본의 참여나 관객의 선택이라는, 보다 적극적인 해석적 지평과 맞닿아 있을 때는 장르영화로서 텍스트를 대하는 것"(서정남, 2009: 365)이라고 할 수 있다. 특히 장르영화는 정형화된 캐릭터, 규범화된 이야기와 서사, 흥행감독으로 불리는 대중 친화적인 감독과 스태프, 전형적인 소재와 주제의 반복 등을 **장르 공식**genre formula으로 활용한다.

장르영화는 대중성을 기반으로, '잘 팔릴 만한' 영화를 제작하기 위한 주제, 소재, 줄거리, 내러티브, 배우(스타), 감독 등을 유형에 따라 분류하고, 필요할 때마다 유효적절하게 여러 개의 유형을 혼합해 흥행 실패의 위험부담을 최소화한다. 관객이 좋아할 만한 이야기(구조), 배역(캐릭터), 양식(스타일)을 반복 사용하고, 기존에 흥행에 성공한 영화의 형식과 내용을 빌려와 재활용하는 것이 장르영화의 핵심 전술이다.

영화사나 제작사가 장르영화를 선호하는 이유는 간단명료하다. 장르영화가 최소한의 경제적인 실적을 보증해준다는 경험이 축적되어 있기 때문이다. 또한 기존의 제작 시스템을 재활용함으로써 생산원가를 절감하고 생산성을 향상시킬 수 있기 때문에 제작사와 투자사 입장에서는 장르영화가 안정적인 투자 대상일 수밖에 없다.

관객이 장르영화를 선호하는 이유 또한 명확하다. 익숙하기 때문이다. 낯설지 않음의 편안함 때문에 관객은 장르영화를 비교적 쉽게 이해하고 즐겁게 관람할 수 있다. 할리우드나 충무로 영화가 고전적인 서사 방식을 답습하고 스튜디오 제작을 선호하며, 이름값 있는 스타를 캐스팅하는 이유도 관객의 이런 경험을 활용해 최대한 이윤을 창출하기 위해서이다.

장르영화의 공식과 진부함

장르영화에는 몇 가지 필수 공식이 있다. 이 공식이 장르 규칙이나 관습으로 굳어지기도 한다. 가장 흔하면서도 엄격하게 지켜지는 장르 공식은 등장인물의 캐스팅이다. 장르영화의 주인공은 대부분 대중에게 친숙한 배우이다. 배우의 성격이나 생활태도, 독특한 개성이나 성적 매력 등 어떤 것이든 평소에 대중이 호감을 갖는 '스타'가 장르영화의 주인공으로 캐스팅된다. 신인이나 자신만의 연기세계가 확고한 개성과 배우보다 대중 친화적인 배우가 장르영화에서는 더욱 선호되는 셈이다.

이렇게 캐스팅된 주인공은 불합리하고 불공정한 사회 제도, 위선과 타락 등

도덕이나 윤리에 반하는 행위와 정서에 대항하며 가족과 사회를 지키는 정의의 수호자 역할을 수행한다. 그들은 한두 번쯤 사랑에 실패한 경험을 가지고 있으며, 대부분은 결말에서 이루어지지만 처음엔 쉽사리 이루어지기 힘들 것 같은 사랑에 빠지기도 한다. 또한 그들은 가끔 고독해하고 곤경에 처하거나 시험에 들기도 하지만 결국 악을 상징하는 적대자antagonist를 물리침으로써 권선징악을 실현하고 잠시 떠났던 가정이나 사회로 돌아와 행복한 결말을 맞는다.[4]

가장 고전적인 장르영화 가운데 하나인 필름 누아르film noir는 제2차 세계대전 이후, 미국 사회에 만연한 미국인의 미래에 대한 불안 심리와 미국이라는 국가 정체성에 대한 혼돈과 좌절감, 아메리칸드림에 대한 회의와 소외감의 극대화 등으로 인한 절망을 영화적으로 표현하면서 등장했다. 필름 누아르는 주로 스릴러나 갱스터 영화의 하위 장르로 B급영화B-movie로 불리기도 한다.

또한 필름 누아르는 관객의 취향과 선호를 기반으로 영화의 대중성이나 상업성을 평가하는 장르적 측면이나 영화 스타일과 주의ism에 대한 영화비평이나 분석 등의 이론적 측면에서 모두 적극적으로 인용되는 용어이다. 어느 쪽이든 필름 누아르는 탐욕, 범죄, 폭력, 배신, 허무, 절망, 긴장 따위의 영화적 모티프를 통해 강렬한 인상의 영상을 재현하면서 관객과 평단의 호평과 혹평을 동시에 받는 장르이자 스타일이라고 할 수 있다.

필름 누아르의 '누아르noir'는 '검은'이라는 뜻의 프랑스어이다. 필름 누아르는 '검은 영화'인 셈이다. 필름 누아르의 시공간적 배경은 대체로 어둡고 등장인물들은 하나같이 짙은 어둠만큼 무거운 과거사를 간직한 채 현재를 살아간다. 그들을 둘러싸고 발생하는 사건들은 그 어둠 속에서 좀체 실마리가 보이지 않는 뒤엉킨 실타래처럼 얽혀 있다.

---

4 장르영화에는 "인간의 존재론적 두려움과 억압된 욕망이 내재한다. 이는 신화에 반영된 집단공동체의 무의식과 유사하다. 장르영화의 주인공은 신화 속 영웅처럼 선악의 이분법적 세계관에 기초한 임무의 완수라는 소원 성취를 추구한다. 시대와 배경만 달리할 뿐, 장르영화의 신화는 개인의 꿈이 집단적 환상으로 변형된 것에 다름 아니다"(배상준, 2015: vi).

주로 한밤중이나 새벽녘에 비가 내리는 대도시의 어둡고 음습한 거리와 길목, 삐걱거리는 소리와 함께 간헐적으로 점멸하는 가로등과 네온사인, 담배연기 자욱한 술집에 삼삼오오 모여 있는 탐욕스러운 인물군상, 간간히 스치는 차갑고 날카로운 느낌의 금속음, 누군가의 독백으로 처리된 내레이션이 음울한 배경음악에 섞여 들리기 시작한다. 금방이라도 불길한 사건이 터질 것처럼 긴장감이 극도로 팽배해지고, 전혀 예기치 않았던 음모와 복선, 그보다 더 극적인 반전이 등

윗줄 왼쪽부터 시계방향으로 하드보일드 스타일의 미국식 필름 누아르의 서막을 알린 빌리 와일더 Billy Wilder의 〈이중 배상Double Indemnity〉(1944), 네오 누아르의 대표작 로만 폴란스키Roman Polanski 의 〈차이나타운Chinatown〉(1974), 마틴 스콜세지Martin Scorsese의 〈택시 드라이버Taxi Driver〉(1976), 홍콩 고유의 무협영화 스타일과 중국 반환을 목전에 둔 1980년대 홍콩을 표현한 오우삼Wu Yusen의 〈영웅본색A Better Tomorrow〉(1986), 〈첩혈쌍웅The Killer〉(1989), 왕가위|Wong Karwai의 〈열혈남아As Tears Go By〉(1988).

장인물들을 한 명씩 파멸의 길로 이끈다. 필름 누아르 영화는 이 모든 것들을 냉소적으로 관조하듯이 바라본다.

독일의 표현주의expressionism 영화를 모방하고 계승한 미국식 필름 누아르는 강렬한 빛과 그림자의 명암 대비와 대각선 구도의 앵글, 극단적인 부감 쇼트와 클로즈업, 창문이나 거울, 문과 계단 난간 등을 중첩한 쇼트 등을 통해 미국 사회와 미국인의 절망적인 분위기 및 감정을 재현한다.[5] 1950년대 들어 본격적으로 대두한 미국식 필름 누아르는 1980년대에 누보nouveau, 포스트post, 네오neo 등의 접두사가 붙은 누아르로 재탄생했다. 이후 1980년대 말과 1990년대 초반에 걸쳐 아시아 영화시장을 휩쓸었던 홍콩식 필름 누아르와 1990년대 말에 등장한 한국식 필름 누아르가 미국식 필름 누아르의 전통을 계승했다.

장르영화 중에서 가장 불운한 종말을 맞은 것이 필름 누아르이다. 주로 B급 영화로 분류되었던 필름 누아르는 1960년대 이후에 텔레비전이 전 세계적으로 보급되면서 치명타를 입었기 때문이다. 이 무렵부터 장르영화의 진부함cliché에 대한 비판이 일었다. 장르영화에 대한 비판적 관점에서 장르영화와 대척점에 위치하는 것이 **작가주의**auteurism **영화**이다.[6]

장르영화는 대량 생산과 소비를 목적으로 주제와 스타일을 획일화하고, 분업 체제에 따라 감독을 일종의 기술적 생산자로 한정한다. 그에 반해 작가주의 영

---

5 잔혹한 범죄, 일탈을 일삼는 인물, 냉소주의, 트라우마, 외상 후 스트레스 장애, 어둡고 음울한 분위기, 광각렌즈, 전심초점, 깊은 심도, 로우 키low key 조명, 앙각low angle과 부감high angle, 경사tilt 앵글, 낭만적인 보이스 오버 등은 필름 누아르의 대표적인 장르 공식들이다. 또한 필름 누아르의 여성 등장인물은 주로 팜므 파탈, 가장, 부정적인 가족관, 남성을 거세시켜야 하는 숙명을 가진 인물로 등장하기도 한다.

6 작가주의는 알렉산드르 아스트뤽이 주장한 '카메라 만년필'에서 아이디어를 얻은 프랑스의 영화감독이자 비평가인 프랑수아 트뤼포François Roland Truffaut가 1954년 〈카에 뒤 시네마〉에서 '작가주의 이론'을 주창하면서 영화이론과 비평 용어로 널리 사용되기 시작했다. 작가주의 영화는 영화를 예술로, 감독을 작가로 지칭하며, 감독의 독창적인 영화관을 중시한다. 작가주의 영화감독은 기존의 영화 관습을 따르지 않으며 새로운 장르와 형식의 영화를 제작한다. 또한 실험적인 서사와 주제의식을 드러내며, 형식에 얽매이지 않는 자신만의 자유로운 연출 스타일을 추구한다.

화는 감독을 작가auteur로 지칭하며 감독이 자신만의 고유하고 독창적인 방식으로 영화의 예술적 가치를 추구할 수 있다고 강조함으로써 감독의 창의성을 존중하는 영화라고 할 수 있다.

장르영화의 딜레마는 진부함이다. 관객은 고만고만한 영화들에 식상해질 수밖에 없다. 그래서 영화사와 제작사는 낯설지 않으면서 독창적인 영화를 만들어야 한다는 부담과 함께 수시로 변신을 꾀해야 한다는 강박을 가지고 있다. 사실 "창조적 작업과 관습적 작업이 함께한다는 것은 이율배반이지만, 많은 관객들은 창조적인 것을 원하면서도 익숙한 것을 확인하고 싶어한다. 즉 관객이 하나의 작품에서 누리는 즐거움이란 것은, 익숙한 것을 재확인하는 기쁨과 함께 새것을 발견하는 두 가지의 유형의 기쁨"(서정남, 2009: 366-367)인 것이다. 익숙한 것과 새것 사이에서 관객의 입맛이 언제든지 달라질 수 있기 때문이다.

혼합 장르와 장르 변형

관객의 기호와 취향의 변화 가능성은 혼합 장르mixed-genre의 영화가 출현하는 데 있어 결정적인 계기가 되었다. 한 편의 영화는 하나의 장르만 채택하지 않는다. 특히 상업영화는 한 편에 두 개 이상의 장르를 체계적으로 구조화한다. 그렇다보니, 영화의 장르 간 구분이 명확하지 않은 경우가 빈번하게 발생한다. 오히려 액션멜로나 공포스릴러, 블랙코미디처럼 복수의 장르가 혼합된 영화들이 대중의 주목을 끌면서 장르 경계를 불분명하게 하여 영화의 대중성을 확장시키기도 한다.

혼합 장르와 달리 장르 변형은 동일 장르 내부에서 장르적 규칙과 관습, 공식에 변화를 주는 것이다. 장르 변형은 반복적으로 나타나는 일관된 모티프의 변화를 통한 일종의 장르 '거스르기'라고 할 수 있다(댄시거·러시, 2006: 198-213). 즉, 시공간적인 배경, 갈등의 성격, 갈등을 해결하는 수단 등에 관여된 인물 행위의 동기를 바꿈으로써 기존의 장르적 틀에서 벗어나는 것이다.

장르는 '영화 속 영화'처럼 자기 인용과 복제를 통해서도 변형된다. 특히 시리즈 영화에서 장르 변형이 더욱 적극적으로 이루어지는데, 이런 영화는 회문 palindrome의 형식으로 구성되기 때문에 첫 편부터 순서대로 보거나 가장 최신작부터 임의로 봐도 전체적인 맥락을 놓치지 않고 이야기를 따라갈 수 있다. 각 편은 독립된 완결 형식을 갖춘 동시에, 각각의 편마다 구조화된 모호한 내러티브와 명확하지 않은 결말이 다른 편과의 연속성을 확보하도록 한다.

앞서 살펴봤듯이, 장르는 산업적이고 상업적인 차원에서 주로 적용되는 용어이다. 그러나 장르를 경제적 관점으로만 접근하는 것에 대해 불만을 표출하거나 한계를 지적하는 경우도 종종 있다. 관객이 자주 반복해서 관람하는 영화들을 유형화하는 것은 관객의 취향, 기호, 문화경험의 즐거움 등의 요인들이 영향을 미친 결과일 수 있기 때문이다. 따라서 장르 공식과 관습은 시대와 지역, 정치와 경제, 사회와 문화 등에 영향을 받으며 마치 살아있는 생물체처럼 변화한다고 할 수 있다.

이와 같은 배경에서 장르적 진화generic evolution라는 개념이 장르이론에 적극적으로 인용되기도 한다. 관객의 입맛이 한결같지 않다는 것이 장르적 진화를 더욱 부추기기 때문에 "장르영화를 보는 것이 문화적 의식cultural ritual의 형식이라고 주장할 수 있다. 장르영화를 연구하는 것은 그것을 생산하고 소비하는 문화를 연구하는 방식"(버랜드, 2002: 125)인 셈이다.

특정 시대에 특정 사회에서 살아가는 사람들의 삶의 총체적 방식이 문화라는 롤랑 바르트의 탁월한 견해를 참조하면 장르를 문화의 측면에서도 충분히 이해할 수 있을 듯하다. 장르영화는 문화적 현상이며, 장르영화를 관람하는 행위는 일종의 문화적 의식을 치르는 것(배상준, 2015: v-vi)이기 때문이다. 또한 익명의 대중이 집단적인 의식과 무의식을 발현해 장르영화를 소비하는 영화관은 물리적인 장소 이상의 의미를 내포한다. 영화관은 대중에게 익숙한 갈등을 불러일으키고, 그 갈등의 해결책까지 제시하는 문화적 공간이라고 할 수 있다.

방송영상의 포맷

바보상자 텔레비전?

텔레비전은 회화, 사진, 영화와는 다른 영상미학적 가치를 추구한다. 어떤 면에서는 영상미학 같은 예술적 차원으로 텔레비전을 이해하려는 시도가 적절치 않을 수도 있다. 아마도 텔레비전을 '바보상자'라고 일컫는 말을 익히 들어보았을 것이다. 시청자는 바보상자 앞에 놓인 소파에 마치 찌그러진 감자couch potato처럼 널브러져 속칭 '리모콘remote control'으로 불리는 조종기로 이리저리 채널을 돌리며remote zapping 그 상자 안에 있는 잡동사니를 꺼내 수북이 쌓아놓는 바보라는 핀잔을 듣기 일쑤다. 바보상자 텔레비전이 시청자를 그렇게 취급하고 만들기도 한다는 것이다.

　시청자는 바보상자에서 "신중을 기해 자신이 바라보는 것을 선택할 뿐 아니라, 채널을 변덕스럽게 돌리도록 하는 '텔레비전의 욕망'에 자신을 내맡기기도 한다"(소르랭, 2009: 265). 그렇다보니 텔레비전을 예술로 인식하거나 텔레비전의 미학적 가치를 운운하는 일이 어불성설인 듯도 싶다. 더구나 텔레비전은 시청자에게 방송프로그램을 전달하는 데 그치지 않고 방송프로그램을 통해 광고주에게 시청자를 판매한다는 강력한 혐의를 받기도 한다.

　텔레비전 입장에서는 이런 푸대접이 여간 못마땅할 것이다. 방송프로그램과 시청자도 텔레비전과 같은 입장일 터이다. 그래서 텔레비전, 방송프로그램, 시청자는 자신들이 오명이나 누명을 쓰고 있다고 항변하고 싶을지도 모르겠다. 도대체 텔레비전, 방송프로그램, 시청자는 무슨 잘못을 저질렀기에 이런 취급까지 받으며 억울한 처지에 몰려야 하는 것일까? 결론부터 얘기하면, 그 억울함이 얼마간 이해되기도 한다. 자본주의 사회에서 영화처럼 텔레비전도 불가피하게 이런저런 비난과 비판을 감수해야만 했기 때문이다.

텔레비전은 흔히 **일상성**dailiness의 매체로 알려져 있다. 데스크톱, 태블릿PC, 스마트폰 등으로 방송플랫폼이 다변화된다고 하지만 텔레비전은 여전히 어느 가정에서든 거실이나 안방, 화장실에서까지 마치 '여기가 내가 있을 곳이야'라고 시위라도 하듯이 한자리를 차지하고 있다.[7]

텔레비전은 "시청자들과 일상 속 현실을 함께 나눈다. 일상 현실에 대해 언급하고, 사람들이 하루하루 하는 일을 따라간다. 종종 세속적이기는 해도, 훨씬 더 자주 영감을 받으면서, 평범한 일들로 치부되는 것들도 곰곰이 성찰할 거리로 만드는 데까지 이른다"(엘리스, 2002: 189). 비록 일상성이 텔레비전의 예술적 미학적 가치를 보증하지는 않겠지만 친밀함과 친숙함은 텔레비전 예술미학의 기반이라고 할 수 있다.[8]

텔레비전은 최대한 많은 시청자와 만나기 위해 가정 안은 말할 것도 없고 가정 밖 일상 공간 곳곳에 다양한 유형의 방송프로그램들을 '걸어'놓는다. 마치 미술관에 그림이 걸리듯 말이다. 또한 텔레비전은 시공간적인 편재성을 발판삼아

Act III 영상이 문화가 되다

---

7 텔레비전은 "마치 각 세대마다 수도관을 설치하는 것과 같은 식의, 사회적 필수 요소이다. 오늘날 서구 문화의 뿌리는 텔레비전에 터를 잡았다. …… 텔레비전을 보지 않는 사람들은 사회 속에서의 정상적인 인간관계로부터 근본적으로 단절된다. 그들은 요즘 세상사를 따라가기가 어렵다고 생각하고, 신문 기사가 무슨 소리를 하는지 알지 못한다. 사회가 어떤 식으로 굴러간다는 걸 말해주는 것이 바로 텔레비전의 기본적이고도 중심적인 역할"(엘리스, 2002: 190)이 되었다.

8 방송프로그램은 출퇴근, 식사, 휴식, 취침 등 대중의 일상생활 패턴에 적합하게 편성된다. 따라서 대중은 일상생활의 리듬대로 특별한 거부감 없이 습관적으로 방송프로그램을 시청하면서 텔레비전을 일상의 일부로 받아들인다. 텔레비전은 거실, 방, 주방 등 가정 내 어느 곳에나 위치해 있고, 다른 일을 하면서도 방송프로그램을 시청할 수 있는 여유를 제공한다. 반면에 연극이나 영화 관람은 일상의 일부분이자 잠시 일상을 벗어나는 특별한 행위이기도 하다. 대중은 연극과 영화, 극장과 영화관, 시간과 비용 등을 선택적으로 결정함으로써 자발적으로 일상에서 벗어나거나 일상으로부터의 일시적인 단절을 즐기는 셈이다.

방송프로그램을 무차별적으로 전송하고 재생하며 '전시'한다. 그렇다고 방송프로그램이 그림처럼 가만히 전시되지만은 않는다. 시도 때도 없이 '움직이는' 텔레비전 탓에 방송프로그램도 이리저리 이동하면서 전시된다.

현대사회에서 텔레비전은 우리의 일거수일투족을 감시하고 우리는 그 시선으로부터 도망칠 엄두를 내지 못한다. 경우에 따라서는 우리가 텔레비전을 보는 것이 아니라 텔레비전이 우리를 보는 것은 아닌지 의심이 들기까지 한다. 무엇보다 텔레비전은 우리에게 끊임없이 말을 거는 '이야기꾼'이다. 텔레비전은 "대부분의 시간에 대부분의 이야기를 대부분의 사람에게 말한다"(와이만, 2003: 10). 그래서 텔레비전이 수다스럽다고 느껴질 때도 있지만 그만큼 정겹기도 하다.

텔레비전이 사라진 세상은 상상조차 되지 않을 만큼 텔레비전은 "우리의 기억과 경험의 재료들을 제공해주는 친숙한 매체"(주형일, 2004: 138)이다. 특히 텔레비전의 의미작용 능력은 텔레비전에게 "사물을 실제 있는 그대로 보여주는 '세상을 향한 창'을 자처"(Hall, 1982: 71)하도록 허용한다. 세상의 모든 '날 것'을 실시간으로 보여줄 수 있는 텔레비전은 '현대적 용광로'로서 "이전에 따로 있던 사람들을 하나의 새로운 문화 주류 안으로 끌어들인다"(와이만, 2003: 13).

영화와 텔레비전

마치 영화관처럼 주변을 어둡게 하고 손바닥만 한 크기의 프로젝터를 밝힌 채 손이 닿을 만한 거리에 놓인 주전부리를 먹으면서 방송프로그램을 시청한 적이 있을 것이다. 나름대로 나쁘진 않지만 그렇다고 영화만큼의 임장감이나 몰입감이 들지는 않는다. 관람과 시청 환경이 다르듯이 영화와 텔레비전은 여러 면에서 상이한 매체이다.

영화보다 뒤늦게 개발된 "텔레비전이 꿈꾼 것은 영화 판타지다. 그러나 영화의 장르, 이야기, 로케이션, 그리고 연상을 차용하면서 영화를 '꿈꾸는' 텔레비전의 요구로부터 이득을 얻고자 했던 것은 영화 산업의 경제 논리의 한 부분"(엘새서·호프만, 2002: 26)이었다. 텔레비전이 영화에게 기대했던 '판타지'는 예술로서의 영화가 아니라 산업으로서의 영화를 따라하는 것이었다.

역사적으로 예술적·미학적 가치의 문제와 전혀 무관하게 영화와 텔레비전은 마치 숙주와 기생생물과 흡사한 친족관계를 맺어왔다. 텔레비전은 영화제작을 지원했고 영화는 텔레비전 시청자를 먹여 살렸다. 영화와 텔레비전의 이런 불가분의 밀월 관계를 카인과 아벨Cain and Able이나 오이디푸스와 라이오스Oedipus and Laius의 관계로 인식한 논의에 의하면(엘리스, 2002: 178-193)[9], 텔레비전은 과감한 내러티브 전개나 인물의 성격화 같은 영화의 매력을 탐냈고, 영화는 텔레비전이 확보해놓은 시청자를 부러워하며 텔레비전에 영화를 팔고 싶어했다.

영화가 텔레비전의 자금력을 필요로 했다면 텔레비전은 영화적 접근을 통해 영화가 누리는 문화를 갖고 싶어했다. 그러나 영화와 텔레비전의 완벽했던 공생 관계에도 불구하고 이 둘이 동일한 범주의 매체로 완전하게 묶일 수는 없다. 무엇보다 "영화의 세계가 현실과 구분된 '그때 그곳then and there'의 세계라면 텔레비전의 세계는 일상적 현실과 같은 '지금 여기now and here'의 세계"(주형일, 2004: 138)이기 때문이다.

이와 같은 논의에는 영화가 텔레비전에 비해 "도전적이고 도발적일 수 있는 잠재력"(엘리스, 2002: 183)을 가진 매체라는 인식이 전제되어 있다. 그러나 영화와 마찬가지로 텔레비전도 "프레임의 권력과 직면하는 영상을 사용하고, 체계적인 반복을 통해 강화된 익명성 속에서 게임, 연속극, 퀴즈나 시리즈 같은 동일한 형태로 프로그램을 지속시킨다"(소르랭, 2009: 264). 영화관의 상영 방식과 텔레

---

9 카인인 영화는 아벨인 텔레비전을(아벨이 영화, 카인이 텔레비전이어도 무방한) 죽이지 않았다. 또는 아들 오이디푸스(텔레비전)도 친부 라이오스(영화)를 죽이지 않았다(엘리스, 2002: 179-181). 라이오스가 펠롭스Pelops의 아들에게 마차를 모는 방법을 가르쳐 주며 펠롭스를 유괴했듯이, 텔레비전은 영화를 쫓으면서 영화의 권좌를 찬탈했을지도 모른다. 또한 프로이트식으로 보면, 오이디푸스와 라이오스가 경쟁 관계였듯이, 영화와 텔레비전은 서로에 대한 질투로 인해 상대가 소유한 것을 취하고자 하며, 어차피면 가로챌 만반의 준비를 하고 있는 관계라고 할 수도 있다. 영화와 방송을 카인과 아벨로 은유화한 이런 논의는 1993년 시네마테크 헤이그 필름하우스Cinematheque Hague Film House 소속 학자들이 네덜란드 헤이그에서 개최한 '카인과 아벨?'이라는 주제의 컨퍼런스에서 처음 이루어졌다.

비전의 방영 방식, 개별 영상작품으로서 영화와 방송프로그램의 형식과 내용상의 차이로 인해 이 둘을 동일한 매체 범주로 구분할 수 없다는 주장은 기실 어제오늘 제시된 것이 아니다.

특히 영화계 종사자는 텔레비전(브라운관)과 영화(영화관)는 화면 크기, 화질과 음질, 관람(시청) 조건 등에서 전혀 다른 매체라고 주장하고 싶어한다. 예컨대, 영화계에서 다큐멘터리는 영화관에서 상영되어야만 제대로 대접을 받는 것으로 여겨지기 때문에 텔레비전에서 방영된 다큐멘터리는 텔레비전이라는 거름더미 위에 핀 백합이나 돼지(바보상자나 찌그러진 감자를 떠올려보면 알 수 있는)인 시청자의 목에 걸어 준 진주 꼴이라는 인식이 널리 퍼져있기도 하다(루드넷, 2002: 256-263).

영화평론가가 텔레비전에서 방영된 다큐멘터리를 영화관에서도 상영될 만하다고 좋게 평가하면서도 이런 작품을 텔레비전에서밖에 볼 수 없다는 사실을 힐난하는 경우도 간혹 발생한다. 그러나 이는 좋은 다큐멘터리가 텔레비전에서 방영됨으로써 '망했다'라고 비평하는 우스꽝스러운 자가당착에 불과하다. 그럼에도 불구하고 이와 같은 모순적인 상황은 비단 외국에서뿐만 아니라 한국에서도 곧잘 논란거리가 되기도 한다.

예를 들어, 동일 작품이 영화관에서 상영될 때와 방송에서 방영될 때, 경제적 수익이나 저작권 등의 문제는 차치하고라도 작품에 대한 관객과 시청자의 반응, 감독과 제작자에 대한 대우(대접), 비평이나 평론 등에서 차이가 있다는 인식이 한국사회에도 분명히 존재하는 것이다. 이와 같은 인식에 대한 비판적인 문제 제기가 없지는 않지만 영화와 텔레비전(방송프로그램) 간 매체를 비롯해 정치경제적인 영향력, 사회문화적 의미 등의 차이로 인해 현실적으로 그 문제에 대한 뚜렷한 해답을 찾기도 쉽지 않다.

이와 같은 영화와 텔레비전에 대한 이분법적 접근은 응시gaze를 통해 영화를 관람하는 행위와 방송프로그램을 흘깃glance 보는 행위의 차이가 영화와 텔레비전 영상의 차이를 분명하게 드러낸다는 논의와 맞닿아 있다. 또한 영화영상은 학술적 분석대상이고 영화 관람행위는 의식적 활동인 반면, 방송영상은 일상적인 시각적 자극이고 방송프로그램 시청 행위는 무심코 텔레비전을 켜는 것처럼 무의식적 활동이라는 상반된 인식이 존재하기도 한다.

영화와 텔레비전이 다른 매체임은 분명하다. 하지만 기술technology 또는 기술description, 둘 중 어느 쪽이 원인이든 매체 속성의 차이가 영상작품으로서의 예술적이고 미학적인 가치의 차이까지 재단할 이유는 없을 듯하다. 텔레비전은 그 고유의 영상미학을 통해 텔레비전만의 예술적·미학적 가치를 갖고 있는 매체라고 할 수 있다.

포맷으로 살아남기

프랑스의 철학자이자 사회학자, 문화이론가인 장 보드리야르Jean Baudrillard는 캐나다의 매체이론가이자 문화비평가인 마셜 매클루언Marshall McLuhan과 다른 맥락에서 텔레비전을 차가운cool 매체로 규정했다. 보드리야르는 "텔레비전의 차가운 빛은 상상력을 전혀 공격하지 않는다. 더 이상 이미지가 아니라는 단순한 이유로 인해 텔레비전에는 상상적인 것이 전혀 존재하지 않기 때문"(Baudrillard, 1987: 24)이라고 강조한 바 있다.

보드리야르에 의하면, 텔레비전에 상상할 만한 것은 모두 사라졌고 스펙터클은 없으며, 직접적인 투명성과 가시성만이 텔레비전의 장점으로 남았다고 할 수 있다. 영화와의 경쟁 관계는 물론이고 국내외 방송시장에서 방송프로그램을 둘러싸고 방송사들이 격렬하게 대립하는 상황에서 눈요기가 될 만한 강렬한 영상도 없고 환상이나 환영을 보여주지도 못하는 텔레비전에게 남은 선택지는 그리 많아 보이지 않았다.

그러나 텔레비전은 영화가 갖지 못한 무기를 가지고 있었다. 방송프로그램의 연속 편성과 형식적 반복을 통한 익숙함의 과시가 변화하는 방송환경에서 텔레비전이 살아남을 수 있는 돌파구였던 것이다.[10] 돌파구의 실마리는 바로 범용적인 형식과 내용의 반복과 이를 통한 방송프로그램 제작 및 편성의 연속성을 바탕으로 하는 방송프로그램 **포맷**이다. 이 장에서 포맷 교역의 과정과 조직, 네트워크, 관련 산업 구조 등 포맷의 국가 간 교역과 관련된 논의들을 모두 다룰 수는 없겠지만 포맷의 정의, 포맷과 지역화, 문화적 혼종성과의 관계는 반드시 살펴봐야 할 문제들이다.

21세기에 들어 자본, 과학기술, 문화의 **전 지구화**globalization 열풍은 영화와 방송을 비롯한 미디어정경mediascapes에도 막대한 영향을 끼쳤다. 특히 매체 기술, 산업, 정책, 문화의 국가 간 지형은 그 경계가 불분명해질 만큼 급격히 무너졌다.[11] 매클루언이 예견했듯이, 매체가 전 세계를 하나의 지구촌global village으로 묶어버린 듯한 형국이 펼쳐졌다. 이에 따라 "지역과 국가의 개념을 구성하는 데 중심적인 도구"(스터르큰·카트라이트, 2006: 307)였던 텔레비전은 오히려 글로벌 매체로서의 면모를 유감없이 드러낼 수 있는 기회를 잡게 된다. 방송 시장이 국제화되고 해외 시장에서 거래되는 방송프로그램 규모가 더욱 확대되면서 텔레비전의 위상이 새롭게 구축되기 시작한 것이다.

---

10 장 보드리야르는 포스트모던 문화를 현대의 대표적인 문화적 특징으로 들면서 문화 생산의 반복성과 연속성을 주의 깊게 관찰할 필요가 있다고 강조했다. 이탈리아의 철학자이자 사회학자, 기호학자, 소설가인 움베르토 에코Umberto Eco 역시 언뜻 보면 다른 것과 같아보이지 않는 반복성과 연속성의 중요성을 강조했다(Eco, 1985: 167).

11 인도의 저명한 인류학자 아르준 아파두라이Arjun Appadurai는 전 지구화로 인한 문화 간 차별성을 설명하기 위해 '정경'을 뜻하는 접미사 '-scapes'를 활용해 미디어정경, 민족정경ethnoscapes, 이데올로기정경ideologyscapes 등의 개념을 제시한다(아파두라이, 2004). 정경이라는 개념을 통해 "전 지구적 흐름을 분석할 경우, 상품, 사람, 자본의 문화적, 경제적 움직임과 교류 내의 다양한 권력관계를 고려하도록 해준다. 동시에 전통적인 일방향 문화 흐름 모델에 대한 대안을 제공해주는데, 이를 통해 우리는 방송 같은 일방향적 전달이나 제국주의적 지배를 넘어서는 이미지 및 텍스트의 전 지구적 유통의 복잡한 방향과 범위를 볼 수 있다"(스터르큰·카트라이트, 2006: 316).

포맷과 장르

이른바 '미드', '일드', '한드'로 불리는 신조어들이 전혀 어색하지 않을 만큼 국가 간 방송프로그램 이동은 자연스러운 현상이다. 그렇다보니 해외에서 수입된 방송프로그램이 자국의 토착 방송프로그램과 치열하게 경쟁하면서 방송 생태계가 더욱 복잡하게 조성되기도 한다. 특히 영화의 국제공동제작과 투자, 방송프로그램 포맷 교역과 관련된 논쟁들은 전 지구화에 따른 **지역화**localization와 **세방화**glocalization 등의 수많은 담론들을 양산한다.

이와 같은 미디어정경에 따라 방송프로그램 포맷은 방송사와 제작사들의 사활을 건 전략 품목이 되었다. 국가와 지역, 사회와 문화 간 차이를 좁히고 연령, 성별, 지역 등과 무관하게 광범위한 시청자 층을 확보하기 위한 가장 대중적인 방송프로그램 생산 전략이 포맷이기 때문이다.

> 텔레비전 시청 경험에는 방해(프로그램과 광고 간의 변화)를 포괄하는 지속적인 리듬이 있다는 점에서 윌리엄스Raymond Williams는 텔레비전 흐름television flow 개념을 제시한다. 텔레비전이 시간 구속적이고 하루나 한 달, 심지어 일 년에 걸친 이야기 흐름(연속 방영되는 드라마의 예처럼)을 구축하는 한, 텔레비전은 우리 삶의 일상적 경험 패턴을 엮고 확립하는 특정한 연속성을 가진다(스터르큰·카트라이트, 2006: 146).

이야기꾼 텔레비전은 특정 방송프로그램을 연속 편성해 텔레비전 '흐름'을 만들어 우리의 일상 경험을 일정한 패턴으로 정형화하고자 한다. 이 '흐름'을 비판적으로 살펴보면, 텔레비전은 언제든, 어떤 식으로든 우리 삶에 개입하고, 우리의 의식을 텔레비전이 의도한 방향대로 고착화시키고 있음을 알 수 있다. 따라서 방송사와 제작사 입장에서는 이 '흐름'을 유지하고 강화해 시청자를 붙들어 두기 위한 '무엇'이 절실할 수밖에 없다.

포맷은 방송사가 원하는 흐름대로 우리를 유인하기 위한 강력한 '무엇'으로, "새로운 프로그램의 토대로서, 동일한 프로그램의 연재물이라고 할 수 있을 정도로 충분히 유사하면서도, 새로운 다른 것으로 보일 수 있을 정도로 충분히 차별적인 특징을 보이는 일련의 에피소드들을 담고 있는 프로그램의 기반으로 이용"(모란, 2005a: 7)된다.[12] 포맷을 정의하는 데 있어 연속성, 반복성, 유사성, 차별성이 핵심요소이다. 동일 프로그램이 연속적으로 반복 채택되고, 어느 하나의 프로그램이 다른 프로그램과 유사하거나 명확히 차이를 보이기도 하는 독특한 형식과 내용이 포맷이다. 포맷은 "일련의 계속되고 변하지 않는 시리즈물 프로그램에서 각각의 에피소드를 구성하는 요소 중 변화하지 않고 꾸준히 유지되는 요소들의 집합"(모란, 2012: 13)으로, 방송프로그램 장르나 유형보다 구체적인 수준에서 방송프로그램의 일정한 구성이나 변하지 않는 틀이라고 할 수 있다. 즉 포맷은 방송프로그램의 내용이나 형식상의 독창적인 요소를 지칭하는 것이다(배진아, 2008: 6-36).

영화 장르처럼 방송프로그램 장르도 프로그램 간 유사와 차이를 기준으로 유형화한 것이기 때문에 저작권과 같은 지적소유권은 방송프로그램 장르 논의에는 포함되지 않는다. 반면에 포맷은 방송프로그램 유형화라는 점에서 장르와 비슷하지만 형식상의 모방성이나 독창성과 거래를 위한 저작권의 측면에서 장르와 구분된다. 특히 방송프로그램 장르는 독창성과 무관하기 때문에 지적소유권의 대상이 아니지만 독창성이 곧 경쟁력인 포맷은 모방되거나 지적소유권으로 거래될 수 있다.

연속과 반복, 유사와 차이는 영화 장르의 미학적 특성과 불가분의 관계를 맺는 구조적 개념이다. 연속과 반복은 기술적으로 대량 복제를 가능하게 한다. 또한 영화와 방송프로그램이 원본 그대로(이런 경우는 거의 없지만), 또는 유사하면서도 차이를 드러내며 대량 복제된다는 것은 리메이크나 포맷의 중요성이 그만큼 크다는 점을 반증한다. 특히 반복을 통한 기계적 복제 가능성은 20세기 문화

---

12 '포맷이란 무엇인가'라는 질문은 포맷을 어떤 핵심이나 본질로 파악하려는 경향을 보이기 때문에 적절치 않은 표현이다(모란, 2005a: 8). 포맷은 포맷 면허 협정에 포함될 수 있는 다양한 항목들을 포함하는 느슨한 용어이자 경제적이고 문화적인 교류 기술로, 어떤 원칙에 의해 의미를 갖는 것이기보다 그 기능이나 효과로 인해 의미를 갖기 때문이다.

영역 안에서 연속^{seriality} 형식의 발전과 관련이 있다(달리, 2003: 167).**13**

또한 영화와 방송프로그램이 유사와 차이의 혼합을 통해 연속적이고 반복적으로 생산되는 원리는 상호텍스트성과도 밀접하게 관련된다. 앞서 'S#7 영상이야기와 영상으로 이야기하기'에서 살펴봤듯이, 상호텍스트성은 "어떤 텍스트가 다른 텍스트를 언급하거나 다른 텍스트를 인용하는 것, 즉 둘 또는 그 이상의 텍스트들 사이의 관계를 지칭"(장일·조진희, 2007: 70)한다. 따라서 포맷은 독자적인 텍스트를 기반으로 하지만 다른 텍스트와의 상호관계를 통해 새롭게 구축된 것이라고 할 수 있다. 가령, 첫 편의 복제된 연속으로서의 후속편은 첫 편의 텍스트를 지시하면서 '유사 내 차이, 차이 내 유사'를 동시에 추구하는 것이다.

시리즈 (극)영화는 방송의 연속극에 상응한다. 영상산업적인 측면에서 보면, 시리즈 (극)영화와 연속극은 거의 동일한 부품과 부속품을 사용해 동일한 생산라인에서 조립된 제품이며, 설계구조상으로 전혀 차이가 없이 연속 생산된 복제품이다. 따라서 시리즈 (극)영화와 연속극은 표준화되고 규격화된 상품이라고 할 수 있다.

텔레비전이 등장하기 이전부터 영화산업의 중요한 전략상품이 시리즈 (극)영화였다. 시리즈 (극)영화를 모방한 텔레비전 연속극은 일종의 혼종의 혼종이라고 할 수 있다. 연속극은 특정 시간대를 연속적으로 점유한 확장된 단막극이기 때문에 시리즈 (극)영화의 일차적 혼종이다. 또한 각 편마다 완결된 3막 구조를 갖추고, 동시에 각 편의 일화^{episode}가 다른 편의 일화와 유기적으로 연결된다는 점에서 연속극은 시리즈 (극)영화의 이차적 혼종이다.

시리즈 (극)영화와 연속극은 매 편마다 완결적인 닫힌 결말과 후속편으로의 연결을 위한 열린 결말을 혼합한 혼종적인 양식을 추구하는 공통점을 갖고 있

---

13 영화와 텔레비전은 시리즈와 연속물 같은 연속극 형식을 통해 공생과 경쟁 관계를 구축해왔다. 특히 "연속극 형식은 스타들의 개성을 강조하기 위해 1910년대와 1920년대 영화에서 처음 사용되었다. 하지만 그것의 구조적인 기능은 텔레비전에 의해 더욱 견실히 개발되었다"(엘세서·호프만, 2002: 26).

다. 그러나 매일이나 매주 특정 시간대에 고정적이고 지속적으로 편성되는 연속극의 서사가 낯설지 않음을 통해 비교적 안정적으로 전개되는 반면에, 시리즈(극)영화의 서사는 연속극보다 도전적이고 급격하게 전개되며 이른바 '한방'의 마케팅 전략을 통해 관객을 유인한다는 점에서 차이를 나타내기도 한다.

특히 영화는 방송프로그램에 비해 "고상한 '예술'이라는 마케팅 전략을 구사해왔다. 텔레비전이 대중매체의 역할을 떠맡은 반면 영화는 적어도 '미학적' 경험이라는 차별화된 이미지를 고수"(로도윅, 2012: 6)해온 것이다. 그러나 이와 같은 주장의 이면에는 상대적으로 '작은 텔레비전'에 비해 영화는 스펙터클의 예술로서 '큰 영화'라는 오래된 인식이 깔려 있다. 영화와 텔레비전 간의 파우스트적인 거래가 공공연한 사실로 밝혀진 지는 그보다 더 오래되었는데도 말이다.

포맷과 지역화

포맷은 국내보다 국제적 규모의 방송콘텐츠 시장에서 거래될 수 있는 품목이나 상품, 이와 관련된 서비스 복합물, 라이선스를 줄 수 있는 특수한 요소를 지닌 방송프로그램이나 방송프로그램 콘셉트이다. 공영이든 사영이든, 각국의 방송사와 제작사는 수익창출을 극대화하기 위해 경쟁적으로 다양한 형태의 포맷을 개발하고 거래하고자 한다.

한국의 경우에도 오디션 프로그램이나 리얼리티쇼 같은 예능프로그램에 대한 관심과 이에 따른 광고수입의 문제가 맞물려 새로운 프로그램을 기획하는 것보다 해외에서 어느 정도 검증된 프로그램 포맷을 수입하는 것이 실패의 위험을 낮출 수 있다는 인식이 지배적이다. 국가 간에 주로 거래되는 포맷이 게임쇼, 퀴즈쇼, 리얼리티쇼, 오디션 프로그램 등인 것도 같은 맥락이라고 볼 수 있다.

이제 이 장의 말머리에서 제기한 텔레비전은 바보상자라는 표현을 거둬들여야 할 듯하다. 근래 방송프로그램 편성표를 꼼꼼히 들여다보면, 텔레비전은 우리에게 언제 어디에서나 간편하게 보고 싶은 프로그램을 맘껏 볼 수 있게 해주는 최고의 오락기라는 생각이 들기 때문이다. 다양하게 구색을 갖춘 편성표는 우리

윗줄 왼쪽부터 시계방향으로 〈너의 목소리가 보여〉, 〈꽃보다 할배〉, 〈1대 100〉, 〈SNL 코리아〉. Mnet에서 2015년 2월에 첫 방송을 한 〈너의 목소리가 보여〉는 중국을 비롯한 아시아 지역 6개국과 루마니아와 불가리아 등 8개국에, tvN의 〈꽃보다 할배〉는 2014년 9월 미국 NBC에 각각 포맷이 수출되었다. 2007년 5월부터 KBS-2TV를 통해 방영되고 있는 〈1대 100〉은 네덜란드의 TV프로그램 제작사 엔데몰사의 〈Enn Tegen 100〉 포맷을, 2011년 12월에 첫 방송된 tvN의 〈SNL 코리아〉는 미국 NBC의 〈Saturday Night Live〉의 포맷 라이선스를 각각 구입했다.

를 즐거운 고민에 빠트리는 식단이고 레퍼토리이다. 방송프로그램은 식단의 음식이고 레퍼토리의 목록이다. 포맷은 그 음식의 재료와 양념이며 목록의 유형이다. 어떤 재료와 양념을 넣고 빼느냐와 어떤 모양새를 선택하고 배제하느냐에 따라 방송프로그램의 목록, 레퍼토리, 식단이 모두 달라진다.

포맷은 "프로그램 아이디어의 시공간적인 흐름을 관리하는 하나의 문화적인 기술"(모란, 2005a: 11)이라고 할 수 있다.[14] 어떤 문화든 고유의 재료와 양념, 레퍼

---

14 텔레비전 포맷은 "일정치 않은 에피소드 요소들이 생산되는 일정한 프로그램 요소들의 집합이다. 이와 같이 포맷은 각각의 개별 에피소드들을 조직화하는 수단으로 보일 수 있다. 어떤 제작자가 지적하듯이 매주 껍데기는 같지만 그것을 채우는 내용만 달라지는 것이다"(모란, 2005a: 7).

토리 유형이 있다. 가령, 한국식 김치는 지역(문화)마다 재료와 양념이 다르고, 한국식 놀이 유형도 문화(지역)마다 다르다. 지역과 문화에 따라 음식과 놀이가 상이하듯이 국가마다 고유한 포맷의 특색을 갖고 있다.

김치의 맛은 식재료와 향신료, 놀이의 흥은 놀이 규칙에 따라 결정된다. 포맷도 마찬가지이다. 포맷이 국가 간 경계를 넘어 교역되면서 맛과 흥을 더하거나 덜기 위해 해당 국가(지역과 문화)의 독특한 식재료와 향신료, 놀이 규칙이 적용된다. 어느 한 국가(지역과 문화)에서 맛과 흥이 있다고 소문난 포맷은 국가 간 거래를 통해 변용이나 변형, 복제나 모방, 번역이나 재제작, 맞춤화나 토착화 등과 같은 지역화 과정을 거친다.

방송프로그램과 같은 문화적 산물의 지역화는 어느 한 국가에서 다른 국가로 프로그램이 거래될 때, 구매 국가의 문화적 특성에 따라 프로그램 포맷이 새롭게 구성되는 것을 일컫는다. 주로 두 국가 사이의 문화적 차이로 인해 포맷 재설정이 필요해지기 때문에 지역화가 이루어진다. 또한 포맷은 방송사(제작사) 간의 국제적인 서비스 교역 품목이기 때문에 포맷 지역화format localization는 주로 경제적 측면을 중심으로 이루어진다.

포맷 지역화는 방송프로그램 구매 지역에서 발생할 수 있는 문화적 할인cultural discount**15**을 야기하는 문화적 차이를 줄여준다(Hoskins, et al., 1998). 방송프로그램이라는 문화상품의 구매자가 구매 지역의 입맛과 기호에 맞춰 포맷에 적당한 향신료를 가미하거나 새로운 놀이 규칙을 만들어 구매 지역 소비자들에게 판매하는 마케팅 전략이 포맷 지역화인 셈이다.

포맷에 문화적 차이나 할인과 같은 '문화' 요소가 투입되는 까닭은 방송프로그램이 단순히 제품만이 아니기 때문이다. 어느 지역이나 국가에서든, 방송프로

---

15 문화적 할인은 어느 한 지역의 문화 생산물이 다른 지역에서 수용될 때 두 지역의 문화적 차이에 따라 수용의 양상이 달라지는 현상을 설명해주는 개념이다. 특히 국가 간에 문화상품이 거래될 경우에 문화적 할인이 주로 발생하는데, 문화적 동질성이 낮은 국가에서 높은 국가로 유입되는 문화상품의 가치가 더 하락하는 것이 일반적이다.

그램은 그 지역과 국가의 고유한 문화적 특성을 갖고 있다. 예를 들어, 언어는 가장 대표적인 문화적 상징이다. 언어가 상이한 국가(지역) 간 포맷 거래에서 언어가 가장 중요한 변수가 되는 이유이다. 음식이나 놀이도 마찬가지다.

그럼에도 불구하고 포맷은 기본적으로 판매와 구매의 원리가 작동하는 품목이자 상품이다. 포맷 생산자는 보다 맛있고 흥미로운 포맷을 만들어 그 맛과 흥에 관심을 갖는 구매자에게 자신의 포맷을 판매한다. 포맷 거래는 주로 국제 단위의 교역 형태로 이루어진다. 포맷 국내화domestication나 맞춤화customization가 포맷 지역화와 함께 자주 언급되는 이유도 포맷 거래에 반드시 수반되는 문화적 차이와 문화적 할인을 줄이기 위해서라고 할 수 있다.

지역화, 국내화, 맞춤화는 국제화, 세계화, 전 지구화와 대립적인 개념이다. 포맷은 상반되는 두 개 항의 개념을 모두 포괄한다. 따라서 국가 간 포맷 거래로 인해 야기되는 자국내 전통 문화의 훼손, 지역문화의 변질, 다양성의 상실 같은 문제들이 제기될 수밖에 없다. 그러나 그렇게 비판적으로만 볼 필요는 없다.

신자유주의가 전 지구적으로 확산되면서 파생되는 정치경제적이고 사회문화적인 여러 가지 문제점들이 다양한 양상으로 제기되고 그 폐해 또한 적지 않다. 그러나 문화적 측면으로만 국한하자면, 방송프로그램 포맷의 국제적 교류가 상이한 국가, 민족, 인종 간 문화적 차이에 대한 이해의 깊이를 깊게 하거나 너비를 넓게 함으로써 상호존중의 계기가 될 수도 있다. 또한 전통문화와 지역문화에 대한 새로운 관심과 해석을 촉구할 수도 있고 문화적 다양성의 추구에도 긍정적인 영향을 미칠 수 있다.

포맷과 문화적 혼종성

방송프로그램 포맷은 스펙터클이나 자기 지시, 상호매체성과 상호텍스트성 등과 관련된 포스트모더니즘 문화론의 관점에서도 논의될 수 있다. 방송프로그램 형식상의 유사와 차이, 연속과 반복을 활용하는 포맷 전략은 포스트모던 시대의 문화적 특성들을 전술로 활용하는 경향이 적지 않기 때문이다. 그러나 이런 전략전술이 포맷의 성공을 지속적으로 보장하지는 않는다. '영원한 기표'나 '깊이 없음' 같은 포스트모더니즘의 문화적 특성이 문화적 차이를 더욱 확장시킴으로써 포맷 거래에 장애가 되기 때문이다.

앞서 살펴본 포맷 지역화와 관련해서도 지역화가 국제화나 세계화, 전 지구화와 결합해 자칫 문화적인 이종교배hybridization를 통한 부작용을 양산할 수도 있다. 그럼에도 불구하고, 지역에서 제작한 방송프로그램 포맷의 지역적 특성과 고유한 역사, 문화, 정서의 발현은 초국적 문화 흐름에서 생겨난 다양한 혼합 과정과 새로운 문화 현상을 이해하는 데 유용하다(모란, 2005a, 2005b).

국가 간 포맷 거래에 의해 불거지는 문화적 차이와 이 차이로 인해 야기되는 보편적 가치와 특수한 가치의 충돌은 지역화 과정을 거치면서 **문화적 혼종성**cultural hybridity에 의해 상쇄되기도 한다. 이런 논의에 따르면, (문화적) 혼종성은 "전 지구적인 것과 지역적인 것이 융합하여 지역의 문화적 경계를 확대하고 문화 다원화를 실천하는 이중적 작용"(박선이·유세경, 2009: 195)을 한다고 볼 수 있다. 국제적 거래에 의해 수입된 포맷이 지역화되는 과정에 지역 고유의 문화적 특성이 영향을 미치는 것이 일반적이다. 그러나 "지역화의 궁극적인 목적이 이윤의 극대화라는 점에서, 포맷 거래는 문화 다원화를 실천하는 과정이기보다는 전 지구적 자본의 지역 침투 전략으로 이해"(배진아, 2011: 98)해야 할 필요도 있다.

이런 비판적 관점은 식민 지배를 받은 사람들이 상징적인 저항의 도구로 활용했던 흉내 내기mimicry가 지배문화를 일종의 잡종(문화)으로 치부하고 조롱하며, 전복시킬 수 있다고 주장한 호미 바바Homi K. Bhabha의 포스트식민주의post-colonialism론에 근거한다. 인도의 저명한 철학자이자 사회학자이며 문화비평가인 호미 바바는 문화적 혼종성이 차이를 바탕으로 한 일종의 문화적 잡종으로, 총체성이나 통일성이라는 이름으로 포섭되지 않고 끊임없이 경합하고 협상하는 과정이라고 강조했다(바바, 1994).

특히 피지배자들이 살아가는 지역의 특성과 결합해 생산된 문화적 혼종성은 제국주의 지배문화에 대한 "부인disavowal을 통해 지배 과정을 전략적으로 역전"(바바, 1994: 226)시킨다. 이와 같은 주장은 국제적 거래에 의해 지역화 된 포맷에 내재된 지역적 특성이 초국가 자본의 시장 포획 전략에 다름 아니며, 이를 혼종성의 개념으로 설명하는 것은 방송프로그램 같은 콘텐츠 생산자의 신자유주의 논리를 정당화하는 것에 불과하다는 비판(김수정·양은경, 2006; 류웅재, 2008)의 논거가 된다.

국제적으로 거래되는 포맷의 중요한 특징 가운데 하나가 포맷의 거래 품목에 프로그램 제작과 관련된 제반 사항에 대한 지침이 포함된다는 점이다. 포맷이 전 지구적으로 거래된다는 것은 "전 세계의 프로그램이 특정한 틀에 맞추어서 표준화된다는 것을 의미한다. 세계 각국의 수용자들이 표준화된 틀에 맞추어 제작된 방송프로그램을 거의 동시에 즐기게 되는 이러한 현상은 문화적 지구화"(배진아, 2011: 78)라고 할 수 있다.

이와 같은 논의는 거대 자본의 전 지구적인 흐름이 창출하는 자본패권주의가 '문화적 전 지구화'로 확장될 수 있음을 시사한다. 지역화는 매체의 글로벌화 효과인 문화의 동질화와 지역 문화의 피폐를 비판하는 문화제국주의론의 핵심 개념이다(모란, 2012: 62-63). **문화제국주의**cultural imperialism는 영화와 텔레비전 같은 대중적인 영상매체(자본)의 전 지구화가 국가 간 문화적 차이를 경시하고, 정치경제적이고 사회문화적으로 피지배의 위치에 있는 지역(국가)의 문화를 쓸모없는 것으로 간주한다고 비판한다.

> 포맷 거래는 초국적 매체 기업에 의해 주도되는 문화 제국주의의 연장으로 이해된다. 포맷의 국가 간 흐름이 불평등하다는 점, 서구의 초국적 기업들이 포맷 거래의 흐름을 일방적으로 주도하고 있다는 점, 그리고 그 결과 리얼리티 장르와 같이 가장 지역적인 프로그램에서조차 세계적으로 동질적인 방송 문화가 형성되고 있다는 점에서 문화제국주의론의 통찰이 그대로 적용된다. 전 세계적인 포맷 거래의 확산이 초국적 기업의 경제적 동기에 의해 추진되어 왔음에도 불구하고 문화적 지배의 결과를 초래하고 있는 것이다. 이는 …… 교묘하고 겉으로 드러나지 않는 방식으로 일어나는 현상이라는 점에서 주목할 필요가 있다(배진아, 2011: 99).

군이 방송프로그램 포맷을 문화제국주의와 연계해 논의하지 않더라도 방송프로그램 같은 대중적이고 영향력이 막대한 문화상품의 국가 간 거래가 단지 경제적인 교역의 수준에 그치지 않는다는 점은 틀림없는 사실이다.[16] 텔레비전이라는 영상매체, 방송프로그램이라는 영상콘텐츠는 현대사회의 대표적인 문화상품이자 이데올로기적 기제이다. 따라서 방송프로그램 포맷은 문화와 이데올로기, 나아가 문화 권력의 국가 간 이동과 교환의 관점으로 이해할 필요가 있다.

특히 여타 영상매체와 달리 텔레비전은 공중과 사회 집단에게 무제한적인 내용(방송프로그램)을 제한된 방식(편성 같은)으로 제공하며, 상업성을 기준으로 대중의 선택의 여지없이 프로그램을 생산하는 가장 강력한 문화 전파 체계이다(와이만, 2003: 11-12). 텔레비전에는 상상할 만한 것이 없다는 보드리야르의 냉철한 비판에도 불구하고 텔레비전의 매혹은 치명적이다. 텔레비전은 "이미 오랫동안 충분히 스펙터클적이었고, 텔레비전 속 세상은 여전히 별천지인 양 끊임없이 환영을 제공"(류웅재·강승묵·이영주, 2011: 142)하기 때문이다. 그래서 바보상자라는 의심의 눈초리를 거두지 못하면서도 텔레비전에 속절없이 빠져든다. 그렇기 때문에 텔레비전의 맛과 흥을 판가름하는 방송프로그램과 방송프로그램의 대중적인 성패를 결정하는 포맷에 대한 비판적 시선을 거두어서는 안 될 듯하다.

---

16 방송프로그램 포맷과 관련된 논제를 문화제국주의의 관점으로 접근하는 데에는 일정한 한계가 있을 수도 있다. 문화제국주의는 서구의 강대국이 거대자본을 통해 초국적인 문화상품을 저개발국가와 같은 제3세계 국가에 판매함으로써 경제는 물론 삶의 양식이나 문화의 토대까지 지배하고자 획책하는 '부드러운 지배' 양식이다. 그러나 문화제국주의는 "비서구인들의 문화 수용 능동성을 간과하는 것이며 민족국가 단위에서 문화와 권력, 그리고 한 사회 단위 내에서 계급 간의 역학 관계를 설명하지 못하기 때문에 …… 초국적 문화의 흐름이나 문화적 혼종성의 관점에서 글로벌 문화와 지역문화의 조우의 복잡성을 지나치게 단순하게 바라본다는 지적"(류웅재·박진우, 2012: 145)으로부터 자유롭지 못하다. 따라서 방송시장이 상대적으로 큰 국가에서 작은 국가로 방송프로그램이 유입된다는 이유로만 포맷 문제 전반을 설명하는 것은 '일반화의 오류'를 범하는 것이라고 할 수 있다.

S#10
디지털 영상문화

"인생은 가까이서 보면 비극이지만 멀리서 보면 희극이다."

- 찰리 채플린(Charles Chaplin), 1977: The Guardian

환영적인 사실성과 실제적인 스펙터클

존재하지 않는 현재와 영상의 환영

현재는 관념상으로는 실재한다. 그러나 현재라는 '시간'은 현재인 동시에 항상 불가피하게 과거이자 미래이기 때문에 실제로는 실재하지 않는다. 즉, 시간상으로 현재는 존재하는 동시에 부재한다. 현재라는 시간은 부재하지만 과거와 미래를 잇는 현재라는 관념은 존재한다고 할 수 있는 것이다. 도무지 무슨 말인지 헷갈리겠지만 그래도 어쩔 수 없다. 현재라는 시간 개념은 그런 것이니 말이다.

영상도 마찬가지이다. 지금—여기에서 직접 바라보는 영상은 존재하며 그렇기 때문에 믿을 수 있다는 것이 통념이다. 그러나 영상이 지금—여기에 눈앞에 있고, 그것을 바라볼 수 있다고 해서 영상이 존재한다고 단언할 수는 없다. 영상에 담긴 대상을 직접 감각하고 지각할 수 없기 때문에 영상과 대상은 동시에 부재한다고 할 수밖에 없다. 따라서 영상은 지금—여기가 아니라 이미 지나간 과거—거기에 존재했던 대상을 지금—여기로 다시 불러들인 것이나 마찬가지이다.

현재는 실제적 이미지이고 현재의 동시적 과거는 마치 거울 속 이미지처럼 가상적 이미지라고 주장했던 프랑스의 철학자이자 영화이론가 질 들뢰즈^{Gilles} Deleuze는 "거울의 현상 안에서 파악되는 구조에 따르면 가상 이미지와 실제적 이미지는 동시적으로 공존"(박성수·전수일·이효인, 1996: 34에서 재인용)한다고 역설한다.[1] 실제 현재와 가상의 과거, 미래는 동시에 혼재함으로써 실제와 가상, 현재와 과거, 미래의 경계는 불분명해질 수밖에 없다는 것이다.

이런 논의들은 현재를 '현재'로 확정할 수 없는 시간으로 간주한다. 현재는 현재에만 머물지 않고 끊임없이 과거로 분화되며 미래를 지향하기 때문에 실제적이기보다 가상적인 시간인 셈이다. 그렇다고 해서 가상적인 시간인 현재가 부재한다고 단정할 수도 없다. 비록 현재는 지금−여기에는 부재하지만 잠재적으로 과거−거기나 미래−여기/거기에는 존재할 수 있기 때문이다. 특히 기억이나 추억을 통해 가상적인 현재를 실제적인 현재로 불러들이는 작업이 창조이기도 하다.

질 들뢰즈가 거울, 유리, 크리스털 이미지, 보석 등의 단면을 통해 현재이자 과거(동시에 미래도)를 가상적인 이미지라고 주장했듯이, 영상도 본질적으로는 실재하지 않는 가상적인 이미지로 창조된 것이라고 할 수 있다. 우리는 영상을 바라보거나 들을 수는 있지만 직접 만져보거나 냄새를 맡고 맛볼 수는 없다. 시각과 청각만으로도 실체를 확인할 수 있지 않느냐고 반문할 수 있겠지만 설령 그렇더라도 영상과 영상에 담긴 대상은 실제 현실에 존재하기보다 제2의 또는 제3의 가상적인 현실에 존재한다는 사실을 부인하기는 쉽지 않을 듯하다.

따라서 영상으로 재현된 현재의 사실, 현실, 진실은 어쩌면 모두 가짜일 수 있다. 현재의 사실, 현실, 진실을 짐짓 지금−여기에 실재하거나 실제인 것처럼 나타내는 영상은 결국 **환영**phantasm에 다름 아닌 셈이다. 따라서 영상은 빛과 빛에 가려진 그림자, 빛의 이면에 존재하는 어둠이 빚어내는 마술적 이미지라고 할 수 있다.

---

1 들뢰즈의 주장대로라면, 모든 가상은 실제이며, 모든 실제도 가상이다. 또한 "현실적인 것과 상상적인 것 또는 현재와 과거, 실제적인 것과 가상적인 것 간의 판별 불가능성은 분명 머릿속이나 마음 안에서 만들어지는 것이 아니라 그 본성상 이중적인 성격을 갖는 일정한 이미지의 객관적 성격"(박성수·전수일·이효인, 1996: 35에서 재인용)이라고 규정할 수밖에 없다.

스펙터클 에세이

영상은 일차적으로 시청각적이다. 시청각적으로 볼만하고 들을 만한 거리여야 영상의 기본 조건이 갖추어졌다고 할 수 있다. **볼(들을)거리**spectacle는 구경꾼spectator이 있어야 보고 들을 만한 구경거리로서의 가치를 갖는다. 구경할 만한 광경이어야 구경꾼이 몰려들어 그 광경을 볼(들을) 테니 말이다.

영화영상을 예로 들면, 이른바 대작으로 불리는 영화에 '스펙터클'이라는 홍보문구가 따라붙은 것을 본 적이 있을 것이다. 거장으로 불리는 작가와 감독이 최고의 제작진과 배우를 만나 최첨단 장비, 대규모 세트, 특수효과VFX 등을 활용해 상상을 초월하는 비용을 들여 제작한 영화가 대형 스크린과 입체음향을 갖춘 영화관에서 상영될 때, 구경꾼들은 구경거리로서의 '스펙터클'이라는 홍보문구에 고개를 주억거린다.

스펙터클의 기원은 고대 그리스 시대에 디오니소스Dionysus 극장의 기계 신deus ex machina에서부터 시작되었다고 한다. 그 당시에는 기계인형처럼 만들어진 신이 인간에게 신탁을 전하기 위해 공중에서 내려오는 장면이 볼만한 광경이었던 것이다.

오랜 역사를 가진 스펙터클이라는 개념이 본격적으로 회자된 때는 18세기 이후이다. 18세기 말 유럽의 공회당에서 펼쳐졌던 마술, 곡예, 광대극, 서커스와 19세기 유럽 전역에서 선풍적인 인기를 끌었던 무언극, 소극, 보드빌 쇼는 모두 보고 들을 만한 구경거리였다. 특히 연극이나 뮤지컬 같은 공연 형식의 쇼는 관람객을 끌어들이기 위해 환등기magic lantern, 요술환등phantasmagoria, 파노라마panorama, 디오라마diorama 같은 시각적 장치들을 활용했다.

프랑스의 발명가이자 사진의 창안자로 널리 알려진 조제프 니에프스Joseph N. Niépce가 빛으로 그린 그림heliography으로 명명한 사진은 붓을 빛으로, 물감과 캔버스를 카메라로, 화가의 눈을 카메라의 눈(렌즈)으로 바꿔놓음으로써 스펙터클이라는 개념 자체를 놀랍도록 확장시켰다. 영화(영상)는 두말할 나위 없이 스펙터클이 충만한 매체이자 작품이다.

뤼미에르 형제Auguste M. L. N. Lumière & Louis J. Lumière가 제작한 최초의 영화 〈열차의

도착L'Arrivée d'un train en gare de la Ciotat〉은 1896년 1월 프랑스 파리에 있는 카페 그랑에서 상영되었다. 마술사 출신의 조르주 멜리에스Georges Méliès는 〈열차의 도착〉을 보고 영화감독의 길로 들어서 일명 속임수 영화trick-film를 통해 흥미진진한 마술 같은 영화들을 제작했다.[2]

뤼미에르 형제와 멜리에스의 영화는 영화의 **환영적인 사실성**phantasmal reality에 대한 격렬한 논쟁의 출발점이었다. 특히 이들이 창출한 영화(영상)의 스펙터클을 통해 관객은 "이미지 자체의 물질성과 기교에 대해 호기심을 갖게 되고 또한 이에 매료되며, 이야기에 종속되기를 거부하는 경향"(달리, 2003: 151)을 보이기까지 했다.

영화의 기본은 찍기가 아니라 그리기이다. 미디어문화이론가로 정평이 난 레프 마노비치Lev Manovich가 한 말이다. 마노비치는 영화가 "시간 속의 그림이라는 회화의 특정 분야가 되었다. 더 이상 움직이는 눈, '키노 아이'가 아니라 움직이는 붓, '키노 브러시'가 된 것"(마노비치, 2004: 385)이라고 역설했다. 영화나 영화관을 뜻하는 키노kino가 붓brush으로 변신한 키노 브러시kino-brush는 주로 디지털 기술을 활용한 영상효과 기법을 일컫는다.

키노 브러시는 빛으로 그림을 그리는 사진의 마법이 영화에도 적용되어 사진보다 더 스펙터클한 영상을 보여주는 기법을 은유적으로 표현한 것이다. 그러나 키노 브러시 못지않게 디지털적인 효과를 내는 아날로그 기법이 이미 오래전부

---

2 조르주 멜리에스는 당대에 가장 유명한 마술사인 로베르 우댕Robert Houdin이 운영하던 마술쇼 극장의 극장주이자 마술사였다. 그는 현대의 마술사들이 즐겨 입는 연미복과 마술사의 상징인 지팡이를 유행시킨 장본인이기도 하다. 무엇보다 영화감독으로서 그는 공상과학 영화의 시초로 알려진 〈달나라 여행Le Voyage dans la lune〉(1902)을 선보였으며, 페이드 인/아웃fade in/out이나 디졸브dissolve 같은 영상효과를 고안하기도 했다.

터 있었다. 바로 스탠 브래키지^{Stan Brakhage3}이다. 스탠 브래키지는 촬영된 필름을 긁거나 필름에 색을 입히고 얼룩을 지게 하는 등 영상을 추상표현주의 회화처럼 표현할 수 있게 하는 기법이다.

스탠 브래키지는 필름을 붓, 물감, 캔버스처럼 사용한다는 점에서 키노 브러시와 유사하다. 디지털적인 효과로서의 키노 브러시와 스탠 브래키지는 하나의 쇼트 안에 여러 개의 쇼트를 중첩시키는 콜라주와 함께 아방가르드 영화에서 흔히 사용되는 기법이기도 하다. 역사적으로 영화의 디지털적인 스펙터클은 기실 디지털과 무관하게 아날로그 제작 환경에서도 수없이 시도되었던 것이다.

수많은 아류 소설과 뮤지컬, 연극과 영화로 재탄생된 프랑켄슈타인의 비극적인 이야기를 익히 알고 있을 것이다. 초판 《프랑켄슈타인; 또는, 현대의 프로메테우스^{Frankenstein; or, the Modern Prometheus}》가 출간된 1818년에 저자인 메리 셸리^{Mary Shelley}는 불과 18살이었다고 한다. 그녀와 프랑켄슈타인은 우리에게 영문학 역사상 최초의 공상과학 소설에 등장하는 볼거리로서의 괴물을 시각적으로 상상할 수 있는 놀라운 경험을 선물했다.

당시에 메리 셸리가 익명으로 《프랑켄슈타인》을 출간했듯이, 작품 속 괴물(프랑켄슈타인은 괴물을 창조한 인물)도 이름을 갖지 못한 일종의 키메라^{chimera} 같은 피조물에 불과했다. 그러나 그 괴물은 자신의 존재를 확인시켜줄 친구와 연인을 찾고 싶은 이상주의자이기도 했다. 분명 인간이 아니지만 인간을 닮은 피조물인 괴물은 현실적이지는 않지만 분명히 사실적이었고, 어떤 면에서는 현실보다 더 현실 같은 환영적인 사실성을 지닌 아날로그 스펙터클이었다고 할 수 있다.

3 스탠 브래키지는 미국의 실험영화 감독의 이름이다. 브래키지는 아방가르드를 기반으로 서사가 없는^{non-narrative} 영화를 주로 제작했다. 그는 9초부터 4시간 30분 남짓에 이르기까지 다양한 상영시간을 가진 약 400여 편의 실험영화를 만들었다. 그의 영화는 특히 필름 위에 직접 채색하거나 스크래치, 콜라주 그을림, 약품 처리 등을 한 회화적 기법의 스타일로 주목을 받았다. 또한 그는 서사구조에 있어 디에게시스적인 공간이나 시간 창출보다 새로운 공감각적 경험과 시각적 차원을 강조했다. 브래키지의 작품 형식 중에 눈여겨볼 것은 '우리가 보는 것은 과연 무엇인가? 갓난아기는 어떤 시점으로 세상을 보는 것일까?' 등과 같은 '시점'에 관한 것들이다.

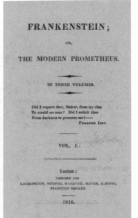

메리 셸리의 초상화와 1818년작 《프랑켄슈타인; 또는, 현대의 프로메테우스》.

스펙터클은 영화 장르나 스타일보다 관객과 영화의 관계를 설명할 때 유용한 용어이다. 관객 입장에서 영화는 우선 볼만하고 들을 만해야 한다. 시청각적으로 진풍경일수록 관객은 영화에 더 쉽게 빠져든다. '더 쉽게 빠져든다'는 말이 의미심장하지 않은가. 'S#2 영상, 그 오래된 미래'와 'S#3 영상의 의식과 상상'에서 살펴봤던 영화관의 의미와 영화관에 가는 이유를 떠올려보자. 우리가 진지하거나 심각하게 영화(영상)를 학습하러 영화관에 가지 않는다는 것이 기억날 것이다.

대부분의 경우, 보고 싶은 영화여서, 좋아하는 사람과 함께, 또는 혼자만의 시간을 보내고 싶어서, 골치 아픈 현실을 잠시나마 벗어나 눈과 귀를 즐겁게 하고 몸과 마음을 쉬게 하고 싶어서 영화관에 갈 것이다. 따라서 이왕이면 두 시간 안팎의 시간 동안이라도 현실의 모든 것을 잊고 영화(영상)에 '더 쉽게 빠져들 수 있을 만큼' 볼거리가 충만한 영화(영상)면 더욱 좋겠다고 기대한다.

그러나 얻는 것이 있으면 잃는 것도 있는 법, 영화의 스펙터클이 우리에게 휴식과 즐거움을 선사하는 데 반해 우리는 영화관 밖에서는 결코 환영일 수 없는 실제 현실과 그 이면에 숨겨져 있는 진실을 외면하기 일쑤다. 영화영상의 스펙터클이 실제 현실의 스펙터클에 대한 욕망으로 이어져 실제 현실에 대한 비판의식을 마비시키거나 현실을 변혁하고자 하는 실천의지를 단절시킬 수 있기 때문이다.

프랑스의 철학자 기 드보르Guy Debord는 현대사회를 스펙터클 사회로 명명하며, 스펙터클 사회의 "기능은 문화 내에서 역사를 잊게 하는 것"(Debord, 1977: 191)이라고 비판했다. 즉, 스펙터클 사회에서 개인은 스펙터클에 압도당하며 대량생산과 대량소비 문화의 수동적인 존재로 전락하고, "스펙터클은 축적되어 하나의 이미지가 되는 정도에 이르면 자본"(Debord, 1977: 32)이 됨으로써 과거와 현재, 미래의 대화인 역사마저 망각하게 한다는 것이다.

영화나 방송프로그램에 정신이 팔려 주변을 차단black out시킨 경험이 있을 것이다. 영화나 방송프로그램을 감상하는 시간을 온전히 나의 것으로 갖고 싶은 간절함과 애달픔은 그만큼 현재를 살아가는 우리의 처지가 곤곤하다는 것을 반증한다. 더구나 요즘처럼 디지털 테크놀로지에 의해 실제보다 더 실제처럼 보이는 디지털 영상들을 보고 있자면, "자신이 속고 있다는 것을 알면서도 환영적 효과에 굴복하는 모순"(달리, 2003: 151)을 감지하며 하염없이 그 영상에 빠져들기도 한다. 디지털 테크놀로지는 그래서 흥미롭고 섬뜩하다.

디지털 테크놀로지와 환영 그리고 스펙터클

21세기 이후 회화, 사진, 영화, 텔레비전 등의 영상매체가 디지털 테크놀로지의 영역에 완전히 편입됨으로써 환영성과 사실성을 동시에 추구하는 영상재현 방식이 영상에 대한 논의를 더욱 확장시켰다. 디지털 테크놀로지는 환영적인 사실성을 통해 **실제적인 스펙터클**real spectacle 효과를 강화한다. 그런데 어딘가 좀 이상하지 않은가? 환영은 실체가 없지만 보일 수 있고, 사실은 실재하며, 단지 구경거리에 불과한 스펙터클이 실제적이라는 표현이 모순이라고 생각되지 않는가?[4]

디지털 이미지DI, Digital Image는 회화나 필름사진과 달리 물질적인 기반 없이도 사진보다 더 사실적인photorealistic 영상을 재현한다. 픽셀 단위의 수학적 방정식과 알고리즘에 의해 작동되는 컴퓨터로 만들어지는 디지털 이미지에는 물질성 자체가 아예 없다.[5] 손쉽게 데이터로 전환되거나 합성 같은 조작이나 가공을 통해 전혀 새로운 차원의 이미지로 변환될 수 있는 것이 디지털 이미지인 셈이다.

전통적으로 회화는 물질적 오브제인 붓, 물감, 캔버스를 이용해 그려진 그림이지만 컴퓨터는 "계량화된 여러 개의 무수한 빛의 조각으로 이를 대신한다. 그것은 반짝이는 전기적 빛으로 이루어졌다"(정동암, 2007: 64). 컴퓨터는 디지털 테크놀로지의 비물질적인 재료를 활용해 영상을 그릴 수 있게 한다. 특히 "디지털 이미지 조작에서 컴퓨터는, 컴퓨터로 제작되지 않은 이미지를 변형하는 데 주로 이용된다. 이런 작업에는 두 분야가 있다. 전자는 '이미지 처리processing' 기술과 관련이 있고 후자는 '이미지 합성compositing'에 관한 것"(달리, 2003: 27)이다.

이미지 처리는 사진과 사진을 합성하거나 영화와 비디오 영상을 디지털 방식으로 컴퓨터에 저장해 디지털 효과 작업을 하는 것이고, 이미지 합성은 가공된

---

4 이 책의 첫 장부터 여기까지 읽은 독자라면 필자가 기본적으로 테크놀로지의 발전이 사회의 변화를 추동한다는 기술결정론technological determinism에 비판적임을 눈치챘을 것이다. 필자는 영상과 관련된 다양한 시각 테크놀로지는 테크놀로지 자체의 자율성이 아니라 당대의 사회문화적인 필요에 따라 발전한다는 관점을 중시한다. "테크놀로지는 사회에 중요하고 영향력 있는 효과를 끼치지만, 테크놀로지 역시 사회와 시대, 그리고 그 저변에 존재하는 이데올로기적인 산물"(스터르큰·카트라이트, 2006: 105)이라는 사회결정론social determinism의 입장에 동의하기 때문이다.

5 픽셀은 디지털 시대의 모든 이미지의 기술적 원천으로 "이전 시대 물질적 몽상과 상상을 낳는 이미지의 속성과 다르다. …… 이미 인상파 시대 그림에서도 점묘의 색점들은 시각에 의해 색을 혼합하여 이미지를 형상화하였다. …… 전자적 이미지는 물질적 안료에 의한 이미지 속성과 다르다"(정동암, 2007: 65).

이미지들을 혼합하는 것이다.[6] 디지털 테크놀로지를 활용해 처리되고 합성된 이미지는 "우리 현실을 열등하게 재현한 것이 아니라 다른 현실을 사실적으로 재현한 것"(마노비치, 2004: 266)이라고 할 수 있다.

따라서 앞에서 모순적인 표현이라고 했던 환영적인 사실성과 실제적인 스펙터클은 디지털 테크놀로지에 의해 발현된 가짜 환영이 진짜 사실을 압도하거나 볼만하고 들을 만한 영상거리들이 마치 실제처럼 감각되고 지각된다는 것을 가리킨다. 그러나 컴퓨터를 활용한 이미지 구현 기법이 영화에 환영적인 스펙터클이라는 특별한 언어를 도입하게 했다는 것은 "스펙터클에는 의미가 결핍되어 있으며, 어구적인 이야기가 전개될 때와 같은 무게가 없다. 스펙터클은 자체적인 기교로 시작하여 기교로 끝난다. 이렇듯 스펙터클은 전시하는 동시에 전시"(달리, 2003: 138)된다는 것을 뜻한다.

이와 같은 비판은 디지털 테크놀로지가 더욱 인상적으로 실제적인 스펙터클을 보여줌으로써 환영적인 사실성을 강화해 서사의 흐름을 중단시키거나 왜곡시킨다는 또 다른 비판으로 이어진다. 오히려 디지털 테크놀로지가 서사의 뒤에 숨어 볼(들을)거리만 제시하는 데 그치지 않고 스스로 이야기가 되어 서사를 완전히 새롭게 구조화할 수 있다는 것이다. 디지털 테크놀로지에 의해 구축된 디지털 서사는 "이야기 층위를 비순차적이고 병렬적으로 배열"(강승묵, 2011: 23)해 이야기를 비선형적으로 재구성한다.

영화의 디지털화는 주로 실사영화를 디지털 방식으로 제작 및 상영하거나 컴퓨터그래픽으로 제작된 2D/3D 애니메이션으로 영화를 제작하고 상영하는 방식을 가리킨다. 사실 디지털 영화에 대한 정의는 여러모로 간단치 않다. 간단하게 디지털 기술 방식으로 제작되거나 배급되는 영화라고 정의할 수 있지만 디지

---

6 디지털 시네마의 주요 특징 가운데 하나는 캡처와 합성의 결합이다. 디지털 시네마는 물질적 현실로부터 기록된 이미지와 기록적 기능이나 물질적 지시대상 없이 단지 컴퓨터 위에서 생겨난 이미지들을 결합시킨다. 디지털 이미지의 힘은 변형과 재결합의 가변성과 수용성에서 유래하는 것이다(로도윅, 2012: 145-146).

털 정보를 다시 포맷하는 정보의 재처리나 시뮬레이션 결과도 디지털 영화의 일종이기 때문이다.

테크놀로지의 측면에서 보면, 디지털 영화는 디지털 데이터를 샘플링과 수량화의 단계를 거치며 디지털화한 수적 재현numerical representation(마노비치, 2004: 70-94)의 결과에 다름 아니다. 디지털 테크놀로지는 수학적 공식과 알고리즘을 기반으로 하는 컴퓨터상의 시공간으로 필름의 시공간을 끌어들여 디지털 영상을 창출한다. 디지털 시대의 영화는 이 원리에 의해 가공된 "'데이터베이스 영화'이자 '네트워크 영화'다. 디지털 시대에 뉴미디어가 된 영화는 컴퓨터를 통해 다양한 이미지를 합성하고, 쌍방향 내러티브의 가능성을 개척"(정헌, 2013: 141)하기도 한다.

따라서 디지털 영화의 영상과 대상의 인과관계causality, 유사성analogy, 지시성indexicality과 관련된 논의는 유의미한 결론을 도출할 수 없다. 오히려 인과관계는 무작위성randomness, 유사성은 차이성differences, 지시성은 상징성symbolism으로 각각 대체될 때 비로소 디지털 영화의 영상과 실제 대상의 관계를 구체적으로 살펴볼 수 있게 된다.

특히 디지털 테크놀로지는 "특정한 배우, 분장, 세트, 특정한 조명 아래서의 연출과 프레이밍, 카메라 앵글의 상태 등 이 모든 선택이 아리스토텔레스가 말한 옵시스(그리스어로 외관, 풍경)opsis, 또는 스펙터클이라는 것"(채트먼, 2001: 63)을 만드는 기존의 서사화 방식을 디지털 툴tool을 활용한 새로운 방식으로 바꾸어놓는다. 예를 들어, 모핑morphing, 매팅matting, 텍스처 제너레이션texture generation, CGIComputer-Generated Imagery 기술은 디지털 툴을 활용한 서사화를 구체적으로 구현해 디지털 스펙터클을 더욱 강화한다.

그렇기 때문에 디지털 영화 미학은 리얼리즘 미학과 모순적인 관계를 형성하며 충돌한다. 영화가 현실을 있는 그대로 충실하게 재현해야 한다고 주장하는 리얼리즘 미학은 그럴듯한 환영을 통해 관객의 동일시를 유발하는 디지털 영화의 미학과 대척점에 있기 때문이다.

또한 디지털 테크놀로지는 리얼리즘 미학을 더욱 강화하는 동시에 약화시키기도 한다(정헌, 2013: 137; Prince, 1996: 27-37). 한편으로 디지털 영화는 있는 그대로의 현실을 보다 직접적이고 주체적으로 반영하고 복제하기 때문에 리얼리즘 미학을 강화하지만, 또 다른 한편으로 컴퓨터를 통해 합성되고 조작된 디지털 이미지는 현실과의 인과관계, 유사성, 지시성을 상실했기 때문에 리얼리즘 미학을 약화시키기도 하는 것이다.

그럼에도 불구하고 디지털 영화가 상상적, 심리적, 마술적, 환상적, 초현실적 미학을 강화한다(Hanson, 2004: 13-25)는 사실은 의심의 여지가 없어 보인다. 또한 디지털 테크놀로지는 "리얼리즘보다 더 사실적인 하이퍼리얼hyperreal과 아날로그 시대에는 표현할 수 없었던 판타지의 세계를 결합시킨 '사실적 환영주의' 혹은 '환영적 리얼리즘'이라는 새로운 미학을 창조"(주창윤, 2015: 224)한다는 점도 부인할 수 없을 듯하다.

그러나 앞서 살펴봤듯이, 디지털 테크놀로지로 인해 가능해진 환영적인 사실성이나 실제적인 스펙터클이 논리적으로 모순관계에 있다는 점도 명백해 보인다. 실제가 아닌 환영과 실제인 사실이 한 묶음으로 연결된 환영적인 사실성이나 볼거리일 뿐인데 그것이 실제적이라는 논지는 사실이 환영인지, 환영이 사실인지, 스펙터클이어서 실제적인지, 실제적이어서 스펙터클인지 등에 관한 새로운 논제를 끊임없이 제시하기도 한다.

디지털 테크놀로지는 무엇이 진짜이고 가짜인지 알 수 없는 혼란스러움을 비교적 명쾌하게 정리해준다. 한 치의 오차도 허용하지 않는 완벽에 가까운 0과 1의 수적 재현은 환영과 사실, 실제와 스펙터클의 결합을 무한대에 가깝게 확장시키기 때문이다. 디지털 테크놀로지가 추동하는 "새로운 디지털 형식은 일종의 재각성, 즉 르네상스"(달리, 2003: 51)의 귀환을 촉발한다.

새로운 르네상스 시대에 디지털 영화의 스펙터클은 시청각뿐만 아니라 여타의 감각까지 극대화시키는 한편 의식과 상상의 가능성을 축소시킬 수도 있다. 미국의 문화연구자인 프레데릭 제임슨Frederic Jameson이 '깊이 없는 영상depthless image'이라고 비판한 것처럼, 새로운 재각성의 시대에 스펙터클은 피상적인 영상 경험만을 제공할 뿐이고, "디지털 합성의 시대에 물질적 리얼리티는 상상력에 완전 굴복"(로도윅, 2012: 40)할 만큼 디지털 테크놀로지로 포장된 영상 선물은 역설적으로 상상력의 중요성에 대해 상상불허의 가치를 부여한다.

디지털 영상문화의 이데올로기

디지털 영상

디지털 영상과 디지털화된 영상은 디지털 테크놀로지를 활용해 만들어진 것이기 때문에 임의적인 조작과 변형, 가공과 재가공이 가능하다는 공통점을 갖고 있다. 그러나 디지털 영상과 디지털화된 영상은 명백히 구분된다. 디지털화된 영상은 전통적인 영상매체인 사진과 영화의 필름, 텔레비전의 마그네틱테이프를 대신하거나 그 위에 첨부된 디지털 영상정보이다. 반면에 디지털 영상은 화학적, 광학적, 기계적 작용이 전혀 부가되지 않고 순수하게 컴퓨터 프로그램을 통해 제작된 영상정보이다.

여기서 살펴볼 개념은 디지털화된 영상이 아니라 온전히 만들어진 디지털 영상이다. 디지털 영상은 기술적으로 이진법 숫자코드의 배열인 연산으로 만들어진다. 0과 1로 가공한 픽셀에 n개의 영상정보들이 무한대로 저장되고, 이 정보들은 임의로 조정되고 통제된다. 또한 철저히 수학적 언어로 프로그래밍되는 디지털 영상은 실제 대상과 직접적인 인과관계나 물리적인 유사 및 지시 관계가 전혀 없기 때문에 디지털 영상 자체가 영상이자 곧 영상의 대상이다.

따라서 디지털 영상은 수학을 추상화시킨 가상의 시뮬레이션이며, "완성이란 존재하지 않는 영원한 미완성의 영상"(주형일, 2004: 164)이라고 할 수 있다. 앞에서 살펴본 키노 브러시나 스탠 브래키지처럼 디지털 영상은 새로운 기법에 의해 제작된 것이 아니다. '디지털'은 의심의 여지없이 기술적 대혁명이지만 '디지털적 방식'은 그 혁명 이전에도 존재했었다. 가령, 실사와 특수효과의 결합, 사운드의 무작위적 변형, 애니메트로닉스animatronics 등은 디지털적 방식으로 가공된 영상으로서 디지털 기술과 하등의 관계없이 진즉부터 사용되어왔다.

일반적으로 디지털 영상은 컴퓨터그래픽CG, Computer Graphic의 일종으로 분류된다. 컴퓨터에 의해 완전히 디지털적으로 재가공, 재생산된 디지털 영상의 가장 중요한 특징 가운데 하나가 원본성에 대한 새로운 숙고이다. 발터 벤야민Walter Benjamin이 우려와 기대를 동시에 했듯이, 디지털 영상은 원본(진품)과 '똑같은' 디지털 복제물로 다시, 또는 최초로 태어나 무한대로 생산, 유통, 소비될 수 있다.

물론 디지털 영상은 원본 자체나 실제 대상 없이도 얼마든지 새로운 영상일 수 있다. 설령 원본이나 실제 대상이 있더라도 그것과 전혀 물리적 접촉 없이 이전에 존재하지 않았던 완전히 새로운 것을 창조할 수 있다. 당연하게도 그 새로운 것은 새로운 원본이 될 수 있다. 이로 인해 완벽한 비물질적 존재인 디지털 영상은 원본으로서의 유일성과 현존성인 아우라aura에 대한 숭배를 삭제delete시켜버린다.

또한 디지털 영상은 물리적으로 실재하는 것의 사라짐이나 리얼리티의 부재가 아니라 '새로운 리얼리티의 이행'(로도윅, 2012: 140)이라고 할 수 있다. 따라서 디지털 영상에 대해 사실적인지 또는 실제적인지를 질문하는 것은 기실 별다른 의미가 없다. 물질적이지 않은 디지털 영상은 영원히 "잠재력을 가진 영상"(Couchot, 1987: 90)이기 때문이다. 비물질적이라는 것은 특정 시간이나 공간에서의 존재(거주) 여부를 오직 관념으로밖에 가늠할 수 없음을 뜻한다. 명확하게 모습을 갖추지 않은 대부분의 추상이 그렇듯이, 디지털 영상은 시공간의 제약으로부터 완전히 자유롭기 때문에 그것이 언제, 어디에서 존재하는지를 확언할 수 없다.

프리미어 프로Adobe Premier Pro나 파이널컷 프로Final Cut Pro 등의 편집 응용 소프트웨어들이 영상을 컴퓨터(모니터) 공간 안에 시간적으로 나열하는 것처럼, "기초적인 컴퓨터 명령어가 예시하는 바대로, 디지털 이미지(혹은 다른 디지털 데이터)의 수정은 시공간의 구분이나 크기의 차이에 무관"(마노비치, 2004: 378)하다. 특히 시간의 가속과 감속, 일시정지와 멈춤 같은 시간변속과 현실 공간의 왜곡이나 가상공간의 조작 같은 공간변형은 그 시공간에 존재하는 실제나 가상의 대상을 실제 시공간으로부터 분리시키기도 하고 중첩시키기도 한다.

이를 통해 디지털 영상은 "과거와 현재, 여기와 저기, 현실과 비현실 사이를 축약 또는 비약"(강승묵, 2011: 21)시킨다. 시공간의 완전한 재가공을 통해 디지털 영상은 허구의 가상과 물질적으로 재창출된 실제의 두 가지 특성을 모두 가질 수 있다. 또한 디지털 영상은 허구의 가상과 실제의 현존 양극단을 아무런 제약 없이 오갈 수 있으며, 이를 통해 우리로 하여금 전혀 상상조차 하지 못했던 새로운 문화를 경험할 수 있게 한다.

디지털 영상재현

앞에서 살펴봤듯이, 실사를 기반으로 하지 않는다면, 디지털 영상의 실제 대상은 없는 것이나 마찬가지이다. 이는 재현할 대상 자체가 없기 때문에 디지털 영상이 어떤 대상을 재현한다는 것은 논리적일 수 없음을 뜻한다. 더구나 실제로는 부재하는 대상을 존재하게끔 재현한 디지털 영상은 "어떤 이야기를 전달하거나 강력한 주장을 뒷받침할 때 정말로 막강한 도구"(호프만, 2002: 234)가 될 수 있다. 실제 대상의 존재 유무와 관계없이 (디지털) 영상은 그 자체가 대상처럼 존재하며 영상 자체를 대상으로 제시하기도 한다(주형일, 2004: 34, 175).

영화에서 재현은 "현실의 완벽한 여과장치로 혹은 스스로 해결책을 찾는 매개체로 오랫동안 간주되어왔다. …… 재현은 세계를 조직적으로 보여주는 질서정연한 지각작용처럼 고려되었다"(카세티, 2012: 296). 재현의 특성을 고스란히 유산으로 물려받은 디지털 영화의 영상재현은 비물질적인 대상을 가상적인 현실공간에 점유시킨다. 그럼으로써 현실을 더욱 완벽하게 걸러내고 대상을 더욱 체계적으로 지각할 수 있게 한다. 디지털 영상재현으로 인해 "이야기의 형식과 내용은 물리적인 속도감을 상실하고 리얼리티의 부재조차 인식하지 못한 채 끊임없이 재재현^{re-representation}을 반복"(강승묵, 2011: 15)하는 것이다.7

디지털 테크놀로지의 특성상 영상의 분리(자르기)와 결합(붙이기)이 임의적으로 이루어질 수 있기 때문에 디지털 영상은 무한대에 가깝게 다층적으로 배치·배열될 수 있다. 따라서 디지털 영상은 그 개체 수만큼 시점을 분할하거나 중첩시킬 수도 있다. 특히 디지털 영상재현 체계는 전통적으로 영상을 바라보는 강력한 규칙과 관습이었던 원근법의 중심성을 이탈^{de-}시킨다(강승묵, 2011: 20-21).

2차원의 평면 공간에 우주를 담아 그 중심에 신을 위치시키고, 인간의 눈으로 우주와 신을 바라보게 하는 원근법의 소실점은 디지털 영상체계에서는 수없이 많은 갈래로 분화된다. 특히 3차원 입체영상은 실재하지 않는 가상공간에 세트를 만들고, 실체가 없는 디지털 캐릭터에 숨결을 불어넣으며, 배경과 캐릭터의 표면 재질의 질감이 직접 감각되는 것처럼 느껴질 만큼 생생하게 입체감을 표현한다. 이와 같이 디지털 영상재현을 통해 실제보다 더 실제처럼 정교하게 모사된 **시뮬라크르**^{simulacre}는 우리를 환영의 세계로 유인한다.

디지털 영상이 재현한 환상적이고 사실적인 시공간에서 대상은 프레임의 경계를 기준으로 가시적인 동시에 비가시적으로 배치된다. 그 결과, 대상의 실체는 무의식적으로 의식되고, 서사의 흐름은 일시 정지되며, 시점은 다층적으로 중첩된다. 영화의 프레임이 사실적인 인상과 본질적인 객관성을 논증한다고 주장했던 앙드레 바쟁에 의하면(Bazin, 1967: 166), 회화와 영화는 프레임이라는 사각의 틀을 공통적으로 갖고 있지만 회화가 프레임 내부에 국한되는 데 반해 영화는

---

7 특히 디지털 영화는 "탈원근이나 반원근법과 같은 중심원근법의 해체를 통해 재현 대상의 특정 부분을 비현실적일 정도로 강조하거나 인간의 육안이나 카메라 렌즈로 포착하기 불가능한 재현 대상을 실제로 가시화하기도 한다. 물리적인 시간적 흐름과 공간적 운동을 현실의 물질적 속성에 준거하지 않고 비물질적 대상을 통해 구성할 수 있는 것이다"(강승묵, 2011: 21).

세계 최초의 3차원(3D) 입체영화로 알려진 흑백 무성영화 〈사랑의 힘 The Power of Love〉(해리 페어올Harry K. Fairall, 냇 드브리치Nat G. Deverich, 1922)의 장면들.

편광 안경을 이용해 영화를 관람하는 방식으로 개봉된 〈악마 주인Bwana Devil〉(아크 오벌러Arch Oboler, 1952)의 포스터들. 〈악마 주인〉으로 인해 3D 영화가 선풍적인 인기를 끌면서 1950년대에 할리우드에서 100여 편의 3D 영화가 제작되었다.

프레임 외부를 지향한다는 점에서 회화와 영화는 결별할 수밖에 없었다.[8]

즉, 회화는 프레임 내부에서 원근법적으로는 고정된 소실점을 중심으로 이야기를 전개하는 반면에 영화는 프레임의 테두리를 프레임 내부와 외부를 나누는 일차적인 경계로 설정할 뿐, 내부와 외부를 영원히 격리시키는 벽과 같은 역할로 단정 짓지 않는다고 할 수 있다. 영화 프레임 내부(내화면)on-screen의 구성요소들과 그것을 바라보는 관객은 항상 프레임 외부(외화면)off-screen를 의식적으로 지향하며 이야기를 따라가는 것이다.

결국 디지털로 재현된 시공간은 추상적으로 관념화되면서 아예 소실될 수밖에 없는 운명에 처한다. 따라서 실제 대상을 온데간데없게 만들고, 서사를 정지시키기도 하며, 시점을 분산시키거나 시공간을 소멸시키는 디지털 영상재현은 일종의 '디지털 마술쇼'라고 할 수 있다. 우리는 이 마술쇼를 바라보며 재각성된 르네상스를 만난다. 새로운 르네상스 시대에 다시 각성된 우리는 무엇이 환영이고 사실인지 전혀 의식할 수 없다. 디지털 마술쇼의 과시적인 스펙터클이 우리의 상상력마저 사라지게 만들기 때문이다. 마치 마법처럼 말이다.

영화와 이데올로기

영화가 주어진 이데올로기에 의해 결정되는 한, 또는 영화가 주어진 이데올로기
속에서 만들어지는 한 … 모든 영화는 정치적이다.

---

8 바쟁은 회화를 구심적centripetal, 영화를 원심적centrifugal이라고 규정했다(Bazin, 1967: 166). 이 주장대로라면, 프레임 외부에 있는 것은 프레임 내부로 편입될 수 있고, 그럴 준비를 하고 있다고 할 수 있다. 결국 프레임 외부는 잠재적 이야기들이 대기 중인 일종의 터미널과 같은 곳이다. 어디로든 가고자 하는 목적지의 버스를 타기 위해 기다리는 사람들의 미처 하지 못한 이야기들이 모여 있는 곳이 프레임 외부이다. 그들이 버스에 오르면 그들의 이야기는 프레임 내부로 진입해 버스의 속도만큼 가속이 붙겠지만 터미널에서 대기 중인 이야기는 아직 시작되지 않았거나 이미 시작되었지만 영화적으로 전제promise에 해당하는 도입 단계에 머물러 있다고 할 수 있다.

앞의 문장은 1969년 10월호 〈카에 뒤 시네마〉에 실린 장-루이 코몰리Jean-Louis Comoli와 장 나르보니Jean Narboni의 〈영화/이데올로기/비평Cinema/Ideology/Criticism〉(1971)의 일부이다. 코몰리와 나르보니는 영화를 경제체제라는 이데올로기에 의해 결정된 교환가치를 가진 상품으로, 감독을 비롯해 제작진들을 노동자로, 관객을 소비자로 각각 지칭했다(Comoli and Narboni, 1971: 7-13). 그들은 카메라와 필름에 의해 객관적으로 복제된 현실을 이데올로기적인 현실로, 고유의 의미화 작용을 통해 의미를 구성하는 언어로서의 영화를 (영화적) 물질성을 가진 이데올로기적 장치로 인식했다.

영화를 이데올로기적 장치라고 비판하는 이런 관점은 영화를 비롯한 대중적인 영상매체들과 작품이라는 이름으로 포장된 수많은 영상콘텐츠들, 특히 영상과 문화의 관계를 살펴보는 데 있어 많은 시사점을 제공한다. 기실 자본주의 사회를 비롯해 어느 사회에서든 어김없이 작동하는 보편적 개념이 **이데올로기** ideology이다. 그렇기 때문에 이데올로기와 관련된 논제들은 영화, 영상, 문화의 측면으로만 다룰 수 없을 만큼 방대하다.

이데올로기는 특정 계급이나 집단이 가지고 있는 특정 신념체계system of belief(Williams, 1977)라고 할 수 있다.[9] 즉, 어느 계급이나 집단에 속한 이들이 믿는 사상이나 이념 자체, 사상과 이념이 조직화된 구조가 이데올로기이다. 특히 지배계급(집단)은 피지배계급(집단)에게 대한 지배력을 창출하고, 유지하며, 강화

---

9 세기의 철학자인 칼 마르크스Karl Marx에게 이데올로기는 비교적 단순한 개념이었다. 그는 직접 이데올로기라는 표현을 쓰지 않았지만 사회 전체가 자연스럽게 지배계급의 사상을 정상적인 것으로 받아들이도록 하는 수단으로 이데올로기를 이해했다. 마르크스적 접근에 의하면, "피지배계급, 즉 노동계급의 성원들은 자신들의 사회적인 경험이나 사회적인 관계, 나아가 노동계급 스스로에 대해서조차 그들의 사상적 수단이 아니라 지배계급의 사상적 수단에 의해 이해되도록 유도되고 있다. 이같은 사상적 수단은 경제, 정치, 사회적 이익이 노동자들의 이익과 다를 뿐만 아니라 노동자계급의 이익에 적극적으로 반대하는 지배계급에 의해 지배되고 있다는 것이다"(피스크, 1997: 296). 마르크스는 부르주아가 만든 지배이데올로기가 피지배계급인 프롤레타리아들을 허위의식의 상태에 묶어둔다고 인식했고, 또한 인간의 의식은 타고나거나 개인적인 차원에서가 아니라 사회에 의해서 결정된다고 확신했다.

하기 위해 부단히 특정 이데올로기를 조직화하여 피지배계급(집단)에게 보급한다.

가령, 지배계급(집단)은 좋은 시설을 갖춘 멀티플렉스에서 안락하게 영화를 관람해야 하고, 가격이 조금 비싸도 좌석 차별 제도쯤은 참아야 하며, 대중적인 상업영화는 좋은 영화인 반면에 잘 알지도 못하는 배우가 등장하는 재미없는 독립영화는 굳이 돈 주고 볼 필요가 없다는 등, '알아둬서 쓸데없는 신념'(물론 알아두면 당연히 쓸데 있지만)의 이데올로기를 지속적으로 유포한다.

이데올로기의 중요한 특징 가운데 하나는 그것이 비록 쓸데없어도 믿을 수밖에 없게끔 은밀하고 자연스럽게 작동한다는 점이다. 일상의 어느 곳이든 항상 다양한 형태로 존재하는 이데올로기는 특정 믿음(체계)을 강압적이고 폭력적으로 강요하기보다 은연중에 넌지시 권유한다. 우리가 평소에 영화나 텔레비전을 보면서 거기에 재현된 세상을 마치 진짜 세상으로 믿는 것처럼 말이다.

그러나 우리를 설득하기도 하고 회유하기도 하는 이데올로기는 거의 항상 '잘못된 의식'인 경우가 대부분이다. 즉, 이데올로기는 **허위의식**false consciousness이라는 것이 이데올로기의 또 다른 중요한 특징이다. 자본주의 사회에서 자본권력을 갖고 있는 지배계급이 피지배계급인 노동계급의 노동력을 착취하고 그들의 생산력을 끌어올려 이익을 극대화하기 위한 수단으로 허위의식인 이데올로기를 퍼뜨린다는 것이 마르크스주의자들의 '믿음'이다.

동시에 노동계급과 같은 피지배계급은 자본가와 같은 지배계급의 지배를 당연시하면서 지배계급과의 종속관계를 자연스럽게 받아들여야 한다고 '믿는다.' 또한 피지배계급은 지배계급과의 이해관계가 적당히 맞아떨어지면 잘못임을 알면서도(모르는 경우도 적지 않지만) 지배계급의 이데올로기를 '믿어버린다.'

교육과 종교, 제도와 윤리, 무엇보다 미디어는 자본주의 사회에서 허위의식으로서의 이데올로기를 조장하는 대표적인 문화적 산물이다. 예컨대, 영화나 드라마에 등장하는 매력적인 인물을 현실세계에서 만나기란 여간 어려운 일이 아니다. 또 그 인물이 경험하는 아름답거나 눈물겨운 사랑을 우리가 현실에서 실제로 겪기란 거의 불가능하다. 그러나 우리는 어디에선가 언젠가는 그런 인물과 사랑에 빠질지 모른다고 '믿는다.' 정확히 말하면 '믿고 싶어한다.' 잘못된 의식이나 믿음의 오류인 이데올로기에 불과한데도 말이다.

'S#6 영상의 의미와 의미작용'에서 롤랑 바르트가 제안한 2단계 의미작용 모델을 기억할 것이다. 이 모델의 두 번째 단계에서 발생하는 함축의미는 신화와 등을 맞대고 있다고 했다. 함축의미와 신화를 작동시키는 원동력 중의 하나가 이데올로기이다. 겉으로는 잘 보이지 않을 뿐만 아니라 이해하기 쉽지 않은 숨겨진 의미, 그것이 만들어내는 신화, 그리고 이데올로기는 세상을 바라보고 의미를 부여하는 우리의 의식(체계)을 규정한다.

이데올로기가 "의식을 형성하는 하나의 방식이라면, 이데올로기가 형성하는 의식은 항상 사회적이고 정치적인 차원을 지니고 있다. 이러한 관점에서 이데올로기는 하나의 사회적 실천social practice"(피스크, 1997: 295)이라고 할 수 있다. 이데올로기를 사회적 실천으로 정의하는 이론은 프랑스의 마르크스주의 철학자 루이 알튀세르Louis Althusser에 의해 정립되었다.

알튀세르에 의하면(Althusser, 1971), 허위의식의 역할을 하는 이데올로기는 "한 계급이 다른 계급에게 부과한 사상체계라기보다는 오히려 모든 계급이 참여하는 가운데 진행되고 전체 계급으로 확산되는 하나의 강력한 실천"(피스크, 1997: 298)이다. 알튀세르의 이데올로기론에서 주목해야할 것은 그가 재현의 중요성을 강조함으로써 영상문화에 미치는 이데올로기의 영향을 주도면밀하게 살펴봐야 할 필요성을 일깨웠다는 점이다.[10] 알튀세르는 이데올로기가 사회 내에서 역사적인 역할을 담당하는 재현체계라고 강조한다(Althusser, 1969). 여기서의 재현체계는 고유의 엄밀한 논리를 지닌 이미지, 신화, 관념을 포괄한다. 이데올로기의 사회적 실천에 관한 알튀세르의 이데올로기론은 다수에 대한 소수의 권

---

10 알튀세르 이데올로기론의 핵심은 호명interpellation이다. 알튀세르는 '이데올로기가 우리를 불렀다 Ideology hailed or summoned us'라는 명언을 남긴 바 있다. 그는 언어나 이미지(영상)에 내재된 특정 이데올로기가 우리에게 말을 걸고, 어떤 믿음을 갖게 하며, 우리로 하여금 특정 행위를 하도록 부추긴다고 비판한다. 그 결과, 우리는 이데올로기가 호명하는 대상으로 규정되면서 이데올로기가 지정한 수동적인 주체일 수밖에 없는 것이다. 이와 같은 알튀세르의 이데올로기론은 능동적인 주체로서의 인간과 사회적 변화의 가능성을 배제한다는 점에서 한계를 갖는다는 비판을 받았다.

력 유지를 위한 이데올로기 역할을 비판한 것이었다.

이데올로기의 사회적 실천과 관련해 이탈리아의 마르크스주의 이론가이자 정치사상가인 안토니오 그람시Antonio Gramsci가 제안한 개념이 **헤게모니**hegemony이다. 헤게모니는 "사회체제가 피지배계급 다수를 종속시키기 위해 지속적으로 합의를 획득하고 재획득해야 하는 과정"(피스크, 1997: 301)을 가리킨다. 알튀세르보다 일찍 이데올로기에 대해 관심을 가졌던 그람시는 권력을 가진 계급(집단)이 그렇지 않은 계급(집단)을 지배하기 위해 만들어낸 이데올로기는 종종 상식common sense처럼 취급된다는 점을 비판한다.

그람시가 강조한 또 한 가지는 지배적인 이데올로기가 다른 형태의 지배적인 이데올로기나 피지배적인 이데올로기와 긴장관계를 형성하며 유동적으로 변화한다는 사실이다. 그렇다보니 여러 이데올로기들 간에 갈등이나 투쟁이 빚어지기도 한다. 헤게모니는 지배 이데올로기를 가진 계급(집단)이 다른 계급(집단)을 지배하기 위해 행사하는 일방적인 권력이라기보다 서로 다른 계급(집단)이 권력을 갖기 위해 서로 밀고 당기는push and pull 교섭과 협상(의 과정)이라고 할 수 있다.

따라서 다양한 계급과 집단들이 그들의 사회적 관계에 따라 권력을 두고 벌이는 갈등과 투쟁, 교섭과 협상이 이루어지는 문화적 상태가 헤게모니라고 할 수 있다. 권력은 다양한 계급(집단)들 간의 갈등과 투쟁, 교섭과 협상에 따라 결정되기 때문에 어떤 계급이나 집단도 절대적인 권력을 영구히 가질 수 없다.

앞에서 살펴봤듯이, 영화와 텔레비전은 관객과 시청자에게 특정 이데올로기를 은밀하고 자연스럽게 전파하기 위한 목적으로 영상을 재현한다. 관객과 시청자는 그렇게 재현된 영상을 바라보면서 특정 관점이나 가치관을 갖게 된다. 영화와 텔레비전을 포함해 무엇인가를 바라보는 실천 행위는 이러한 이데올로기와 밀접한 연관성을 지닌다(스터르큰·카트라이트, 2006: 11-12).

영상문화의 측면에서 보면, 거대 미디어기업(산업)처럼 자본권력을 가진 집단(계급)이 제작한 영화나 방송프로그램에는 지배 이데올로기가 포함되어 있다. 관객과 시청자는 지배 이데올로기를 속수무책으로 수용하고 소비하기도 하겠지만 어떤 경우에는 거부하기도 한다. 영화와 방송이 지배 이데올로기와 권력을 부당하게 행사할 경우에 발생하는 저항 방식이 **대항 헤게모니**counter-hegemony이다. 관객과 시청자는 대항 헤게모니를 통해 자신의 관람과 시청 행위, 미디어 기업의 자본권력 등을 비판적으로 인식하고 능동적으로 대처하며 변화를 시도한다.

영화의 경우에는 "일정 집단의 가치와 견해 및 신념을 규정하는 데 기여하는 한, 작든 크든 영화는 하나의 이데올로기 또는 갈등하는 몇몇 이데올로기의 표현물"(로도윅, 1999: 20)이라고 할 수 있다. 따라서 모든 영화가 이데올로기적이라는 주장은 모든 영화가 정치적이라는 것과 다르지 않다. 정치적이고 이데올로기적이라는 표현이 다소 부담스럽게 여겨진다면, "우리 모두는 기만당하고 있으며 우리가 보고 경험하는 것은 조작의 결과인 환영에 불과하다는 것을 알 수 있다. 기만당하는 것이 핵심이다. 의미는 그다지 중요하지 않다"(달리, 2013: 73)라는 비판에 귀를 기울여보는 것도 좋을 듯하다.

특히 지난 "20세기에 예술의 창작과 생산수단으로 테크놀로지가 활용되면서 사진, 영화, TV와 같은 새로운 미디어가 부상하고, 문화예술의 창작, 유통, 수용 방식이 상품화, 대량화의 방식으로 달라졌다"(박명진, 2013: 502)는 지적을 눈여겨본다면 영화를 포함한 영상매체의 정치성과 이데올로기성에 대한 이해가 한결 수월해질 것이다.

이와 같은 논의들에 따르면, 유일성이나 원본성을 예술의 척도로 삼았던 시대적 패러다임은 이미 지나갔고, 대량생산 및 소비되는 사진, 영화, 방송, 비디오, 애니메이션, 게임 등도 얼마든지 예술적이고 미학적인 가치를 가질 수 있음을 알 수 있다. 그러나 이런 인식은 디지털 영상체계에서는 역효과를 낳기도 한다. 디지털 테크놀로지에 의해 창출된 디지털 영상의 이데올로기는 아날로그 영상의 이데올로기에 비해 더욱 다층적으로 구조화되면서 한층 교묘하고 은밀하게 전파될 수 있기 때문이다.

디지털 테크놀로지와 디지털 영상에 대한 논쟁은 고전적인 리얼리즘에 대한 논쟁으로의 회귀라고 불릴 만큼 뜨거운 이슈이다. 디지털 영상으로 제작된 영화나 방송프로그램은 밀도 높은 화질과 음향을 통해 영상의 사실성을 극대화하기 때문이다. 예를 들어, 릴리 워쇼스키Lilly Wachowski와 라나 워쇼스키Lana Wachowski의 〈매트릭스The Matrix〉(1999)나 제임스 카메론James Cameron의 〈아바타Avatar〉(2009) 같은 공상과학 영화의 영상재현에 대한 다양한 학문 분야의 관심은 디지털 테크놀로지와 (영화)영상, 리얼리즘이 매우 밀접하게 관련되어 있음을 시사한다.

리얼리즘은 특정 의도에 따라 (재)구성된 영상을 마치 자연스럽게 만들어진 것처럼 가장하면서 특정 이데올로기를 당연시 여기도록 하는 데 한몫한다. 그래

영화 〈매트릭스〉는 1999년부터 2003년까지 총 3편의 시리즈가 개봉되었으며, 전체 흥행 수익은 약 16억 달러이다. 3D와 IMAX로 상영된 〈아바타〉의 흥행 수익은 약 28억 달러로 2017년을 기준으로 전 세계적으로 가장 높은 매출 순위를 기록하고 있다.

서 모든 리얼리즘적인 영상이 이데올로기적인 기능을 수행하지는 않겠지만 짐 짓 (재)구성되지 않은 것처럼 보이게 하는 리얼리즘의 고의적인 위장만큼은 비판적으로 인식할 필요가 있다. 리얼리즘 영화는 영화적 의미를 획득하기 위해 당대의 지배적 가치나 신념인 이데올로기에 의존하고, 그렇기에 그 이데올로기에 비판적일 수 없기 때문이다(MacCabe, 1981).

디지털 시대의 영상문화

현대사회에서 일상의 모든 것들은 디지털적이라고 해도 과언이 아닐 듯하다. 우리는 디지털 사진과 영화, 방송을 스마트폰 같은 휴대용 전자기기를 통해 아무런 불편 없이 이용한다. 굳이 '디지털'이라는 말을 붙이지 않아도 될 만큼 디지털 환경이 우리의 일상을 지배하고 있는 것이다. 그렇다보니 아날로그적인 감성과 사고는 이미 오래전부터 점차 유물이 되어가고 있고 우리는 디지털적인 감성과 사고를 지닌 디지털 인간digital human이 되어 디지털 일상을 살면서 **디지털 영상문화**digital visual culture를 만끽하고 있다.

디지털은 새로운 영상물의 제작, 유통, 소비의 방식이나 도구이기보다 새로운 영상문화에 대한 사유의 방식이자 도구라고 할 수 있다. 디지털 시대의 영상이 서사보다 스펙터클을 우선시한다는 우려가 끊이지 않는다. 디지털 영상이 이야기나 이야기의 의미보다 직접적이고 즉각적인 시각적 쾌락을 중시한다는 의구심 때문이다. 어떤 면에서는 이런 우려와 의구심이 일회적이고 임의적으로 외양을 따라가는 디지털 영상문화의 대표적인 현상이라고 할 수도 있다.

영국에서 발원한 **문화연구**cultural studies는 말 그대로 문화를 연구하는 분과학문이다. 문화를 어떻게 정의하는지에 따라 문화는 무척 다양한 측면에서 연구될 수 있다. 그 가운데 하나가 사진과 영화, 텔레비전과 광고 등과 같은 대중적인 영상매체이자 개별 영상작품이 창출하는 영상문화에 관한 것이다. 특히 영상작품으로서의 사진, 영화, 방송프로그램, 광고 등에 관한 '영상' 연구는 영상의 내용과 형식에 대한 것뿐만 아니라 영상의 문화적 실천(행위)과 문화정치, 문화경제,

문화권력 등에 대한 탐구라고 할 수 있다.

영상문화에 대한 탐색은 영상의 문화적 재현, 구성, 의미(작용), 효과 등에 대한 정치한 접근을 요구한다. 영상문화와 관련된 대부분의 논의들이 이데올로기와 권력의 문제로부터 자유롭지 않기 때문이다. 하물며 그것이 손쉽게 조작되고 가공될 수 있는 기술적 능력을 보유한 디지털 영상이라면 이데올로기와 권력의 유지나 강화는 아날로그 시절의 영상문화에서보다 한결 수월하고 정교하게 이루어질 수 있다.

애당초 영화와 텔레비전이 기술적이고 산업적인 배경에서 태생했다는 점을 고려하면, 텔레비전과 영화 같은 대중적인 영상매체들은 당대의 지배적인 문화 가치와 신념을 일정 부분 반영할 수밖에 없다. 또한 특정 이념과 주의를 편향적으로 주장하거나 강요하는 것이 텔레비전과 영화에 부가된 숙명이기도 하다. 그렇다면 굳이 이들 영상매체들에 대해 예민하게 대응할 필요가 없을 듯도 하다.

그러나 대중적인 영상매체일수록 더욱 강력하게 권력지향적인 이데올로기의 기능을 한다는 점을 상기하면 영화와 텔레비전을 허투루 대할 수도 없는 노릇이다. 특히 이들 영상매체들의 영상은 이데올로기를 유지하고 강화하는 강력한 도구이다. 여러 차례 언급했듯이, 이데올로기는 "모든 문화에 내재하는 하나의 '현실에 대한 이론'으로 그것은 그 현실을 선과 악, 옳음과 그름, 그들과 우리 등으로 정리 정돈"(터너, 1994: 187)한다.

가령, 영화에서 이데올로기가 구성되는 과정은 "영화의 내러티브 속에 복제"(터너, 1994: 187)되어 있는 경우가 적지 않다. 만일 서사를 통해 사회적인 모순이 상징적으로 해결될 수 있다면, 영화서사는 집단, 계급, 성별 간 불평등 같은 사회적 문제들에 관심을 기울여야 할 것이다. 영화가 영상재현 체계나 서사를 통해 이데올로기와 권력의 문제를 분석할 수 있는 '풍부한 장'이 될 수 있기 때문이다.

영상문화 연구는 권력이 있는 곳에는 틀림없이 이데올로기가 작동하며, 이데올로기와 권력은 영상을 통해 유지되고 강화된다고 전제한다. 특히 "외형적으로는 영화적이고, 물질적 차원에서는 디지털적이며, 논리적으로는 계산적(소프트웨어 중심적)"(마노비치, 2004: 241)인 디지털 영상문화는 비단 영화와 방송에만 국한해 논의될 수 없을 만큼 사회 전반에 걸쳐있는 논제라고 할 수 있다. 따라서 디지털이라는 테크놀로지에 대한 철학적 사유를 기반으로 디지털 영상이 창출하는 문화를 비판적으로 사고해야 한다.

디지털 영상은 이야기로 이야기하는 데 능숙한 아날로그 영상에 비해 훨씬 다양한 보여주기 방식으로 이야기한다. 그러나 기술적인 측면에서, 디지털 영상은 "화가의 붓이나 물감처럼 디지털 기술자들이 이미지 변환, 결합, 전환, 분석을 위해 사용하는 컴퓨터 도구"(Mitchell, 1992: 7)에 불과할 뿐이다. 따라서 실제와 완벽하게 일치할 수는 있지만 명백히 가상일 수밖에 없는 디지털 영상이 보여주고 들려주는 스펙터클한 이야기를 엄밀하게 숙고해야 한다.

특히 디지털 영상의 환영적인 사실성은 봉합의 흔적이 전혀 없는 완벽함을 통해 대상의 물질성이나 조작과 합성의 이면에 숨겨진 기교, 인식론적인 유희를 모두 은폐한다. 또한 관객은 스펙터클한 디지털 영상의 문화에 매료된 채, 스스로 여전히 속고 있다는 것을 알면서도 이 달콤한 권유에 굴복할 수밖에 없는 모순을 인식한다(류웅재·강승묵·이영주, 2011: 164-165).

현대를 살아가는 우리는 컴퓨터 하드웨어에 데이터베이스 형식으로 저장된 수많은 파일 목록에 의해 구성되는 디지털 영상문화를 일상적으로 경험한다. 그렇다보니 지극히 수학적이고 기계적인 디지털 영상이 창출하는 문화 속에서 하루하루를 살면서 어쩔 수 없이 다음과 같은 기 드브르^{Guy Debord}의 음울한 예언을 떠올릴 수밖에 없는지도 모른다.

> 현대 자본주의 사회가 독단적이며 막강한 권력을 소유한 매스미디어의 사주를 받아, 직접 체험하는 경험과 관계 대신 격리된/중재된/환영적인 이미지를 이용하여 작용한다. …… '스펙터클'이 작용될 때 사회에 종속된 대다수는 사진들이 진정한 실제 생활 조건에 이탈했다는 것을 인식하지도 못하고, 다양한 환영과 오락을 수동적으로 소비하면서 노예 상태를 영속화할 따름이다(달리, 2003: 245에서 재인용).

현대 자본주의 사회에서 지배계급의 이데올로기가 자본의 편법적인 획득과 무차별적인 축적, 소득 불평등에 따른 빈익빈 부익부를 정당화한다는 것은 익히 알려져 있는 사실이다. 영화와 텔레비전 같은 영상매체가 이런 자본의 신화를 사주하고 현대인을 속절없이 자본의 노예로 전락시킨다는 드보르의 경고가 그래서 더 암울하게 느껴진다. 개인은 주체로서 자신의 일을 판단하고 결정한다고 생각하지만 실상은 사회에 존재하는 지배 이데올로기에 의해 행동하는 객체일 뿐이라는 루이 알튀세르의 지적은 우리를 더욱 참담하게 만든다.

그러나 우리는 그렇게 암울하거나 참담하게 살 수도 없고, 살아서도 안 된다. 우리에게는 드보르와 알튀세르의 비관적인 염려를 기우로 바꿀 수 있는 잠재력이 있고, 또 우리는 이를 구체적으로 실현시킨 경험을 한 바 있다. 예컨대, 우리는 지배 권력에 대항하는 촛불의 참여 미학, 사이버 아고라에서의 민주주의 투쟁, 당당한 한 표의 권리를 통한 민주주의의 회복, 부의 공평한 분배와 기회의 균형, 노동의 정당한 대가와 보편적 복지 등을 우리 스스로의 힘으로 구현할 수 있다는 믿음을 갖고 있다.

우리에게는 우리가 주체적으로 대안적인 이데올로기를 제시할 수 있다는 희망이 있는 것이다. 그것이 아날로그이거나 디지털이거나 관계없이 "영상문화는 실천의 이론이고, 이론의 실천"(미르조에프, 2009: 10)이다. 어디 영상문화뿐이겠는가? 모든 이론과 실천은 별개가 아닐 뿐만 아니라 별개여서도 안 된다. 이론이 곧 실천이고, 실천이 곧 이론이어야 하는 것이다. 결국 우리가 영상학을 공부하는 이유도 영상을 통해 세상을 변화시키고자 하는 실천의 동력을 준비하기 위한 것이라고 할 수 있다.

호모커피엔스의 영상학 이야기

《영상학 카페》의 프롤로그부터 에필로그에 해당하는 이 부분까지 차례대로 읽어 온 독자라면 아마도 '속았다'는 기분이 들면서 필자를 원망할지도 모르겠다. 커피 한 잔과 함께 모처럼의 한가로움을 즐기며 느긋하게 책을 읽겠다는 소박한 기대는 애당초 저버렸을 테니 말이다. 그럼에도 불구하고 이 책을 통해 영상이 학문일 수 있겠다는 믿음 정도는 생긴 독자도 있을 듯하다.

당연히 영상은 학문의 대상이며, 영상학은 논리적이고 체계적인 방법(론)을 가진 학문이다. 《영상학 카페》는 이를 논증하기 위해 쓰였다. 영상학은 인문학, 사회과학, 예술학 등을 통섭consilience하는 새로운 학문적 패러다임이다. 프롤로그에서도 밝혔듯이, 영상학은 영상의 '본질'을 인문학적으로 사유하고, 사회과학적으로 비판하며, 예술학적으로 성찰하기 위해 문화연구, 영상연구, 문화커뮤니케이션, 영상커뮤니케이션 등의 이론적·방법론적 논의를 적극적으로 참조한다.

《영상학 카페》는 서사의 오랜 전통인 3막 구조를 차용했다. 1막은 한 잔의 에스프레소와 함께하는 학문으로서의 영상학(S#1)과 영상의 역사(S#2), 2막은 커피와 우유의 기막힌 만남과 함께하는 영상에 대한 의식과 상상(S#3), 재현(S#4), 영상을 통한 커뮤니케이션(S#5), 영상의 의미(S#6), 영상과 이야기(S#7), 영상서사(S#8), 3막은 커피의 화려한 변신과 함께하는 장르와 포맷(S#9), 디지털 영상과 문화(S#10)로 각각 구성되어 있다.

마음 같아서는 매끈하게 잘 만들어진 영화나 다큐멘터리, 드라마나 예능프로그램처럼 구성하고 싶었지만, 고백하건대 결과적으로 그렇게 되지 못했고, 그렇게 할 수도 없었다. 비록 거칠고 투박하더라도 한 편의 영상 '작품'으로서 완성도를 갖추는 일이 얼마나 어려운 것인지를 절감했기 때문이다.

그러나 이제 막 첫 발을 내딛었을 뿐이니 실망하거나 좌절하진 않으려고 한다. 《영상학 카페》가 세상에 첫 선을 보이는 본격적인 영상학 전문서라는 데 위안을 삼고자 한다. 독자들의 따뜻한 충고와 따끔한 질책이 이 책의 여백을 채워 줄 것이라는 믿음도 함께 가져본다.

커피로 연결된 세상을 살며 매일 아침을 커피 한 잔으로 시작하는 호모 커피엔스homo coffeens이자 영상으로 연결된 세상을 살며 개인보다 '우리'를 더 소중히 여기는 호모 비주얼러스homo visual-us인 필자는 항상 인간다운 인간인 호모 후마너스homo humanus를 꿈꾼다. 영상이 인간과 세상을 바꿀 수 있으며, 영상학이 그 든든한 주춧돌이 될 수 있음을 믿기 때문이다.

2018년 7월
강승묵

S#1 영상학 이야기

동중우 (2002). 《영상에 보내는 오마주》. 서울: 바움.

류웅재·강승묵·이영주 (2011). 《작은 문화콘텐츠 만들기》. 서울: 한울아카데미.

박명진 (1999). "대담: 영상문화와 인문학의 만남". 김우창·성완경 외. 《이미지는 어떻게 살고 있는가》. 서울: 생각의나무. pp. 17–62.

스스무, 오카다(岡田 晉) (2006). 《영상학 서설》. 강상욱·이호은 옮김. 서울: 커뮤니케이션북스.

심광현 (2009). 《유비쿼터스 시대의 지식생산과 문화정치: 예술·학문·사회의 수평적 통섭을 위하여》. 서울: 문화과학사.

윌슨, 에드워드(Edward O. Wilson) (2005). 《통섭: 지식의 대통합》. 최재천·장대익 옮김. 서울: 사이언스북스.

유웬, 스튜어트(Stuart Ewen) (1996). 《이미지는 모든 것을 삼킨다: 소비사회와 스타일의 문화정치학》. 백지숙 옮김. 서울: 시각과언어.

윌슨, 에드워드(Edward O. Wilson) (2005). "설명한다, 그러므로 나는 존재한다". 《통섭: 지식의 대통합》. 최재천·장대익 옮김. 서울: 사이언스북스. pp. 7–23.

카세티, 프란체스코(Francesco Casetti) (2012). 《현대 영화 이론: 1945~1995 영화 이론》. 김길훈·김덕수·김건 옮김. 서울: 한국문화사.

Hall, Stuart (1980). "Cultural Studies and the Centre: Some Problematic and Problems." in S. Hall, D. Hobson, A. Lowe, and P. Willis(eds.). *Culture, Media, Language: Working Papers in Cultural Studies, 1972-79*. London: Hutchinson/CCCS. pp. 15–47.

한국연구재단. "학술연구분야 분류." (검색일: 2017.5.23).

한국연구재단. "국가과학기술표준분류." (검색일: 2017.5.23).

국립국어원 표준국어대사전. "이론." (검색일: 2017.5.23).

이슬비 · 김지연 (2017. 3. 20). "1시간 34번 스마트폰 코 박은 스몸비에 받혔다." 〈조선일보〉.

S#2 영상, 그 오래된 미래

김상환 (1999). "영상과 더불어 철학하기: 그 세 가지 사례에 대하여". 김우창 · 성완경 외. 《이미지는 어떻게 살고 있는가》. 서울: 생각의나무. pp. 69-95.

루멧, 시드니(Sidney Lumet) (1998). 《영화 만들기》. 부수영 옮김. 서울: 이론과실천.

로도윅, 데이비드 노먼(David N. Rodowick) (2012). 《디지털 영화 미학》. 정헌 옮김. 서울: 커뮤니케이션북스.

마노비치, 레프(Lev Manovich) (2004). 《뉴미디어의 언어》. 서울: 생각의나무.

몰리, 데이비드(David Morley) (2004). "텔레비전: 시각 매체가 아닌 시각 대상". 젠크스, 크리스(Chris Jenks). 《시각문화》. 이호준 옮김. 서울: 예영미디어. pp. 275-304.

바쟁, 앙드레(André Bazin) (2013). 《영화란 무엇인가?》. 박상규 옮김. 서울: 사문난적.

박명진 (2013). 《이미지 문화와 시대 쟁점: 영상문화의 세계는 어떻게 발전해왔는가》. 서울: 문학과지성사.

버거, 존(John Berger) (2002). 《영상커뮤니케이션과 사회》. 강명구 옮김. 서울: 나남출판.

벤야민, 발터(Walter Benjamin) (2009). 《기술복제시대의 예술작품: 사진의 작은 역사 외》. 최성만 옮김. 서울: 길.

스스무, 오카다(岡田 晉) (2006) 《영상학 서설》. 강상욱 · 이호은 옮김. 서울: 커뮤니케이션북스.

아른하임, 루돌프(Rudolf Arnheim) (2006). 《미술과 시지각》. 김춘일 옮김. 서울: 미진사.

유웬, 스튜어트(Stuart Ewen) (1996). 《이미지는 모든 것을 삼킨다: 소비사회와 스타일의 문화정치학》. 백지숙 옮김. 서울: 시각과언어.

워커·채플린(Walker, John A. and Sarah Chaplin) (2004). 《비주얼 컬처》. 임산 옮김. 서울: 루비박스.

젠크스, 크리스(Chris Jenks) (2004). 《시각문화》. 이호준 옮김. 서울: 예영미디어.

졸리, 마틴(Martin Joly) (1999). 《영상이미지 읽기》. 김동윤 옮김. 서울: 문예출판사.

주형일 (2004). 《영상매체와 사회》. 서울: 한울아카데미.

Aumont, Jacques, Bergala, Alain, Marie, Michel, and Vermet, Marc (1992). *Aesthetics of Film*. translated by Richard Neupert. Austin: University of Texas Press.

Batchen, Geoffrey (1994). "Ghost Stories: The Beginnings and Ends of Photography." *Art Monthly Australia*, No. 76, pp. 4–8.

Benjamin, Walter (1968). "The Work of Art in the Age of Mechanical Reproduction." in H. Arendt(ed.). *Illuminations: Essays and Reflections*. New York: Schocken Books.

Berger, John (1972). *Ways of Seeing*. London: BBC, Penguin Books.

Cavell, Stanley (1979). *The World Viewed: Reflection on the Ontology of Film*. Cambridge, Mass: Harvard University Press.

———— (2005). *Cavell on Film*. Albany: State University of New York Press.

Corrigan, Philip (1983). "Film Entertainment as Ideology and Pleasure.", in J. Curran and V. Porter(eds). *The British Film Industry*. London: Weidenfield and Nicholson.

McLuhan, Marshall (2001). *Understanding Media: The Extensions of Man*. New York: Ginko Press.

Metz, Christian (1982). *Psychoanalysis and Cinema: The Imaginary Signifier*. London: Macmillan.

Mitchell, William John Thomas (1986). *Iconology: Image, Text, Ideology*. Chicago: University of Chicago.

Sobchack, Vivian (1992). *The Address of the Eye: A Phenomenology of Film Experience*. Princeton. New Jersey: Princeton University Press.

S#3 영상의 의식과 상상

강승묵 (2010). "현상학과 기호현상학의 영상커뮤니케이션 연구 적용에 관한 일고찰". 〈미디어와 공연예술연구〉, 5권 1호, pp. 65-91.

김호영 (2012) "물질적 우주로서의 영화: 베르토프의 키노-아이와 몽타주 개념을 중심으로". 〈외국문학연구〉, 46권, pp. 253-277.

마쓰다, 유키마사(松田行正) (2008). 《눈의 황홀: 보이는 것의 매혹, 그 탄생과 변주》. 송태욱 옮김. 서울: 바다출판사.

래니건, 리처드(Richard Lanigan) (1997). 《커뮤니케이션 현상학》. 박기순·이두원 옮김. 서울: 커뮤니케이션북스.

바느와·레테(Francis Vanoy and Anne Goliot-Lété) (1997). 《영화분석입문》. 주미사 옮김. 서울: 한나래.

박성수 (1998). 《들뢰즈와 영화》. 서울: 문화과학사.

박성수·전수일·이효인 (1996). 《영화 이미지의 미학》. 서울: 현대미학사

버거, 존(John Berger) (2002). 《영상커뮤니케이션과 사회》. 강명구 옮김. 서울: 나남출판.

베르토프, 지가(Dziga Vertov) (2006). "'영화인'-혁명(1922년 초의 호소문에서)". 김영란 옮김. 《KINO-EYE. 영화의 혁명가 지가 베르토프》. 서울: 이매진.

벤야민, 발터(Walter Benjamin) (2009). 《기술복제시대의 예술작품: 사진의 작은 역사 외》. 최성만 옮김. 서울: 길.

사르트르, 장폴(Jean-Paul Sartre) (2009). 《존재와 무》. 정소정 옮김. 서울: 동서문화사.

스스무, 오카다(岡田 晉) (2006).《영상학 서설》. 강상욱·이호은 옮김. 서울: 커뮤니케이션북스.

스터르큰·카트라이트(Marita Sturken and Lisa Cartwright) (2006).《영상문화의 이해》. 윤태진·허현주·문경원 옮김. 서울: 커뮤니케이션북스.

스토리, 존(John Storey) (1994).《문화연구와 문화이론》. 박모 옮김. 서울: 현실문화연구.

신항식 (2004).《시각영상 커뮤니케이션》. 서울: 나남출판.

아른하임, 루돌프(Rudolf Arnheim) (2006).《미술과 시지각》. 김춘일 옮김. 서울: 미진사.

여종현 (2001).《현상학과 휴머니즘》. 서울: 철학과현실사.

이자혜 (2012). "다큐멘터리, 역사, 불가능한 기억의 재현". 한국방송학회 엮음.《영상이론과 실제》. 서울: 커뮤니케이션북스. pp. 213-33.

이제영 (2012). "스마트미디어 시대 광고영상의 현상학적 접근". 한국방송학회 엮음.《영상이론과 실제》. 서울: 커뮤니케이션북스. pp. 3-33.

장일·조진희 (2007)《시네마 그라피티: 대중문화와 영화비평》. 서울: 지식의날개.

조용철·강승묵·류웅재 (2009).《문화저널리즘》. 광주: 다지리.

주라비슈빌리, 프랑수아(François Zourabichvili) (2003). "몽타주의 눈: 지가 베르토프와 베르크손의 유물론". 그레고리 플렉스먼(Grogory Flaxman) 엮음.《뇌는 스크린이다. 들뢰즈와 영화 철학》. 박성수 옮김. 서울: 이소출판사. pp. 210-224.

주창윤 (2015).《영상 이미지의 구조》. 서울: 나남출판.

최인규 (2014).《영화적 순간》. 서울: 커뮤니케이션북스.

채트먼, 시모어(seymour Chatman) (2001).《영화와 소설의 수사학》. 한용환·강덕화 옮김. 서울: 동국대학교출판부.

카세티, 프란체스코(Francesco Casetti) (2012).《현대 영화 이론: 1945~1995 영화 이론》. 김길훈·김덕수·김건 옮김. 서울: 한국문화사.

터너, 그래엄(Graeme Turner) (1994).《대중 영화의 이해》. 임재철·곽한주·유영구·이영기 옮김. 서울: 한나래.

푸코, 미셸(Michel Foucault) (1992).《지식의 고고학》. 이정우 옮김. 서울: 민음사.

──── (2012).《말과 사물》. 이규현 옮김. 서울: 민음사.

홍성민 (1991).《권력과 지식》. 서울: 나남출판.

홍성하 (2000). "영상의식이론으로서 현상학". 〈철학연구〉, 50호, pp. 199–216.

황인성 (2004). "영화와 텔레비전의 소수집단 현실 구성방식에 관한 연구: 〈나쁜 영화〉 와 〈뉴스 추적〉 사례연구를 중심으로". 〈영화연구〉, 23권, pp. 491–515.

후설, 에드문트(Edmund Husserl) (1997). 《경험과 판단: 논리학의 발생론 연구》. 이종 훈 옮김. 서울: 민음사.

Appadurai, Arjun (1990). "Disjuncture and Difference in the Global Cultural Economy." *Public Culture*, Vol. 2, No. 2, pp. 1–24.

————— (1997). *Modernity at Large: Cultural Dimensions of Globalization.* Minneapolis: Minnesota University Press.

Lacan, Jacques (1978). *The Seminar of Jacques Lacan: The Fundamental Concepts of Psychoanalysis.* translated by Alain Sheridan. New York: Norton.

Husserl, Edmund (1965). *Phenomenology and the Crisis of Philosophy: Philosophy as a Rigorous Science, and Philosophy and the Crisis of European Man.* translated by Quentin Lauer. New York: Harper & Row.

————— (2002). *Ideas: General Introduction to Pure Phenomenology.* translated by W. R. Boyce Gibson. London: Routledge.

Metz, Christian (1982). *Psychoanalysis and Cinema: the Imaginary Signifier.* translated by C. Britton, A. Williams, B. Brewster, and A. Guzzetti. London: Macmillan.

Tiedemann, Rolf, and Schweppenhäuser Hermann (1972~1989). *Benjamin, Walter: Gesammelte Schriften.* Frankfurt am Main: Suhrkamp.

국립국어원 표준국어대사전. "상상." (검색일: 2017. 4. 19).

강승묵 (2007). "지역 방송 프로그램의 영상 포맷과 서사 구조에 관한 연구". 〈한국방송학보〉, 21권 2호, pp. 9-45.

──── (2011). "디지털 영화의 영상재현을 통한 영상표현과 서사구조에 관한 이론적 고찰". 〈언론과학연구〉, 11권 4호, pp. 5-34.

랩슬리·웨스틀레이크(Robert Lapsley and Michael Westlake) (1995). 《현대 영화이론의 이해》. 이영재·김소연 옮김. 서울: 시각과언어.

로도윅, 데이비드 노먼(David N. Rodowick) (2012). 《디지털 영화 미학》. 정헌 옮김. 서울: 커뮤니케이션북스.

루카치, 죄르지(György Lukács) (1986). 《우리시대의 리얼리즘》. 문학예술연구회 옮김. 서울: 인간사.

류웅재·강승묵·이영주 (2011). 《작은 문화콘텐츠 만들기》. 서울: 한울아카데미.

마노비치, 레브(Lev Manovich) (2002). "거짓말하기 그리고 행동하기: 영화와 원격 현존". 토마스 엘새서·케이 호프만(Thomas Elsaesser and Kay Hoffmann) 엮음. 《디지털 시대의 영화》. 김성욱·하승희·이재연 옮김. 서울: 한나래. pp. 275-289.

마노비치, 레프(Lev Manovich) (2004). 《뉴미디어의 언어》. 서정신 옮김. 서울: 생각의나무.

바쟁, 앙드레(André Bazin) (1998). 《영화란 무엇인가》. 박상규 옮김. 서울: 시각과언어.

──── (2013). 《영화란 무엇인가》. 박상규 옮김. 서울: 사문난적.

박명진 (2013). 《이미지 문화와 시대 쟁점: 영상문화의 세계는 어떻게 발전해왔는가》. 서울: 문학과지성사.

보드웰, 데이비드(David Bordwell) (2002). 《영화 스타일의 역사》. 김숙·안현신·최경주 옮김. 서울: 한울.

브레히트, 베르톨트(Bertolt Brecht) (1989). 《베르톨트 브레히트의 敍事劇 理論》. 김기선 옮김. 서울: 한마당.

서인숙 (2009). "장르의 징화와 반복의 변주, 그리고 재현의 정치성: 〈웰컴 투 동막골〉을 중심으로". 〈문학과영상〉, 10권 1호, pp. 83-109.

326

서정남 (2009). 《할리우드 영화의 모든 것: 역사/시스템/내러티브/장르》. 서울: 이론과실천.

스스무, 오카다(岡田 晉) (2006). 《영상학 서설》. 강상욱·이호은 옮김. 서울: 커뮤니케이션북스.

스터르큰·카트라이트(Marita Sturken and Lisa Cartwright) (2006). 《영상문화의 이해》. 윤태진·허현주·문경원 옮김. 서울: 커뮤니케이션북스.

신방흔 (2001). 《문화콘텐츠를 위한 시각예술과 대중문화》. 서울: 진한도서.

앤드류, 더들리(Dudley J. Andrew) (1988). 《현대영화이론》. 조희문 옮김. 서울: 한길사.

원용진·곽경윤 (2010). "디지털 시대의 텔레비전 서사". 한국방송학회 가을철 정기학술대회 발표 논문.

이자혜 (2013). "크리스 마커의 〈환송대〉를 통해 본 리메이크에서의 상호 미디어성". 김무규 외. 《영상과 상호 미디어성》. 서울: 한울아카데미. pp. 175-195.

————— (2012). "다큐멘터리, 역사, 불가능한 기억의 재현". 한국방송학회 엮음. 《영상 이론과 실제》. 서울: 커뮤니케이션북스. pp. 213-33.

정헌 (2013). 《영화 역사와 미학》. 서울: 커뮤니케이션북스.

주형일 (2004). 《영상매체와 사회》. 서울: 한울아카데미.

피스크·하틀리(John Fiske and John Hartley) (1994). 《TV 읽기》. 이익성·이은호 옮김. 서울: 현대미학사.

카리에르, 장클로드(Jean-Claude Carrière) (1997). 《영화, 그 비밀의 언어》. 조병준 옮김. 서울: 지호.

카세티, 프란체스코(Francesco Casetti) (2012). 《현대 영화 이론: 1945~1995 영화 이론》. 김길훈·김덕수·김건 옮김. 서울: 한국문화사.

캐드버리·포그(William Cadbury and Leland Poague) (1992). 《영화비평》. 정일몽 옮김. 서울: 집문당.

푸코, 미셸(Michel Foucault) (2012). 《말과 사물》. 이규현 옮김. 서울: 민음사.

황인성 (1999). 《텔레비전 문화연구》. 서울: 한나래.

Arnheim, Rudolf (1997). *Film Essays and Criticism. translated by Brenda Benthien*. Madison: Wisconsin University Press.

Barthes, Roland (1977). "Diderot, Brecht, Eisenstein." Stephen Heath(ed.). *Image-Music-Text*. New York: Farrar, Straus & Giroux.

Baudry, Jean-Louis (1986). "The Apparatus: Metapsychological Approaches to the Impression of Reality in the Cinema." Philip Rosen(ed.). *Narrative, Apparatus, Ideology: A Film Theory Reader*. New York: Columbia University Press.

Bazin, André (1967). *What is Cinema? Vol. II*. translated by Hugh Gray and Jean Renoir. Berkeley, L. A. and London: University of California Press.

———— (1971). *What is Cinema? Vol. II*. translated by Hugh Gray. Berkeley, L. A. and London: University of California Press.

———— (1997). "The Evolution of the Language of Cinema." in P. Lehman(ed.). *Defining Cinema*. London: Athlone Press. pp. 59–72.

Burch, Noël (1981). *Theory of Film Practice*. translated by Helen. R. Lane. Princeton, New Jersey: Princeton University Press.

Comoli, Jean-Louis (1980). "Machines of the Visible." in T. De Lauretis and S. Heath(eds.). *The Cinematic Apparatus*. Milwaukee: MacMillan Press. pp. 121–142.

———— (1985). "Technique and Ideology: Camera, Perspective, Depth of Field. in B. Nichols(ed.). *Movies and Methods Ⅱ*. Berkeley: University of California Press. pp. 531–542.

Goodman, Nelson (1968). *Languages of Art: An Approach to a Theory of Symbols*. Indianapolis: Bobbs–Merrill.

Foucault, Michel (1970). *The Order of Things: An Archeology of the Human Sciences*. translated by unidentified. New York: Pantheon Books.

Hall, Stuart (1985). "Signification, Representation, Ideology: Althusser and the Post– Structuralist Debates." *Critical Studies in Mass Communication*, Vol. 2, No. 2, pp. 91–114.

Hallam, Julia and Marshment, Margaret (2000). *Realism and Popular Cinema. Manchester.* New York: Manchester University Press.

Leroi-Gourhan, Andre (1993). *Gesture and Speech.* translated by A. Michel. Cambridge, Massachusetts and London: MIT Press.

Morin, Edgar (1956). *Le Cinéma ou l'Homme Imaginaire.* Paris: Minuit.

Prince, Stephen (1996). "True, Lies: Perceptual Realism, Digital Images, and Film Theory." *Film Quarterly,* Vol. 49, No. 3, pp. 27-37.

──────── (1999). "True, Lies: Perceptual Realism, Digital Images, and Film Theory." in B. Handerson and A. Martin(eds.). *Film Quarterly: Forty Years-A Selection.* Berkeley: University of California Press. pp. 392-411.

S#5 영상커뮤니케이션

강승묵 (2010). "현상학과 기호현상학의 영상커뮤니케이션 연구 적용에 관한 일고찰". 〈미디어와 공연예술연구〉, 5권 1호, pp. 65-91.

드브레, 레지스(Régis Debray) (1994). 《이미지의 삶과 죽음》. 정진국 옮김. 서울: 시각과 언어.

박명진 (2013). 《이미지 문화와 시대 쟁점: 영상문화의 세계는 어떻게 발전해왔는가》. 서울: 문학과지성사.

버거, 존(John Berger) (2002). 《영상커뮤니케이션과 사회》. 강명구 옮김. 서울: 나남출판.

사르트르, 장폴(Jean-Paul Sartre) (2009). 《존재와 무》. 정소정 옮김. 서울: 동서문화사.

스스무, 오카다(岡田 晉) (2006). 《영상학 서설》. 강상욱·이호은 옮김. 서울: 커뮤니케이션북스.

스터르큰·카트라이트(Marita Sturken and Lisa Cartwright) (2006). 《영상문화의 이해》. 윤태진·허현주·문경원 옮김. 서울: 커뮤니케이션북스.

유웬, 스튜어트(Stuart Ewen) (1996). 《이미지는 모든 것을 삼킨다: 소비사회와 스타일의 문화정치학》. 백지숙 옮김. 서울: 시각과언어.

에미코, 오오누키(大貴惠美子) (2004). 《사쿠라가 지다 젊음도 지다》. 이향철 옮김. 서울: 모멘토.

주창윤 (2015). 《영상 이미지의 구조》. 서울: 나남출판.

크레버 릴, 베르너(Werner Kroeber-Riel) (2006). 《영상 커뮤니케이션》. 조창연 옮김. 서울: 커뮤니케이션북스.

피스크, 존(John Fiske) (1997). 《문화커뮤니케이션론》. 강태완·김선남 옮김. 서울: 한뜻.

Jakobson, Roman (1960). "Closing Statement: Linguistics and Poetics." in Thomas Sebeok(ed.). *Style in Language*. Cambridge, Massachusetts: MIT Press. pp. 350–377.

————— (1987). "Linguistics and Poetics." in K. Pomorska and S. Rudy(eds.). *Roman Jakobson: Language and Literature*. Cambridge: Havard University Press, pp. 62–94.

Lacan, Jacques (1978). *The Seminar of Jacques Lacan: The Fundamental Concepts of Psychoanalysis*. translated by Alain Sheridan. New York: Norton.

Marshall, Catherine and Rossman, Gretchen B (1995). *Designing Qualitative Research*. London: Thousand Oaks.

Mitchell, W. J. T (1994). *Picture Theory: Essays on Verbal and Visual Representation*. Chicago: University of Chicago Press.

Mulvey, Laura (1975). "Visual Pleasure and Narrative Cinema." *Screen*, Vol. 16, No. 3, pp. 6–18.

Rorty, Richard (1979). *Philosophy and the Mirror of Nature*. Princeton, New Jersey: Princeton University Press.

Williams, Raymond (1989). "Culture is Ordinary." in R. Williams. *Resources of Hope: Culture, Democracy*, Socialism, pp. 3–14.

Zizek, Slavoj (1989). *The Sublime Object of Ideology.* Verso London & New York.

S#6 영상의 의미와 의미작용

강준만 (2000). 《이미지와의 전쟁》. 서울: 개마공원.

김성도 (1999). "기호학과 영상 이미지: 몇 가지 인식론적 요소". 김우창·성완경 외. 《이미지는 어떻게 살고 있는가》. 서울: 생각의나무. pp. 141-181.

바르트, 롤랑(Barthes Roland) (1995). 《신화론》. 정현 옮김. 서울: 현대미학사.

박정순 (1995). 《대중매체의 기호학》. 서울: 나남출판.

손택, 수잔(Susan Sontag) (2002). 《해석에 반대한다》. 이민아 옮김. 서울: 이후.

스터르큰·카트라이트(Marita Sturken and Lisa Cartwright) (2006). 《영상문화의 이해》. 윤태진·허현주·문경원 옮김. 서울: 커뮤니케이션북스.

윌슨, 에드워드(Edward O. Wilson) (2005). 《통섭: 지식의 대통합》. 최재천·장대익 옮김. 서울: 사이언스북스.

철학사전편찬위원회 (2009). 《철학사전》. 서울: 중원문화.

피스크, 존(John Fiske) (2002). 《문화커뮤니케이션론》. 강태완·김선남 옮김. 서울: 한뜻.

피스크·하틀리(John Fiske and John Hartley) (1994). 《TV 읽기》. 이익성·이은호 옮김. 서울: 현대미학사.

카세티, 프란체스코(Francesco Casetti) (2012). 《현대 영화 이론: 1945~1995 영화 이론》. 김길훈·김덕수·김건 옮김. 서울: 한국문화사.

Barthes, Roland (1977). "The Rhetoric of the Image." in translated bt Stephen Heath. *Image Music Text.* London: Fontana. pp.32-51.(originally published 1964).

———— (1972). *Mythologies.* translated by Annette Lavers. New York: Hill and Wang (originally published 1957).

Guiraud, Pierre (1971). *Semiology.* translated by George Gross. London & Boston: Routledge & Kegan Paul.

Hall, Stuart (1980). "Encoding/Decoding." in S. Hall, D. Hobson, A. Lowe, and P. WIillis(eds.). *Culture, Media, Language: Working Papers in Cultural Studies 1972-79.* London: Hutchinson.

———— (1982). "The Rediscovery of 'Ideology': Return of the Repressed in Media Studies." in M. Gurevitch, T. Bennett, J. Curran, and J. Woollacott(eds.). *Culture, Society and the Media.* London: Methuen.

Harvey, Sander (1982). *Semiotic Perspective.* London: George Allen & Unwin.

Sontag, Susan (1966). *Against Interpretation.* New York: Dell

Lévi-Strauss, C (1955). "The Structural Study of Myth." *Journal of American Folklore*, Vol. 68, No. 270, pp.428-444.

Peirce, C. S (1931). "Collected Papers, Vol. 2." in C. Hartshorne, P. Weiss and A. W. Burks(eds.). *The Collected Papers of Charles Sanders Peirce.* Cambridge, Massachusetts: Harvard University Press.

소르랭, 피에르(Sorlin, Pierre) (2009). 《영화예술미학》. 이선형 옮김. 서울: 동문선.

아리스토텔레스(Aristotle) (2005). 《시학》. 이상섭 옮김. 서울: 문학과지성사.

장일·조진희 (2007). 《시네마 그라피티: 대중문화와 영화비평》. 서울: 지식의날개.

지젝, 슬라보예(Slavoj Žižek) (2002). 《이데올로기의 숭고한 대상》. 이수연 옮김. 서울: 인간사랑.

채트먼, 시모어(seymour Chatman) (2001). 《영화와 소설의 수사학》. 한용환·강덕화 옮김. 서울: 동국대학교출판부.

카세티, 프란체스코(Francesco Casetti) (2012). 《현대 영화 이론: 1945~1995 영화 이론》. 김길훈·김덕수·김건 옮김. 서울: 한국문화사.

터너, 그래엄(Graeme Turner) (1994). 《대중 영화의 이해》. 임재철·곽한주·유영구·이영기 옮김. 서울: 한나래.

티어노, 마이클(Michael Tierno) (2008). 《스토리텔링의 비밀: 아리스토텔레스와 영화》. 김윤철 옮김. 고양: 아우라.

프로이트, 지그문트(Sigmund Freud) (2004). 《꿈의 해석》. 김인순 옮김. 서울: 열린책들.

피스크, 존(John Fiske) (1997). 《문화커뮤니케이션론》. 강태완·김선남 옮김. 서울: 한뜻.

필드, 사이드(Syd Field) (1999). 《시나리오란 무엇인가》. 유지나 옮김. 서울: 민음사.

한혜원 (2010. 《디지털 시대의 신인류 호모 나랜스》. 서울: 살림출판사.

Aristotle (1970). *The Poetics of Aristotle*. translated by G. M. A. Grube. New York: Collier Books.

——— (1987). *Poetics*. translated by Richard Janko. Indianapolis: Hackett Publishing Company.

Astruc, Alexandere (1968). "The Birth of a New Avant-Garde: La Caméra-Stylo." in P. Graham(ed.). *The New Wave*. Garden City, New York: Doubleday. pp. 17–23.

Chatman, Seymour (1978). *Story and Discourse: Narrative Structure in Fiction and Film*. Ithaca, New York: Cornell University Press.

Deleuze, Gilles (1989). *Cinema 2: The Time-Image.* translated Hugh Tomlinson and Robert Galeta. Minneapolis: University of Minneapolis Press (originally published Cinéma 2, L'Image-temps, 1985)

Genette, Gérard (1980). *Narrative Discourse.* translated by Jane Lewin. Ithaka, New York: Cornell University Press.

Kristeva, Julia (1986). "Word, Dialogue and Novel." in T. Moi(ed.). *The Kristeva Reader.* New York: Columbia University Press. pp. 34-50.

Metz, Christian (1974). "Some Points in the Semiotics of the Cinema." in C. Metz. Film Language. Chicago: Chicago University Press. pp. 68-89.

———— (1991). "The Cinema: Language or Language System?." in M. Taylor(trans.). *Film Language: A Semiotics of the Cinema.* Chicago: The University of Chicago. pp. 31-91 (originally published 1974).

wikipedia. "storytelling."(검색일: 2017.8.7).

S#8 서사의 전통과 영상서사

강승묵 (2014). "인간의 로보티즘과 로봇의 휴머니즘 스토리텔링 연구: 〈로봇 앤 프랭크〉를 중심으로". 〈애니메이션연구〉, 10권 2호, pp. 7-25.

———— (2011). "디지털 영화의 영상재현을 통한 영상표현과 서사구조에 관한 이론적 고찰". 〈언론과학연구〉, 11권 4호, pp. 5-34.

김무규 (2005). "서사적 영상에서 성찰적 형상으로". 문학과영상학회 학술대회발표 논문(2005.11.12). pp. 1-13.

바흐친, 미하일(Mikhail Bakthin) (2005). 《장편소설과 민중언어》. 전승희·서경희·박유미 옮김. 서울: 창비.

랩슬리·웨스틀레이크(Robert Lapsley and Michael Westlake) (1995).《현대 영화이론 의 이해》. 이영재·김소연 옮김. 서울: 시각과언어.

바쟁, 앙드레(André Bazin) (1998).《영화란 무엇인가》. 박상규 옮김. 서울: 시각과언어.

루멧, 시드니(Sidney Lumet) (1998).《영화 만들기》. 부수영 옮김. 서울: 이론과실천.

보드웰·톰슨(David Bordwell and Kristin Thompson) (1993).《영화예술》. 주진숙·이 용관 옮김. 서울: 이론과실천.

샤프, 스테판(Stefan Sharff) (2008).《영화 구조의 미학》. 이용관 옮김. 서울: 울력.

소르랭, 피에르(Sorlin, Pierre) (2009).《영화예술미학》. 이선형 옮김. 서울: 동문선.

아리스토텔레스(Aristotle) (2005).《시학》. 이상섭 옮김. 서울: 문학과지성사.

———— (1998).《아리스토텔레스의 시학》. 김재홍 옮김. 서울: 고려대학교출판부.

아리스토텔레스·호라스·플라톤(Aristotle, Horace and Plato) (2002).《시학》. 천병희 옮김. 서울: 문예출판사.

———— (1995).《詩學》. 천병희 옮김. 서울: 문예출판사.

앤드류, 더들리(Dudley J. Andrew) (1988).《현대영화이론》. 조희문 옮김. 서울: 한길사.

주창윤 (2015).《영상 이미지의 구조》. 서울: 나남출판.

채트먼, 시모어(seymour Chatman) (2001).《영화와 소설의 수사학》. 한용환·강덕화 옮 김. 서울: 동국대학교출판부.

카우길, 린다(Linda J. Cowgill) (2012).《시나리오 구조의 비밀: 명화들에 필적하는 시 나리오 구조 만들기》. 이문원 옮김. 서울: 시공사.

터너, 그래엄(Graeme Turner) (1994).《대중 영화의 이해》. 임재철·곽한주·유영구·이 영기 옮김. 서울: 한나래.

툴란, 마이클(Michael Toolan) (1993).《서사론: 비평언어학적 서설》. 김병욱·오연희 옮 김. 서울: 문예출판사.

티어노, 마이클(Michael Tierno) (2008).《스토리텔링의 비밀: 아리스토텔레스와 영화》. 김윤철 옮김. 고양: 아우라.

필드, 사이드(Syd Field) (1999).《시나리오란 무엇인가》. 유지나 옮김. 서울: 민음사.

히스, 스티븐(Stephen Heath) (2003).《영화에 관한 질문들》. 김소연 옮김. 서울: 울력.

Aristotle (1970). *The Poetics of Aristotle*. translated by G. M. A. Grube. New York: Collier Books.

——— (1987). *Poetics*. translated by Richard Janko. Indianapolis: Hackett Publishing Company.

Barthes, Roland (1982). "Introduction to the Structural Analysis of Narratives." in Susan Sontga(ed.). *A Barthes Reader*. New York: Hill and Wang. pp. 251–296.

Branigan, (1992). *Narrative Comprehension and Film*. London; Routledge.

Chatman, Seymour (1978). *Story and Discourse: Narrative Structure in Fiction and Film*. Ithaca, New York: Cornell University Press.

Driver, Tom F (1970). *Romantic Quest and Modern Query, A History of the Modern Theatre*. New York: Delacorte Press.

Genette, Gérard (1980). *Narrative Discourse*. translated by Jane Lewin. Ithaca: Cornell University Press.

Metz, Christian (1991). "The Cinema: Language or Language System?." in M. Taylor(trans.). *Film Language: A Semiotics of the Cinema*. Chicago: The University of Chicago. pp. 31–91 (originally published 1974).

O'Sulivan, Tim, J. Hartley, D. Saunders, M. Montgomery and J, Fiske (1983). *Key Concepts in Communication and Cultural Studies*. London: Methuen.

Rimmon-Kenan, Slomith (1983). *Narrative Fiction: Contemporary Poetics*. London: Methuen.

Todorov, Tzvetan (1977). *The Poetics of Prose*. Oxford: Blackwell.

White, Hayden (1987). *The Content of the Form: Narrative Discourse and Historical Representation*. Baltimore: John Hopkins University Press.

국립국어원 표준국어대사전. "심연" (검색일: 2017.9.13).

김수정·양은경 (2006). "동아시아 대중문화물의 수용과 혼종성의 이해". 〈한국언론학보〉, 50권 1호, pp. 115-136.

달리, 앤드류(Andrew Darly) (2003). 《디지털 시대의 영상 문화》. 김주환 옮김. 서울: 현실문화연구.

댄시거·러시(Ken Dancyger and Jeff Rush) (2006). 《얼터너티브 시나리오: 할리우드 시나리오 작가들은 요즘 어떻게 쓸까?》. 안병규 옮김. 서울: 커뮤니케이션북스.

로도윅, 데이비드 노먼(David N. Rodowick) (2012). 《디지털 영화 미학》. 정헌 옮김. 서울: 커뮤니케이션북스.

루드넷, 조이스(Joyce Roodnat) (2002). "스크린 속에서 의사들은 모두 주인공이 된다". 엘새서·호프만(Thomas Elsaesser and Kay Hoffmann) 엮음. 《디지털 시대의 영화》. 김성욱·하승희·이재연 옮김. 서울: 한나래. pp. 256-263.

류웅재 (2008). "한국 문화연구의 정치경제학적 패러다임에 대한 모색: 한류의 혼종성 논의를 중심으로". 〈언론과사회〉, 16권 4호, pp. 2-27.

류웅재·박진우 (2012). "서바이벌 포맷 프로그램에 침투한 신자유주의 경쟁 담론: 프로그램의 채택과 제작과정에 대한 생산자 심층인터뷰를 중심으로". 〈방송문화연구〉, 24권 1호, pp. 139-165.

류웅재·강승묵·이영주 (2011). 《작은 문화콘텐츠 만들기》. 서울: 한울아카데미.

모란, 앨버트(Albert Moran) (2005a). "세계의 텔레비전 포맷". 모란·킨(Albert Moran and Michael Keane) 엮음. 《아시아의 텔레비전: 텔레비전 산업과 프로그램 포맷, 그리고 세계화》. 황인성 옮김. 서울: 커뮤니케이션북스. pp. 1-11.

───── (2005b). "먼 유럽?: 호주". 모란·킨(Albert Moran and Michael Keane) 엮음. 《아시아의 텔레비전: 텔레비전 산업과 프로그램 포맷, 그리고 세계화》. 황인성 옮김. 서울: 커뮤니케이션북스. pp. 225-245.

───── 엮음 (2012). 《텔레비전 포맷의 세계: 글로벌 프로그램을 어떻게 지역화할 것인가》. 정윤경 옮김. 서울: 커뮤니케이션북스.

무안, 라파엘(Raphaël Moine) (2009). 《영화 장르》. 유민희 옮김. 서울: 동문선.

바바, 호미(Homi Bhabha) (1994).《문화의 위치》. 나병철 옮김. 서울: 소명출판사.

박선이·유세경 (2009). "포맷 교역 TV 프로그램의 혼종성에 관한 연구: 한국의 〈1대 100〉 프로그램에 나타난 지역적 특성을 중심으로". 〈한국방송학보〉, 23권 3호, pp. 187-232.

배상준 (2015).《장르영화》. 서울: 커뮤니케이션북스.

배진아 (2008. "방송 시장의 포맷 거래에 관한 연구".〈방송과 커뮤니케이션〉, 9권 2호, pp. 6-36.

――――― (2011). "방송 콘텐츠 수입의 진화와 포맷 거래".〈방송문화연구〉, 23권 2호, pp. 73-104.

벅랜드, 워렌(Warren Buckland) (2002).《영화연구》. 장석용·정재우 옮김. 서울: 현대미학사.

서정남 (2009).《할리우드 영화의 모든 것: 역사/시스템/내러티브/장르》. 서울: 이론과실천.

소르랭, 피에르(Sorlin, Pierre) (2009).《영화예술미학》. 이선형 옮김. 서울: 동문선.

스터르큰·카트라이트(Marita Sturken and Lisa Cartwright) (2006).《영상문화의 이해》. 윤태진·허현주·문경원 옮김. 서울: 커뮤니케이션북스.

아파두라이, 아르준(Arjun Appadurai) (2004).《고삐 풀린 현대성》. 차원혁 옮김. 서울: 현실문화연구.

앨새서·호프만(Thomas Elsaesser and Kay Hoffmann) 엮음 (2002).《디지털 시대의 영화》. 김성욱·하승희·이재연 옮김. 서울: 한나래.

엘리스, 존(John Ellis) (2002). "영화와 텔레비전: 라이오스와 오이디푸스". 앨새서·호프만(Thomas Elsaesser and Kay Hoffmann) 엮음.《디지털 시대의 영화》. 김성욱·하승희·이재연 옮김. 서울: 한나래. pp. 178-193.

와이만, 가브리엘(Gabriel Weimann) (2003).《매체의 현실 구성론: 현대 미디어와 현실의 재구성》. 김용호 옮김. 서울: 커뮤니케이션북스.

장일·조진희 (2007).《시네마 그라피티: 대중문화와 영화비평》. 서울: 지식의날개.

주형일 (2004).《영상매체와 사회》. 서울: 한울아카데미.

Baudrillard, Jean (1987). *The Evil Demon of Images*. translated by Paul Patton and Paul Foss. Sydney: Power Institute Publications.

Eco, Umberto (1985). "Innovation and Repetition: Between Modern and Post-Modern Aesthetics." *Daedalus*, No. 114, pp. 161–182.

Grant, Barry Keith(ed.) (1986). *Film Genre Reader*. Texas: University of Texas Press.

Hall, Stuart (1982). "The Rediscovery of 'Ideology': Return of the Repressed in Media Studies." in M. Gurevitch, T. Bennett, J. Curran, and J. Woollacott(eds.). *Culture, Society and the Media*. London: Methuen.

Hoskins, Colin, McFadyen, Stuart and Finn, Adam (1996). *Global Television and Film: An Introduction to the Economics of the Business*. New York: Oxford University Press.

Maltby, Richard (1995). *Hollywood Cinema: An Introduction*. Oxford: Blackwell.

Neale, Steve (2000). *Genre and Hollywood*. London, New York: Routledge.

S#10 디지털 영상문화

강승묵 (2011). "디지털 영화의 영상재현을 통한 영상표현과 서사구조에 관한 이론적 고찰". 〈언론과학연구〉, 11권 4호, pp. 5–34.

달리, 앤드류(Andrew Darly) (2003). 《디지털 시대의 영상 문화》. 김주환 옮김. 서울: 현실문화연구.

로도윅, 데이비드 노먼(David N. Rodowick) (1999). 《현대 영화 이론의 궤적: 정치적 모더니즘의 위기》. 김수진 옮김. 서울: 한나래.

─────── (2012). 《디지털 영화 미학》. 정헌 옮김. 서울: 커뮤니케이션북스.

류웅재·강승묵·이영주 (2011). 《작은 문화콘텐츠 만들기》. 서울: 한울아카데미.

마노비치, 레프(Lev Manovich) (2004). 《뉴미디어의 언어》. 서정신 옮김. 서울: 생각의나무.

미르조에프, 니콜라스(Nicholas Mirzoeff) (2009).《비주얼 컬처의 모든 것: 생각을 지배하는 눈의 진실과 환상》. 임산 옮김. 서울: 홍시.

박명진 (2013).《이미지 문화와 시대 쟁점: 영상문화의 세계는 어떻게 발전해왔는가》. 서울: 문학과지성사.

박성수·전수일·이효인 (1996).《영화 이미지의 미학》. 서울: 현대미학사.

스터르큰·카트라이트(Marita Sturken and Lisa Cartwright) (2006).《영상문화의 이해》. 윤태진·허현주·문경원 옮김. 서울: 커뮤니케이션북스.

정동암 (2007).《미디어 아트, 디지털의 유혹》. 서울: 커뮤니케이션북스.

정헌 (2013).《영화 역사와 미학》. 서울: 커뮤니케이션북스.

주창윤 (2015).《영상 이미지의 구조》. 서울: 나남출판.

주형일 (2004).《영상매체와 사회》. 서울: 한울아카데미.

채트먼, 시모어(Seymour Chatman) (2001).《영화와 소설의 수사학》. 한용환·강덕화 옮김. 서울: 동국대학교출판부.

카세티, 프란체스코(Francesco Casetti) (2012).《현대 영화 이론: 1945~1995 영화 이론》. 김길훈·김덕수·김건 옮김. 서울: 한국문화사.

터너, 그래엄(Graeme Turner) (1994).《대중 영화의 이해》. 임재철·곽한주·유영구·이영기 옮김. 서울: 한나래.

피스크, 존(John Fiske) (1997).《문화커뮤니케이션론》. 강태완·김선남 옮김. 서울: 한뜻.

호프만, 케이(Kay Hoffmann) (2002). ""나는 믿는다, 고로 나는 본다": 다큐멘터리와 디지털". 토마스 엘새서·케이 호프만(Thomas Elsaesser and Kay Hoffmann) 엮음.《디지털 시대의 영화》. 김성욱·하승희·이재연 옮김. 서울: 한나래. pp. 228-240.

Althusser, Louis (1969). "Marxism and Humanism." in Ben Brewster(trans.). *For Marx*. London, New York: Verso. pp. 219-247.

——— (1971). "Ideology and Ideological State Apparatus." in L. Althusser. *Lenin and Philosophy and Other Essays*. New York & London: Monthly Review Press. pp. 127-186.

Bazin, André (1967). *What is Cinema? Vol. II.* translated by Hugh Gray and Jean Renoir. Berkeley, L. A. and London: University of California Press.

Comolli, J–L. and Narboni, Jean (1971). "Cinema/Ideology/Criticism." translated by Susan Bennett. *Screen*, Vol. 12. No. 1, pp. 27–36.(originally published in *Cahiers du Cinéma*, No. 217(1969): pp. 7–13.

Couchet, Edmond (1987). "Sujet·Object·Image." *Cahiers Internationauz de Sociologie*, Vol. LXXXII, Paris: PUF, pp. 85–97.

Debord, Guy (1977). *The Society of Spectacle*. London: Black and Red.

Hanson, Matt (2004). *The End of Celluloid: Film Futures in the Digital Age.* Mies, Switz: Roto Vision.

MacCabe, C (1981). "Realism and the Cinema: Notes on Some Brechtian Theses." in T. Bennett, S. Boyd–Bowman, C. Mercer, and J. Wollacott(eds.). *Popular Television and Film*. London: British Film Institute.

Mitchell, William J (1992). *The Reconfigured Eye: Visual Truth in the Post-Photographic Era*. Cambridge, Massachusetts: MIT Press.

Prince, S (1996). "True Lies: Perceptual Realism, Digital Images, and Film Theory." *Film Quarterly*, Vol. 49, No. 3, pp. 27–37.

Williams, Raymond (1977). *Marxism and Literature*. Oxford, New York: Oxford University Press.